Maria Razumovsky

Die Rasumovskys

Eine Familie am Zarenhof

1998

Böhlau Verlag Köln Weimar Wien

Die Deutsche Bibliothek – CIP-Einheitsaufnahme

Razumovsky, Maria:
Die Rasumovskys : eine Familie am Zarenhof / Maria Razumovsky. –
Köln ; Weimar ; Wien : Böhlau, 1998
ISBN 3-412-12797-3

Umschlaggestaltung: Anakonda Ateliers, Frankfurt/Main
Satz und Lithos: Punkt für Punkt GmbH, Düsseldorf
Gedruckt auf chlorfrei gebleichtem, säurefreiem Papier
Druck und Bindearbeiten: WB-Druck, Rieden
Printed in Germany
ISBN 3-412-12797-3

Zum Andenken
an den Sammler des Familienerbes

CAMILLO GRAF RAZUMOVSKY
VON WIGSTEIN
1851–1917

und an dessen Bewahrer in schweren Zeiten

ANDREAS GRAF RAZUMOVSKY
VON WIGSTEIN
1892–1981

Inhaltsverzeichnis

Kampf gegen Napoleon

Vorwort

Das was hier erzählt wird, klingt wie ein Märchen: In den dreißiger Jahren des 18. Jahrhunderts macht ein junger ukrainischer Viehhüter dank seines guten Aussehens und seiner schönen Stimme eine schwindelerregende Karriere, die ihn bis nach St. Petersburg und in die Rolle des Favoriten und späteren geheimen Ehemanns einer Kaiserin führt. Sein Bruder gelangt durch ihn zu Einfluß und großem Reichtum. Seine Neffen sind Mitgestalter der russischen Außen- und Innenpolitik. Und in der übernächsten Generation ist es wie bei „Hans im Glück“: Die gräfliche Familie in Rußland verschwindet, der sagenhafte Reichtum hat sich in nichts aufgelöst, durch die leeren Fensterhöhlen des ukrainischen Prachtschlosses scheint der Mond, „es vergaßen die Enkel ihr stolzes Geschlecht“, wie Alexej K. Tolstoj, ein Urenkel, in seinem Gedicht „Das leere Haus“ feststellt.

Diese Geschichte hat sich wirklich ereignet: es ist die Geschichte meiner Familie. Ich habe mich bemüht, sie auf Grund von Aussagen von Zeitzeugen, historischen Dokumenten und neueren Veröffentlichungen nachzuerzählen. Meine Hauptquelle war das monumentale Werk „Semejstwo Rasumovskich“ (Die Familie R.) von A. A. Wassiltschikoff, auch er ein Urenkel des Hetmans Kirill Grigorjewitsch und Direktor des St. Petersburger Eremitage-Museums zur Zeit von Kaiser Alexander III. Sein Werk ist in den achtziger Jahren des 19. Jahrhunderts erschienen, eine gekürzte, stark bearbeitete französische Version von A. Brückner wurde 1893–1902 in Halle/Saale veröffentlicht.

Das hier vorliegende Buch erhebt nicht den Anspruch, in literarischer Form erschöpfende Charakteristiken der einzelnen vorkommenden Personen zu geben, es will auch keine ausgewogene und komplette Darstellung der historischen Ereignisse vermitteln. Es ist eine möglichst wahrheitsgetreue Familienchronik, sie läßt Fragen offen, über die Wassiltschikoff taktvoll hinweggeht, etwa die Frage, welche Rolle der „letzte Hetman der Ukraine“ in seinem Heimatland tatsächlich gespielt hat. Auch seinen Söhnen Alexej, dem Privatgelehrten und Minister für Volksbildung, und Grigorij (Gregor), dem leidenschaftlichen Naturforscher, müßte größere Aufmerksamkeit gewidmet werden, aber das geht über den hier gesteckten Rahmen hinaus.

Einem dritten Urenkel des Hetmans verdankt dieses Buch sein Entstehen in besonderem Maße: dem Grafen Camillo Razumovsky von Wigstein, meinem Großvater, der, obwohl er nicht mehr russisch sprach, sein ganzes Leben hindurch Bilder, Bücher und Erinnerungsstücke über die Familie gesammelt und auf seinen Gütern in Österreichisch-Schlesien und im Wiener Haus aufbewahrt hat

– für ewige Zeiten, wie er glaubte. Der Besitz in der nachmaligen Tschechoslowakei ist verloren gegangen, aber wie durch ein Wunder und dank der Bemühungen seines jüngsten Sohnes ist ein Großteil der Sammlungen in Wien erhalten geblieben. So stammen z.B. fast alle der hier veröffentlichten Bilder aus dieser Sammlung, zu der auch Marie von Wassiltschikoff, die Tochter des Autors, viel beigetragen hat.

Dieses Buch wird vielleicht nicht überall Anklang finden. Es ist weder „modern", noch „postmodern". Seine Helden sind fast ausschließlich Männer, noch dazu russische Grafen und Fürsten; auf die „Befindlichkeit" der meist im Hintergrund stehenden Frauen wird kaum eingegangen. Das schwere Leben der Bevölkerung, bedingt durch Willkür, Armut, Kriege usw., die traurige Situation des Bauernstandes wird nicht genug unterstrichen. Was man in dieser Familiengeschichte aber verfolgen kann, sind die Anfänge einer aus der Verschmelzung von altem Adel mit Aufsteigern aus dem Volk entstandenen russischen Gesellschaftsschicht, die zweihundert Jahre lang – später allerdings ohne die Rasumovskys – das immense Reich leitete und dem Land Fortschritt und Weltgeltung brachte – bis diese Schicht nach 1917 auf eine Weise ausgerottet wurde, daß man sich im heutigen Rußland keine Vorstellung mehr von ihrer Bedeutung machen kann.

Für sachkundige Kommentare in ukrainischen Fragen möchte ich meinem Neffen Gregor herzlich danken, für kritische Bemerkungen meinen Brüdern Andreas und Alexander und Frau Dr. T. Schewe, für ihre freundliche Hilfe Frau I. Pechotsch-Feichtinger von der Musiksammlung der Österreichischen Nationalbibliothek.

Noch ein Wort zur Transkription des Namens. Mehrere der hier agierenden Personen haben zu ihrer Zeit im Westen publiziert oder französische Briefe geschrieben, jeder hat eine andere Schreibweise des Familiennamens erfunden. Ebenso wie bei anderen Familiennamen wurde für dieses Buch eine Form gewählt, wie sie dem Deutschen am nächsten kommt. In der Bibliographie, im Personenverzeichnis sowie in den Anmerkungen wird die wissenschaftliche Transliteration verwendet.

Wien, im Dezember 1997

Aufstieg und Pracht

Die Grafen
Alexej und Kirill Grigorjewitsch

1. Vom Viehhüter zum geheimen Ehemann der Kaiserin (1730–1740)

Zu Beginn des 18. Jahrhunderts lebte in dem ukrainischen Dorf Lemeschi bei Koselez an der Poststraße von Kiew über Tschernigow nach Norden, im „Hetmanat" am linken Dnjepr-Ufer gelegen, der Kosak Gregor Jakowlewitsch Rosum mit seiner Frau Natalja Demjanowna, der Tochter des Kosaken Demjoschko aus der Familie Streschenzow. Er hatte einen älteren Bruder Iwan Rosum, dem für sich und seine drei Söhne der erbliche Adel verliehen worden war. Die Geschichte, die in vielen Büchern nachzulesen ist, daß Gregor Jakowlewitsch diesen Namen als Spitznamen erhielt, weil er in betrunkenem Zustand von sich zu sagen pflegte „Ščo to za holova Ščo to za rozum" (So ein Kopf, so ein Verstand)[1], muß daher wohl als Anekdote gewertet werden. Eine Tatsache scheint jedoch zu sein, daß der Stammvater der gräflichen Familie seinen gesamten Besitz vertrank, so daß seine Söhne gezwungen waren, das Vieh der Dorfgemeinde zu hüten.

Im Gegensatz zu ihrem Mann war Natalja Demjanowna, die „Rosumicha", fleißig, angesehen und sehr fromm. Das Ehepaar hatte sechs Kinder, die Söhne Danilo – der sich bald mit dem Vater überwarf und auszog – danach Alexej (geboren am 17. März 1709 alten Stils) und den Nachzügler Kirill – Kirila, wie er sich selbst nannte – der am 18. März 1728 geboren wurde. Die drei Töchter Agafja, Anna und Wera heirateten Söhne aus vornehmen Familien aus der Kosaken-Starschina Sakrewski, Budljanski und Daragan.

Die Bezeichnung „Kosaken" ist ungenau. Um das Folgende zu verstehen, bleibt uns ein kurzer historischer Rückblick nicht erspart.[2]

Der Begriff „Kosaken" für die mehrheitlich slawische Bevölkerung, die in der Steppe „hinter den Stromschnellen" des Dnjepr (Saporoschje) siedelten, kommt aus dem Tatarischen und bedeutet so viel wie „frei, ungebunden". Sie betrieben Ackerbau und fuhren auf ihren Booten bis weit ins Schwarze Meer. Zu ihnen flüchteten auch Angehörige des Adels und bildeten im Laufe des 16. Jahrhunderts eine Oberschicht, die „Starschina", heraus, die ihre Kampfeskraft wechselseitig dem einen oder anderen der benachbarten Staaten zur Verfügung stellten. Mächtigster Nachbar war das Königreich Polen-Litauen, das einen Teil der Kosaken in seine Dienste nahm. Die niedrigsten Offiziere des militärisch organisierten losen Staatsverbandes wurden demokratisch von ihren Soldaten gewählt, mußten aber der Starschina angehören; demokratische Wahlen bestimmten weiter alle Ränge bis hinauf zum obersten Befehlshaber, dem „Hetman", der große Macht besaß.

Nach der Union von Brest 1596, als sich ein Teil der heutigen Ukraine Rom anschloß und die Kosaken sich zu Hütern des orthodoxen Glaubens erklärten, kam es 1648 unter dem Hetman Bogdan Chmelnicki zu einem nicht nur religiös, sondern wohl hauptsächlich sozial und national bedingten Aufstand gegen die lateinisch-katholischen Polen und zu Exzessen gegen jüdische Gutsverwalter. In der Folge entstand am linken Dnjepr-Ufer ein kosakisches Herzogtum, das Hetmanat.

Chmelnicki gedachte, eine Schaukelpolitik zwischen Polen, dem russischen Staat und dem Osmanischen Reich zu betreiben. 1654 schloß er, unterstützt von einem Teil der Starschina, einen Vertrag mit Zar Alexej Michajlowitsch, in dem das Hetmanat, unter Wahrung aller seiner Rechte und Privilegien, „unter die hohe Hand des russischen Zaren" genommen wurde. Chmelnickis Nachfolger Masepa wollte sich aus diesem Vertrag wieder lösen und trat im Krieg zwischen Rußland und Schweden auf die Seite Schwedens. Zusammen mit König Karl XII. wurde er 1709 von Peter dem Großen bei Poltawa vernichtend geschlagen und mußte mit einem Teil seiner Getreuen auf die Krim ins Osmanische Reich flüchten. Das Hetmanat verblieb bei Rußland und verlor einen Teil seiner Privilegien; nach dem Tod von Hetman Iwan Skoropadski wurde dieser höchste Posten von Kaiser Peter nicht mehr besetzt. Hier beginnt unsere Geschichte.

Gregor Rosum starb um 1730 in Lemeschi; ob er wirklich an der Stelle begraben ist, an der seine Söhne später eine Kirche für ihn errichteten, konnte bereits vor 150 Jahren niemand sagen.

Aljoscha Rosum weidete also das der Gemeinde gehörende Vieh. Er war ein hübscher junger Mann, hatte eine prachtvolle Baßstimme und sang an Feiertagen im Kirchenchor des Nachbardorfes Tschemer. Dort lernte er nicht nur singen, sondern auch lesen, was ihm besser gefiel als seine sonstigen Pflichten. Kurz vor dem Tod des alten Rosum kam es zu einem Zwischenfall: als der Vater wieder einmal Alexej mit einem Buch in der Hand antraf, statt daß er sich um seine Kühe kümmerte, geriet er in solche Wut, daß er seinem Sohn mit einem Beil in der Hand nachsetzte und ihn töten wollte. Aljoscha floh und rettete sich nach Tschemer; dort sang er weiter im Kirchenchor.

Eines Tages im Januar 1731 wurde die kleine Dorfkirche von einer kaiserlichen Kommission besucht, die sich auf dem Rückweg aus Ungarn befand: sie hatte Tokayer Wein für den Hof der Kaiserin Anna gekauft. Dem Oberst, der die Kommission leitete, fiel die schöne Stimme des jungen Mannes auf und er nahm ihn kurzerhand als Sänger für den kaiserlichen Kirchenchor in St. Petersburg mit.

Im Chor des „großen" Hofes blieb der junge Rosum allerdings nur kurze Zeit. Als ihn die zurückgezogen lebende Tochter Peters des Großen, die Großfürstin Elisabeth, dort hörte und sah, erbat sie ihn von ihrer kaiserlichen Cousine als Sänger für ihren eigenen „kleinen" Hofstaat. Binnen kürzester Zeit avancierte Alexej vom Sänger zu Elisabeths Majordomus und noch eine Stufe höher in ihrer Gunst. Alexej russifizierte seinen Namen und hieß von da an „Rasumovsky". Er wurde der Liebhaber der Großfürstin (oder Zesarewna), nachdem die Kaiserin den offiziellen Favoriten Elisabeths, den Kammerjungen Alexej Schubin, hatte verstümmeln und nach Sibirien schicken lassen.

In Rußland regierte seit 1730 Anna von Kurland, russisch Anna Ioannowna, eine Nichte Peters aus seiner ersten Ehe, als Kaiserin Anna I. (Die russischen Herrscher trugen den Titel „Imperator" = Kaiser, den Peter I. eingeführt hatte; die alte Bezeichnung „Zar" blieb daneben weiter inoffiziell in Gebrauch). Bei Hof herrschten Machtkämpfe und Intrigen, die für die Unterlegenen mit der Verbannung nach Sibirien und der Konfiskation ihrer Güter endeten. Die meisten Höflinge waren Deutsche. Der starke Mann war Annas Liebhaber Ernst Johann von Biron, Herzog vom Kurland. Es gab keine geregelte Thronfolge, denn Peter hatte 1722 die natürliche Sukzession durch eine Verfügung umgestoßen, durch die jeder Herrscher das Recht erhielt, seinen Nachfolger selbst zu bestellen. Allerdings starb er, ohne dies zu tun. Nach ihm regierte als Kaiserin Katharina I., seine aus Litauen stammende zweite Frau, die er 1711 geheiratet hatte, nachdem sie ihm bereits vier Kinder geboren hatte. Aus dieser Ehe überlebten die Töchter Anna, verehelichte Herzogin von Holstein-Gottorp (1708–1728), und die unverheiratete Elisabeth.

Nach gescheiterten Verheiratungsplänen lebte Elisabeth, argwöhnisch beobachtet von der Kaiserin, zurückgezogen in Moskau, dann in Petersburg und Ismajlowo.[3] Sie hielt sich von der Politik und den Intrigen des Hofes fern, zog die Gesellschaft von Offizieren und Soldaten ihres Preobraschenski-Regiments vor, sie war Taufpatin von Soldatenkindern und zeigte sich viel in den Straßen von Petersburg.

Elisabeth hatte einen kleinen Hofstaat, der neben ihrem Favoriten aus den Brüdern Alexander und Peter Schuwalow, Michail Woronzow und ihrem französischen Leibarzt Lestocq bestand. Da sie ebenso wie ihr Vater sehr musikalisch und kunstliebend war, gehörten zu ihrem Hof auch etwa zwanzig Sänger und Musiker, die für sie kleine Theaterstücke aufführten.[4] Es kam vor, daß sogar dies das Mißtrauen der Kaiserin erregte. Die Romanze mit dem jungen Kosaken aus Kleinrußland betrachtete sie hingegen als ungefährlich:

> „Der Kaiserin Anna blieb das alles nicht verborgen. Da sie aber sah, daß Rasumowsky sein Glück mit Bescheidenheit und Mäßigung genoß und da sie überdies immer noch hoffte, durch irgendeine Heirat die Prinzessin, die als Tochter Peters I. ihr sehr unbequem war, ganz entfernen zu können, so glaubte sie, die Empfindlichkeit der Elisabeth schonen zu müssen und störte daher das Liebesverhältnis derselben nicht mehr,"

schreibt der sächsische Botschaftsangehörige Helbig.[5]

Kurz vor ihrem Tod ernannte Kaiserin Anna einen Thronfolger, den eben geborenen Sohn des Herzogs Anton Ulrich von Braunschweig-Bevern und seiner Gattin Anna, einer Nichte Peters, den Säugling Iwan, in der Thronfolge Iwan VI. Die Macht ergriff zuerst Biron, dann wurde Iwans Mutter Anna (Leopoldowna) zur Regentin proklamiert. Der starke Mann im Lande hieß diesmal Graf Burkhard von Münnich, der seinerseits von Graf Heinrich Ostermann abgesetzt und nach Sibirien verbannt wurde. Das Chaos und die Schreckensherrschaft wurden immer schlimmer.

Offiziell hieß es, die Garderegimenter seien mit der Herrschaft der Deutschen unzufrieden gewesen und wollten eine russische Zarin auf dem Thron sehen. In Wirklichkeit waren es wohl die beiden Schuwalows, Woronzow und Lestocq, die eine Palastrevolution planten und dafür von Frankreich Geld erhielten. Elisabeth selbst zögerte, aber dann wurde ein Offizier verhaftet, der von dem Komplott Kenntnis hatte, und es mußte schnell gehandelt werden. Laut Pekarski sagte Alexej Rasumovsky bei der entscheidenden Krisensitzung im November 1741 in schönstem Ukrainisch:

> „Wenn unsere Aktion sich verschiebt, bis die Zeiten ungünstig sind, so sieht mein Geist große Verwirrung nicht nur für Rußland, sondern auch für andere Staaten, denn die Söhne Rußlands werden in tiefstes Unglück gestürzt und zum Verlust ihres Vaterlandes gebracht werden."

Die Zesarewna antwortete:

> „So ist es wahrlich, und ich bedauere weniger mich selbst als meine armen Landsleute und Untertanen",

worauf alle Anwesenden in Tränen ausbrachen.[6]

In der Nacht vom 24. auf den 25. November 1741 begleiteten die Brüder Schuwalow, Woronzow und Lestocq Elisabeth in die Kasernen der Garderegimenter, die sofort zu ihr überliefen. Unter dem Jubel der Soldaten zog sie am Morgen des 25. im Winterpalais ein, erließ ein Manifest, in dem sie sich zur Herrscherin proklamierte und ließ Anna Leopoldowna und den kleinen Iwan VI. verhaften und in ihr Haus bringen, wo sie von Rasumovsky in Empfang genommen wurden. Der Thronwechsel war ohne Blutvergießen vor sich gegangen.

Nach dem geglückten Staatsstreich mußte Elisabeth ihre Stellung so schnell wie möglich legalisieren und einen offiziellen Nachfolger bestimmen. Da sie keine eigenen Kinder hatte, berief sie den Sohn ihrer verstorbenen Schwester, Herzog Karl Ulrich Peter von Holstein-Gottorp nach Rußland, den sein Vater dazu erzogen hatte, König von Schweden zu werden. Anfang 1742 traf Herzog Peter mit seinem holsteinischen Gefolge in St. Petersburg ein. Ende Februar übersiedelte der Hof in die alte Haupt- und Krönungsstadt Moskau, und hier wurde Elisabeth am 25. April in der Uspenski-Kathedrale zur Kaiserin des russischen Reiches gekrönt. Am gleichen Tag traf sie eine geheime Verfügung, daß ihr Neffe ihr auf dem Thron folgen solle. Für diesen ließ sie bereits 1744 eine Braut aus Deutschland kommen, die 15-jährige Prinzessin Sophie von Anhalt-Zerbst.

Zur Krönung lud Rasumovsky seine Mutter, seine Schwestern mit ihren Kindern und seinen 13-jährigen Bruder Kirill nach Moskau. Die Rosumicha war von all dem ungewohnten Luxus tief beeindruckt; als sie sich in ihren neuen Kleidern in einem Spiegel erblickte, erkannte sie sich nicht und sank vor sich selbst in die Knie. Sie hielt es nicht lange bei Hof aus, nach einigen Monaten kehrte sie mit ihren Töchtern in die Ukraine zurück und wohnte von da an entweder in ihrem Heimatdorf Adamowka oder in einem Haus in Koselez, das ihr Alexej geschenkt hatte. Die Kinder und Kirill blieben in Moskau zurück; Alexej wollte sie seiner neuen Stellung entsprechend erziehen lassen.

Über Elisabeths Getreue ergoß sich nach der Krönung eine Fülle von Wohltaten.[7] Alexander Schuwalow erhielt weite Landstriche und das dem Herzog von Kurland weggenommene Pferdegestüt, er wurde als Leiter der geheimen Staatskanzlei zum mächtigsten und gefürchtetsten Mann des Landes. Peter Schuwalow wurde zum Kammerherrn und Mitglied des von Elisabeth eingesetzten Senates ernannt, Erzpriester Fjodor Dubjanski erhielt ein Haus an der Fontanka in Petersburg, das ebenfalls Biron gehört hatte. Alexej wurde zum Oberst-Jägermeister ernannt und kam auch sonst nicht zu kurz: Die Kaiserin schenkte ihm ihr privates „Palais der Zesarewna" auf der Zarizyn-Wiese in Petersburg und ausgedehnten Landbesitz bei Petersburg und in Südrußland, die Münnich gehört hatten, vor allem aber die Güter Gostiliza bei Petersburg und Perovo bei Moskau.

Elisabeth war auf die großen Aufgaben, die sie nun bewältigen mußte, niemals vorbereitet worden. Sie war leichtsinnig und oberflächlich und überließ die Regierungsgeschäfte ihrem Kanzler Graf Alexej Bestuschew-Rjumin, aber sie war aufrichtig fromm, manchmal abergläubisch. Bei ihrer Thronbesteigung leistete sie den Eid, niemals ein Todesurteil zu fällen, unternahm jedoch nichts dagegen, daß Menschen gefoltert, öffentlich ausgepeitscht und nach Sibirien verbannt wurden, wo sie dann oft eines „natürlichen" Todes starben.

Bestuschew wurde von den mächtigen Schuwalows angefeindet, er war daran interessiert, daß die Stellung seines Freundes Rasumovsky gefestigt wurde. Ihm und Erzpriester Dubjanski, Elisabeths Beichtvater, fiel es nicht schwer, der Zarin vor Augen zu führen, daß sie, die nach der Kirchenreform ihres Vaters jetzt die höchste Autorität in der russischen Kirche war, ihr „Leben in Sünde" aufgeben und ihr Verhältnis mit Rasumovsky zumindest vor Gott legalisieren müsse; vor der Welt könne eine Ehe ja geheim bleiben.

Die Hochzeit der Kaiserin und ihres langjährigen Favoriten fand im Herbst 1742 auf Alexejs Gut Perowo bei Moskau statt. Auf dem Rückweg in die Stadt erinnerte sich Elisabeth daran, daß sie vergessen hatten, nach der Zeremonie ein Moleben, einen Dankgottesdienst, lesen zu lassen. Sie hielten im Dorf Baraschow an und holten dies in der dortigen Christi-Himmelfahrts-Kirche nach.

Zur Erinnerung daran erhielt die Kirche an der Fassade das kaiserliche Wappen. Die Kirche hat alle späteren Ereignisse überdauert, das Wappen existiert allerdings nicht mehr.

Über die Eheschließung zwischen Kaiserin Elisabeth und Alexej Rasumovsky gibt es keine schriftlichen Dokumente. Der morganatische Gemahl soll sie nach dem Tod der Kaiserin vernichtet haben, wovon zu berichten sein wird. Der einzige Beweis, daß diese Eheschließung wirklich stattfand, ist ein Seidenpölsterchen, das sich heute noch in Familienbesitz befindet.[8]

Die Ehe blieb so geheim, daß sie erst 250 Jahre später von den Historikern richtig zur Kenntnis genommen wurde. Allerdings berichtete der sächsische Gesandte in Petersburg, Petzold, bereits 1747 seinem König, daß

> „die Kaiserin mit dem Oberjägermeister, wie das Publicum schon längst gemuthmaßet, ich aber nunmehr zuverlässig weiß, seit ungefähr ein paar Jahren eine Mariage de conscience errichtet habe."[9]

Nach seiner Hochzeit avancierte Rasumovsky zu einem der mächtigsten Männer des Staates, der allerdings stets bescheiden im Hintergrund blieb und nur dann unangenehm wurde, wenn er zuviel getrunken hatte. Petzold schreibt weiter:

> „...so hat vor der Zeit an seine Autorität auf eine solche Weise zugenommen, daß, ob er sich gleich directe in keine Regierungssachen mischet, auch dazu von Natur weder Begierde noch Talent empfangen, man doch in dem, was man suchet, sobald eines guten Ausschlages vergewissert sein kann, als er sich davor portiret."

Er mischte sich nicht in die Angelegenheiten des Staates und der Politik, protestierte auch nicht öffentlich gegen die Liebhaber, die im Laufe der Zeit seinen Platz bei Elisabeth einnahmen. Bis zum Tod der Kaiserin bewohnte er eine Suite im kaiserlichen Palast, die an die Gemächer der Kaiserin anschloß. Er begleitete die Kaiserin auf allen ihren Reisen und sah den Sinn seines Lebens darin, für die geliebte und bewunderte Frau in seinen zahlreichen Schlössern Feste zu veranstalten und ihre Launen zu befriedigen. Er schätzte seine Fähigkeiten richtig ein und war weise genug, nicht selbst die Herrschaft ausüben zu wollen, sondern gute Mitarbeiter zu suchen. Zu seinem Sekretär bestellte er Wassilij Jewdokimowitsch Adadurow, den Verfasser der ersten russischen Grammatik und ersten russischen Adjunkten der Akademie der Wissenschaften, die bisher eine Domäne von Deutschen gewesen war. – Sein erster Adjutant war Iwan P. Jelagin, in seinen Diensten standen außerdem Alexander P. Sumarokow und Gregor N. Teplow.

Alexej Rasumovsky war ein Mensch, der trotz seines schwindelerregenden Aufstiegs seiner Familie und seiner Heimat immer verbunden blieb. Seine Häuser wurden zu festen Stützpunkten für Musiker, Künstler und Politiker aus der Ukraine, die Pläne für die Zukunft ihres Landes entwarfen, aber auch die kulturellen und geistigen Errungenschaften ihrer Heimat in das Leben des sich rasch wandelnden russischen Staates einbrachten.

Alexej Rasumovsky blieb bis zu seinem Tod ein sehr frommer Mann. Das einzige, wofür er sich wirklich energisch einsetzte, waren die Bestrebungen zur Christianisierung der heidnischen Völker in Sibirien seitens der Kirche.

2. Erste Schritte bei Hofe (1743–1745)

Elisabeth war nun die gekrönte Kaiserin des riesigen russischen Reiches, aber die Energie und Durchschlagskraft ihres Vaters hatte sie nicht geerbt. Sie zog es vor, Entscheidungen hinauszuzögern und lieber Feste zu feiern, als zu regieren. Sie war leichtsinnig, eitel, liebte den Luxus und schöne Kleider. Bei einem Feuer, das 1753 in einem ihrer Moskauer Palais ausbrach, verbrannten 4000 Kleider, und nach ihrem Tod soll Peter III. 15.000 zum Teil überhaupt nicht getragene Gewänder vorgefunden haben, wenn wir den Memoiren Katharinas Glauben schenken sollen.[1] Elisabeth machte die Nacht zum Tag, es gab bei ihr keine geregelten Mahlzeiten. Sie war, wie ihr vor allem französische Biographen vorwerfen, gutmütig, aber aufbrausend und traf ihre Entscheidungen nach dem Gefühl, nicht nach dem Verstand. Meist ließ sie Bestuschew die Geschäfte allein führen.

Der Hof von St. Petersburg war der Schauplatz zahlreicher Intrigen russischer Würdenträger und ausländischer Diplomaten, wobei sich die Franzosen Lestocq und Gesandter de La Chétardie besonders hervortaten. Ihre Ränke richteten sich gegen Bestuschew, der eine österreichfreundliche Politik verfolgte. Um die Gunst der russischen Kaiserin buhlte auch Friedrich II. von Preußen, der seit 1740 Krieg mit Maria Theresia um die reiche österreichische Provinz Schlesien führte und dem der Konflikt um den österreichischen Botschafter Marquis de Botta sehr gelegen kam.

Diplomatische Beziehungen zwischen Rußland und Österreich bestanden, seitdem 1698 Peter der Große Kaiser Leopold I. in Wien besucht hatte und der „Heiligen Liga“ gegen die Türkei beigetreten war, die Polen, Venedig und Österreich verband. Seit 1701 gab es in Wien eine russische diplomatische Vertretung. Nach Peters Tod hatte Kaiserin Katharina I. 1726 den Vertrag mit Leopolds Bruder, Karl VI. erneuert, der nunmehr in der Haupt- und Residenzstadt Wien als Kaiser des Heiligen Römischen Reiches Deutscher Nation regierte. Die beiden Staaten setzten von 1736-1739 ihre Kämpfe gegen die Türkei gemeinsam fort. Karl hatte keine männlichen Nachkommen, gemäß der „Pragmatischen Sanktion“ wurde seine Tochter Maria Theresia zur Königin von Ungarn und Böhmen gekrönt; römisch-deutscher Kaiser war ihr Mann Franz Stephan von Lothringen.

Nach Elisabeths Machtübernahme trübten sich die Beziehungen.[2] Eine Angelegenheit, die das Gewissen der Zarin schwer belastete und sie bis zum Ende ihrer Tage in Angst versetzte, war die Existenz des rechtmäßig gewählten kleinen Zaren Iwan, den Elisabeth zuerst mit seinen Eltern, dem Herzogspaar von Braunschweig, ausreisen lassen wollte, in Riga aber verhaften ließ. Sie waren nahe

Verwandte der Kaiserin-Königin Maria Theresia – ihre Mutter war ebenfalls eine Braunschweigerin. Sie intervenierte durch ihren Botschafter Botta bei der Zarin, und diese nahm ihr das sehr übel. Als die Gäste bei einem Festessen im Hause des österreichischen Botschafters für Iwan und gegen Elisabeth Partei ergriffen, inszenierte La Chétardie einen großen Skandal, bei dem nicht nur die Männer, sondern auch zwei schöne Frauen unter die Räder kamen, weil die Kaiserin auf sie eifersüchtig war und überall die Schönste sein wollte: Gräfin Lopuchina und ihr Mann, die 26-jährige Frau von Michail Bestuschew, dem Bruder des Kanzlers, und mehrere andere wurden öffentlich ausgepeitscht und nach Sibirien verbannt. Elisabeth verlangte von Maria Theresia eine exemplarische Bestrafung ihres Gesandten, und da sich Österreich im Krieg gegen Preußen befand und auf das Wohlwollen Rußlands angewiesen war, kam Maria Theresia nach einem längeren Notenwechsel dem Wunsch ihrer „kaiserlichen Schwester“ nach: sie verbannte den Marquis für einige Wochen – nach Graz! Den Brüdern Bestuschew geschah nichts; La Chétardie mußte einige Zeit danach Rußland verlassen.

Als der Hof einige Monate nach Elisabeths Krönung von Moskau nach Petersburg zurückkehrte, nahm Alexej seine Neffen und Nichten Sakrewski, Budljanski und Daragan mit, ebenso seinen Bruder Kirill. Sie wurden unter der Aufsicht eines Erziehers und einer Gouvernante in einem „Kinderhaus“ unweit des kaiserlichen Palais untergebracht und unterrichtet und später zur Weiterbildung in die Schweiz geschickt. Alexej und die sehr kinderliebe Kaiserin besuchten sie manchmal und nahmen an ihren Mahlzeiten teil. Von dort kommt, wie Wassiltschikoff schreibt, das von Helbig ausgestreute Gerücht, Elisabeth und Alexej hätten acht uneheliche Kinder gehabt, darunter „auch die sämtlichen Geschwister Sakrewski“.[3] Von einem verballhornten Daragan kommt auch der Name „Fürstin Tarakanowa“, wie sich Jahrzehnte später eine der in Rußland so häufig auftretenden Schwindlerinnen nennen ließ.

Der Frage, ob und wenn ja, wieviele geheimgehaltene Kinder Elisabeth und Alexej gehabt hatten, gehen in Rußland neuerdings zahlreiche zuverlässige historische Studien nach. Das monumentale Werk „Dom Romanovych“ nennt eine einzige um 1744 geborene Tochter Avgusta, die ins Ausland geschickt und 1785 von Kaiserin Katharina mit Gewalt in die Heimat zurückgebracht und unter dem Namen „Nonne Dosifeja“ in ein Moskauer Kloster gebracht wurde, in dem sie in strenger Abgeschiedenheit in einer Klosterzelle lebte, bis sie 1810 starb. Das Grab Dosifejas im Novospasski-Kloster existiert bis heute.[4]

Mit großer Bedachtsamkeit plante Alexej die Ausbildung seines Bruders: er sollte das nötige Rüstzeug bekommen, um später im russischen Reich eine angemessene Rolle spielen zu können. Da Kirill, wie anzunehmen ist, kaum lesen und schreiben konnte, erhielt er zunächst Unterricht durch Adadurow. Hernach erhielt er einen fähigen jungen Kiewer, Gregor Nikolaewitsch Teplow[5], als Erzieher. Als Unterrichtsgegenstände schrieb Alexej vor: „Deutsch, Latein, erst dann Französisch, außerdem Weltgeschichte, Arithmetik, Geographie und

Fechten".[6] Ferner beauftragte er Teplow, Kirill auf einer langen Auslandsreise zu begleiten.

Kirill und Teplow verbrachten ein Jahr in Königsberg – Kirill lernte hier gut Deutsch –, danach siedelten sie nach Berlin über. Hier hörte der junge Mann Vorlesungen an der Universität, u.a. bei dem Schweizer Mathematiker Leonhard Euler, der von 1727-1740 Professor an der Petersburger Akademie gewesen war.

„Der junge Kyrilla wurde mit seinem Hofmeister nach Berlin geschickt, woselbst er einige Jahre blieb und von dem berühmten Euler so gut erzogen wurde, als es ohne Anstrengung möglich war",

schreibt Helbig.[7]

Durch den preußischen Gesandten in Petersburg erfuhr König Friedrich, wer der inkognito in Berlin studierende junge Russe war. Da er an guten Beziehungen mit der russischen Kaiserin interessiert war, empfing er Kirill huldvoll und schenkte ihm sein mit Brillanten verziertes Porträt.

In Berlin erhielt Kirill einen Brief von Adadurow, der dem ehemaligen Viehhirten aus der Ukraine sicher Freude gemacht haben muß. Der Brief trägt das Datum 16. Juni 1744:

„Hochgeborener Graf, mein verehrter Herr Kirill Grigorjewitsch. Mit unsagbarer Freude gratuliere ich Euer Hochgeboren zu der allerhöchsten Gnade Ihrer Kaiserlichen Majestät, Euer Hochgeboren die Würde eines Grafen des russischen Reiches zu verleihen."[8]

Mit dieser Ernennung Alexejs und seines Bruders Kirill sowie ihrer Nachkommen zu Grafen des russischen Reiches (am 15. Juni anläßlich des Friedensschlusses mit Schweden) reagierte Elisabeth auf die bereits zuvor erfolgte Verleihung des Reichsgrafentitels an ihren Lebensgefährten durch den deutschen Kaiser Karl VII. (am 16. Mai 1744).

Von Berlin ging die Reise weiter nach Göttingen, Straßburg und Italien. Kirill war der erste junge Russe, der an der damals französischen Straßburger Universität studierte. Durch ihn wurde sie später die Kaderschmiede für viele angehende russische Diplomaten.

Kirill und Teplow kehrten im Frühjahr 1745 nach Rußland zurück:

„Er hatte keinen glänzenden, aber einen sehr richtigen Verstand und war nicht ohne Kenntnisse. Deutsch und französisch sprach er recht gut. Den Mangel großer Talente ersetzte er durch Patriotismus, Rechtschaffenheit und Wohltätigkeit; Eigenschaften, die er in einem hohen Grade besaß und durch welche er die allgemeine Verehrung erwarb",

urteilt Helbig.[9]

Das Ziel der Bildungsreise war wohl nur zum Teil erreicht, denn anscheinend war es nicht gelungen, dem angehenden großen Mann die Liebe zur Buchgelehrsamkeit und zu preußisch-exakter, fleißiger Arbeit beizubringen, aber er hatte sich seine guten Eigenschaften bewahrt: gesunden Menschenverstand, Humor, Freigebigkeit und seine urwüchsige, anschauliche ukrainische Redeweise, die bis heute aus seinen Briefen herauszulesen ist.

Während sich der junge Rasumovsky mit Teplow im Westen aufhielt, fand am 29. Juni 1744 in der Moskauer Uspenski-Kathedrale die feierliche Verlobung des Großfürsten Peter mit Sophie von Anhalt-Zerbst statt, die nach ihrem Übertritt zur orthodoxen Konfession den Namen Katharina Alexejewna erhielt. Unmittelbar danach begab sich der Hof in die Ukraine: Alexej wollte der Kaiserin seine Heimat zeigen.[10] Im Gefolge der Kaiserin befanden sich zwei Erzbischöfe und mehrere Priester, das Thronfolger-Brautpaar und Katharinas Mutter, die Fürstin von Anhalt-Zerbst, Scharen von Hofbeamten sowie das dazugehörige Personal, im ganzen 280 Personen, für die 23.000 Pferde bereitgestellt werden mußten.

Die Reise wurde zu einem Triumphzug für die Kaiserin. In Gluchow, Koselez und später in Kiew stieg sie in Alexejs neuen Häusern ab; alle seine Verwandten hatten sich zur Audienz eingefunden. In Gluchow gab es einen feierlichen Gottesdienst mit anschließendem Volksfest und einem großen Ball; am nächsten Tag erschien bei der Kaiserin eine Abordnung ukrainischer Würdenträger unter der Führung von Michail Skoropadski und überreichte ein Gesuch um Wiedereinführung des Hetmanates in der Ukraine.

Besonders begeistert war Kaiserin Elisabeth von ihrem 14-tägigen Aufenthalt in Kiew. Die Stadt gefiel ihr so gut, daß sie ihrem Hofarchitekten Bartolomeo Francesco Rastrelli den Auftrag erteilte, eine neue Kirche und ein Palais für sie zu errichten. Rastrellis erster Kirchenbau in Rußland, die St. Andreas-Kirche, und das Mariinski-Palais, sind Meilensteine in der russischen Architektur.

Beim Abschied lud die Kaiserin nicht nur die gesamte Verwandtschaft Rasumovskys zur bevorstehenden Hochzeit des Thronfolgers ein, sondern auch jene ukrainischen Granden, die ihr die Denkschrift bezüglich der Wiedererrichtung der Hetmanswürde überreicht hatten. Dann wollte sie ihnen die Antwort geben.

Die Hochzeit fand am 21. August/1. September 1745 in St. Petersburg statt. Katharina sah ihr keineswegs mit überschäumender Begeisterung, sondern durchaus realistisch entgegen:

> „Je näher der Tag kam, desto tiefer wurde mein Trübsinn. Mein Herz sagte mir kein großes Glück voraus: nur der Ehrgeiz hielt mich aufrecht. Im Grunde meines Herzens fühlte ich ein geheimes Etwas, welches mich nie einen Augenblick zweifeln ließ, daß ich früher oder später souveräne Kaiserin von Rußland in eigener Machtvollkommenheit werden würde."[11]

Fürwahr, eine klare Aussage über zukünftige Pläne!

Die Trauung erfolgte durch den Erzbischof von Nowgorod. Die Kronen über den Köpfen des jungen Paares hielten Prinz August von Holstein und Oberjägermeister Rasumovsky. Danach wurde zehn Tage lang gefeiert.

PHILOSOPHIA ARISTOTELICA
AD
Mentem Peripateticorum
TRADITA
EJUS SACRATISSIMÆ MAJESTATIS HÆREDITARIÆ
NOSTRÆ MAGNÆ DOMINÆ AUGUSTISSIMÆ
IMPERATRICIS
ELISABETH PETROWNÆ
TOTIUS ROSSIÆ
Fideli ſubdito, ſacrorum ROSSIACI nec non Romani Imperiorum,
Jlluſtriſſimo Regis Comiti Excellentiſſimo, Totum per Imperium,
Jager Meyſtro Actuali.
EJUSDEM SACRATISSIMÆ MAJESTATIS
Ober Camer Hero, Leyb Companiæ Laitenantio, Variorumque
Ordinum Cavalero, ejus Regis Comitis Jlluſtriſſimæ Excellentiæ
ALEXIO HRYHORIEWICZ ROZUMOWSKI
anniverſaria ejusdem Tutelaris Recordatione
DEDICATA.
Sincero extractui è libris Latinis atque Polonicis Typô Mandatis
DE
Antiqua Nobiliſsimorum Dominorum ROZUMOVSCIORUM Genealogia
INNIXA
IN QUATUOR DOCUMENTA
DIVISA
ET
Publicis in Academia Mohylo-Zaborovſciana Kijovienſi Diſputationibus
APPROBATA
PER
Humillimum eorum Servum, nec non DEI Exoratorem, ACADEMIÆ KIJO-
VIENSIS PRÆFECTUM, ejusdemque Philoſophiæ per Sexennium Ordinarium
Profeſſorem Hieromonachum MICHAELEM KOZACZYNSKI
OBLATA
DEINDE
Per Auditorem ſuum, Græcæ, Hebraicæ, nec non Germanicæ Dialectorum
Diſcipulum, Nobilem Dominum GREGORIUM SZCZERBACKI
DEFENSA
KIJOVIÆ. Præſide eodem qui ſupra Præfecto Mihaële.

qVIsqVe sat eſſe poteſt sat CertVs re sVper Ista
qVoD rozVMoVskICh stIrps generoſa fVIt.

Kozaczynski, M.: Philosophie des Aristoteles. Hinter diesem Titelblatt verbirgt sich eine „phantastische Genealogie“, durch die die Abstammung der Rosums von der litauischen Adelsfamilie Roschynski nachgewiesen werden sollte. Der größte Teil der Exemplare dieses Buches wurden vernichtet.

Nach der Hochzeit blieb die ukrainische Delegation in der Hauptstadt und wartete auf eine Antwort der Kaiserin. Sie bestand aus den Starschina-Angehörigen General Demjan Obolonski, General-Fouriermeister Gregor Lisogub, Generalleutnant Nikolaj Chanenko und Oberst Wassilij Gudowitsch. Später reisten die beiden ersten ab. An ihrer Stelle kam Oberst Semjon Kotschubej. In der Ukraine hoffte man auf Alexej Rasumovsky als neuen Hetman, und sie hatten ihm auch ein schönes Geschenk mitgebracht: eine am 17. März 1745 in Kiew gedruckte „Philosophie des Aristoteles", die in Wirklichkeit jene „phantastische" Genealogie der Familie Rasumovsky enthielt, derzufolge diese von der alten litauischen Adelsfamilie Roschynski abstammte, und die als Grundlage für die Verleihung des Reichsgrafenstandes gedient hatte, „über die später Kirill Grigorjewitsch nicht selten gelacht hat", wie dessen Urenkel Wassiltschikoff hinzufügt.[12]

Doch die Antwort der Kaiserin ließ auf sich warten. Elisabeth hatte für dieses Amt einen anderen Kandidaten ausgewählt. So saßen die Delegierten in Petersburg herum, besuchten Alexej Grigorjewitsch und die Rosumicha, die sich noch einige Monate bei ihren Söhnen aufhielt, und vertrieben sich die Zeit, wie sie konnten.

Kirill hingegen genoß nach seiner Heimkehr das gesellschaftliche Leben Petersburgs in vollen Zügen. Fast gleichzeitig mit ihm kam ein anderer junger Mann mit großer Zukunft aus dem Ausland zurück, mit dem er Freundschaft fürs Leben schloß: der spätere Präsident des Admiralskollegiums Graf Iwan Grigorjewitsch Tschenyschow. Dem Bruder des mächtigen Favoriten wurde von allen Seiten geschmeichelt, man lobte seine Manieren, seine elegante Erscheinung und seine Sprachkenntnisse. Kirills Name kommt öfters in den Hofkammerjournalen vor, einmal wird er als „Vorschneider" an der kaiserlichen Tafel erwähnt, ein anderes Mal als Tänzer in der aus 34 Personen bestehenden „Quadrille des Großfürsten". Er erschien täglich bei Hof, entweder bei der Kaiserin oder in den Gemächern seines Bruders. Aber daß Kirill auch zum ständigen Besucherkreis des Thronfolgerpaares gehörte, war ungewöhnlich, bestanden doch zwischen dem „großen" und dem „kleinen Hof" erhebliche Spannungen.

Großfürst Peter haßte alles Russische. Nach wie vor trauerte er seinem heimatlichen Holstein nach, er spielte Krieg, umgab sich mit holsteinischen Soldaten und verehrte, auch als Protest gegen seine Tante, Friedrich von Preußen und alles, was von ihm kam. Peters kindisches, provokatorisches Verhalten, die offen zur Schau gestellte Verachtung, die er seiner Umgebung entgegenbrachte, stieß viele russischen Patrioten vor den Kopf. Elisabeth mißtraute dem „kleinen Hof", ließ ihn durch Bestuschew genau überwachen und wählte selbst den Hofstaat Peters und Katharinas aus. Nicht zu Unrecht fürchtete sie, daß beide eigene politische Ziele zu verfolgen beabsichtigten. Die Tatsache, daß die Ehe kinderlos blieb, erhöhte Elisabeths Ärger.

Es ist nicht erstaunlich, daß sich die junge Großfürstin vereinsamt fühlte und über jeden Besucher froh war. In ihren Memoiren schreibt Katharina über Kirill Rasumovsky:

„Er... war aber auch in der Tat ein schöner Mensch mit originellem Geist und äußerst liebenswürdigem Benehmen. An Verstand übertraf er bei weitem seinen Bruder, der ihm andererseits an Schönheit gleichkam, ihn an Edelmut und Wohlwollen aber übertraf. Die beiden Brüder stammten aus der beliebtesten Günstlingsfamilie, welche mir je vorgekommen ist."

Und:

„... auch war es bekannt, daß die schönsten Frauen des Hofes sich um ihn rissen..."[13]

Am 6. März wurden die kleinrussischen Delegierten offiziell zu Alexej berufen. Er überreichte ihnen eine Deklaration der Kaiserin über die Wiedereinrichtung des Hetmanats in der Ukraine, wenn auch unter russischer Oberhoheit. Auch der Name des in Aussicht genommenen Hetmans wurde ihnen mitgeteilt: es war nicht der von ihnen favorisierte Graf Alexej Grigorjewitsch, sondern Graf Kirill Grigorjewitsch. An eine Abreise in die Heimat war allerdings immer noch nicht zu denken, sie mußten weiter in Petersburg bleiben, bis alle Formalitäten erledigt waren. Für die Nachwelt ist dies ein Gewinn: Das Tagebuch, das Nikolaj Chanenko in Petersburg weiter führte, ist eine der wichtigsten Quellen für die Geschichte dieser Zeit.[14]

3. Kirill wird Präsident der Akademie der Wissenschaften (1746–1748)

Zweifellos war das Jahr 1746 eines der ereignisreichsten im Leben des Grafen Kirill Grigorjewitsch Rasumovsky. Nachdem er am 6. März von der Kaiserin zum zukünftigen Hetman der Ukraine „vorgeschlagen“ worden war – dort mußte er in dieses Amt erst „gewählt“ werden –, erfolgte am 21. Mai ein neuer kaiserlicher Gunstbeweis: Elisabeth ernannte ihn „in Anbetracht der an ihm festgestellten besonderen Talente und seiner in den Wissenschaften erworbenen Fähigkeiten“ zum Präsidenten der kaiserlichen Akademie der Wissenschaften in St. Petersburg, mit einem Jahresgehalt von 3000 Rubel. Der neue Präsident war gerade 18 Jahre alt geworden.

> „Für die Akademie der Wissenschaften war es wohl kein feiner Lobspruch, daß man diesen jungen Menschen... zum Präsidenten dieser Versammlung gelehrter Männer ernannte“,

kommentiert Helbig.[1]

Die Akademie war 1725 von Peter I. nach französischem Vorbild gegründet worden und von Anfang an eine Domäne deutscher Forscher und Wissenschaftler. Sekretär der Akademie und an ihrer Gründung beteiligt war der gebürtige Colmarer Johann Gabriel Schumacher. Dieser hatte bedeutende Männer wie Leonhard Euler oder die Brüder Bernoulli berufen, das Regiment aber fest in seinen Händen behalten. Mittlerweile hatten sich alle zerstritten, die meisten ausländischen Zelebritäten waren abgereist. Geblieben und ebenfalls untereinander und mit dem Sekretär verfeindet waren die bedeutenden russischen Schriftsteller und Dichter Wassilij Tredjakowski, Alexander Sumarokow und der vielseitig begabte, aber schwer erträgliche Michail Lomonossow, die drei Väter der russischen Schriftsprache. Allein die Tatsache, daß diese bedeutenden Männer dank der Akademie materiell abgesichert waren und ihre Arbeiten fortführen konnten, zeigt, wie wichtig diese Institution für die Entwicklung des kulturellen Lebens in Rußland war. Seit 1741 war aufgrund dieser inneren Kämpfe kein neuer Präsident gewählt worden, und die Lösung, diesen Posten einem jungen Russen, der kein Wissenschaftler war, zu übertragen, war vielleicht nicht die schlechteste.

Doch gewisse Bedenken scheint die Zarin gehabt zu haben: zehn Tage nach der Ernennung Rasumovskys wurde seinem Erzieher Teplow die Stelle eines Assessors in der akademischen Kanzlei übertragen.

> „Der Präsident der Akademie, K.G. Rasumovsky... stand unter stärkstem Einfluß seines früheren Erziehers, des nunmehrigen Akademie-Assessors G.N. Teplow – in

Wirklichkeit waren es Teplow und Schumacher, die sich gegenseitig unterstützten und die Leitung der Akademie von 1746-1757 in Händen hielten und die allmächtigen Lenker ihrer Geschicke waren. Von ihrem Willen hing alles ab, und mit dieser Tatsache mußte man sich abfinden."[2]

Am 12. Juni 1746 hielt der neue Akademiepräsident eine feierliche Antrittsrede. Ihm antworteten Schumacher, Tredjakowski und Miller. Er begann seine neue Tätigkeit voll Energie: Als erstes ließ er sich von jedem Akademie-Mitglied eine schriftliche Stellungnahme zum Konflikt zwischen Schumacher und Lomonossow geben und berichtete danach der Kaiserin, daß Schumacher im Recht sei, ohne daß dieser Rapport unangenehme Folgen für den streitbaren Russen hatte. In den folgenden Jahren hielt Rasumovsky nämlich stets seine schützende Hand über Lomonossow, er unterstützte ihn bei seinen Plänen und gab ihm dadurch die Möglichkeit, seine Arbeiten fortzuführen. Um Zwistigkeiten in Zukunft auszuschalten, wurde 1747 von Teplow ein Akademie-Statut ausgearbeitet, das von der Kaiserin gebilligt wurde. Der Präsident versuchte auch, die Brüder Bernoulli und Euler zur Rückkehr an die Akademie zu bewegen und wollte auch Voltaire zu einem Besuch einladen, jedoch ohne Erfolg. Euler kehrte erst 1766, nach Rasumovskys Zeit, nach Petersburg zurück, er heiratete und starb hier.

Rasumovskys Korrespondenz mit westlichen Gelehrten ist nicht erhalten. Sie fiel dem ersten der großen Brände zum Opfer, die die Bibliothek und die „Kunst-Kamera" im Laufe der Jahrhunderte heimsuchten. Obwohl im Bericht des Präsidenten an die Kaiserin, den der Bibliothekar Taubert verfaßt hat, nur von „allerkleinsten Schäden" („samyj malyj uščerb") die Rede ist, verbrannten außer kostbaren Handschriften auch 224 unersetzbare Bücher, und die Bibliothek mußte für viele Jahre in ein Notquartier umziehen, bis das von Quarenghi erbaute Gebäude wieder hergerichtet war.[3]

Das Jahr 1746 brachte im Leben des jüngeren Rasumovsky noch ein weiteres denkwürdiges Ereignis: Auf Betreiben der Kaiserin wurde er am 29. Juni – nicht zu seiner großen Begeisterung, wie Kaiserin Katharina vermerkt – mit Katharina Iwanowna Naryschkina verlobt, einer nahen Verwandten Elisabeths und reichen Erbin (ihre Großmutter war die Schwester von Katharinas Großvater).

Die Naryschkins gehörten zum alten russischen Adel, ohne es je zu großem Einfluß und Reichtum gebracht zu haben. Ins Rampenlicht der Geschichte traten sie erst, nachdem Zar Alexej Michajlowitsch in zweiter Ehe Natalja Kirillowna Naryschkina heiratete, die die Mutter Peters wurde. Zar Alexejs erste Frau stammte aus der Familie Miloslawski. Nach seinem Tod brachen zwischen den Familienclans blutige Kämpfe aus, in deren Folge die Miloslawskis im buchstäblichen Sinne ausgerottet wurden. Der wichtigste Berater des jungen Zaren Peter wurde sein Onkel Lew Kirillowitsch Naryschkin, der es zu Ehren und großem Reichtum brachte. Er war ein hochgebildeter, kultivierter Mann, der viele Sprachen beherrschte, Europa bereist hatte und seinen Reichtum in wahrhaft hochherrschaftlicher Weise anzulegen wußte: Er ließ 1692 auf seinem Gut Fili bei Moskau in Anlehnung an westliche Bauformen eine Kirche bauen, die einem ganzen Baustil in Rußland seinen Namen gab: Naryschkin-Barock. Katharina Iwanowna, die zukünftige Gräfin Rasumovsky, war die Enkelin dieses Mannes. Sie hatte in frühester Kindheit ihre Eltern verloren und wuchs im großväterlichen Haus auf.

Die Hochzeit des „Kammerherrn Graf Kirill Grigorjewitsch Rasumovsky mit Hoffräulein Naryschkina" fand, wie das Kammer-Fourierjournal festhält, am 27. Oktober 1746 mit großer Prachtentfaltung statt. Die Braut wurde vom Thronfolger zum Altar geführt, hinter ihr schritt die Kaiserin, danach kamen hohe Würdenträger. Als Brautmutter fungierte Großfürstin Katharina. Nach der Trauung wurde das Festessen an mehreren Tischen serviert, am ersten Ehrentisch saß unter einem Baldachin die junge Gräfin Rasumovsky, ihr gegenüber „geruhten in allerhöchster Huld ihre Majestät persönlich teilzunehmen". Nach dem Essen wurde getanzt. Vom 28. bis zum 30. Oktober wurden die Festlichkeiten mit einer großen Gratulationscour und Unterhaltungen fortgesetzt, die junge Gräfin wurde am 28. zur Hofdame ernannt und erhielt ein brillantgeschmücktes Bildnis der Kaiserin. Christian Krusius, Historiker und Akademiemitglied, verfaßte eigens für diesen Anlaß ein lateinisches Poem „Epithalamion in nuptias ab illustrissimo atque excellentissimo Comite, Cyrillo Gregorii filius Rasumovsky ... contractas..."[4] („Lobgesang anläßlich der Vermählung des glorreichen und hochgeehrten Grafen Cyrillus, Sohn des Gregorius Rasumovsky...").

Diese Verbindung eröffnete Kirill nicht nur den Zugang in vornehme Moskauer Adelskreise, die die Petersburger „Parvenus" verachteten, sondern sie bescherte ihm auch zahlreiche materielle Gewinne: unter anderem ein Haus auf der Wosdwischenka-Straße in Moskau und das Gut Petrowskoje im Norden der Stadt, die beide später von Kirill zu glänzenden Residenzen ausgebaut wurden. Der Stadtteil Moskaus, in dem das heute nicht mehr existierende Schloß lag, heißt bis in unsere Tage „Petrowsko-Razumovskoje".

Die Ehe muß wohl als gut oder zumindest als passabel bezeichnet werden. Trotz seiner zahlreichen flüchtigen Liebesabenteuer unterhielt Kirill den bis dato bekannten Annalen zufolge offensichtlich kein festes Verhältnis. Katharinas Ruf hingegen war über jeden Zweifel erhaben. Den beiden ersten Kindern Natalja (geb. 1747) und Alexej (geb. 1748) folgten im Laufe der 25 Jahre währenden Ehe weitere fünf Söhne und vier Töchter, von denen nur eine, Daria, im Kindesalter starb. Von ihnen wird später die Rede sein.

Die europäischen Ereignisse fanden ihren Widerhall am russischen Hof. Die preußische Lobby war durch Friedrichs Gesandten Baron Mardefeld und den kaiserlichen Leibarzt Lestocq vertreten, Außenminister Bestuschew-Rjumin hingegen trat für ein Zusammengehen Rußlands mit Österreich ein. Er stand anfangs mit dieser Haltung ziemlich allein da und hatte seine Position vor allem seiner Freundschaft mit den Brüdern Rasumovsky zu verdanken. Zu Bestuschews mächtigsten Feinden gehörten die Brüder Alexander und Peter Schuwalow, die die Kaiserin auf den Thron gebracht hatten und dafür im Dezember 1746 ebenfalls mit dem Grafentitel belohnt wurden. Die Brüder werden von der russischen Geschichtsschreibung sehr negativ beurteilt, was für Alexander Iwanowitsch, den Leiter von Elisabeths Geheimer Staatskanzlei und finsteren Bösewicht, wie ihn uns Katharina in ihren Memoiren schildert, sicher zutrifft, während Peter Iwanowitsch Schuwalow als weitblickender Staatsmann und Reformer dem Land verbesserte Handelsbeziehungen, Steuererleichterungen, eine Geldreform und eine Neuorganisierung des Militärwesens brachte. Er hatte auch die Absicht, das Problem der Leibeigenschaft in Angriff zu nehmen.[5] Den Reformen Peter Schuwalows verdankten einige sogenannte „Kaufmannsfamilien" ihren Aufstieg, die eine rege und für das Rußland des 19. und Anfang des 20. Jahrhunderts ausgesprochen positive Tätigkeit begannen, beispielsweise die Bachruschins, Najdenows und Tretjakows.[6]

Elisabeth, deren Politik von Emotionen bestimmt war, hatte zwei Gründe, um mit König Friedrich unzufrieden zu sein. Erstens hatte er ihr als Frau des Thronfolgers die Großfürstin Katharina „geliefert", die noch immer keinen Sohn in die Welt gesetzt hatte, zweitens war sie darüber verärgert, daß der preußische König sein Wort gebrochen und 1744 neuerlich Krieg gegen Österreich zu führen begonnen hatte. Als Österreich auch den 2. Schlesischen Krieg verloren hatte und Kaiserin-Königin Maria Theresia und ihr Hofkanzler Graf Ulfeld dringend Hilfe brauchten, war Elisabeth 1746 bereit, den seit langem mit Österreich bestehenden Freundschafts- und Beistandsvertrag zu erneuern. Dies war als Sieg Bestuschews über seine Feinde zu werten.

Zur Bekräftigung der neuen Freundschaft schickte die Zarin 1747 einen Sondergesandten nach Wien, um der Kaiserin-Königin zur Geburt ihres Sohnes Leopold – des nachmaligen Kaisers Leopold II. – zu gratulieren. Hierbei handelt es sich um Bestuschews Sohn Andrej, der gerade Awdotja Danilowna Rasumovsky, die Tochter des verstorbenen ältesten Rasumovsky-Bruders, geheiratet hatte. Das junge Paar wurde in Wien mit allen Ehren empfangen, wie der kaiserliche Obersthofmeister Fürst Johann Joseph Khevenmüller-Metsch in seinem Tagebuch berichtet:

> „Den 9. (Mai 1748) gegen 12 Uhr mittags hatte der mit dem Gegen-Compliment zur Geburt des Ertzherzogs Peter Leopold vorgestern allhier angelangte russische Cammerherr, Graff Bestuscheff-Rumin – eintziger Sohn des dortigen Groß Canzlers – seine erste Audienz bei den Kaiser; und weillen mann selben nicht allein wegen des russischen Hoffs (an dessen Freundschafft uns so vill gelegen), sondern auch wegen seines für uns so gutt gesinnten Vattern – dessen Credit dermahlen sehr hoch gestigen – auf alle mit unserer Etiquette nur immer compatiblen Art distinguieren wollen, so wurde ... aufgetragen, ihm Zeit seiner Anwesenheit dahier an der Hand zu sein und dahin zu sorgen, damit er behöriger Orten aufgeführet und bekant gemacht werde, anbei auch alles merckwürdige besehen möge..."

Und am 10. Mai:

> „Gegen halb 6, vor dem Rosencrantz und heutigen Appartement hatte auch seine mitgekommene Gemahlin – welche eine Nièce der russischen Kaiserin Obristjägermeister und Favoriten Graffen Rasumovsky getauffet wird, nach Aussag der Médisance aber eine Tochter der Czaarin sein solle – ein junges Weib von etwas 18 Jahren, nicht hübsch, le teint un peu basané, und mit etwas kallmuckischen Augen, ihre Audienz im Spiegelzimmer…“[7]

Während der großen Gala in Schönbrunn anläßlich des Geburtstages der Kaiserin wurde das junge Paar von ihren Majestäten besonders ausgezeichnet und Khevenmüller mußte dafür Sorge tragen, daß ihnen „gutte Compagnons zu deren Contredances“ zugeteilt wurden. Zum Souper wurden „keinen deren fremden Ministern als nur den Grafen Bestuschew und seine Gemahlin“ zugelassen. Am 14. besuchten sie in der Stadt die neue Oper und sahen dort „La Semiramide riconosciuta“ von Metastasio. Nach der Abschiedsaudienz am 30. Mai überreichte Khevenmüller dem Grafen Bestuschew „eine Tabetière von Jaspe mit Brillianten versetzet und darinnen einen magnifiquen brilliantenen Ring“, der Gräfin „einen Aigrette mit brilliantenen Tropffen, welche die Kaiserin erst unlängst um nahe 10.000 fl. Werths erkauffet… Um das Maß an Distinctionen und Politessen voll zu geben“ wurde ihnen zu Ehren eine Parforcejagd in Ebreichsdorf veranstaltet, „zu welchem Ende der Kaiser ihn den Graffen, und die Kaiserin dessen Gemahlin zu sich in die Landauer Chaises nahm.“ Anschließend an diese so erfolgreich verlaufene Mission fuhren die jungen Leute nach Karlsbad,

> „weilen der Prothomedicus Van Swieten dem Graffen dessen Gebrauch zur Recuperirung seiner in so jung- und kaum 20-jährigen Alter sehr delatirten Gesundheit angerathen hatte.“

Dies dürfte nicht viel genützt haben, denn nach Wassiltschikoff starben beide in jungen Jahren.

Im Frühling 1748 ereignete sich auf dem Gut Gostiliza bei St. Petersburg, das dem Grafen Alexej gehörte, ein dramatischer Zwischenfall, der dem Thronfolgerpaar beinahe das Leben gekostet hätte und den Katharina ausführlich beschreibt:

> „…von dort begaben wir uns Ende Mai zum Himmelfahrtsfeste in den Palast des Grafen Razumovski nach Gostiliza. Am 23. desselben Monats beschied die Kaiserin den Gesandten des kaiserlichen Hofes… dorthin… Dieses Souper verlängerte sich bis tief in die Nacht, so daß wir erst nach Sonnenaufgang in das von uns bewohnte Haus zurückkehrten. Dasselbe war aus Holz und lag auf einer kleinen Anhöhe… Gegen sechs Uhr morgens kam ein Gardeoffizier namens Levaschoff von Oranienbaum, um mit Tschoglokoff… zu sprechen. Da alles noch schlief, setzte er sich zur Schildwache, um zu warten. Plötzlich vernahm er ein eigentümliches Krachen, was ihm verdächtig vorkam. Da

die Schildwache sagte, dieses Krachen habe sich schon mehrmals wiederholt, seit sie auf Posten sei, sprang Levaschoff auf und eilte nach der Außenseite des Hauses, wo er bemerkte, daß sich an der Basis des Hauses große Quadersteine loslösten. Schnell weckte er Tschoglokoff und meldete ihm, daß das Fundament des Hauses einzustürzen drohe und man versuchen müsse, die Bewohner herauszubringen... So gelangte er in das Kabinett, wo wir schliefen, weckte uns, indem er dem Vorhang aufzog und forderte uns auf, uns so schnell als möglich anzukleiden und zu fliehen, weil die Grundmauern des Hauses einzubrechen drohten. Der Großfürst sprang aus dem Bett, ergriff seinen Schlafrock und eilte davon... Schnell kleidete ich mich an, wobei ich mich erinnerte, daß ja Madame Kruse im anderen Kabinett sorglos schlafe. Ich ging hinein, um sie zu wecken... Ich half ihr noch beim Ankleiden, und als sie fertig war, überschritten wir die Schwelle der Tür und traten in den Saal. Aber im selben Augenblick erfolgte der allgemeine Einsturz, begleitet von einem entsetzlichen Getöse... Madame Kruse und ich fielen zu Boden. In diesem Moment kam Levaschoff durch die Treppentür, die uns gegenüber lag; er hob mich auf und trug mich aus dem Zimmer. Zufällig fiel mein Blick auf die Rutschbahn, die sich ungefähr in der Höhe der zweiten Etage befunden hatte; sie war nicht mehr da, sondern wenigstens fünfzehn Fuß weiter unten. Als Levaschoff mit mir bei der Treppe anlangte, auf der er hinauf gekommen, war auch diese eingestürzt. Inzwischen waren aber mehrere Personen auf die Trümmer gestiegen, und Levaschoff überlieferte mich nun dem nächsten, dieser wieder einem anderen, sodaß ich von Hand zu Hand endlich bis zum Fuße der Treppe in die Vorhalle kam. Von dort trug man mich auf eine Wiese, wo ich den Großfürsten im Schlafrocke fand... Sechzehn bei der Rutschbahn angestellte Arbeiter, welche dort schliefen, wurden durch den Einsturz zerschmettert. Die Ursache des ganzen Unglücks war, daß man das Haus im Herbste in Eile gebaut und ihm als Grundmauern nur vier Reihen Kalksteine gegeben hatte... Der Oberjäger weinte aus lauter Verzweiflung und sprach davon, sich erschießen zu wollen. Man verhinderte ihn dann zum Scheine daran, denn in Wahrheit beabsichtigte er nichts dergleichen...«[8]

Im Herbst 1747 ereilte das Schicksal einen der Mitbeteiligten an der Palastrevolution von 1741, den Grafen Lestocq. Er wurde von Bestuschew überführt, für den König von Preußen zu spionieren. Er fiel in Ungnade und wurde anfangs 1748 vor Gericht gestellt und für schuldig befunden, aber in Anbetracht seiner großen Verdienste bloß zur Verbannung nach Uglitsch verurteilt.

Allerdings blieben auch Bestuschews Feinde, die Frankreich-freundliche Schuwalow-Partei, nicht untätig. Es ereigneten sich mehrere Affären, in denen die Brüder Rasumovsky der verschiedenen Vergehen beschuldigt wurden: Alexej habe das Unglück von Gostiliza absichtlich herbeigeführt, um den Kronprinzen zu ermorden; er habe eine Ehefrau, die er verlassen und in ein Kloster gesperrt habe, seine Mutter sei eine böse Zauberin, und schließlich immer wieder Anzeigen von Patrioten, er fühle sich als unumschränkter Herrscher über Kleinrußland und bevorzuge bzw. benachteilige seine ukrainischen Landsleute. Von besonderer Pikanterie ist die Aussage eines Kanzleibediensteten in der Akademie der Wissenschaften über Kirill:

„Wenn seine Gnaden in die Akademie kommen, lümmeln sie sich auf den Tisch, liegen in einem weichen Sessel und haben selbst überhaupt keine Meinung; was man seiner Gnaden hinlegt, wird ohne Diskussion bekräftigt. Macht in der Akademie hat der Assessor Teplow, was dieser sagt, wird genau nach seinem Wort ausgeführt, nicht nur in der Akademie, sondern auch im Hause seiner Gnaden; was jener Teplow befiehlt, das wird gekocht..."[9]

Doch diesen kleinen Zuträgern erging es schlechter als Lestocq: Die Kaiserin fühlte sich indirekt von diesen Gerüchten getroffen und ihnen allen wurde durch Alexander Schuwalows Geheime Kanzlei ein fürchterliches Schicksal bereitet. Noch war Bestuschew auf dem Gipfel der Macht.

Natalja Demjanowna Rosum, geb. Demjoschko-Streschenzow, genannt „Rosumicha“. Später Gräfin Rasumovsky. Gest. 1762. Die Stammutter.

Kaiserin Elisabeth I. von Rußland, 1709–1762

Graf Alexej Grigorjewitsch Rasumovsky, 1709–1771, Sohn eines verarmten Kosaken, Hirtenjunge, danach Chorsänger im Kirchenchor der Prinzessin Elisabeth Petrowna in St. Petersburg. Später ihr Favorit, Ober-Jägermeister, Kammerherr. Nach Elisabeths Thronbesteigung ihr geheimer Ehemann. Feldmarschall.

Die Pfarrkirche von Koselez, erbaut 1753–1763 auf Veranlassung von Gräfin Natalja Demjanowna nach Plänen von B. Rastrelli. Sie ist in der Krypta der Kirche begraben. (Foto O. Razumovsky 1988)

„Dieses Geheimnis ist gesegnet“. Seidenpölsterchen 10 x 10 cm mit Portäts der Kaiserin Elisabeth und Alexej Rasumovskys. Einziges Beweisstück ihrer geheimen Eheschließung.

Graf Iwan Iwanowitsch Schuwalow, 1727–1797. General-Adjutant und Favorit Kaiserin Elisabeths. Gründer der Universität Moskau und der Akademie der Schönen Künste in St. Petersburg.

Großfürstin Katharina Alexejewna, geb. Prinzessin Sophie v. Anhalt-Zerbst, 1729–1796, ab 1762 Kaiserin Katharina II. v. Rußland. Portät aus der Zeit ihrer Geheimkorrespondenz mit dem englischen Botschafter.

Medaille geprägt anläßlich der Hochzeit von Großfürst Paul mit Großfürstin Natalja Alexejewna geb. Wilhelmine von Hessen-Darmstadt am 22.4.1772 (Vorder- und Rückseite)

4. Kirill wird Hetman der Ukraine (1749–1752)

Im Frühling 1749 übersiedelte der Hof nach Moskau. Sogleich verwandelte sich Petersburg in eine stille Provinzstadt, denn mit der Kaiserin fuhren nicht nur die Hofbediensteten, sondern auch ihre Minister, viele ausländische Gesandte und alle Mitglieder der Gesellschaft, die etwas auf sich hielten. Auch die ukrainischen Delegierten, die immer noch auf die Einsetzung ihres Hetmans warteten, fuhren mit nach Moskau. Kirill Rasumovsky trat diese Reise auch mit einem „dienstlichen" Grund an: Er gründete in Moskau eine Filiale der Akademie der Wissenschaften.

Der bis heute bestehende Gegensatz zwischen St. Petersburg und Moskau muß so kurz nach der Gründung der neuen Hauptstadt noch wesentlich größer gewesen sein. In der alten Zarenstadt Moskau, dem Zentrum des in vielen Kämpfen entstandenen russischen Staates, dem Sitz des nun abgeschafften Patriarchats, dem Schauplatz der Zarenkrönungen in der ehrwürdigen Kathedrale im Kreml, dem Inbegriff russischer Tradition und Frömmigkeit, waren jene alten Adelsfamilien zu Hause, die den Staat geschaffen hatten und in der sich auch ein Bürgertum zu bilden begann. Sankt-Petersburg hingegen, die nach dem Willen des Imperators Peter aus dem Sumpf und auf den Knochen tausender Arbeitssklaven künstlich entstandene Hauptstadt, stand für frisch geadelte Günstlinge, Hofintrigen und imperiale Prachtentfaltung. Daß dort zu dieser Zeit die zukünftigen Größen der russischen Literatur und Wissenschaften gerade ihre ersten Schritte unternahmen, war noch nicht zu ahnen. Wer mit dem Hofleben und dem herrschenden Regime unzufrieden war, trachtete, sich nach Moskau abzusetzen und in den Stadtpalais und Landhäusern in der Umgebung der alten Hauptstadt ein unauffälliges Leben zu führen.

In Moskau erkrankte die Kaiserin so schwer, daß ihr Leben in Gefahr geriet. Damit wurde plötzlich die Frage ihrer Nachfolge akut. Großfürst Peter war für dieses Amt offensichtlich ungeeignet und besaß überdies keinen männlichen Nachkommen. Nach einem Bericht des dänischen Botschafters Graf Lynar existierte ein Plan, bei einem möglichen Ableben Elisabeths Peter und Katharina zu verhaften und Iwan VI. auf den Thron zu bringen; wobei Lynar andeutete, daß Bestuschew hinter diesem Plan stünde. Die Krankheit der Kaiserin wurde so geheim gehalten, daß sogar das Thronfolgerpaar, das auf einem nahegelegenen Gut zu Gast war, nur durch Zufall davon erfuhr. Entgegen aller Befürchtugen wurde Elisabeth wieder gesund.

Zum Dank für ihre Genesung legte die Zarin das Gelübde ab, zu Fuß von Moskau in das 70 km entfernte Sergius-Dreifaltigkeitskloster zu pilgern und dort einen Dankgottesdienst lesen zu lassen. Sie hielt den Schwur getreulich ein: tagsüber legte sie eine bestimmte Strecke zurück, abends ließ sie sich von einem Wagen nach Moskau zurückbringen und am nächsten Tag dort absetzen, wo sie die Pilgerreise unterbrochen hatte. Alexej und einige Hofleute machten jede Etappe mit. Kirill hatte sein Quartier auf seinem Gut Petrowskoje aufgeschlagen und das Thronfolgerpaar genoß weiter die Gastfreundschaft der Tschoglokoffs auf deren Gut Rajewo bei Tainskoje, in unmittelbarer Nähe des Dreifaltigkeitsklosters. Kaiserin Katharina notiert in ihren Memoiren:

> „Als ihre Majestät bis Tainskoje... gekommen war, fiel es dem Hetman Grafen Razumovski, dem jüngeren Bruder des Günstlings, plötzlich ein, uns von seinem Landhause Pokrowskoje (sic!) aus, welches an der Straße nach Petersburg an der anderen Seite von Moskau liegt, täglich in Rajowa zu besuchen. Er war sehr heiteren Temperaments und ungefähr im gleichen Alter wie wir. Wir mochten ihn sehr gern und auch die Tschoglokoffs empfingen ihn, als Bruder des Günstlings der Kaiserin, bereitwilligst in ihrem Hause. Seine Besuche dauerten den ganzen Sommer hindurch, und stets sahen wir seiner Ankunft mit vielem Vergnügen entgegen. Er dinierte und soupierte gewöhnlich mit uns und kehrte dann nach dem Abendessen auf sein Gut zurück, machte also täglich 40–50 Werst. Ungefähr zwanzig Jahre später kam es mir einmal in den Sinn, ihn zu fragen, was ihn eigentlich zu jener Zeit veranlaßt habe, die Langeweile und Öde unseres Aufenthaltes in Rajowa mit uns zu teilen, während doch sein eigenes Haus täglich von der besten Gesellschaft Moskaus strotzte. Ohne sich lange zu bedenken, erwiderte er: „Die Liebe". – „Aber um Himmels willen", fragte ich, „in welche Person unseres Kreises konnten sie denn damals verliebt sein?" – „In wen!" rief er, „In Sie". Bei diesem Geständnis brach ich in lautes Gelächter aus, denn nie würde mir etwas Derartiges in den Sinn gekommen sein. Dazu war er schon damals seit mehreren Jahren mit einer reichen Erbin des Hauses Narischkin verheiratet, ... mit der er glücklich zu leben schien..."[1]

Im Juli des gleichen Jahres begab sich die Kaiserin auf eine zweite Wallfahrt, diesmal in das Neu-Jerusalemkloster bei Swenigorod. Sie wohnte im Landhaus Alexejs in Snamenskoje-Denisjewo, welches er später Iwan Schuwalow verkaufte – und hier trat ein Ereignis ein, das nicht allein für die Brüder Rasumovsky bedeutsam wurde: Elisabeth erwählte einen neuen Favoriten. „In den Zufall kam" (wie dies in der russischen historischen Literatur des 19. Jahrhunderts diskret umschrieben wird) Iwan Iwanowitsch Schuwalow, der wesentlich jüngere Cousin der beiden Schuwalow-Brüder, den Mawra Schuwalowa, die Gattin Peters, mit geschickter Hand bei der Kaiserin als Kammerjunker untergebracht hatte.[2] Er war 22 Jahre alt, schön, gebildet, hatte einige Zeit in Frankreich verbracht und wurde, während er im kaiserlichen Vorzimmer Dienst hatte, nie ohne ein Buch in der Hand gesehen.

Als an der neuen Entwicklung nicht mehr zu zweifeln war, wurde Alexej Rasumovsky schwer krank; nach seiner Genesung ergab er sich in sein Schicksal. Es spricht für die Zarin, daß sie ihren heimlichen Gatten nicht fallen ließ, er behielt seine Gemächer in den kaiserlichen Palästen und seine zahlreichen Güter, aber er trat noch weiter in den Hintergrund und verlor an Einfluß. Es gelang ihm jedoch, auch dank des guten Charakters des neuen Favoriten, zu Schuwalow ein akzeptables Verhältnis zu finden.

Auch Iwan Iwanowitsch Schuwalow war für Rußland, ebenso wie Peter Iwanowitsch, ein Glücksfall. Im Unterschied zu Alexej Rasumovsky nahm er großen Anteil an dem, was sich im Lande abspielte. Er war ein Freund und Förderer Lomonossows, unterstützte ihn auch finanziell bei seinen Plänen und Versuchen, regte den genialen Universal-Wissenschaftler dazu an, eine Geschichte Rußlands zu schreiben und plante, gemeinsam mit ihm, die Gründung einer Universität in Moskau. Die Gründung erfolgte 1754, I.I. Schuwalow wurde ihr erster Kurator. 1757 wurde ebenfalls durch ihn die Akademie der schönen Künste ins Leben gerufen. Iwan Iwanowitsch war ein begeisterter Verehrer der französischen Kunst und Kultur, so ließ er etwa auf seinem Gut Pargolowo bei Petersburg eine Kirche im gotischen Stil erbauen. Überdies war er offensichtlich von sehr liebenswürdigem Charakter, jedenfalls hatte er fast keine Feinde.

Unmittelbar von dem internen Machtwechsel betroffen war der Großkanzler Bestuschew. Obschon er weiterhin die russische Außenpolitik leitete, war seine Macht doch deutlich gebrochen.

Trotz des Erscheinens neuer Favoriten fielen die Brüder Rasumovsky keineswegs in Ungnade. Dies wird etwa daraus ersichtlich, daß sich die Kaiserin nunmehr zu dem Entschluß durchrang, die ukrainische Frage im Sinne Alexejs zu lösen und die Wahl Kirills zum Hetman durchführen zu lassen. Am 13. Oktober 1749 teilte Alexej Grigorjewitsch bei einem Mittagessen bei seiner Schwester Wera Daragan den Delegierten Gudowitsch und Chanenko mit, daß zunächst Graf Iwan Simonowitsch Hendrikow, ein Verwandter der Kaiserin, „zur Vorbereitung der Wahl des Hetmans von Kleinrußland“ in die Ukraine entsandt werden würde.

Hendrikow führte vor seiner Abreise lange Gespräche mit Kirill Rasumovsky und Teplow, unter anderem über die Errichtung einer Hetman-Residenz in Baturin. Die Abschiedsaudienz bei der Kaiserin fand, wie Chanenko berichtet, am 14. Dezember mit vielen Reden und Geschenken statt. Vor ihrer Abfahrt aus Petersburg am 18. Dezember fand die Delegation gerade noch Zeit, ihren zukünftigen Hetman aufzusuchen und ihm zur Geburt seiner Tochter Elisabeth zu gratulieren.

Gudowitsch und Chanenko trafen Anfang Januar 1750 in Gluchow ein. Ihre Aufgabe war es, für den kaiserlichen Delegierten Graf Hendrikow einen feierlichen Empfang zu organisieren und eine „Wahl durch freie Stimmen“ vorzubereiten – daß diese auf Kirill Grigorjewitsch Rasumovsky fallen würde, war ja bereits in Petersburg festgelegt worden. Das kaiserliche Manifest enthielt folgende Zusagen: „In Kleinrußland soll ein Hetman sein wie früher zu Zeiten Skoropadskis unter Peter dem Großen...“ Alle treuen Untertanen ihrer Majestät, die weltlichen ebenso wie die geistlichen, sollten sich in Gluchow versammeln, um mit ihren freien Stimmen einen Hetman zu wählen. „Im übrigen", heißt es im Wortlaut weiter „versprechen Wir Unseren treuen Untertanen, dem Kleinrussischen Volk, alle Freiheiten, Rechte und Privilegien, die das Großrussische Reich dem Hetman Skoropadski gewährte ... heilig, unverbrüchlich und vollständig zu bewahren, Unsere Untertanen vor allen feindlichen Überfällen zu schützen und dem ganzen Kleinrussischen Volk Unsere immerwährende Gnade zu gewähren."[3]

Am 6. Januar 1750, dem Kirchenfest der Taufe Christi, wurde nach dem Gottesdienst in der Kathedrale von Gluchow das kaiserliche Manifest öffentlich verlesen und Einladungen zur Teilnahme an der Wahl in alle Teile des Landes verschickt. Am 15. traf Graf Hendrikow mit großem Gefolge in Gluchow ein und wurde mit 31 Kanonenschüssen und großem Prunk begrüßt. Er lud am 18. Januar den Generalrat sowie hohe Offiziere und geistliche Würdenträger in seine Residenz ein und legte ihnen ein bereits fertiges Gesuch zur Unterschrift vor, in dem der Wunsch ausgedrückt wurde, „dank der Vermittlung des sich bei Hof befindlichen Erlauchtigsten Reichsgrafen Alexej Grigorjewitsch Rasumovsky" den Reichsgrafen Kirill Grigorjewitsch zum Hetman gewählt zu sehen. Nach der Unterzeichnung dieser Bittschrift gab es für alle Anwesenden ein Festmahl, „bei dem viel gegessen und getrunken wurde."

Trotzdem wollte Hendrikow offensichtlich ganz sicher gehen und veranstaltete am 18. Februar eine Art Generalprobe. Dazu wurden an die tausend Gäste eingeladen, darunter der Metropolit von Kiew und ganz Kleinrußland, der Bischof von Tschernigow, der Abt des Kiewer Höhlenklosters sowie alle Obersten und höheren Offiziere sämtlicher Kosakenregimenter und der einheimische Adel. „Einfache Kosaken waren nicht darunter", berichtet Markowitsch.[4] Hendrikow wiederholte, was alle bereits wußten und richtete an die Anwesenden die Frage, wer ihr Hetman sein sollte. Einstimmig riefen sie „Graf Kirill Grigorjewitsch", und als Hendrikow seine Frage noch zweimal wiederholte, erhielt er die gleiche Antwort.

Es war daher kein Wunder, daß am 22. Februar vor dem Gottesdienst die „Elektion" problemlos vonstatten ging und daß die vor der Gluchower Kathedrale aufmarschierten Kosakenregimenter aus der gesamten Ukraine und das zahlreich versammelte Volk einstimmig und spontan dreimal nacheinander den gleichen Wunsch zum Ausdruck brachten, worauf 101 Kanonenschüsse ertönten, die Kosaken aus allen Gewehrläufen in die Luft böllerten und der Metropolit von Kiew eine einfühlsame Dankesrede hielt. Danach folgte ein feierlicher Festgottesdienst mit Dankgebeten. Das anschließende Volksfest dauerte bis 9 Uhr abends. Einer allerdings konnte seine Stimme nicht mehr erheben: Bischof Ambrosius von Tschernigow erkrankte am Vorabend der Wahl und starb in Gluchow, wie Wassiltschikoff anmerkt.

Als Wassiltschikoffs Werk 1880 in Petersburg erschien, bestanden in Rußland außerordentlich strenge Zensurvorschriften. Die folgenden Sätze waren wohl das Maximum an Kritik, die er sich zu dieser „freien" Wahl erlauben konnte:

„Merkwürdig erschien dieser bisher nie gesehene Ablauf den Kleinrussen. Zweifellos freuten sich viele – das Wort Hetman hatte für sie einen magischen Klang, außerdem waren viele Privilegien erreicht worden, und sowohl die Wortwahl „durch freie Stimmen" eher als Zwang bezeichnet werden mußte, war doch aus Petersburg eine Fortdauer der kaiserlichen Huld zu erwarten, da sich dort ein so guter „Patriot" wie Alexej Grigorjewitsch befand, dem zuliebe die Wahl erfolgt war. Die alten Kosaken jedoch seufzten, schüttelten die Köpfe und fühlten, daß andere Zeiten angebrochen waren, daß die Epoche der Sagaidatschni und Chmelnizki endgültig vorbei war, bei deren Wahl niemandem derartige Prozeduren eingefallen wären ... Im übrigen betrachtete selbst Kirill Grigorjewitsch, als er alt war, seine Wahl zum Hetman als ungültig und sprach stets von Masepa als dem letzten Hetman."[5]

Der neu gewählte Hetman hatte zunächst keine Eile, die glanzvollen Hoffeste in Petersburg gegen eine Residenz einzutauschen, die laut Ukas vom 14. Juli 1750 in der alten ukrainischen Hauptstadt Baturin errichtet werden sollte. Erst als im Februar 1751 die Tataren unruhig wurden, begann er mit seinen Reisevorbereitungen. Im April brach Katharina Iwanowna mit ihrer Familie in Richtung Moskau in 125 Wagen auf – am 15. Januar 1751 war ihr viertes Kind, Pjotr (Peter) auf die Welt gekommen. Der Hetman folgte einen Monat später nach. Ab Moskau setzten sie die Reise gemeinsam fort. In der Suite befand sich selbstverständlich auch der unentbehrliche Gregor Teplow.

Als sich der Zug Gluchow näherte, begannen die Festlichkeiten: 6000 Kosaken bildeten Spalier, Kanonenschüsse wurden abgefeuert, das Empfangskomitee von Oberst Skoropadski angeführt, in der St. Nikolauskirche wurde ein feierlicher Dankgottesdienst zelebriert und am 13. Juli waren alle ukrainischen Würdenträger und alle Regimenter eingeladen, an der Proklamation des neuen Hetmans und dem anschließenden Fest „mit Wodka" teilzunehmen.

In Gluchow erwartete den neuen Hetman und seine Familie auch Natalja Demjanowna mit ihren Töchtern. Hier lernte die Rosumicha ihre Schwiegertochter kennen und sah zum ersten Mal ihre Enkel. Kirill Grigorjewitsch bemühte sich sehr, seine Mutter bei sich zu behalten, aber das prunkvolle Leben am Mini-Hof von Gluchow behagte der einfachen alten Frau nicht; sie kehrte nach einem Jahr in ihr geliebtes Dorf Alakejewschtschina bei Koselez zurück und begann 1752 mit der Errichtung einer Kirche in Koselez zu Ehren der Hl. Zacharias und Elisabeth. Die Oberaufsicht über den Bau führte Bartolomeo Rastrelli, der in der Ukraine bereits 1747 die Andreaskirche in Kiew erbaut hatte. Die Fertigstellung ihrer Kirche im Jahr 1763 hat die Rosumicha nicht mehr erlebt. Sie starb 1762 und liegt in der Krypta ihrer weithin berühmten „Rasumovsky-Kirche" begraben.

Gemäß der kaiserlichen Urkunde vom Juni 1750 sah der Hetman eine seiner ersten Aufgaben darin, in Gluchow einen glanzvollen Hofstaat zu errichten, der nach Augenzeugenberichten eine Kopie des Petersburger Hofes war. In seinen Diensten standen unzählige Offiziere, Angestellte und Diener; zu jedem Anlaß wurden feierliche Gottesdienste gelesen, bei denen, wie es sich in der orthodoxen

Liturgie gehört, für das Wohlergehen des „edlen Hetmans Kirill“ gebetet wurde, und es wurden viele Feste gefeiert. Am Hof von Gluchow gab es selbstverständlich ein Orchester und ein Theater. Der musikliebende Hetman förderte besonders die Musikschule, die u.a. Bortnianski, der bis heute bekannteste Komponist russischer Kirchenmusik, besuchte. Über die Stadt Gluchow ergoß sich großer Reichtum, was zur Beliebtheit des neuen Herrschers wesentlich beitrug.

Die Regierungsgeschäfte der Ukraine nahm Teplow vom ersten Augenblick an fest in die Hand, sehr zum Unbehagen der Rosumicha, die ihn nicht leiden konnte. Teplow hatte sich auf seine Aufgabe sorgfältig vorbereitet. Auf seinen Vorschlag wurden in die ukrainische Generalkanzlei Skoropadski, Obolonski, Turkowski, Tarnowski und Boroschnja gewählt, ebenso Semjon Wassiljewitsch Kotschubej. Diese verblieben in Gluchow, als Kirill mit Teplow zwei Monate lang das Land bereiste, in Kiew Station machte und die im Bau befindliche neue Residenz in Baturin besichtigte.

Für die Residenz in Baturin ließ Kirill Rasumovsky den keineswegs unbekannten italienischen Architekten Antonio Rinaldi nach Rußland kommen. Dieser baute für ihn 1752–53 ein kleines Palais aus Holz, danach ging er nach Petersburg. Es ist anzunehmen, daß es Rasumovsky war, der ihn dem Großfürsten Peter empfahl. Rinaldi begann 1756 mit dem großen Umbau von Oranienbaum, 1766 errichtete er das Schloß in Gatschina, 1768 das Marmorpalais in Petersburg und avancierte zu einem der großen Architekten im Rußland des 18. Jahrhunderts.[6]

Mit ihrer Ablehnung Teplows stieß Natalja Demjanowna bei ihrem Sohn auf taube Ohren, bei anderen Bestrebungen war sie jedoch erfolgreicher: mit hartnäckiger Konsequenz betrieb sie die Versorgung ihrer Töchter und anderer Verwandter mit Gütern, Ortschaften, „Seelen“ und anderen Besitztümern. So schenkte der Hetman unter anderem seiner Schwester Wera Daragan die kleine Stadt Borispol und ließ die Stadtinsignien kurzerhand der Familie übergeben, was den lebhaften Protest der Einwohner und ihre Beschwerde in Petersburg zur Folge hatte. Diese Affäre, und mehr noch die Beanspruchung der Einkünfte aus einer Tuchfabrik, die an die Regierung abgeliefert hätten werden sollen, brachten eine Trübung der Beziehungen zwischen den Zentralstellen und dem ukrainischen Statthalter, der wohl von Anfang an zu selbständig agierte.[7] Derartigen Unstimmigkeiten zum Trotz verlieh die Kaiserin Kirill Grigorjewitsch am 13. April 1751 den Andreas-Orden („das blaue Band“), der durch den Hauptmann Wassilij Suworow, den Vater des zukünftigen Marschalls, überbracht wurde.

Am 22. Oktober 1752 brachte Katharina Iwanowna in Gluchow ihren dritten Sohn zur Welt. Zu Ehren der Ordensverleihung erhielt das Kind den Namen Andrej. Der Hetman schickte den jungen Skoropadski nach Petersburg, um der Kaiserin und seinem Bruder die glückliche Geburt anzuzeigen. Die Taufe wurde in Gluchow vollzogen; Taufpaten waren Natalja Demjanowna und Alexej, der älteste Bruder des Neugeborenen.

5. Moskau (1752–1754)

Bald nach der Taufe des kleinen Andrej kehrte Natalja Demjanowna, die Rosumicha, nach Adamowka zurück und das Ehepaar Rasumovsky begab sich mit großem Gefolge nach Moskau. Seit Dezember 1752 hielt sich dort der kaiserliche Hof auf und die Kaiserin Elisabeth lud den Hetman zu einem Besuch ein. In seiner Suite befanden sich S.W. Kotschubej und der General-Kanzler von Kleinrußland Andrej Jakowlewitsch Besborodko. Der Intrigant Teplow blieb in Gluchow zurück, ebenso Skoropadski.

Auch das Thronfolgerehepaar befand sich in Moskau. Katharina war schwanger. Als Folge der Reise hatte sie eine Fehlgeburt – ihre zweite. Der Vater war allerdings nicht Großfürst Peter, sondern ein junger und fröhlicher Kammerjunker.

Die Geschichte von der ersten Liebe und den Schwangerschaften der Großfürstin Katharina ist so oft erzählt worden, unter anderem, wenn auch nicht ganz der Wahrheit entsprechend, von ihr selbst,[1] daß wir uns damit nicht aufhalten möchten. Peter war kindisch, roh und impotent, die Ehe war nie vollzogen worden. Für die Kaiserin, die in ständiger Angst vor dem eingekerkerten Iwan lebte, war die Sicherung der Thronfolge eine Frage von höchster Wichtigkeit. Es war wohl in ihrem Auftrag, daß die Hofdame Maria Tschoglokow der vereinsamten und unglücklichen Katharina drei gut aussehende Höflinge vorstellte, unter denen, wie ihr zu verstehen gegeben wurde, sie den Vater des zukünftigen Thronerben erwählen solle: zwei Brüder Naryschkin und Sergej Saltykow. Katharina entschied sich für den letzen und verliebte sich in ihn.

Nach ihre Ankunft in Moskau war Katharina bald wieder hergestellt. T. Talbot Rice schreibt, daß sie in Moskau sozusagen „erwachsen“ wurde und begann, sich mit Politik und mit ihrer Umgebung zu beschäftigen. Es war in Moskau, daß sie jemanden fand, mit dem sie über Rußland und andere Fragen reden konnte: Großkanzler Bestuschew, der als erster ihre Fähigkeiten erkannte und überdies dringend politische Rückendeckung brauchte.[2]

Obschon Graf Kirill Grigorjewitsch froh war, wieder am dem von ihm so geliebten Hofleben teilnehmen zu können, vergaß er die Angelegenheiten seines Landes auch in Moskau nicht. Er ließ sich aus der Generalkanzlei in Petersburg alle Unterlagen schicken, die sich auf die Finanzverwaltung Kleinrußlands bezogen und verfaßte eine Eingabe an die Kaiserin, in der er um die Aufhebung einiger von Hetman Samojlowitsch und Hetman Masepa eingeführten Steuern bat, die das Volk schwer belasteten. Ferner sprach er sich für eine Aufhebung der noch immer zwischen Rußland und der Ukraine bestehenden Zollschranken aus. Die Kaiserin kam dieser Bitte nach und beschloß laut „St. Petersburger Nachrichten" vom 27. Januar 1954

„... in Ihrer Weisheit gnädigst zum Wohle Ihrer Untertanen auf diese großen Einnahmen der Krone zu verzichten und für alle Zeiten... alle inneren Zölle aufzuheben und dieses Ihr großes Reich zu einem Freihandelsgebiet zu machen. Die dadurch im Volk ausgelöste Freude war so groß, daß der Senat nur in tiefster Verehrung zustimmen konnte."

Die Freude des Volkes war so groß, daß dieser Erlaß überall „mit Dankesgottesdiensten und Wodka" gefeiert wurde.[3]

Kurz darauf richtete der Hetman ein zweites Gesuch an die Kaiserin: sie möge ihm den Wegfall seiner Einnahmen aus Steuern und Zöllen, auf die alle seine Vorgänger Anspruch gehabt hätten, aus der Staatskasse ersetzen lassen. Die Ukraine bzw. Kleinrußland unterstand nach wie vor dem Kollegium für auswärtige Angelegenheiten, dem Bestuschew vorstand; dieser erfuhr erst durch dieses Gesuch von der Abschaffung der Zölle und reagierte ausgesprochen verärgert. Die Kaiserin kam jedoch Rasumovskys Forderungen nach und bewilligte ihm hohe Summen für die Führung seines Hofstaates in Gluchow. Am 17. Januar 1756 fand ein weiterer Versuch des Hetmans ein positives Echo, nämlich die Herauslösung Kleinrußlands aus den Agenden des auswärtigen Kollegiums und seine Unterstellung unter den Senat, dem auch die anderen russischen Provinzen unterstanden.[4]

Auch in seiner Eigenschaft als Akademie-Präsident hatte Graf Kirill in Moskau zahlreiche Aufgaben. Im Februar 1753 erschien überraschenderweise Lomonossow in Moskau, der von der Kaiserin ein Dorf mit ein paar hundert „Seelen" erbat, um eine Fabrik zur Erzeugung von Mosaiksteinen errichten zu können. Er wurde freundlich von Rasumovsky empfangen und die Kaiserin entsprach schließlich in einem Ukas vom 15. März seinem Gesuch.

Die Sache hatte jedoch ein Nachspiel, denn Lomonossow hatte sich ohne die Erlaubnis vom Akademiepräsidenten oder vom Stadtkommandanten aus Petersburg entfernt, was sich seine Feinde zunutze machten. Als Lomonossow am 23. März ausgesprochen zufrieden nach Petersburg zurückkehrte, fand er in der Akademie einen tadelnden Brief vor, unterzeichnet von dem selben Rasumovsky, der ihn in eben noch freundlich empfangen hatte. Die Angelegenheit wirbelte viel Staub auf, eine Kommission wurde eingesetzt, aber schließlich blieb alles beim alten.[5]

In in- und ausländischen Kreisen bestanden offensichtlich seit dem Auftreten des neuen Günstlings Schuwalow Zweifel darüber, ob die Rasumovsky-Brüder weiter in Gnade bleiben würden. Dies geht aus einem Brief Teplows hervor, in dem dieser hinter dem Rücken des Hetmans der Kaiserin direkt über diverse Mißstände in der Ukraine berichtete. Darin betonte Teplow, daß die Privilegien, die Kleinrußland genoß, der Staatskasse großen Schaden zufügten und forderte deren Aufhebung.[6] Auch dieser Bericht blieb jedoch ohne Konsequenzen.

In Europa gab es in dieser Zeit ausnahmsweise keine kriegerischen Handlungen, aber die Gegensätze zwischen England und Frankreich, Preußen und Österreich bestanden unvermindert weiter, und ein Ende der Friedenszeit war abzusehen. Der englische Gesandte Guy Dickens, der einen Vertrag mit Rußland zustande bringen sollte und dabei nicht erfolgreich war, sah klarer als viele andere, wer in Rußland immer noch Einfluß besaß:

> „Die Abneigung des Großkanzlers gegen Arbeit ist ebenso groß wie jene der Kaiserin, seiner Herrin. Wenn der Großkanzler meinen Rat befolgte, würde er, statt seine Memoiren zu schreiben, die niemand liest, nicht bis nachmittags im Bett bleiben, sondern er würde sich um 10 Uhr vormittags in den Appartements des ehemaligen Favoriten, des Grafen Alexis Rasumowski, einfinden, wo die Kaiserin häufig ein und aus geht; er hätte die Gelegenheit, sie zu Entscheidungen zu drängen, die in Schwebe bleiben. Seit mehreren Monaten hat sie nicht einen Augenblick der Muße gefunden, um sich um Geschäfte zu kümmern."[7]

Verschlafen hat Bestuschew wohl auch eine wichtige Entwicklung, die sich in Europa anbahnte und die Geschichte der nächsten Jahrzehnte mitbestimmen sollte, das „Reversement des alliances", das Zusammengehen der Erzfeinde Österreich und Frankreich, das von Maria Theresias neuem Staatskanzler Wenzel Anton Graf Kaunitz, der bis 1753 österreichischer Gesandter in Paris gewesen war, geschickt eingefädelt wurde. Dieser vorerst geheimgehaltene Vertrag war für Maria Theresia, zusammen mit dem russischen Bündnis, die Grundlage für den Versuch der Rückeroberung Schlesiens, mit dessen Verlust sie sich nicht abfinden konnte.

Nach den vielen rauschenden Festen, die in Moskau bei Hof und bei den alteingesessenen Adelsfamilien gefeiert wurden, kehrte die Kaiserin im Frühling 1754 nach Petersburg zurück. In ihrem Gefolge befand sich auch die Familie des Hetmans mit zahlreichen Ordonnanzen, Dienstpersonal und Köchen aus Paris. Die Kaiserin hatte sie in die Hauptstadt eingeladen. Die Familie hatte mittlerweile fünf Kinder; Daria, gerade in Moskau geboren, starb allerdings nach wenigen Jahren.

6. Petersburg (1754–1756)

Um die Mitte des 18. Jahrhunderts, kaum fünfzig Jahre nach seiner Gründung, hatte St. Petersburg noch ein reichlich unfertiges Aussehen, obwohl es sich gerade in diesen Jahren mit enormer Schnelligkeit veränderte.[1] Zu Pfingsten 1703 hatte Peter der Große den Grundstein der Peter-Pauls-Festung gelegt, 1712 hatte er den Befehl gegeben, an jener Stelle an der Newa, wo Fürst Alexander von Nowgorod 1240 die Schweden besiegt hatte, ein Kloster zu Ehren dieses Heiligen zu errichten. 1712 wurde mit dem Bau begonnen, 1724, nach der Fertigstellung der wichtigsten Bauten, wurden die Reliquien des hl. Alexander Newski hierher überführt. Das in der Newa-Schleife zwischen diesen beiden Punkten liegende Gebiet bestand aus Wald und Sümpfen und es wurde zusätzlich von kleinen Bächen durchzogen. Die Waldstraße, die die Festung und Kloster verband, war anfangs so schlecht, daß sich im Frühling und Herbst die Hufe der Pferde tief eingruben. Das war der Ursprung des Newski-Prospekt, der Hauptstraße von Petersburg. 1715 wurde auf diesem Waldweg über das Flüßchen Fontanka eine Holzbrücke errichtet und nach dem Obersten, der die Bauarbeiten leitete, Anitschkow-Brücke genannt. Sie wurde 1726 zu einer Zugbrücke umgebaut, daneben entstand eine Paß- und Zollstation, bei der Zoll und Brückenmaut erhoben wurden.

Noch zu Elisabeths Zeiten bildete die Fontanka die Stadtgrenze. Das Gebiet innerhalb dieser Grenze, ebenso wie die Inseln, verbauten die Peter nachfolgenden Herrscher zum größten Teil nach eigenen Willen und Gutdünken oder verschenkten es ihren Günstlingen, wodurch die Besitzer häufig wechselten. Dem Wunsch nach Repräsentation und Zurschaustellung der eigenen Würde der Kaiser und dem Bestreben des Adels, es ihnen gleichzutun, verdankt die Stadt, daß sie bis heute von keiner an Schönheit übertroffen wird.

An der Ecke Newski-Prospekt und Fontanka, neben der Anitschkow-Brücke, befand sich ein Gebäude, das Kaiserin Elisabeth kaufte, abreißen und durch Bartolomeo Rastrelli neu errichten ließ. 1756 machte sie es Alexej Rasumovsky zum Geschenk. Solange die Kaiserin lebte, benützte dieser es allerdings nur, um für Elisabeth Feste zu arrangieren. Zum Palais gehörte ein riesiges Grundstück zwischen Mojka und Fontanka, das Alexej zu einem Park umgestalten ließ. Da wo heute das Puschkin-(Alexandra-)Theater steht, befand sich ein Pavillon, der die renommierte Rasumovsky'sche Gemäldegalerie und einen Konzert- bzw. Festsaal enthielt. Wo sich heute die Russische Nationalbibliothek (Öffentliche Bibliothek) befindet, stand vordem eine Baumschule und Glashäuser; entlang der heutigen „Sadowaja“ (Gartenstraße) waren die hochgräflichen Gärtner untergebracht. 1755 wurde auf dem Rasumovsky'schen Grund ein Kaufhaus errichtet, in dem ausländische Händler ihre Waren feilboten: der Gästehof, „Gostinyj dvor", der bis heute besteht.

Kirill Rasumovsky errichtete sein Petersburger Domizil an der Mojka. Als die Familie 1754 dorthin übersiedelte, bestand es noch aus Holz. In seiner heutigen Gestalt – im ursprünglichen Zustand ist allerdings nur die Fassade erhalten – wurde es 1762–66 von den Architekten Kokorinov und Delamotte erbaut; derzeit ist dort die Pädagogische Herzen-Universität untergebracht.

Zwischen Malaja Sadowaja und der Italienischen Straße, unmittelbar anschließend an das Rasumovsky'sche Territorium, befand sich ein riesiges Grundstück, das Kaiserin Elisabeth Iwan Schuwalow geschenkt hatte. Das Palais I. Schuwalow wurde berühmt als Treffpunkt der geistigen und künstlerischen Elite, vor allem der an Frankreich orientierten. Nächtelang wurden dort Streitgespräche über literarische und wissenschaftliche Fragen geführt.

Katharina war wieder schwanger und diesmal, am 20. September 1754, gebar sie endlich den so lange ersehnten Thronfolger, dessen Vater, wie sie selbst schreibt, Sergej Saltykow war. Nach der Geburt nahm Elisabeth der jungen Mutter das Kind weg, sie trug es in ihre Gemächer, ließ es in Abwesenheit der Mutter auf den Namen Paul taufen und betrachtete den kleinen Buben als ihr Eigentum, den Katharina nicht einmal sehen durfte. Zu allem Überfluß wurde Saltykow sogleich von Petersburg entfernt; er wurde in diplomatischer Funktion nach Schweden und danach nach Hamburg geschickt. Seine Rolle war ausgespielt.

Die Geburt des Kronprinzen wurde im Winter 1754/55 von Hof und Adel ausgiebig gefeiert; es entbrannte ein Wettstreit, wessen Feste am prunkvollsten waren. Das Haus des Hetmans Rasumovsky wird nicht nur deshalb erwähnt, weil sein französischer Koch besonders köstliche Speisen zubereitete, sondern auch wegen seiner berühmten „Hornmusik", einem Ensemble von Hörnern verschiedener Größe, die jeweils nur einen Ton hervorbringen konnten und derart laut bliesen, „daß man ihren Klang bei ruhigem Wetter in einer Entfernung von 7 Werst hören konnte".[2] Kirill Rasumovsky war außerdem bekannt für die Großzügigkeit, mit der er täglich Bekannte und Unbekannte an seiner Tafel bewirtete.

Aus Anlaß der Geburt des Thronfolgers wurden von der Kaiserin Orden und Ehrengaben an bewährte Männer verliehen, aber auch die Bevölkerung von Petersburg erhielt ein bedeutendes Geschenk:

> „Bei der Geburt des Großfürsten ... erließ die Monarchin dem Volk das ehemalige lästige Brückengeld. Wenn ein Fußgänger über die Schiffsbrücken ging, bezahlte er vor diesen 1, jedes Pferd 2 und jede Kutsche 5 Kopeken."[3]

Im Frühling 1755 entsandte England einen neuen Botschafter an den Hof von St. Petersburg, Sir Charles Hanbury Williams, einen erfahrenen, reifen und weltmännischen Diplomaten, dem eher zuzutrauen war, zwischen England und Rußland ein Bündnis zustande zu bringen. Als Sekretär brachte er einen charmanten polnischen Grafen, Stanislaw-August Poniatowski, mit, den er bei seinen früheren Missionen bei König August III. von Sachsen und Polen in Warschau kennen gelernt hatte. Die Kaiserin empfing Sir Charles sehr freundlich, und auch Großfürstin Katharina fand Gefallen an der geistreichen Konversation des Engländers; sein Sekretär verliebte sich auf der Stelle in die Thronfolgerin. Auch Katharinas einsames Herz blieb nicht lange ungerührt; sehr bald trat Poniatowski die Nachfolge Saltykows an. In den Memoiren der Kaiserin Katharina wird mit einiger Ausführlichkeit beschrieben, welche Tricks die Liebenden anwendeten, um sich häufig zu sehen. In „Dom Romanovych" ist überdies nachzulesen, daß Poniatowski der Vater von Katharinas Tochter Anna war, die bis 1759 lebte.

Sir Charles hatte einen schnellen Erfolg: Bereits am 19.(30.) September konnte er seinem König George II. melden, daß Elisabeth ein Abkommen unterzeichnet habe, in dem Rußland sich verpflichtete, England im Falle eines Angriffs von Preußen auf das königliche Stammland Hannover Truppen zur Verfügung zu stellen. Doch mit der Ratifizierung der Konvention ließ sich die Kaiserin Zeit. Erst nachdem ihr Bestuschew ein in drängenden Worten abgefaßtes Memorandum überreichte, wurden am 1. Februar 1756 die Ratifizierungsurkunden ausgetauscht.

Doch dann platzte eine Bombe: In Rußland wurde bekannt, daß bereits am 16. Januar 1756 in Westminster ein Beistandspakt zwischen England und Preußen unterzeichnet worden war, von dem der englische Hof seinen Botschafter nicht in Kenntnis gesetzt hatte. Obwohl Bestuschew und Hanbury diese neue Entwicklung herunterspielten, bedeutete dies den Fehlschlag ihrer Politik und den Anfang vom Ende ihrer Karrieren, auch wenn Sir Charles vorerst in Petersburg blieb und versuchte, weiterhin die Interessen Englands zu vertreten, daneben aber Friedrich II., dem neuen englischen Verbündeten, über alle Ereignisse ausführlich berichtete.

Und um das „Renversement des alliances" perfekt zu machen, unterzeichneten am 1.Mai Abbé de Bernis und der österreichische Botschafter Graf Starhemberg in Versailles einen Beistandsvertrag mit einer Geheimklausel gegen etwaige Angriffe Preußens.[4] Der befürchtete Fall trat bereits am 29. August ein: Ohne Kriegserklärung – ein Präzedenzfall, den es bis dahin nicht gegeben hatte – fiel Friedrich II. in Sachsen ein, um einem österreichischen Angriff zuvorzukommen. Da Rußland treu zu seinen Verpflichtungen stand, wurde Anfang 1757 ein Vertrag mit Österreich unterzeichnet, in dem sich Rußland verpflichtete, mit 80.000 Infanteristen in die Kriegshandlungen einzugreifen. Der dritte Schlesische Krieg, der „Siebenjährige", war damit voll entbrannt.

Kaiserin Elisabeth unterstützte diesen Krieg mit voller Überzeugung:

„Die persönliche Feindschaft der Kaiserin gegen den König von Preußen bleibt so wenig verborgen, daß sie bei jeder Gelegenheit ausbricht, und Bemerkungen, die gegen diesen Monarchen gerichtet sind, werden von der Zarin und ihren Ministern lebhaft hervorgehoben",

schrieb Sir Charles am 5. Juni 1756 nach London.[5]

Zum russischen Oberbefehlshaber ernannte Kaiserin Elisabeth Stepan Fjodorowitsch Apraxin und beförderte ihn zum Feldmarschall.

Hanburys Kommentar vom 18. September:

„Er ist der faulste aller Menschen und feig bis zum Exzeß. Vor ein paar Tagen ist er vom Hetman der Kosaken (Cyrille Rasumovski) grob beleidigt und fast verprügelt worden, und er hat darüber nicht einmal Ärger erkennen lassen."[6]

Ursache des Streites war die Rekrutierung von Soldaten in der Ukraine. Apraxin war mit den Brüdern Schuwalow befreundet. Von nun an trachteten sie gemeinsam, den Hetman aus Petersburg zu entfernen.

Gleichzeitig mit Apraxin, am 5. September 1756, wurde der Titel Feldmarschall auch Nikita Trubetzkoj, Buturlin und den beiden Brüdern Rasumovsky verliehen. Wassiltschikoff erzählt die Anekdote, wonach Alexej bei dieser Gelegenheit zur Kaiserin gesagt haben solle:

„Mütterchen, Du kannst mich zum Feldmarschall ernennen, aber es wird Dir niemals gelingen, auch nur einen ordentlichen Obersten aus mir zu machen. Das wäre zum Lachen!"[7]

Großfürst Peter sah über das Verhältnis seiner Frau mit dem Grafen Poniatowski hinweg, denn er hatte selbst zarte Bande zu Katharinas Hoffräulein Elisabeth Woronzowa geknüpft, aber die Kaiserin wollte es nicht länger dulden: Im Frühling 1756 mußte Bestuschew veranlassen, daß der junge Mann nach Polen zurückgerufen wurde. Da die Kaiserin wieder schwer erkrankte, gelang es Poniatowski, seine Abreise bis zum September hinauszuschieben.

Katharina war durch die Ausweisung ihres Liebhabers sehr getroffen. In ihrer Not wandte sie sich um Hilfe an Poniatowskis väterlichen Freund, den englischen Gesandten Sir Charles Hanbury Williams, der nunmehr seine Stunde gekommen sah. Er hoffte, nach Elisabeths Tod in Rußland eine führende Rolle spielen zu können und wollte Katharina als Verbündete gewinnen:

„Mein Luftschloß: Wenn Sie Ihren Platz auf dem Thron eingenommen haben werden, werde ich kommen... Ich schmeichle mir, daß ich dann viel in Ihrer Nähe leben werde, als Ihr treuer Diener und bescheidener Freund..."[8]

Sir Charles bemühte sich, Poniatowski wieder nach Rußland zu bringen und versorgte die Großfürstin, die immer in finanziellen Nöten war, mit Geld aus der englischen Staatskasse. Gleichzeitig versuchte er, Katharina für ein Bündnis mit England und Preußen zu gewinnen, was diese nicht rundweg ablehnte. Vom Juli 1756 bis zu Hanburys Abreise im Juli 1757 wurde zwischen beiden eine brisante Geheimkorrespondenz geführt, die erst 1909 von der St. Petersburger kaiserlichen historischen Gesellschaft veröffentlicht wurde.[9] Der Name des Großfürsten Peter fällt nur in Nebensätzen; offensichtlich plante Katharina bereits damals die vollständige Machtübernahme.

Von russischer Seite war Bestuschew eingeweiht, der allerdings einen eigenen Plan hatte: Er wollte nach dem Ableben der Kaiserin Elisabeth den kleinen Paul zum Kaiser und Katharina zur Regentin proklamieren. Die Thronfolgerin war jedoch vorsichtig genug, nicht auf diesen Plan einzugehen. Es gab noch einen zweiten Beteiligten, der den Briefträger spielte und in den Briefen zuerst nur als „l'homme d'or" auftaucht. Bis schließlich Katharina aus der Feder rutscht: der Hetman! Der Mitwisser war also niemand anderer als Kirill Rasumovsky, der Lebemann, Höfling und Kenner der französischen Küche mit dem sympathischen, etwas lächerlichen ukrainischen Akzent. Am 18. August, als die Kaiserin wieder einen kleinen Schlaganfall erlitten hatte, schrieb Katharina an Hanbury:

> „Ich wage es, Ihnen einige Ideen mitzuteilen und Sie um Rat zu fragen, die mir angesichts neuer Unpäßlichkeiten von gewissen Personen gekommen sind... Wenn ich so sichere Informationen erhalte, daß ein Irrtum nicht möglich ist, werde ich schnurstracks in das Zimmer meines Sohnes gehen. Wenn ich unterwegs den Oberst-Jägermeister treffe oder seiner rasch habhaft werden kann, werde ich meinen Sohn bei ihm unter dem Schutz seiner Leute lassen. Wenn nicht, bringe ich ihn in mein Zimmer."[10]

Den Schuwalows waren die guten Beziehungen des Hetmans zur Großfürstin ein Dorn im Auge. Sie wollten ihn unbedingt aus dem inneren Kreis der Macht entfernen und in die Ukraine abschieben, auch im Hinblick darauf, daß nach dem bald zu erwartenden Tod der Kaiserin eine Neuverteilung der Macht zu erhoffen war. Sir Charles teilte dies am 30. August Katharina mit:

> „Noch eine sehr traurige Neuigkeit: Es wird den Feinden des Hetmans sicher gelingen, ihn von hier wegzubringen. Die Kaiserin hat gestern seinem Bruder gesagt, die Zeiten verlangten, daß er in die Ukraine gehe und sich um dieses Land kümmere. Und der Hetman hat mir gesagt, er habe Angst, daß sich seine Feinde zusammengetan hätten, um ihn zu verderben... Aus Liebe zu diesem ehrlichen Mann, geben Sie ihm Ihre ganze Unterstützung. In Wirklichkeit nimmt man Ihnen einen Diener weg, der Ihnen mit Leib und Seele ergeben ist."[11]

Katharina antwortete am 4. September:

> „Ich habe den Hetman gern und kenne seine Anhänglichkeit an mich. Er hat letzten Sonntag mit mir gesprochen und gleich am nächsten Tag habe ich den Kanzler kommen lassen, um mich darüber zu beschweren, daß er Handlangerdienste leistet und es sogar unterstützt, daß einer meiner treuesten Freunde von hier entfernt wird und habe ihm das ziemlich zornig gesagt. Seine Antwort war, das das nicht von ihm käme, sondern daß die Umstände die Anwesenheit des Hetmans in der Ukraine verlangten..."[12]

Es gab allerdings sehr wohl „Umstände", die die Anwesenheit des Hetmans in der Ukraine dringend erforderlich machten. Rußland befand sich im Kriegszustand mit Preußen, es mußten auch in der Ukraine Truppen ausgehoben und das Land auf den Durchmarsch der Armee vorbereitet werden; über Truppenaushebungen gab es Meinungsverschiedenheiten mit der Zentralregierung; überdies zirkulierten Gerüchte über die Unzufriedenheit der Kosaken und Scharmützel mit den Tataren.

Am 18. November wurde Kirill ein offizieller Ukas übermittelt: Er müsse nach Kleinrußland zurückkehren: 1. um zu verhindern, daß der König von Preußen oder andere Personen in Geheimbotschaften Unruhe unter der Bevölkerung zu entfachen versuchten, 2. um ein besonderes Augenmerk auf die Saporoger Kosaken zu richten und eventuelle Revolten streng zu bestrafen, 3. um alle Aktionen des Feldmarschalls Apraxin zu unterstützen und 4. um schleunigst die Mobilisierung der ukrainischen Regimenter durchzuführen.[13]

Rasumovsky protestierte gegen die Beschuldigung, die Bevölkerung Kleinrußlands könne sich der Zarin gegenüber illoyal verhalten und bat gleichzeitig um die Erlaubnis, bis zur demnächst fälligen Niederkunft seiner Frau in Petersburg bleiben zu dürfen. Dies wurde ihm gewährt.

Am 8. Januar 1757 wurde in Petersburg Lew (Léon) Kirillowitsch geboren, nach seinen Schwestern Anna (1754) und Praskowja (1755). Die Taufe fand am 14. Februar statt, Taufpaten waren die Kaiserin und der Thronfolger. Unmittelbar danach begannen die Reisevorbereitungen, und Kirill reiste in Begleitung von Teplow ab. Gräfin Katharina Iwanowna blieb mit den Kindern und Matrjona Teplowa in Petersburg zurück.

Großfürstin Katharina war über die Abreise des Hetmans sehr unglücklich. Sie schrieb am 7. November an Hanbury:

> Der Hetman ist der Mann bei Hof, auf den ich mich am sichersten verlassen kann. Sie können überzeugt sein, daß ich ihn niemals im Stich lassen werde. Er hat bei mir zwei Steine im Brett: Ihre Empfehlung und die Dankbarkeit, die ich ihm für seine Treue schulde."[14]

Das sind Schlüsselsätze. Dieses Versprechen hat Katharina gehalten, auch wenn sie in ihrem späteren Leben viele gebrochen hat.

Und was geschah mit Sir Charles Hanbury Williams? Zu Weihnachten erfüllte sich Katharinas sehnlichster Wunsch: Stanislaw Poniatowski kehrte als Gesandter des sächsischen Königs für das Königreich Polen nach Rußland zurück – allerdings war ihm wegen diverser Ungeschicklichkeiten kein langer Aufenthalt beschieden. Von diesem Augenblick an änderte sich der Ton von Katharinas Briefen; sie wurden kürzer und seltener. Die französische Partei hatte gesiegt, Hanbury fiel bei Hof in Ungnade, Poniatowski wurde jeder Kontakt mit ihm verboten. Und als gar publik wurde, daß Rußland dem Versailler Abkommen zwischen Frankreich und Österreich beigetreten war, ohne daß er dies bemerkt hatte, blieb Sir Henry nichts anderes übrig, als um seine Abberufung zu bitten. Obwohl Katharina ihn – diesmal öffentlich – einen rührenden Abschiedsbrief schrieb, obwohl sie nach seiner Abreise „einen ganzen Tag weinte“, war er ein gebrochener Mann, der das Scheitern seiner Illusionen nicht verwinden konnte. Nach mehreren Versuchen abzureisen, verließ er Rußland erst im Oktober 1757 per Schiff, erlitt in Hamburg einen Anfall von Irrsinn, wurde krank nach England transportiert und beging am 2. November 1759 auf seinem Gut in England Selbstmord.[15]

7. Der Tod Elisabeths I. (1762)

Nach seiner Ankunft in Gluchow richtete Kirill Grigorjewitsch am 17. März 1757 ein Schreiben an die Kaiserin:

„Nach Durchführung der Anordnungen E.K.M. bezüglich der Kriegsvorbereitungen habe ich die Ehre, E.K.M. davon in Kenntnis zu setzen, daß ich im ganzen Land, dessen Einwohner E.M. zutiefst ergeben sind, Gott sei Dank nicht die geringste Spur von Unruhe oder Anstiftung zur Revolte finden konnte."[1]

Dies dürfte aber nur die halbe Wahrheit gewesen sein. Tatsächlich hatten sich einige einflußreiche Würdenträger nie ganz mit dem nunmehrigen Status ihres Landes und mit dem Hetman von Rußlands Gnaden abgefunden, dessen Prärogativen die Petersburger Zentralregierung überdies ständig zu beschneiden trachtete. So war etwa das Recht, selbständig Offiziere zu ernennen und die „Indukte", d.h. die in der Ukraine anfallenden Steuern, auch im Land zu behalten, Rasumovsky ebenso entzogen worden, wie die Erlaubnis, selbständig mit dem Ausland zu korrespondieren. Als Kompensation erfüllte die Kaiserin großzügig sein ständiges Ansuchen um noch mehr Land und „Seelen" für seine zahlreichen Verwandten sowie um noch mehr Geld für seine teuere Hofhaltung in Gluchow.

Unruhe brachten die Tataren, mit denen die Kosaken immer wieder in kleine Kämpfe verwickelt wurden, hauptsächlich aber die Saporoger Kosaken. Die Atamane Schkura und Kischenski hatten eine illegale Versammlung einberufen, an der 300 Kosaken teilnahmen; sie setzten einen Offizier und einen Richter ab und ließen sich selbst auf diese Posten wählen. Kirill ließ sie daraufhin verhaften und nach Gluchow überstellen. Aber die illegalen Wahlen wurden wiederholt, sodaß sich der Hetman gezwungen sah, ein Manifest zu erlassen, durch das die Abwahl und Neuernennung von Offizieren ohne die Bewilligung der Regierung strengstens verboten wurde.

Im Chanat Krim, also im Ausland, lebten noch einige ukrainische Emigranten aus der Zeit Masepas: Nachimowski, Mirowitsch und Orlik, die in ihren Briefen ihre Landsleute zum Aufstand gegen Rußland aufriefen; sogar zum Chan sollte ein Agent mit der Bitte um Hilfe geschickt worden sein. Diese Briefe waren geöffnet worden.

„Die Mitteilung, die mir die Konferenz gemacht hat, hat mir große Schwierigkeiten bereitet und ich versichere ihnen, daß die Briefaffäre völlig bedeutungslos ist", schrieb Rasumovsky am 3. April an Vizekanzler Woronzow.

„Ich nehme an, daß diese Gerüchte aus der gleichen Quelle stammen, wie die über eine angebliche Gefahr seitens des Königs von Preußen. Alle diese Gerüchte haben keinen anderen Zweck, als mich vom Hof zu entfernen und die Kaiserin von der Notwendigkeit zu überzeugen, wie wichtig mein Aufenthalt in diesem langweiligen Ort ist und um meine Rückkehr nach Petersburg zu verhindern."[2]

Am 12. April kommt er nochmals auf die Verschwörung zurück:

„Das Reskript der Konferenz veranlaßt mich, darüber nachzudenken, wie man die Quelle, aus der die Gerüchte über eine angebliche Verschwörung der Saporoger Kosaken stammen, zum Verstummen bringen kann. Solche Zwischenfälle können dem Land, in dem alle Ihrer kais. Majestät treu ergeben sind, nur schaden. Um das zu unterbinden, könnte man, wie mir scheint, das Mittel anwenden, zwei oder drei dieser Nichtstuer (Nachimowski und Mirowitsch) auszuschalten, die seit alten Zeiten auf der Krim leben und, von altem Gedankengut angesteckt, in veralteten Vorstellungen denken und urteilen, wobei sie vergessen, daß die Ukraine inzwischen eine vollständige Wiedergeburt erlebt hat, daß sie eine andere Leitung, andere Herrscher, andere Menschen hat und daß sie daher auch anders urteilt. Ich bin der Meinung, daß man zur Beruhigung der Lage diese Spitzbuben von dort entführen oder sie auf andere Weise unschädlich machen sollte. Für den Erfolg einer solchen Aktion kann ich nicht garantieren, aber das Beste wird getan werden... Das ist eine delikate Sache, die viel Überlegung erfordert; ich werde von mir aus nichts unternehmen, was mir nicht von höherem Ort aus befohlen wird..."[3]

War es wirklich Kirill Rasumovsky, der diesen Brief schrieb oder hat er bloß nach alter Gewohnheit einen von Teplow verfaßten Text unterschrieben?

Woronzow antwortete beschwichtigend, es sei wohl besser, die alten Männer, deren Tod bald zu erwarten sei, der allgemeinen Verachtung zu überlassen, als aufsehenerregende Aktionen zu unternehmen. Er riet aber, die Kaiserin in Kenntnis zu setzen.

Mit dem Senat in Petersburg kam es immer wieder zu Auseinandersetzungen über die Rechte, die der Ukraine seit alters her zustanden. Rasumovsky setzte eine Kommission ein, die die Rechtslage klären sollte; mit den Ergebnissen ihrer Arbeit war jedoch keine Seite zufrieden. In anderen Punkten war der Hetman allerdings erfolgreich, etwa in seinem Insistieren, Experten aus Moskau, die in der ukrainischen Jurisdiktion nicht vorgesehen waren, abzuberufen.

Die russische Armee errang indessen am 19./30. August 1757 bei Groß-Jägersdorf einen Sieg über Preußen; überraschenderweise zog sich Apraxin jedoch zurück, anstatt die Verfolgung des Feindes aufzunehmen und gab somit alle Vorteile aus der Hand.

Kirill Rasumovsky verfolgte die Ereignisse von der Ukraine aus mit verständlicher Anteilnahme. Er schrieb am 27. November 1757 an Woronzow:

„Ich hätte nie gedacht, daß man einen so unfähigen Oberbefehlshaber hätte finden können wie Feldmarschall Apraxin. Obwohl man von vielen nach Kleinrußland zurückgekehrten Verwundeten aus der in Preußen stattgefundenen Bataille etwas ganz anderes hört, als in den offiziellen Berichten steht, hielt ich notgedrungen die gedruckten Berichte für wahrscheinlicher und glaubte den Augenzeugenberichten nicht, bis mich die Information, die ich durch Eure Exzellenz erhielt, dazu veranlaßte, meine Zweifel zu begraben. Glauben Sie mir, mein sehr verehrter Herr, wenn man sieht, wie groß die Vorteile auf seiten Rußlands sind, muß man (berechtigt oder nicht) in Ärger über denjenigen geraten, der die Ursache unserer gegenwärtigen Schande ist... Wenn man mich um meine Meinung gefragt hätte, als ein Oberkommandierender bestimmt wurde, hätte ich aufrichtigen Herzens und leidenschaftslos sagen können, daß ein Mensch ohne Erfahrung und mit einem so großen Körpergewicht, der niemals gegen Europäer gekämpft hat außer gegen kleine türkische Verbände ... kaum dazu geeignet ist, dieses Kommando zu führen."

Und weiter heißt es im selben Brief:

„Ich habe die Absicht, meine Frau nach Gluchow kommen zu lassen, weil ich das lange Schweigen Ihrer Majestät bezüglich meiner Bitte, mich wieder nach Petersburg kommen zu lassen, als Ablehnung verstehe. Ich bitte Eure Exzellenz, mir wenigstens das zu gewähren..."[4]

Der Wunsch Kirill Rasumovskys, der vom Brennpunkt der Ereignisse entfernt worden war, bei den sich abzeichnenden fundamentalen Veränderungen in der Hauptstadt zu sein, ist sicherlich verständlich. Am 16. Oktober richtete er erneut ein Gesuch um Rückberufung an die Kaiserin, dem dieses Mal Erfolg beschieden war. Am 12. Dezember 1757 machte er sich auf den Weg und ließ als seine Vertreter in der Ukraine Kotschubej, Besborodko, Walkewitsch, Chanenko und auch Teplow zurück.

Der Augenblick seiner Wiederkehr war jedoch alles andere als günstig gewählt: Wenige Tage nach der Ankunft des Hetmans, am 17. Februar 1758, wurde Bestuschew verhaftet. Es wurde ihm vorgeworfen, zusammen mit Großfürstin Katharina die Interessen Preußens wahrgenommen und Apraxin zum Rückzug angestiftet zu haben. Zwei Briefe Katharinas, die sie auf Bestuschews Betreiben hin an den Feldmarschall gerichtet hatte, wurden von ihren Feinden in dieser Richtung gedeutet.[5] Gleichzeitig wurden Katharinas Vertrauensmänner Adadurow und Jelagin festgenommen und auf ihre Güter in die Provinz verbannt. Beide standen in Diensten von Alexej Rasumovsky. Apraxin wurde durch den glücklosen General Fermor abgelöst und unter Hausarrest gestellt; er starb bald darauf.

Katharina war damit schwer belastet, wenn auch ihr Briefwechsel mit Hanbury Williams nicht entdeckt wurde und es Bestuschew gelungen war, alle sie kompromittierenden Papiere zu vernichten. Es zeugt von ihren Geschick und ihrem politischen Talent, daß sie ihrerseits in die Offensive ging und die Kaiserin bat, man möge sie nach Deutschland zurückschicken, da sie den Eindruck habe, ihrem russischen Vaterland nicht mehr nützlich sein zu können. Eine nach langem Warten erfolgte Aussprache überzeugte Elisabeth letztlich doch von der Unschuld der Großfürstin.

Daß Katharina bald wieder fest im Sattel saß, geht auch aus einem Brief hervor, den sie, ohne Datum und Unterschrift, im Jahr 1758 an Jelagin richtete:

> „Nach den jetzigen Veränderungen habe ich keine Sorge, als Sie so schnell wie möglich aus Ihrer Einsamkeit zu befreien und zunächst schicke ich Ihnen 300 Tsch. für Ihre Bedürfnisse. Ich hoffe, Erfolg zu haben, aber im ersten Moment konnte man das nicht zur Sprache bringen. Der Homme d'or ist hier, man bereitet ihm einen guten Empfang und wir hören nicht auf, von ihnen zu sprechen; bleib gesund und davon überzeugt, daß deine Unschuld und dein Bemühen nicht in Vergessenheit geraten werden."

Übersandt wurde dieses Billett durch Poniatowski, der in deutscher Sprache folgenden Begleitbrief verfaßte:

> „Mein liebster Freund. Je unglücklicher sie sind, je mehr sind wir verbunden ihnen nicht allein zu vergessen, aber auf alle Möglichkeiten bedacht zu seyn, ihr Elend und Betrübniss zu lindern. Und sie werden aus dem eingeschlossenen Billet wohl ersehen, dass ich nicht allein so dencke. Den Berg werden wir so viel wie möglich antreiben wegen des was sie wünschen, im Fall das der Goldmann dahin ginge... Seyn sie nur vollkommen und sicher überzeugt, dass wir keine größere Schuldigkeit kennen, als (sobald es in unserer Möglichkeit seyn wird, und in jeder Gelegenheit) ihnen zu beweisen, daß wir die Wichtigkeit ihrer Treue und die Härte ihres Schicksals, welches sie unserthalben haben erleiden müssen, vollkommen kennen, preisen, dessen ewig eingedanckt seyn, und dieselben an ihre Frau und Kinder dermal einst reichlichst belohnen werden. Lass sich nur der mitleydige Gott einmahl unser erbarmen, aber wir haben harte Proben ausstehen müssen noch nach ihrer Entfernung. Jedoch wird der ganze Lärm nun schon bald ein Ende nehmen. Aber wie, das wissen wir noch nicht. Wenn aber das Urtheil schon einmal wird gefallen seyn über den unglücklichen Alten, so möchten wohl die andern Sachen schon wieder besser gehen. Dazu ist gegründete Hoffnung. ...
> Oh, wie gern hätte ich dir, lieber Freund, um mein Herz zu öffnen! Wie oft fehlen sie mir! Doch ich bin jetzo mit Goldmann zufrieden. Adieu, adieu noch einmal."[6]

Verschont von dieser Verfolgungswelle und weiterhin in der Gunst der Herrscherin blieben nur der „homme d'or" und dessen Bruder.

Mehr noch, im Sommer 1758 verbrachte die Kaiserin mit ihrer Suite einige Tage bei Alexej in Gostiliza und im Herbst wurde sie Taufpatin des am 10.11.1759 geborenen Gregor Kirillowitsch, des zukünftigen Geologen.

Was den Hetman ausgerechnet in dieser kritischen Zeit dazu bewog, von der Kaiserin die ukrainischen Städte Baturin und Potschep „mit allen Privilegien" als persönliches Eigentum zu erbitten, kann nur als Vorausdenken für die Zukunft gedeutet werden. Elisabeth erfüllte ihm diesen Wunsch im Mai 1759.

Am 12. August 1759 errangen die alliierten russisch-österreichischen Truppen unter dem Oberbefehl des Generals Laudon bei Kunersdorf einen Sieg über

Preußen. Den verbündeten Franzosen erging es in Übersee schlechter: die Engländer bereiteten ihnen bei Quebec eine vernichtende Niederlage.

Die Gesundheit der Kaiserin wurde immer schlechter. Das gesellschaftliche Leben ging jedoch weiter. Ein amüsanter Passus aus Katharinas Memoiren dürfte sich auf diese Zeit beziehen:

> „Ich überredete den Marschall Razumowski, den Großfürsten ein- bis zweimal wöchentlich ganz insgeheim zu sich einzuladen. Es war sozusagen eine Gesellschaft zu zwei Herren und zwei Damen, denn nur der Marschall, Maria Pawlowna Narischkin, der Großfürst, Madame Teploff und Leon Narischkin waren zugegen. Dies dauerte fast die ganze Fastenzeit und gab zu einem anderen Plane Veranlassung. Das damalige Haus Razumowski war aus Holz gebaut. Die Gesellschaft versammelte sich gewöhnlich in den Gemächern der Marschallin, und da sowohl er als auch sie gern spielten, wurde fast immer gespielt. Der Marschall ging und kam, hatte aber in seinen Gemächern ebenfalls eine eigene Partie, wenn der Großfürst nicht da war. Nachdem Razumowski ein paarmal bei mir in meiner kleinen geheimen Spielgesellschaft gewesen war, drückte er den Wunsch aus, wir möchten doch auch zu ihm kommen. Zu diesem Zweck wurde seine Eremitage, wie er es nannte, bestehend aus zwei bis drei Zimmern im Erdgeschoß, für uns eingerichtet. Jeder versteckte sich vor jedem, weil wir, wie oben erwähnt, ohne Erlaubnis der Kaiserin nicht ausgehen durften. Auf diese Weise befanden sich manchmal drei bis vier kleine Gesellschaften im Hause. Der Marschall ging von einer zur anderen, aber nur die unsrige erfuhr alles, was im Hause vorging, während die anderen nicht einmal wußten, daß wir da waren...“[7]

Kirill Rasumovsky fand bei seinem erneuten Aufenthalt mehr Zeit, sich um die Angelegenheiten der Akademie zu kümmern.

Die Rivalitäten zwischen Lomonossow und den übrigen Professoren hatten auch nach der Zurückstufung Schumachers nicht aufgehört. Die Leitung der Sitzungen, der Universität und der geographischen Abteilung waren Lomonossow anvertraut, Staehlin stand der Kunstsektion vor, während Taubert für die Bibliothek, die Druckerei und die Ateliers verantwortlich war. 1759 gelang es Taubert, den Präsidenten davon zu überzeugen, daß bei der Akademie eine neue Druckerei ins Leben gerufen werden müsse, „von der alten vollständig getrennt“, wie es im Rasumovsky'schen Dekret heißt. Taubert wurde zu ihrem alleinigen Leiter ernannt; ihm oblag auch die Zensur der Akademieschriften. Weil die Druckerei gezwungen war, sich selbst zu erhalten, wurden dort auch andere Bücher gedruckt, von deren Erlös man Gewinn zu machen hoffte, u.a. die Nestorchronik und, ab 1760, die „Russische historische Bibliothek.“[8]

Lomonossow verfolgte eine Reihe von Projekten und arbeitete hauptsächlich an einem Atlas von Rußland. Im Archiv der Akademie der Wissenschaften sind eine Reihe von Eingaben an den Präsidenten zu diesem Thema erhalten.[9]

Aus der Ukraine kamen Berichte über neue Unstimmigkeiten. Sie entstanden nach dem Tod von Skoropadski, Jakubowitsch und Walkewitsch, die durch Schurman, Gudowitsch und Schurawka ersetzt wurden, auf einem 1758 nach

Gluchow einberufenen Landtag, und hingen mit Reformen zusammen, die Rasumovsky durchzuführen beabsichtigte. Teplow wurde in die Ukraine entsandt, um für Ordnung zu sorgen.

Teplow hatte noch eine andere Aufgabe: er sollte ein Projekt für eine Universität in Baturin entwerfen. Der Hetman wollte auch in der Ukraine eine Universität nach dem Moskauer Vorbild errichten. Der Entwurf Teplows, der 1760 fertig war, folgte diesem Vorbild, lehnte sich aber auch an deutsche Modelle an. Es wurde 1763 veröffentlicht, kam aber nie zur Ausführung – dem ukrainischen Hetmanat waren nur mehr wenige Monate beschieden.[10]

Gegen Ende des Jahres 1759 machte sich der Hetman mit der ganzen Familie auf den Weg in die Ukraine. In Moskau unterbrach er seine Reise für zwei Monate und erreichte Gluchow im März 1760. Es ist anzunehmen, daß er rechtzeitig zur Weihe der Kirche in Lemeschi eintraf, die die beiden Brüder zum Andenken ihres Vaters in ihrem Heimatort erbauen ließen.

Natalja Demjanowna war 1760 bereits sehr betagt. Die prachtvolle Kirche, die in ihrem Auftrag unter der Aufsicht von Bartolomeo Rastrelli in Koselez errichtet wurde, war zu dieser Zeit noch nicht vollendet. Die Rosumicha hat ihre Fertigstellung im Jahre 1763 nicht mehr erlebt. Sie starb 1762 und wurde in der Krypta der Kirche bestattet; bis heute hat niemand ihre letzte Ruhe gestört. Die im ganzen Land berühmte „Rasumovsky-Kirche" von Koselez brannte im 2. Weltkrieg aus, aber die Außenmauern, der „italienische Campanile" und Teile des Ikonostas blieben erhalten. Die Kirche ist heute restauriert.

Der Hetman entfaltete in dieser Zeit eine rege Tätigkeit. Er besuchte alle ukrainischen Regimenter und widmete sich mit Hilfe Teplows den geplanten Reformen des Verwaltungs- und Gerichtswesens. Im August 1760 erbat er von Petersburg die Genehmigung, auf seinen Privatgütern Baturin und Potschep „Schismatiker" – wohl mit Rom Unierte –, die nach Polen geflohen waren, nun aber nach Rußland zurückkehren wollten, anzusiedeln und für diese und ihre Priester eigene Kirchen zu errichten, „obwohl dies Ärgernis erregen wird".[11] Auf diese Bitte kam keine Antwort – die Kaiserin war dazu wohl nicht mehr imstande.

Am 6. Juli 1761 erließ Graf Kirill Grigorjewitsch ein donnerndes „Universal" gegen Alkoholmißbrauch und Schnapsbrennerei:

> „Nicht nur, daß die Kleinrussen oft ihre Land- und Viehwirtschaft vernachlässigen, die die Grundlage des Reichtums des Volkes sind, sie kaufen oft Getreide auf dem Markt zu teueren Preisen nicht zu ihrem eigenen Nutzen, sondern um daraus Schnaps zu brennen."

Die Branntweinerzeugung wird nur jenen gestattet, die über eigenen Grund und Boden verfügen.[12] Inmitten aller dieser Aktivitäten muß es für den Hetman ein schwerer Schlag gewesen sein, daß im März 1761 durch einen kaiserlichen Ukas die Stadt Kiew seiner Herrschaft entzogen und unmittelbar dem Senat unterstellt wurde.

Doch im Oktober des gleichen Jahres trat eine Veränderung ein, die die Tätigkeit des Hetmans erneut unterbrach. Alexej Grigorjewitsch berief seinen Bruder dringend nach Petersburg, weil die Kaiserin im Sterben lag. Seit ihrer Erkrankung im Jahre 1756 war sie nicht mehr richtig gesund gewesen und von Jahr zu Jahr schwächer geworden. Den Sommer 1761 hatte sie noch in Peterhof verbracht und war von dort nur unter größten Schwierigkeiten in die Hauptstadt zurückgebracht worden.

Während ihres Aufenthaltes in Peterhof hatte sich die Kaiserin noch intensiv mit der Lage auf dem deutschen Kriegsschauplatz beschäftigt. Nach dem österreichisch-russischen Sieg über Friedrich II. bei Kunersdorf im August 1759 neigte sich das Kriegsglück auf ihre Seite, ganz Ostpreußen war von russischen Truppen erobert worden. Vom 9. bis zum 12. Oktober 1760 hatten die Alliierten sogar Berlin besetzt. Elisabeth diktierte von Peterhof einen Befehl an Feldmarschall Buturlin, unverzüglich Friedrich anzugreifen und die Festung Kolberg zu nehmen. Buturlin zögerte aber, diesem Befehl Folge zu leisten; erst im Oktober kam es zu einer großen Offensive der verbündeten Russen, Österreicher und Schweden, die mit einer vernichtenden Niederlage von Preußen endete: Buturlin eroberte Schweidnitz, Rumjanzew Kolberg, und Elisabeth hatte noch die Genugtuung, ihren Feind geschlagen am Boden zu sehen. Friedrich war bereit zu kapitulieren und auf Schlesien zu verzichten. Doch er erfuhr von der neuerlichen Verschlechterung im Gesundheitszustand der russischen Kaiserin und entschloß sich, noch etwas abzuwarten.

Der Hetman brach am 13. Oktober in Begleitung von Teplow, Skoropadski und Tumanski in die Hauptstadt auf; die Familie blieb in Gluchow zurück. Unterwegs machte er Station in Moskau, um die Universität zu besuchen und mit dem dortigen Kurator und einigen Professoren über seine Pläne für Baturin zu sprechen.

Entgegen aller Erwartungen erholte sich Elisabeth im Dezember noch einmal; erlitt jedoch einen neuerlichen Schlaganfall. Am 24. Dezember (alten Stils) empfing sie die Sterbesakramente. An ihrem Bett befand sich nur das Thronfolgerpaar, Adam Olsufjew, Iwan Schuwalov und die Brüder Rasumovsky. Elisabeth sagte zu Peter, „aus Dankbarkeit für alles, was sie für uns getan habe, möge er ihr in den letzten Minuten ihres Lebens versprechen, vor allem den Grafen Alexej Grigorjewitsch Rasumovsky und den Kammerherrn Iwan Iwanowitsch Schuwalov, aber auch allen anderen in ihren Diensten Stehenden als seine treuen Diener zu betrachten und alles zu vergessen, was möglicherweise seine Unzufriedenheit mit ihnen erregt hatte. Daraufhin versprach der Großfürst, der von diesem letzten Wunsch der Kaiserin zutiefst gerührt war, Ihrer Majestät feierlich, daß diese ihre letzten Anweisungen vollständig und unwiderruflich erfüllt werden würden.“[13]

Am 25. Dezember 1761/5. Januar 1762 um halb vier Uhr nachmittags erschien Fürst Nikita Trubetzkoj tränenüberströmt im Vorzimmer der Kaiserin und verkündete den Versammelten, daß Ihre Majestät Kaiserin Elisabeth gestorben und

Seine Majestät Kaiser Peter III. ihr auf dem Thron gefolgt sei. – Alle waren sich bewußt, an einem Wendepunkt zu stehen.

> „Die meisten empfanden in ihrer Seele Schmerz und Haß und Verachtung gegenüber dem künftigen Herrscher, aber Schwäche und Angst gewannen die Oberhand. Alles zitterte und beeilte sich, sich zu unterwerfen, bevor noch die Kaiserin die Augen geschlossen hatte",

berichtete Breteuil seinem König in Frankreich.[14]

In den älteren Geschichtsschreibungen ist die Epoche Elisabeths meist negativ und als schwaches Bindeglied zwischen der Herrschaft Peters des Großen und Katharinas beurteilt worden. Aber heute sieht jeder Besucher von St. Petersburg, welchen Aufschwung z.B. Architektur und Malerei in dieser Zeit genommen haben. Ein Historiker unserer Tage fällt ein gerechteres Urteil:

> „Es lag intuitive Weisheit in dem administrativen Schlendrian ihrer Regierung, die im Urteil der Geschichte zwischen den heroischen Anstrengungen des petrinischen Zeitalters und dem äußeren Glanz der Epoche Katharinas durchaus bestehen kann – nicht deshalb, weil Elisabeth die verhaßten Fremden verjagte und ihren Schwur, niemals ein Todesurteil zu unterzeichnen, getreulich einhielt, sondern deshalb, weil Rußland durch sie die nötige Atempause erhielt, den Schock der gewaltsamen Europäisierung zu überwinden... Die staatsmännische Erfahrung der Russen ist im ständigen Improvisieren unter Elisabeth wahrscheinlich mehr gereift als unter dem Druck der petrinischen Kontrollsysteme, und ohne am Prinzip der Staatskirche zu rütteln, verstand es die Tochter Peters des Großen, durch kirchenfreundliches Verhalten den latenten Widerstand der russischen Orthodoxie gegen den europäischen Staat abzubauen. Dies alles hat sie zu einer sehr populären Verkörperung echten Russentums werden lassen, der man die Fragwürdigkeit eines verschwenderischen und durch moralische Hemmungen kaum getrübten Lebenswandels nachsah."[15]

8. Peter III. (1762)

In seinen Memoiren formuliert I. R. von Salis ein weises Wort:

> „Er (der Historiker) ist manchmal versucht anzunehmen, daß alles gekommen sei, wie es so und nicht anders habe kommen müssen. Das ist ein großer Irrtum. In Wirklichkeit kann der Zufall, der in der Geschichte eine enorme Rolle spielt, den Lauf der Geschichte ablenken. Es gibt Unvorhersehbares. Ein Wechsel in der Führung kann eine politische Kehrtwendung herbeiführen, ein neues Waffensystem das Kräfteverhältnis zwischen den Kriegsparteien verändern oder ein plötzliches Versagen der Widerstandskraft der einen Seite den Erfolg dem Gegner zuspielen..."[1]

Wenn Peter III. nach seiner Thronbesteigung nicht etwas Eiligeres zu tun gehabt hätte, als mit dem militärisch vernichteten Friedrich von Preußen, „dem König, seinem Herrn", Frieden zu schließen und ihm aus eigener Machtvollkommenheit alle Gebiete, die die russischen Truppen erobert hatten, zurückzugeben, wenn also nicht Preußen im Siebenjährigen Krieg der Sieger gewesen wäre, sondern Österreich, Rußland und Frankreich, so hätte die Geschichte in den nächsten Jahrhunderten vielleicht einen anderen Verlauf genommen. Nach dem Frieden von Hubertusburg im Februar 1763 und dem endgültigen Verlust Schlesiens blieb Maria Theresia nichts anders als die Klage: „Den Garten haben sie mir genommen, den Zaun aber gelassen."

In der Rückschau scheint uns heute, daß Peter geistig zurückgeblieben gewesen sein muß – anders ist sein kindisch-pubertäres Verhalten, das er auch nach seiner Machtübernahme an den Tag legte, nicht zu erklären. Anstatt die Hilfe und Unterstützung seiner Umgebung zu suchen, stieß er alle vor den Kopf: die Armee dadurch, daß er sie des sicheren Sieges beraubte und durch die sofortige Einführung neuer Uniformen nach preußischem Schnitt, die Frommen durch seine Verachtung und offene Verhöhnung der orthodoxen Kirche – er störte die Gottesdienste durch lautes Lachen, streckte den Priestern die Zunge heraus, beabsichtigte, die Ikonen wie in protestantischen Gotteshäusern aus den Kirchen entfernen zu lassen und gab einen Ukas heraus, daß das Kirchengut konfisziert werden solle. Die Hofkreise verärgerte er durch seine lärmenden Trinkgelage während der Hoftrauer um die verstorbene Kaiserin und die öffentliche Zurschaustellung seines Verhältnisses mit Elisabeth Woronzowa, die er, wie er zu verstehen gab, zu heiraten beabsichtigte, sobald er Katharina in ein Kloster gesperrt haben würde. Und für alle auf Anstand Bedachten muß wie ein Schock gewirkt haben, wie schamlos sich Peter beim Begräbnis seiner Tante aufführte, indem er den Trauerzug durch allerlei Bocksprünge empfindlich störte. Katharinas Verhalten, die während der 40-tätigen Trauerzeit in Trauerkleidung gehüllt täglich am Sarg der Verstorbenen betete, wurde dagegen mit Wohlgefallen vermerkt.

Der sächsischen Gesandte, Graf Brühl, richtete kurz nach dem Thronwechsel eine Denkschrift an seinen König, die einige bemerkenswerte Stellen enthält:

„Die kleinlichste, den Ton angebende Vorliebe des Kaisers für diesen König (d. i. Friedrich II) geht wirklich ins Unglaubliche. Gleich bei seiner Thronbesteigung hat er denselben so inständig um das preußische Ordensband gebeten, daß, wie man aus Wien weiß, der König selbst über diese Dringlichkeit bei Tafel seinen Scherz getrieben hat. Seitdem er es erhalten, trägt er keinen anderen Orden... In der Stille hört man die Unzufriedenen murren, aber nichts desto weniger unterlassen sie es nicht, einander in der Nachahmung preußischer Moden und Gebräuche zu überbieten..."

Peters einziges Interesse galt seinen Truppen:

„Von den drei Infanterieregimentern der Garde wird das erste, das preobrashenskysche, von dem Kaiser in Person befehligt; unter ihm steht der Feldmarschall Fürst Trubetzkoy als Oberstleutnant. Das zweite und dritte hatten noch keinen Oberbefehlshaber; der Feldmarschall Alexander Schuvalov ist Oberstleutnant des semenowischen und der Hetman Rasumowski hat denselben Rang in dem ismailowschen Regiment. – Der Kaiser läßt diese Truppen oft Exercitium machen und schlägt die Soldaten, die dabei schlecht bestehen, mit eigener Hand. Trotz solcher Sorgfalt fehlt viel daran, daß sie zum Kriege tüchtig wären..."

Die traditionsreichen Garderegimenter rückten allerdings auf den zweiten Platz. Eine der ersten Taten Peters bestand darin, seine eigene Hofgarde, bestehend aus Deutschen und insbesondere Holsteinern, aufzustellen. Danach beschreibt Brühl die Männer am Hofe Peters:

„In der Umgebung des Kaisers gibt es nur sehr wenige, die nicht dem König von Preußen zu Diensten stehen. Der General Melgunow und der geheime Rat Wolkow sind unter Peters Günstlingen diejenigen, die an den auswärtigen Angelegenheiten den größten Anteil haben. Der Eine wie der Andere ist schon vorlängst dem König verkauft..."

In hohem Ansehen standen weiter Lew Naryschkin, Andrej W. Gudowitsch und General Korff:

„Von denjenigen, die schon unter der vorigen Regierung in Gunst standen und unter der gegenwärtigen sie sich erhalten haben, sind zu nennen: Der Feldmarschall Fürst Trubetzkoi, der Großkanzler Woronzow, Iwan Iwanowitsch Schuwalow und der Hetman Rasumowski..."

Brühl lobte insbesondere den „Kammerherrn" Iwan Iwanowitsch und fährt fort:

„Der Hetman der Ukraine, Rasumowski, ist beständig um den Kaiser. Dem Anschein nach ist er sein bester Gefährte. An alle Verfeinerungen des Luxus und der Wollust gewöhnt, und früher in Genuß aller möglichen Annehmlichkeiten, nur nach dem Ruhm geizend, als Schlemmer zu glänzen, hat er sich dazu bequemen müssen, wie die Übrigen, sich selbst zum besten zu haben, das preußische Exercitium einzulernen, zu rauchen und auf alle Gemächlichkeiten des Lebens zu verzichten. – Diejenigen die am genauesten unterrichtet sind, haben die Überzeugung, daß die entschiedene Abneigung des Kaisers gegen alles, was an ein Vicekönigtum erinnert, der eigentliche Grund ist, weshalb er den Hetman in seiner unmittelbaren Umgebung festhält, und sie meinen, daß er sich ein besonderes Vergnügen daraus mache, diesen wollüstigen Menschen, der sich so wenig zu körperlichen Anstrengungen eignet, in Trab zu setzen."[2]

Peters kindliches Gemüt hinderte ihn wohl daran zu bemerken, wie sehr er mit dieser Behandlung seinen alten Gefolgsmann kränken mußte. Peter fuhr dennoch fort, die Familie Rasumovsky in ihrem Haus an der Mojka zu besuchen, und trotz seiner – von Brühl scharfsichtig bemerkten – Abneigung gegen ein „Vicekönigtum" übertrug er der Ukraine und somit dem Hetman erneut die vor kurzem dem Senat direkt unterstellte Stadt Kiew.

Freundliche Worte findet Brühl schließlich über Alexej Grigorjewitsch:

„Der Feldmarschall Rasumowski, Bruder des Hetmans, ist unter allen russischen Großen derjenige, welcher bei der letzten Veränderung sich am würdigsten benommen hat. Nach dem Tode der Kaiserin legte er alle Ämter und Würden dem Kaiser zu Füßen, und als einzige Gnade bat er sich nur ein Gut in der Ukraine aus, wo er das Ende seiner Tage zu verbringen wünschte. Aber der Kaiser nahm seine Entlassung nicht an und bestätigte ihm den Besitz aller der Geschenke, die er von der verstorbenen Kaiserin erhalten hatte. Der Feldmarschall fügte sich; nach einigen Monaten jedoch gab er dem Kaiser zu dessen größter Zufriedenheit ein prächtiges Fest, und am anderen Morgen hielt er nochmals um die Genehmigung seines Rücktritts an, der ihm dann endlich auch gewährt wurde."[3]

Nach dem Tod seiner geliebten Elisabeth zog Alexej aus dem kaiserlichen Palais aus und übersiedelte in das Anitschkow-Palais an der Fontanka. Der Kaiser besuchte ihn dort oft und verbrachte laut Wassiltschikoff viele Abende pfeiferauchend an seinem Kamin. Alexej fuhr fort, für Peter Feste zu veranstalten, wie er dies für Elisabeth getan hatte. Am 6. März kam folgender Ukas heraus:

„Generalfeldmarschall Rasumovsky wird beurlaubt und für ewige Zeit freigestellt von jeglicher militärischer und ziviler Verpflichtung, mit dem Privileg, daß sowohl bei Hof, als auch an jedem Ort, an dem er zu wohnen wünscht, ihm die seinem Rang entsprechende und ihm gebührende Ehre erwiesen wird, mit dem Versprechen der ewig währenden Gnade und des allerhöchsten Wohlwollens von seiten Seiner Majestät."[4]

Unbehelligt blieb auch der zweite Würdenträger, der seiner Tante nahe gestanden hatte, Kammerherr Iwan Schuwalow.

Alexej Grigorjewitsch durfte also mit allen Ehren „in Pension gehen", ein keineswegs selbstverständliches Recht, bestand doch noch die unbeschränkte

Dienstpflicht des Adels gegenüber dem Kaiser, die ihre Entsprechung im Dienst des Bauern für den Adel hatte.

Eine der bedeutendsten Handlungen Peters III. in seiner kurzen Regierungszeit bestand in der Aufhebung der allgemeinen Dienstpflicht des Adels, wohingegen die Fron der Leibeigenen erhalten blieb. Eine zweite war die Abschaffung der berüchtigten „Geheimen Staatskanzlei", was ihn jedoch beides bei seinen Untertanen nicht beliebter machte.

Peters verhängnisvollster Entschluß aber war sein Vorhaben, das von ihm beanspruchte Herzogtum Schleswig, das sich in dänischem Besitz befand, mit Waffengewalt erobern zu wollen, was die Unruhe im Land nur noch größer werden ließ. Er setzte 30 Regimenter in Richtung Livland in Bewegung und wollte den Hetman zum Oberbefehlshaber ernennen. Wassiltschikoff berichtet:

> „Er sagte zu ihm: ‚Ich habe dich dazu ausersehen, meine Armee zu kommandieren.' Rasumovsky antwortete: ‚In diesem Fall erlaube ich mir, Eurer Majestät einen Rat zu geben: Gestatten Sie, daß eine zweite Armee ausrückt, damit diejenige, die mir untersteht, ständig von einer anderen überwacht wird und meine Soldaten zum Vorrücken zwingt; andernfalls sehe ich keine Möglichkeit, wie das Vorhaben Eurer Majestät verwirklicht werden könnte'."[5]

Kirill Grigorjewitsch wurde jedoch nicht Kommandant der russischen Angriffstruppe; er und mehrere andere Würdenträger wurden bald darauf in anderer Weise aktiv.

Über die Rolle der am Sturz von Peter III. und der Thronbesteigung Katharinas Beteiligten wurde viel geschrieben. Katharina selbst war höchst wahrscheinlich in sämtliche Aktionen eingeweiht. Als Hauptakteure zeichneten sich Gregor Orlow, ihr neuer Favorit und dessen Brüder aus. Gregor Orlow war der Vater von Katharinas am 11. April geborenem Sohn Alexej, der den Familiennamen Bobrinskoj erhielt und der Stammvater dieses gräflichen Geschlechts wurde.

An dieser Stelle sei einer der weniger glaubwürdigen Berichte über die Ereignisse dieser Tage aus der Sicht der 14-jährigen Natalja Kirillowna, der ältesten Rasumovsky-Tochter, zitiert. „Literarisch verfremdet" wurde die Schilderung durch niemanden Geringeren als Alexander Puschkin, dem Natalja Jahrzehnte später ihre Erlebnisse geschildert hatte:

> „Es war am Tag vor Peter und Paul. Wir waren unterwegs nach Snamenskoje, meine Schwester Elisabeth Kirillowna, Mama und ich in einem Wagen, Papa und Wassilij Iwanowitsch in einem anderen. Unterwegs werden wir von einem Kurier aus dem Kabinett aufgehalten;er kommt auf den Wagen zu und erklärt, daß der Kaiser uns nach Peterhof befiehlt. Vater wollte den Befehl geben, hinzufahren, aber Wassilij Iwanowitsch sagte: ‚Ach was, hör nicht auf ihn, ich weiß, um was es sich handelt. Der Kaiser hat gesagt, daß er die Damen einladen will, bei Hof zu erscheinen, wenn er sie erreicht. Er hat Lust, am Vorabend des Feiertags irgend einen Schabernack zu treiben.' Aber der

Kurier bat Vater, auszusteigen. Sie sprachen kurz miteinander, danach gab Vater den Befehl, augenblicklich nach Peterhof zu fahren.
Wir kommen zum Schloß, man läßt uns nicht hinein. Die Wache streckt uns durch das Fenster eine Pistole oder etwas ähnliches entgegen. Ich erschrak und fing an zu weinen und zu schreien. Vater sagte: ‚Schluß, hör auf, was sind das für Dummheiten!', dann sagte er dem Soldaten: ‚Wir kommen auf den Befehl des Kaisers.'
‚Kommen sie ins Wachzimmer!' Vater ging hinein und uns schickte man zu***, der in einem kleinem Häuschen wohnte. Dort wurden wir aufgenommen. Nach zwei Stunden kam ein Bote von Vater, daß wir nach Monplaisir kommen sollten; alle fuhren hin, Mama wie sie war, im Schlafrock. Wir kommen nach Monplaisir und finden dort eine Menge Damen in Hofkleidern.
Der Kaiser war schrecklich wütend. Als ich ihn sah, erschrak ich, ich setzte mich auf den Boden und schrie: ‚Ich gehe auf keinen Fall auf die Galeere!' Man überredete mich mit Gewalt. Mit uns war Münnich. Wir kamen nach Kronstadt. Der Kaiser ging an Land, mit ihm alle Damen.
Mutter blieb mit uns auf der Galeere (wir gehörten nicht zu jener Gruppe). Gräfin Anna Karlowna Woronzowa versprach, uns eine Schaluppe zu schicken. Aber statt der Schaluppe erblickten wir nach einigen Minuten den Kaiser und seine ganze Gesellschaft, alle laufen zurück zu Galeere und schreien, daß man uns gleich beschießen wird. Der Kaiser hat sich mit der Gräfin Lisaveta Romanowna ins Innere des Schiffes zurückgezogen; Münnich unterhält sich mit den Damen und macht ihnen den Hof, als ob nichts geschehen wäre. Wir kommen nach Oranienbaum. Der Kaiser geht in die Festung, wir ins Schloß.
Am nächsten Tag werden wir zur Messe befohlen. Wir wußten schon alles. Der Kaiser war sehr bemitleidenswert. Während des Bittgottesdienstes wurde für ihn gebetet. Wir verabschiedeten uns von ihm. Er gab uns seinen Trauerwagen mit Krone. Wir fuhren mit ihm. In Petersburg hielt uns das Volk für die Kaiserin und rief hurra! Am nächsten Tag verlieh die Kaiserin Mama einen Orden."[6]

Was hatte sich tatsächlich ereignet?

Bei einem Festbankett anläßlich des Friedensschlusses mit Preußen am 9. Juni beleidigte der Kaiser seine Frau schwer: Er rief ihr mehrmals über den ganzen Tisch „Dura" (dumme Gans) zu. Katharina ließ sich nichts anmerken, beschloß nun jedoch zu handeln. Am 12. Juni übersiedelte Peter nach Oranienbaum; Katharina blieb, bevor sie sich in ihren Sommersitz Peterhof begab, noch fünf Tage in Petersburg und hatte Besprechungen mit mehreren Personen in Petersburg, mit den Brüdern Orlow, Nikita Iwanowitsch Panin, der Erzieher des Großfürsten Paul, der 19-jährigen Fürstin Jekaterina Woronzowa-Daschkowa, der Schwester der kaiserlichen Favoritin, die Katharina zutiefst ergeben war und Kirill Rasumovsky.

„Der kluge, schlaue Kleinrusse arbeitete in der Stille zu Gunsten Katharinens und vertraute niemandem seine Pläne an – es war also nicht zu verwundern, daß von allen Garderegimentern dem Ismajlow'schen Regiment, in welchem er Oberst war, im vorliegenden Falle die Hauptrolle zufiel. Katharina wußte von den Massregeln, welche Rasumovsky zu ihren Gunsten traf, verheimlichte sie aber vor allen, selbst vor den Orlows..."[7]

Ein exakter Plan für die Absetzung des Kaisers wurde allerdings nicht ausgearbeitet, der letzte Anstoß zum Handeln ergab sich zufällig.

Am 27. Juni, zwei Tage vor dem Fest der Apostel Peter und Paul, dem Namenstag des Kaisers und des Thronfolgers, gab Alexej Rasumovsky in Gostiliza ein Festessen für das Herrscherpaar, wonach Peter nach Oranienbaum und Katharina nach Peterhof zurückkehrten. Hier sahen sie sich zum letzten Mal.

Am gleichen Tag wurde in Petersburg bekannt, daß einer der Verschwörer, Oberst Passek aus dem Preobraschenski-Regiment, verhaftet worden war, weil man gegen ihn Anzeige erstattet hatte. Unter den Verschwörern entstand Panik; der Augenblick zum Handeln war gekommen. Gregor Orlow fuhr zur Fürstin Daschkowa und zu Panin, um sie zu benachrichtigen, Fjodor Orlow zu Rasumovsky. Alexej Orlow eilte sogleich in der Nacht des 27. Juni nach Oranienbaum, um Katharina nach Petersburg zu bringen.

Katharina zeigte sich der Situation gewachsen. Sie kleidete sich an, bestieg mit ihrer Kammerfrau Orlows Kutsche; Orlow schwang sich vorne auf den Sitz, neben dem Wagen ritt Wassilij Bileikow. 5 Werst vor Petersburg kam ihnen Gregor Orlow und Fürst Fjodor Barjatinski mit der Mitteilung entgegen, „daß alles fertig sei". Katharina wechselte den Wagen und fuhr zur Kaserne des Ismajlowski-Regimentes. Die letzten Schritte legte sie zu Fuß zurück. Vor der Kaserne hatten drei Kompanien Aufstellung genommen. Katharina stellte sich unter ihren Schutz, und wie mit einer Stimme brachen die Soldaten in ein lautes „Hurra" aus und riefen, daß sie „für Mütterchen Kaiserin" ihr Leben hingeben wollten. Der Regimentsgeistliche wurde herbeigeholt und die Truppen auf die Kaiserin Katharina vereidigt, und „als auch der Hetman Rasumowski, der eiligst auf einer Iswoschtschikdroschke herbeikam, sich zu ihnen gesellte, traten eine Masse von übrigen Soldaten, die die Neugierde aus ihren Kasernen herausgelockt hatte, zu ihren Kameraden über."[8]

Rasumovsky, der verspätet in der Iswoschtschikdroschke zu seinem Regiment stieß, hatte in der Nacht Professor Taubert kommen lassen und ihm aufgetragen, sich in die Gewölbe der neuen Akademiedruckerei zu begeben und dort die Drucklegung eines Manifestes zu überwachen, das für diesen Anlaß bereits vorbereitet worden war. Taubert bat, von diesem Auftrag befreit zu werden. „Sie wissen schon zu viel", sagte ihm der Präsident, „hier handelt es sich um meinen und ihren Kopf, wenn etwas entdeckt wird. Sie müssen meinen Befehl ausführen!"[9]

August Wilhelm Schlözer, ein junger deutscher Historiker, der gerade erst im Mai von Rasumovsky als Adjunkt an die Akademie berufen worden war, kam gerade zurecht zu den großen Ereignissen:

> „Taubert hatte viel Anteil an dem großen Werke: in den Souterrains des akademischen Hauses, welches er bewohnte, wurde in der Nacht das Manifest gedruckt, das mit Tages Anbruch schon verteilt wurde. Ich dankte dem Himmel, daß nicht auch ich die Ehre hatte, eine Rolle bei diesem halsbrecherischen Stücke zu spielen, vermutlich ward ich verschont, weil ich noch zu neu und unbekannt war."

Schlözer berichtet, wie er die „Revolution“ erlebte:

„Nach 7 Uhr morgens kam meine Frau Hauswirtin auf mein Zimmer und sagte kalt und ruhig, aber auch weiter nichts: ‚Ihre Maj. die Kaiserin haben den Thron bestiegen.‘ Mir, der ich von Revolutionen schon so viel gelesen und gehört, nie aber eine gesehen hatte..., mir wandelte die Neugier an, Augenzeuge von einer so interessanten Weltbegebenheit zu sein. Ich zog mich also eilig an, ging aus meinem Hause (in der 13. Linie), ohne daß mich jemand sah und warnte, und war schon in brennender Hitze bis etwa an die 4. Linie gekommen, als ich, meiner Myopie wegen, nun erst bemerkte, daß auf der ganzen langen Strecke, keine Seele auf der Straße, weder vor noch hinter mir, nicht einmal ein Mensch vor den Fenstern, war. Mir wurde bänglich: noch ging ich bis an die Newabrücke fort, guckte hinein und sah Kanonen aufgeführt, und alles von Truppen in unübersehbarer Länge wimmeln. Ein kalter Schauer überlief mich. Vorwärts durft ich nicht: und rückwärts? – wie wenn man mich entdeckte, mich ohne Halt! Zu rufen, in den Rücken schösse, oder wenigstens als verdächtig arretierte? Ich wandte um, wanderte wieder die ganze lange Strecke hinab, ohne einem Menschen zu begegnen, schlich anfangs ganz langsam wie der fliehende Löwe, erreichte aber zuletzt im Galopp glücklich mein Haus.“[10]

Nach der Vereidigung des Ismajlowski-Regimentes bestieg Katharina wieder die Kutsche. Der Priester mit dem Kreuz schritt voran, neben der Kutsche ritten Rasumovsky und Offiziere des Regimentes, immer mehr Soldaten und Zivilisten schlossen sich an. Der Zug führte zuerst zu den Kasernen des Semjonow-Regimentes, dann durch die Gartenstraße und den Newski-Prospekt hinunter bis zur Kirche der Mutter Gottes von Kasan[11], in der bereits der Erzbischof von Nowgorod und zahlreiche Geistliche warteten. In einem feierlichen Te Deum wurde Katharina zur Alleinherrscherin von Rußland ausgerufen, der eiligst herbeigeholte kleine Paul zum Thronfolger.[12]

Danach bezog die neue Kaiserin das Winterpalais, in dem Kaiserin Elisabeth gestorben war und erließ unter dem Datum des 28. Juni 1762 ihr erstes Manifest „Wir von Gottes Gnaden Katharina die Zweite, Kaiserin und Selbstherrscherin aller Reußen etc.“ Den ganzen Tag über strömte das Volk in Scharen herbei, „um Mütterchen Kaiserin den Treueeid zu leisten“.[13]

Kaiser Peter und seine Entourage – nicht allein die Frauen mehrerer Würdenträger befanden sich bei ihm, auch der preußische Gesandte Goltz, der von Peter aus der Verbannung zurückgerufene Marschall Münnich, Kanzler Michail Woronzow und sein Bruder Roman, der Vater der Favoritin des Kaisers und der Fürstin Daschkowa, Iwan Schuwalow und Feldmarschall Trubetzkoj – begriffen erst am Nachmittag des 28. Juni, daß ein Staatsstreich unternommen worden war, als sie in Petershof ankamen, um bei Katharina den kaiserlichen Namenstag zu feiern und das Schloß leer vorfanden. Der Kaiser verlor den Kopf, er alarmierte das Holstein'sche Regiment und behielt alle Frauen als Geiseln bei sich:

„Die Nerven der Damen hielten es nicht aus, das verhaltene Weinen, das man auch früher schon hörte, machte lautem Schluchzen und allgemeinem Geheul Platz ... Es verbreitete sich, wer weiß woher, das Gerücht, daß der Hetman Graf K.G. Rasumovski sich an der Spitze des Petersburger Aufstandes befände – und der Kaiser befahl, dessen Bruder A.G. Rasumovski aus Gostilitz herbeizurufen."[14]

Kanzler Woronzow, Schuwalow und Trubetzkoj erboten sich, nach Petersburg zu reiten und Katharina ins Gewissen zu reden – als sie jedoch dort angelangt waren, leisteten sie der neuen Herrscherin sogleich den Treueeid.

Gegen 11 Uhr abends setzte sich schließlich, nachdem keiner der von Peter ausgeschickten Boten zurückgekehrt war, die von Natalja Rasumovsky beschriebene Flotille in Bewegung in Richtung Kronstadt. Dort wollte sich Paul verschanzen. Aber in Kronstadt wußte man bereits von dem Umsturz und Peter wurde nicht eingelassen. Nach einem zweiten Versuch gab er auf und zog sich nach Oranienbaum zurück.

Noch am selben Abend des 28. Juni vertraute Katharina ihren Sohn dem in Permanenz tagenden Senat an und ritt auf einem weißen Roß, in einer ausgeborgten Uniformjacke des Semjonow'schen Garderegimentes an der Spitze eines großen Heeres, umgeben von ihren Getreuen, nach Peterhof. Nach mehrmaligen Unterbrechungen langte das Gros der Truppen um 10 Uhr in Peterhof ein; um 11 Uhr erschien Katharina hoch zu Roß und wurde mit schallendem „Hurra"-Rufen und Kanonendonner begrüßt. Hier erreichte sie ein Brief Peters aus Oranienbaum, in dem er um Vergebung bat und allen seinen Rechten entsagte, mit der alleinigen Bitte, sich mit Elisabeth Woronzowna und General Gudowitsch nach Holstein zurückziehen zu dürfen. Katharina nahm diese Kapitulation an; eine Erklärung zu Peters Thronverzicht wurde aufgesetzt. Katharina dachte jedoch nicht im entferntesten daran, Peter nach Holstein ausreisen zu lassen und ihm damit die Möglichkeit zu geben, in Deutschland gegen sie zu intrigieren. Sie plante vielmehr, ihn in Schlüsselburg im Gefängnis zu internieren, wo ja bereits ein rechtmäßiger Herrscher saß. Peter wurde von Getreuen Katharinas in Oranienbaum abgeholt, zunächst nach Peterhof und danach auf das Gut Ropscha gebracht, das ein Geschenk Elisabeths an Alexej Rasumovsky war. Peters Herrschaft „über ganz Rußland" hatte nicht einmal sechs Monate gedauert.

Ein glanzvoller Sieg Katharinas nach einem unblutig verlaufenen Thronwechsel? Nicht ganz. Eine Woche danach ereignete sich ein grausames Nachspiel.

Wie viel Katharina von den Plänen zur Ermordung ihres Gatten gewußt oder diese gar selbst angeordnet hat, läßt sich nicht feststellen. Laut der von Herrmann zitierten „Biographie Peters III." hielt Katharina am 6. Juli nachmittags eine Gesellschaft ab, als ein Eilbote ihr einen Brief „in der ungeübten Handschrift des betrunkenen Verfassers" überbrachte, in dem Alexej Orlow schrieb:

„Mütterchen! Gnadenreiche Kaiserin! Wie soll ich aussprechen und beschreiben, was geschehen ist? ... Mütterchen, ich bin bereit zu sterben, aber ich weiß selbst nicht, wie das Unglück geschehen ist... Mütterchen – er ist nicht mehr..."[15]

Katharina gab den Tod des Kaisers Peter „nach einem Hämorrhoidalanfall“ erst am nächsten Tag bekannt. An seinem Begräbnis im Alexander-Newski-Kloster nahm sie „auf Bitten ihrer Ratgeber“ nicht teil.

Authentische Quellen über das Ende Peters III. sind vernichtet worden, aber es steht fest, daß er am 6. Juli gegen Mittag in Ropscha erdrosselt wurde, nachdem der ihm von seinen Gästen kredenzte vergiftete Burgunderwein nicht gewirkt hatte. Soweit sich indirekt feststellen läßt, waren Alexej Orlow und Fjodor Barjatinski an dem Mord aktiv beteiligt, während Gregor Orlow, N.N. Engelhardt und Gregor Teplow und einige andere Personen zuschauten.

> „Ein Mann, der zufälligerweise im Nebenzimmer sich befand, und der Cabinettscourier versicherten, nie ein so entsetzliches Geschrei, wie diesen von der Todesangst ausgepreßten Notruf des Kaisers gehört zu haben“,

schreibt Herrmann.[16] Einer der legitimen „Herrscher aller Reußen“ konnte Katharina nun nicht mehr in die Quere kommen.

9. Die Thronbesteigung Katharinas II. (1762–1763)

Nach ihrem Sieg bemühte sich Katharina zunächst, sich denen erkenntlich zu zeigen, die ihr auf den Thron verholfen hatten. Eine „Liste der Belohnungen“, die 40 Namen in vier verschiedenen Kategorien enthielt, wurde veröffentlicht. In der ersten befanden sich nur drei Personen: der Hetman von Kleinrußland K.G. Rasumovsky, der Obersthofmeister des Zarewitsch N.I. Panin und General-en-chef M.N. Wolkonski; sie erhielten lebenslängliche Pensionen von 5000 Rubel. Die Fürstin Daschkowa (800 Bauern, die menschliche Seele gerechnet zu 30 Rubel) befand sich mit 16 anderen nur in der zweiten Kategorie. Ihr verlieh Katharina außerdem den St. Katharinen-Orden, den am 25. Juli auch Gräfin Katharina Iwanowna Rasumovsky erhielt.[1]

Und bereits in den ersten Tage ihrer Herrschaft berief Katharina den alten Kanzler Bestuschew-Rjumin, der ihretwegen gelitten hatte, aus dem Exil zurück.

Wie die Fürstin Daschkova berichtet, trat bereits wenige Tage nach dem Putsch eine Entfremdung zwischen ihr und Katharina ein, Ein Zusammentreffen im Winterpalais schildert sie wie folgt:

> „Wie groß war mein Erstaunen, als ich Gregor Orloff sah, welcher der Länge nach auf einem Sopha in einem der Gemächer des Palastes ausgestreckt lag ... mit einem großen Pack Papiere vor sich, welche er eben zu öffnen im Begriffe war, und welche ich als Staatspapiere erkannte. ... Ich fragte ihn, starr vor Erstaunen, was er da tue? ‚Die Kaiserin hat befohlen, daß ich sie öffne‘, war die Antwort. Und als die Kaiserin sie zum Essen einlädt und zu dem für drei Personen gedeckten Tisch führt, der vor dem Sopha Orloffs steht, begreift sie: ‚Zum ersten Mal drängte sich mir jetzt eine Überzeugung auf, die über alle Beschreibung hinaus schmerzlich und demüthigend war. Es war klar, daß ein Verhältnis zwischen ihnen bestand‘.“[2]

Katharina Daschkowa war keineswegs die einzige, die von Anfang an an dem unkultivierten Parvenu Orlow Anstoß nahm, dies galt in gleicher Weise für den Hetman. Als Gregor Orlow in betrunkenem Zustand bei einem Essen prahlte, er allein habe den Umsturz vollbracht und es läge in seiner Macht, auch die Kaiserin innerhalb eines Monats zu stürzen, antwortete ihm Kirill Grigorjewitsch:

> „Vielleicht könntest du es in einem Monat tun, aber wir würden dich bereits nach 14 Tagen aufgehängt haben.“[3]

Im Gegensatz zu Peter III. erkannte Katharina die Notwendigkeit einer baldigen Krönung, um ihre Stellung zu legalisieren. Im August brach sie mit dem Senat und dem gesamten Hof in Richtung Moskau auf. Unterwegs machte sie einige Tage Station beim Hetman in Petrowskoje, um sich auf ihren feierlichen Einzug in die alte Hauptstadt vorzubereiten.

Ein Wachsoldat, der in Petrowskoje Dienst tat, sah sie dort zum ersten Mal und schilderte die Begegnung später ausführlich: Gawriil Romanowitsch Derschawin, der große russische Dichter des XVIII. Jahrhunderts.

Die Krönung wurde am 23. September in der Kathedrale Maria Verkündigung im Kreml durch den Erzbischof von Nowgorod und den Metropoliten von Moskau vollzogen. Es assistierten Bestuschew und Kirill Rasumovsky. Alexej Rasumovsky trug die Krone voraus und verteilte danach Gold- und Silberjetons an das Volk.

Nach der Krönung nahm die Kaiserin im Audienzsaal im Kreml die Huldigung der Würdenträger entgegen und verlieh Orden und Titel an ihre Getreuen; die Brüder Orlow wurden in den Grafenstand erhoben. Danach speiste sie, allein unter einem Baldachin sitzend, in der Granowitaja Palata, wiederum standen die beiden Feldmarschälle Grafen Rasumovsky und Bestuschew zu beiden Seiten des Tisches; Zeremonienmeister, Vorschneider und Obermundschenk übten ihre Funktionen aus und sämtliche geistlichen und weltlichen Würdenträger bei Hof sowie vornehme Persönlichkeiten beiderlei Geschlechts der beiden obersten Rangklassen warteten ehrfürchtig vor dem Baldachin, bis ihnen die Kaiserin huldvoll gebot, sich an die für sie vorbereiteten Tische zu setzen.[4]

Im Anschluß an die Krönungsfeierlichkeiten fanden zahlreiche Feste und Volksbelustigungen statt, die während des gesamten Aufenthaltes des Hofes in Moskau andauerten, d.h. bis zum Juni 1763.

Katharina war sich jedoch bewußt, daß trotz der höchsten Weihen ihre Stellung keineswegs gesichert war. Sie umgab sich mit Männern ihres Vertrauens: Nikita Panin, Bestuschew, der allerdings nur mehr eine rein dekorative Rolle spielte, während Michail Woronzow Kanzler blieb, und Kirill Rasumovsky. Zu ihrem Sekretär erwählte sie Teplow. In ungewohnter Eile erließ sie mehrere Verordnungen, welche die wirtschaftliche Lage der Bevölkerung verbessern sollten, u.a. über die Freiheit von Getreideexporten, über die Abschaffung einiger Zölle und die Freigabe des Walfischfangs. Am 14. Oktober wurde ein Ukas über die Ansiedlung und privilegierte Behandlung von ausländischen Staatsangehörigen in Rußland veröffentlicht, was die Einwanderung zahlreicher deutscher Bauernfamilien nach Rußland zur Folge hatte. Mit dieser Verordnung sollte die kontinuierlich erfolgende Flucht leibeigener Bauern nach Polen und über den Don zu den Kosaken kompensiert werden.

Im Gegensatz zu den allgemeinen Erwartungen bestätigte Katharina die von Peter III. getroffenen Erlässe, wie den Friedensschluß mit Preußen oder die Abschaffung der „Geheimen Staatskanzlei“ (Ukas vom 19. Oktober). Sie erließ ein Manifest gegen Bestechlichkeit und Wucher – dem selbstverständlich der erhoffte Erfolg nicht beschieden war – und setzte eine Kommission ein, die das

Manifest Peters vom 18.2.1762 über die Freistellung des Adels von der Dienstpflicht überprüfen und im Sinne Katharinas – sie war gegen diese Freistellung – neu formulieren sollte. Die Freistellung der Bauern war darin abermals nicht berücksichtigt. Zum Präsidenten dieser Kommission ernannte sie Rasumovsky. Das Manifest wurde von Katharina allerdings niemals bestätigt.

Ebenso wenig zog Katharina eine Rücknahme des Erlasses über die Konfiskation der Kirchengüter in Betracht – trotz ihrer öffentlich zur Schau gestellten Frömmigkeit. Bereits Peter I. hatte die Rechte der Kirche beschnitten, die Kirchen säkularisiert und das Patriarchat abgeschafft; wogegen sich der Metropolit Dmitrij von Rostow heftig zur Wehr gesetzt hatte. Er gebrauchte „mehr als einmal Ausdrücke, die für unser Ohr sehr scharf waren",[5] ohne daß er den Kaiser umstimmen konnte. Dmitrij von Rostow wurde bald danach heilig gesprochen; seine Reliquien solltan nach Rostow in einem silbernen Sarg überführt werden. Metropolit Arsenij, Dmitrijs Nachfolger in Rostow, lud die Kaiserin ein, an dieser Feier teilzunehmen. Der Nachfolger Dmitrijs protestierte ebenfalls beim Heiligen Synod gegen Katharinas Ukas vom 6.3.1763 über die Einsetzung eines „Obersten geistlichen ökonomischen Kollegiums", dem die kirchlichen Ländereien unterstellt werden sollten. Der Synod stand jedoch unter dem Einfluß Katharinas; auf ihren diskreten Wink hin wurde Metropolit Arsenij am 1.4.1763 vor ein geistliches Gericht gestellt, seiner kirchlichen Würden entkleidet und als einfacher Mönch in ein Kloster am Eismeer verbannt.

> „Die Gefangenschaft Arsenijs löste Katharina die Hände" notiert Bilbassow. „Als kluge Frau erkannte sie, daß sie mit dem Synod, welcher in so knechtischer Weise eines seiner Mitglieder preisgegeben hatte, keine Zeremonie zu machen brauchte."[6]

Am 12. Mai wurde das Ökonomie-Kollegium gegründet, am 26. Februar 1764 der Landbesitz der Kirche säkularisiert. Katharina hatte damit das bereits von Peter dem Großen begonnene Werk vollendet und die Kirche unter die Aufsicht des Staates gestellt – eine Maßnahme, die bis zur Februarrevolution des Jahres 1917 in Kraft blieb.

Der Jubel, mit dem Katharina in Petersburg und Moskau begrüßt worden war, wurde jedoch nicht von allen geteilt. Insbesondere die mächtige Position der Orlows sorgte für Unmut. Bereits im Oktober 1762 drangen Gerüchte über eine Offiziersverschwörung im Ismajlowski-Regiment bis zu Katharina: die Leutnants Gurjew und Chruschtschow sowie deren Brüder trügen sich mit Putschabsichten, um den rechtmäßigen Herrscher Iwan Antonowitsch auf den Thron zu bringen; als Geldgeber sollte Iwan Iwanowitsch Schuwalow mit im Bunde sein. Um die Wahrheit herauszufinden, berief die Kaiserin eine Kommission, bestehend aus drei Personen: Senator Wassilij Suworow, F.I. Wadkowski und als Leiter Kirill Rasumovsky. Die Kommission stellte fest, daß nichts weiter dahinter war als großsprecherisches Gerede bei einem Besäufnis. Aber Katharina war von diesem Resultat nicht befriedigt. Sie ließ mehrere Personen verhaften und dem Untersuchungsrichter vorführen, die beiden Leutnants wurden „zur Aufdeckung der Wahrheit unter der Zuchtrute eifrigst befragt", aber auch dies erbrachte keine neuen Aussagen. Nun beeilte sich die Kommission, ihre Unterlassung gutzumachen; sie empfahl dem Senat, die Brüder Chruschtschov und Gurjew zum Tod zu verurteilen und verschiedene andere Mitglieder der Verschwörung, „obgleich sie keiner Schuld überführt waren", zu Strafen verschiedenen Grades zu verurteilen. Dies gab Katharina Gelegenheit, in dem ersten Manifest ihrer Herrschaft am 27. Oktober 1762 dieses Urteil zu mildern „weil Unser gefühlvolles Herz Zorn und Härte nicht zulassen kann": Die Hauptverschwörer wurden bloß zum „politischen Tod" verurteilt; sie mußten den Kopf auf den Block legen, jedoch ohne daß die Exekution vollzogen wurde, danach wurden sie aller Ehren beraubt, zur lebenslänglichen Zwangsarbeit in Sibirien und dem Verlust aller beweglichen und unbeweglichen Habe verurteilt. Im Gegensatz zu den bei Katharinas Vorgängern üblichen Gebräuchen blieb das Vermögen im Besitz der Familien. Das Urteil wurde am 28. Oktober auf dem Roten Platz vollstreckt.[7]

Inwieweit Iwan Schuwalow in diese Affäre verwickelt war, ist nicht klar zu sehen. Katharina bezeichnete diesen „edelsten Mann Rußlands im 18. Jahrhundert" später als den „niedrigsten und gemeinsten aller Menschen." Aber offensichtlich erinnerte sie sich daran, wie sehr er ihr früher geholfen hatte. Anstelle einer Bestrafung wurde Schuwalow diskret aufgefordert, sich auf eine dreijährige Reise ins Ausland zu begeben. Schuwalow verkaufte sein Petersburger Haus und kehrte erst 10 Jahre danach in die Heimat zurück, als der Zorn der Kaiserin verraucht war.

Gregor Orlow wurde immer anmaßender. Seine Stellung als Favorit der Kaiserin genügte ihm nicht mehr; er verlangte von Katharina, sie möge ihn, nach dem Vorbild von Kaiserin Elisabeth, in geheimer Ehe heiraten. Bestuschew, der sich den Orlows genähert hatte, verfaßte eine Bittschrift an die Kaiserin, sie möge sich im Hinblick auf die schwache Gesundheit des Thronfolgers erneut, und zwar mit einem Russen ihrer Wahl, vermählen. Er fand einige geistliche Würdenträger, die dieser Bittschrift unterzeichneten. Strikt gegen Bestuschews Plan sprachen sich Kirill Rasumovsky, Kanzler Woronzow und Panin aus. Katharina hatte wohl nicht die Absicht, ihre eben erworbene Machtfülle mit jemanden zu teilen, aber offenbar wollte sie die Stimmung im Lande erkunden und wählte ein Mittel, das in den meisten Biographien erwähnt wird und dessen Überlieferung von S.S. Uwarow, dem späteren Innenminister und Ehemann einer Enkelin des Hetmans, stammt: Katharina beauftragte Woronzow, folgendes Dekret zu entwerfen:

> „Im Gedenken an ihre verstorbene Tante Kaiserin Elisabeth Petrowna und aus Dankbarkeit ihr gegenüber hält es Ihre Majestät für richtig, dem Grafen A.G. Rasumovsky, dem Gemahl der Kaiserin, den Titel kaiserliche Hoheit zu verleihen und dies öffentlich bekannt zu geben",

und im Zusammenhang damit von Rasumovsky alle Dokumente zu erbitten, die sich auf seine Ehe bezogen. Woronzow wehrte sich zuerst, suchte aber schließlich doch den alten Grafen, der nach der Krönung in Moskau geblieben war, in seinem Haus in der Petrowka auf. Er fand ihn neben dem brennenden Kamin sitzend und in der Bibel lesend. Graf Alexej Grigorjewitsch studierte den kaiserlichen Ukas, erhob sich, entnahm einer Schatulle einige Papiere, las sie nochmals durch und küßte sie, dann warf er sie ins Feuer und sagte: „Ich war nichts anderes als der getreue Diener Ihrer Majestät, die mich mit Gnaden überhäuft hat und der ich alles verdanke. Nie werde ich zulassen, daß auch nur der kleinste Schatten auf ihren lichten Namen fällt!" Als Woronzow der Kaiserin Bericht erstattete, sah sie ihm in die Augen, reichte ihm die Hand zum Kusse und sagte: „ Wir verstehen uns. Eine geheime Ehe hat es nie gegeben."[8]

Nur einen Gegenstand vergaß Alexej Rasumovsky, den Flammen zu übergeben: das schon erwähnte kleine Seidenpölsterchen mit den Bildnissen der Jungvermählten und der Inschrift „Dieses Geheimnis ist gesegnet".

Alexej stand bis zu seinem Tod bei Katharina in höchster Gnade, was keineswegs für alle Vertrauten aus der Zeit des politischen Umbruchs zutraf. Die Welle des Protestes, die sich erhob, als Nachricht von Bestuschews Aktion in weitere Kreise drang, wurde von Katharina geschickt benützt. Einer der besonders Unzufriedenen war Kirill:

> Hetman Rasumovsky, Graf Buturlin, beide General-Adjudanten, fanden es schlecht, daß ein Mann (Orlow), der vor kurzem noch tief unter ihnen gestanden hatte, plötzlich den gleichen Rang hatte wie sie",

berichtete Solms am 7./18.6.1763 an König Friedrich III.9

In raffinierter Weise begab sich Katharina mit ihrer Begleitung am 12. Mai 1764 auf eine Pilgerreise zum heiligen Dimitrij nach Rostow – Metropolit Arsenij war gerade entfernt worden – und ausgerechnet in dieser Zeit wurde ein „Komplott" bekannt: einige junge Offiziere und Kammerjunker hätten die Absicht gehabt, die Brüder Orlow zu ermorden. Sie wurden verhaftet, und beim Verhör gaben sie an, von der Fürstin Daschkowa in in eine Verschwörung hineingezogen worden zu sein. Da es sich diesmal aber um mehrere angesehene Personen handelte, denen außer der Ablehnung des Eheprojektes nichts nachgewiesen werden konnte, wurden sie lediglich auf ihre Güter verbannt. Und um die brodelnden „Gerüchte, Meinungen, Geschwätz", die im Volk in Umlauf waren, zu unterbinden, erließ Katharina am 4. Juni einen Erlaß „über das Verbot unstatthafter Reden und Beurteilungen von Regierungsangelegenheiten", in dem Ruhestörern „die ganze Strenge des Gesetzes" angedroht wurde.[10] Falls jemals so etwas wie eine Meinungsfreiheit unter Katharina existiert hatte, war es damit nun endgültig vorbei.

Die Fürstin Daschkowa verbrachte später viele Jahre in England. Auch diesmal blieb Kirill von kaiserlicher Ungnade verschont:

„I cannot find that the Empress suspects the hetman having any concern in the late tumult, though some of the persons, who were leaders in it, used to be almost constantly with him; I know however that he is extremely dissatisfied at the distinction paid to the favorite“,

meldete Lord Buckingham seinem Hof am 22. August.[11] Kirill Grigorjewitsch erkannte jedoch, daß der Moment gekommen war, um sich für eine gewisse Zeit vom Hofleben zu entfernen. Graf Solms berichtete nach Berlin:

„Der Hetman Rasumovsky, der außer wirtschaftlichen Gründen, die er als Vorwand angibt, auch solche der Eifersucht, des Mangels an Gunst und Vertrauen hat, hat gleich bei seinem ersten Ansuchen die Erlaubnis erhalten, sich für zwei Jahre in seine Residenz in der Ukraine zu begeben. Er bleibt in Moskau, bis der Hof nach St. Petersburg zurückkehrt.“[12]

Am 18. Juni 1763 reiste der Hetman mit seiner Familie in Richtung Gluchow ab.

Zurück blieben die drei ältesten Söhne, die in Petersburg das Rasumovsky'sche Privatgymnasium besuchten – für russische Verhältnisse eine absolute Neuheit, im Scherz genannt „Akademie der 10. Linie.“[13]

10. Das Ende des Hetmanats (1764)

August Wilhelm Schlözer, der inmitten des Umsturzes in St. Petersburg eingetroffen war, hatte das Glück, statt einer unsicheren Stellung an der Akademie den Direktorenposten der von Kirill Rasumovsky für seine Söhne neu gegründeten Privatschule zu erhalten.

In der kurzen Zeit zwischen Katharinas Thronbesteigung und der Abreise des Hofes nach Moskau fand Kirill Rasumovsky Zeit, eine Privatschule für seine Söhne zu gründen und den jungen deutschen Gelehrten zu ihrem Direktor zu bestellen.

> „Der Hetman der Kosaken und Präsident der Akademie, Graf Rasumovski, hatte eine Menge Kinder, worunter drei Söhne schon 13, 11 und 8 Jahre alt waren. Er wollte sie gut erzogen haben, denn er war ein guter Mann; sie sollten früher cultiviert werden als er: das Vermögen dazu hatte er .... Aber die Mama, sagte man, mache eine gute Erziehung dieser heranwachsenden Söhne schwer. Also riet ein gescheiter Mann (vermutlich Taubert) dem Vater, sie von der Mutter wegzutun, ohne sie doch aus Petersburg zu lassen. Nun ward ein großes neues palastmäßiges Haus diesseits der Newa, auf Wasili Ostrov, in der 10. Linie... gemietet und anständig ausmeubliert. Hierher wurden die drei Grafen gebracht..."[1]

Alexej war in Wirklichkeit 13, Peter 10 und Andrej 9 Jahre alt. Sie erhielten als Mitschüler den 8-jährigen Sohn Tauberts, der bereits gut Geige spielte, und den gleichaltrigen Dmitrij Adamowitsch Olsufjew, dessen Vater Katharinas Staatssekretär war; später kam auch der 14-jährige Sohn von Iwan Koslow dazu[2]. Außer Schlözer gehörten zum Lehrkörper M. Bourbier, „ein weyl. französischer Laquais, der seine Sprache völlig orthographisch und grammatisch richtig schrieb", drei Lehrer, die im Hause wohnten, davon einer aus Wien, und zwei „Gelehrte": Schlözer selbst und der Adjunkt der Akademie Rumowski als Mathematiklehrer.

> „Die Tafel war gräflich. In den Fastenzeiten war sie geteilt: die eine Hälfte war für die Rechtgläubigen, hier stunden nur Fastenspeisen, nichts von Fleisch, von Butter, von Eiern... Es brauchte keine Kasteiung.. alles konnte dem leckersten behagen. ...Zwei Equipagen standen immer bereit, ein Staatswagen für die Grafen und ein anderer für uns Lehrer, doch mußten wir immer, guter Ordnung wegen, den Gouverneur erst darum ansprechen...
> Und für allen Genuß, den ich in diesem Hause hatte, brauchte ich wöchentlich nur 6 Stunden... zu arbeiten. Es war gar ein herrliches Leben hier! Alles war einig, gesellig

und jugendlich froh. Keine Dame war im ganzen Haus, die uns über die Gebühr geniert hätte, dennoch blieben Anstand und Würde unverletzt... Dankbar werde ich zeitlebens die dritthalb Jahre, die ich in diesem Institut verlebte, unter die allerangenehmsten meines langen Lebens zählen."

Der Unterricht erfolgte in französischer Sprache, bald jedoch ergänzt durch Deutsch und Latein. Schlözer verfaßte eigens Lehrbücher, die der zukünftigen Stellung seiner Schüler angepaßt waren. Geographie, Geschichte und Statistik waren für alle verbindliche. Schlözer notierte:

„So erhielt der älteste Graf, der schon Rittmeister's Uniform trug, das Büchlein *Sur le militaire*, der dritte, Midshipman bei der Flotte, mußte vorzüglich *La marine*, ein anderer *Le commerce* studieren. Außer den Stunden machte jeder Aufsätze über sein Fach: diese wurden nachher beim Examen vorgewiesen und von Monseigneur (dem Hetman) selbst, der auch manchmal, wiewohl sehr selten, bei uns speiste, mit einem wiederholten *fort bien* beehrt... Vorzüglich fand der jüngste Graf, der Midshipman (damals 9-jährig) an meinem Unterrichte Wohlgefallen. Unzählige mal, wenn abends nach sechs Uhr allgemeine Feierstunde war, kam er zu mir herunter und führte Stunden lang altkluge Discurse über Statistik und Historik mit mir."[3]

Manchmal ist erstaunlich, welche unscheinbare Gegenstände die Jahrhunderte überdauern und die die Hände der Nachkommen gelangen. Unter den Familienpapieren befinden sich einige Skripten, vermutlich von Schlözers Hand, bestimmt für den „Midshipman", und ein Heft Andrejs mit einemAufsatz: *„Sur la marine des Portugais*". An den Rand geschrieben, datiert 11. September 1764, steht von der Hand des Hetmans: „Très, très bien", auf einer folgenden Seite: „Choroscho. 18. 7-bre"[4]

Ein Lehrer aus dieser „Akademie der X. Linie", zu dem, der jüngste Andrej der Rasumovsky-Söhne ein ausgesprochen enges Verhältnis hatte, selbst als er Gesandter in Neapel und Wien war, war Louis de Marignan, ein junger Offizier aus dem Elsaß. Einige dieser Briefe haben sich erhalten.[5]

Die Schüler der „Akademie" besaßen das Privileg des Zutritts zum „kleinen Hof" und durften allein dem Kronprinzen Paul Gesellschaft leisten. Manchmal war es diesem sogar erlaubt, in der Rasumovsky´schen Privatschule zu speisen. Paul (geb. am 26. September 1754) war zwei Jahre jünger als Andrej, zwischen ihnen entwickelte sich ein freundschaftliches Verhältnis.

Daß viele negative Eigenschaften des späteren Kaisers Paul auf seine unglückliche und isolierte Kindheit zurückgingen, ist heute ohne weiters verständlich. Katharina beschreibt in ihrem Memoiren ausführlich, wie Kaiserin Elisabeth ihr das Kind gleich nach seiner Geburt wegnahm und völlig als ihr Eigentum betrachtete. Als der von den Hofdamen verhätschelte Paul vier Jahre alt war, kam seine Schwester Anna, die Tochter Poniatowskis, auf die Welt, aber Anna starb 1759, im Alter von 2 Jahren, und Paul war wieder allein.

Es war ein Glück für Paul, daß er, als er sechs Jahre alt war, in Nikita Iwanowitsch Panin einen fähigen und ergebenen Hofmeister erhielt, der ihm treue

Dienste leistete. Im August des gleichen Jahres mußte er zum ersten Mal mit seiner Großtante in der Oper erscheinen und bei zeremoniellen Mahlzeiten anwesend sein. Als Peter III. 1762 an die Macht kam, wollte er seinem Sohn eine militärische Erziehung geben; davon war später nicht mehr die Rede. Nach den Vorstellungen Panins sollte Paul nach dem Sturz seines Vaters zum Kaiser gekrönt und Katharina bis zu seiner Großjährigkeit zur Regentin ernannt werden, aber Katharinas Putsch vereitelte dies. Sie schenkte ihrem Sohn die Insel Kamenni ostrow, auf der bis heute Pauls Palais und seine Hofkirche stehen, aber wohl aus Angst und wegen ihres schlechten Gewissens behandelte sie ihren Sohn von nun an mit größter Zurückhaltung, verweigerte ihm jeglichen Einblick in ihre Geschäfte und durchsetzte seinen Hofstaat mit Spitzeln.[6]

Kirill Rasumovsky verließ Moskau, und übersiedelte mit seiner Frau und den jüngeren Kindern in die Ukraine. Seine Neffen Budljanski und Peter Iwanowitsch Rasumovsky hatte er vorausgeschickt; mit ihm reisten Kotschubej und Schurman.

Sein langjähriger Berater, Teplow, verblieb in Petersburg, wo er verschiedenen Berichten zufolge gegen Rasumovsky intrigierte.

In der Ukraine setzte Rasumovsky seine bereits früher begonnenen Reformmaßnahmen fort. In einem Universal ordnete er an, daß alle Kosakenverbände einheitliche Uniformen zu tragen hätten. Ferner ließ er eine Volkszählung in die Wege leiten, die 1764 abgeschlossen wurde.

Ende 1763 berief der Hetman eine außerordentliche Generalversammlung aller Stände nach Gluchow ein. Dort wurden einige wichtige Entscheidungen getroffen, u.a. wurde ein Gesuch an die Kaiserin beschlossen, die alten ukrainischen Titel an die in Großrußland gebräuchlichen anzugleichen und das tatsächlich bewilligt wurde. Aufgehoben wurde jedoch ein Erlaß der Kaiserin Elisabeth aus dem Jahr 1742, die Bewegungsfreiheit der Kosaken betreffend: Von nun an durften diese ihren Wohnsitz nicht mehr nach Belieben wechseln, offiziell „um das Landstreichertum der Bauern zu verringern."[7] Diese Verordnung erwies sich als verhängnisvoll für die Landbevölkerung, bildete sie doch den Ausgangspunkt für die 20 Jahre später auch in Kleinrußland eingeführte Leibeigenschaft und die Bindung der Bevölkerung an die Scholle. Ein wichtiger Beschluß betraf die Neuordnung der Gerichtsbarkeit bzw. die Wiederherstellung der alten, von Bogdan Chmelnicki aufgehobenen Ordnung und die Wiedereinführung von Kreis- und Stadtgerichten. Die Provinz wurde zu diesem Zweck in zwanzig Kreise neu eingeteilt.

Aber es stellte sich heraus, daß dies alles nicht der eigentliche Grund für die Einberufung der Generalversammlung war. Rasumovsky, den Aufsteiger aus kleinsten Verhältnissen, gelüstete es nach noch mehr Macht, noch mehr Einfluß, noch mehr Luxus – anders ist, was folgt, nicht zu erklären. Offensichtlich verließ er sich darauf, daß Kaiserin Katharina sich ihm gegenüber verpflichtet fühlte und ihm daher nichts geschehen konnte; daran, wie es Iwan Schuwalow und der

Daschkowa schon nach kurzer Zeit ergangen war, schien er nicht zu denken. War alles, wie wohlmeinende russische Biographien behaupten, nur den „Intrigen“ Teplows zuzuschreiben? Man muß mit Interesse abwarten, welche Resultate eine neue ukrainische Geschichtsforschung in dieser Frage ans Licht bringen wird.

Als sich die Versammlung ihrem Ende zuneigte, wurden plötzlich einzelne Stimmen laut, die verlangten, daß einem von Kirills Söhnen der Titel des Hetmans verliehen, das Hetmanat also in der Familie Rasumovsky erblich werden solle. Es entstand eine heftige Diskussion, in deren Verlauf ein Dokument, bestehend aus 23 Paragraphen vorgelegt wurde, der Entwurf einer Petition an die Kaiserin. Die Autoren dieser Petition waren Generalsekretär Tumanski und die Obersten Krzyzanowski und Ostrogradski.[8]

Die Anwesenden reagierten zurückhaltend. Trotzdem schickte Rasumovsky den Bruder des Generalsekretärs Tumanski mit der Petition nach Kiew zu Metropolit Arsenij Mogiljanski und zum Archimandrit des Höhlenklosters Sosima Walkewicz. Aber beide geistlichen Herren lehnten es ab zu unterschreiben; Walkewicz ließ heimlich eine Kopie anfertigen und schickte sie nach Petersburg. Der Metropolit sagte, er hätte nichts gegen einen der Rasumovsky'schen Söhne als Hetman, unter der Bedingung, daß der Vater sein Amt abgäbe. Er fügte hinzu, Rasumovsky möge sich mit der Position begnügen, die ihm von der Kaiserin verliehen worden sei.

Kirill Grigorjewitsch ließ sich von dieser Abfuhr nicht entmutigen. Er berief eine neue Versammlung der ukrainischen Würdenträger nach Gluchow ein und hoffte, seinen Plan trotzdem durchzubringen. Der Sekretär verlas eine Bittschrift an die Kaiserin, in der die Wohltaten aufgezählt wurden, die die Ukraine seit ihrer Annexion durch Rußland erfahren hätte und wies auf die Gefahr von Unruhen hin, die dem Land bei jeder Wahl eines neuen Hetmans drohten, daher wäre die Vererbung des Hetmantitels an die Nachkommen des um den russischen Staat so verdienten Kirill Rasumovsky eine Wohltat für das Volk und würde Rußlands unverbrüchliche Rechte nur umso besser garantieren.

Als die Verlesung beendet war, ertönten einige wenige zustimmende Rufe, die Mehrzahl der Anwesenden schwieg. A.J. Besborodko, der ehemalige Richter I.V. Schurman, der militärische Befehlshaber von Tschernigow, Oberst P.S. Miloradowitsch und einige andere sprachen sich offen dagegen aus. Am nächsten Tag wurde die Versammlung fortgesetzt und das Dokument sollte unterschrieben werden, aber beinahe alle, die in Kleinrußland Reichtum und Einfluß besaßen, erfanden Ausreden, warum gerade sie nicht in der Lage waren zu unterzeichnen; hingegen unterschrieben, mit Ausnahme des Obersten Miloradowitsch, alle Offiziere, weil sie den Zorn des Hetmans fürchteten.

Natürlich erfuhr Katharina sehr bald von der Angelegenheit und beorderte Rasumovsky unverzüglich nach Petersburg.

Dieser ließ sich jedoch Zeit, anscheinend kam ihm gar nicht zu Bewußtsein, daß seine Aspirationen, die immerhin als erste Schritte einer Abtrennung Kleinrußlands gedeutet werden konnten, das Mißfallen der Herrscherin erwecken konnten. Er feierte in Baturin Neujahr, übertrug die Verwaltung an enge Vertraute, ließ die Familie in Gluchow zurück und machte sich am 9. Januar 1764 auf den Weg in die Hauptstadt.

Als erste unangenehme Überraschung nach der Ankunft in seinem Palais an der Mojka erfuhr der Hetman, daß Katharina inzwischen einen Ukas erlassen hatte, demzufolge Kiew wieder seinem Machtbereich entzogen wurde. Die zweite bestand in der Weigerung der Kaiserin, ihn zu empfangen. Katharina ließ ihm ferner durch Panin bedeuten, er möge freiwillig von seinem Posten zurücktreten.

„The hetman is arrived and has been very coolly received," berichtete Buckingham dem englischen Hof am 14. Februar.[9]

Diese neue Entwicklung in der russischen Innenpolitik rief unter den ausländischen Diplomaten verständlicherweise höchstes Interesse hervor. Gerüchte über einen Putschversuch Panins und Rasumovsky machten die Runde, und diese Gerüchte drangen bis zur Kaiserin vor:

„Adam Wassiljewitsch!" schrieb diese am 17. Februar an Olsufiew,

> „...erzählen Sie selbst ihren Freunden den ganzen Hergang der Hetmannschen Angelegenheit und seine Handlungsweise in Klein-Rußland. Erzählen Sie, wie ich zwei Monate lang davon wußte und es nicht glaubte, wie ich endlich Nepljujew, Panin, Schachowskoy, Sie und den Vizekanzler zu mir berief, wie sie alle darüber einig waren, daß Panin und Golitzin hinreisen und dem Hetman das Unrichtige seiner Handlungsweise auseinandersetzen sollten, wie er es endlich selbst erkannte und sie ihn riethen, um seine Entlassung von diesem Amte zu bitten, als der einzige Weg, um mit Ehren aus dieser Angelegenheit hervor zu gehen. Jetzt heißt es in Petersburg, das alles gehe aus den Verfolgungen des Grafen Gregor Grigorjewitsch Orlow hervor. Sie wissen am besten, welch eine unwahre Erfindung das ist."[10]

Graf Solms, der seinem König am 17./28. April in einer kuriosen deutsch-französischen Relation berichtete, was Panin den Diplomaten mitgeteilt hatte, erwies sich wieder einmal als fähigster Kreml-Beobachter seiner Zeit:

> Panin dankt dem avis des Königs d'une révolte, qui se tramait actuellement en Russie, die Sache anlangend, sagte Panin, die Kaiserin habe schon vor einigen Monaten die Nachricht erhalten, daß er, Panin, nebst dem Hetman tramait une conspiration pour culbutter l'impératrice et pour mettre le Grand-Duc sur le trône, qui devait éclater pendant qu'elle serait absende en Livonie. Die Kaiserin habe die Großmuth gehabt, diesen avis mit indignation zurückzuweisen etc...

Bezüglich des Hetmans meinte Solms:

> „Es scheint mir ziemlich wahrscheinlich zu sein, daß er nicht der Mann ist, den man bei solchen Unternehmungen braucht; er ist faul und indolent, liebt nur seine Bequemlichkeit und gutes Essen, er haßt aufrichtig jede Beschäftigung und jede Arbeit, aber trotzdem ist er einer von denen, an dessen Autorität, die ihm sein Amt verleiht, gesägt wird.

Man möchte ihn in den Stand eines Privatmannes versetzen. Aber es ist seine eigene Indolenz, die ihn in diese Verlegenheit gebracht hat, weil er die Verwaltung der Ukraine seinen Intendanten überlassen hat, die das Volk in enormer Weise unterdrückt haben. Er selbst ist arm geworden, aber alle seine Leute haben sich bereichert.
Die Unvorsichtigkeit, die ihm am meisten geschadet hat, war, daß er einem Teil des ukrainischen Adels erlaubt hat, sich zu versammeln und ein Gesuch an die Kaiserin zu unterschreiben, in dem darum gebeten wurde, den Hetmansposten in seiner Familie erblich zu machen und einen der Söhne zum späteren Nachfolger des Vaters zu ernennen und einige Privilegien zurückzugeben, die Peter I. weise genug war, abzuschaffen. Die Feinde des Grafen Rasumovsky sehen das als Versuch an, von Rußland unabhängig zu werden und die Kaiserin war nahe daran, ihm den Prozeß zu machen. Graf Panin hat sich eingemischt, daraufhin wurde die Angelegenheit geprüft und es hat sich herausgestellt, daß der Graf wohl aus dem Geist, nicht aber aus dem Herzen gesündigt hat, und um dem Staat eine Art von Satisfaktion zu geben, wird man ihm die ganze Macht und Autorität, die er hatte, wegnehmen und sie in die Hände einer russischen Regentschaft legen, ihm jedoch für den Rest seines Lebens alle Ehren und alle mit seinem ehemaligen Posten verbundenen Einkünfte belassen, sodaß er nur die Mühen aufgeben, aber alle Annehmlichkeiten, die er hatte, behalten wird."[11]

Die kaiserliche Ungnade dauerte allerdings nicht lange. Anläßlich der Doppelhochzeit der Rasumovsky'schen Neffen und Nichte Andrej Sakrewski mit Prinzessin Maria Odojewskaja und Hoffräulein Sophie Daragan mit dem Fürsten Peter Chowanski wurde der Hetman wieder zu Hof geladen und taucht danach häufig auf den Seiten des „Kammerfourier-Journals" auf. Im Juni 1764 begleitete er die Kaiserin auf ihrer Reise durch die baltischen Provinzen, die Ende Juli ihren Abschluß in einem dreitägigen Fest bei Alexej Rasumovsky in Gostiliza fand.

Während Katharina das Baltikum bereiste, ereignete sich in Schlüsselburg eine mysteriöse Affäre, die Kirill Grigorjewitsch neuerlich in ein schlechtes Licht brachte: der unglückliche Zar Iwan VI. fand den Tod. Die Sache wird in Büschings Magazin von einem anonymen Verfasser ausführlich beschrieben:

„Ein Unter-Lieutnand vom smolenskischen Infanterie-Regiment, namens Wasiley Mirowitsch, von Geburt ein Ukrainer, und Enkel des Mirowitsch, welcher es mit dem aufrührerischen Mazeppa hielt, war darüber mißvergnügt, daß die eingezogenen Güter seines Großvaters ihm auf seine Bitte nicht zurückgegeben wurden, und daß er am kaiserlichen Hofe den Zutritt nicht erlangen konnte, den er sich wünschte. Er beschloß also, sich zu rächen, und weil er wußte, wie oft es schon gelungen war, daß durch wenig bedeutende Personen große Staatsveränderungen in Rußland zum Stande gebracht worden: so faßte er den Vorsatz, auch etwas zu wagen, und den gefangenen Prinzen Johann, den er nie gesehen hatte, dessen Beschaffenheit er auch nicht kannte, auf den rußischen Thron zu erheben, dadurch aber sich selbst zu einem großem Mann zu machen..."[12]

Mirowitsch diente in der Festung Schlüsselburg, in der Iwan VI. seit seiner Kindheit eingekerkert war. Die offizielle russische Version lautet, daß Mirowitsch den

Entschluß faßte, praktisch im Alleingang Iwan zu befreien und auf den ihm rechtmäßig zustehenden Thron zu bringen. In der Nacht des 3. Juli drang der Rebell mit einigen Soldaten, die er für sich gewonnen hatte, in die Kasematten ein, aber in der Zelle fand er den jungen Zaren in seinem Blut, getötet von den beiden ihn bewachenden Offizieren, die gemäß einer noch von der Kaiserin Elisabeth stammenden, niemals aufgehobenen Order gehandelt hatten. Mirowitsch ergab sich ohne Widerstand und wurde festgenommen. Katharina setzte eine Untersuchungskommission ein, die aus 48 geistlichen und weltlichen Würdenträgern bestand und der auch Rasumovsky als Mitglied des 4. Departements des Senats angehörte. Mirowitsch war voll geständig, doch als er gefragt wurde, wer ihn auf diese Idee gebracht habe, antwortete er: Hetman Rasumovsky, denn dieser habe ihm bei einer seiner zahlreichen Vorsprachen bezüglich der Rückgabe der Güter gesagt: „Tote kehren nicht zurück aus dem Grabe. Junger Mann, bahne dir selbst den Weg. Versuche, es anderen nachzuahmen, ergreife Fortuna beim Schopfe und du wirst ein ebensolcher Pan werden wie die anderen.“[13] Mirowitsch wurde hingerichtet.

Ganz überzeugt diese Version nicht. Hat Katharina wirklich von diesem „Alleingang“ nichts gewußt? Warum war sie wieder einmal unerreichbar, als sich dieses für ihre Herrschaft so wichtige Ereignis abspielte?

Kirill Rasumovsky aber war kompromittiert. Ihm blieb kein anderer Ausweg, als freiwillig von seinem Hetmansposten zurückzutreten. Wie aus einem nicht näher datierten Handschreiben der Kaiserin an Panin im Oktober hervorgeht, wehrte Kirill sich nach wie vor gegen seinen Rücktritt:

> „Nikita Iwanowitsch! Der Hetman war bei mir, ich hatte mit ihm eine Explikation, bei der er alles wiederholte, was er Ihnen gesagt hat; schließlich bat er mich, ihm die so schwierige und ihn so belastende Funktion abzunehmen. Ich gab ihm zur Antwort, daß ich nun über seine Person keinerlei Zweifel mehr haben könne und mich in Zukunft weiter mit ihm darüber unterhalten würde. Jetzt seien Sie so gut und sagen ihm in meinem Namen heute oder morgen, daß er mir schriftlich darlegen soll, was er mir mündlich gesagt hat.“

Eine kurz darauf folgende Anweisung lautet: „Über die Abschaffung des Hetmantitels in Kleinrußland“:

> „Nikita Iwanowitsch! Bringen Sie bitte die Hetman-Angelegenheit schnell zu Ende!“[13]

Panin brachte die Hetman-Angelegenheit schnell zu Ende. Am 10. November erschien ein Manifest der Kaiserin, demzufolge ein Kollegium für die Verwaltung Klein-Rußlands eingesetzt und Graf P.A. Rumjanzew zum Generalgouverneur ernannt wurde. Er erhielt eine geheime Instruktion mit dem Auftrag, „den dort vielfach eingewurzelten Mißbräuchen, Unordnungen und der unzweckmäßigen Vermischung der Civil- und militärischen Administration“ ein Ende zu bereiten.[14]

Dieses Manifest Katharinas bedeutete das Ende dessen, was von den Privilegien der ukrainischen Stände übrig geblieben war. Die völlige Gleichschaltung mit dem „Altreich“ erfolgte nun Schritt für Schritt; Funktion und Titel des Hetmans verschwanden aus der Geschichte des Landes – bis ins Jahr 1991.

Das Bild, das Lasarewski von der Tätigkeit Rasumovskys als Hetman zeichnet, ist nicht gerade schmeichelhaft:

> „Die Administration Rasumovsky's war für Kleinrußland drückender als die aller Vorgänger, obwohl der letzte Hetman vielleicht der gutmütigste unter allen seinen Herrschern des 18. Jahrhunderts war. Trotz seiner Herkunft kannte Rasumovsky die wunden Punkte seiner Heimat nicht und übertrug die Verwaltung des Landes eben jener Starschina, deren Bestrebungen, das Volk völlig zu unterdrücken, nur durch eine strenge Überwachung durch großrussische Beamte hätten zurückgehalten werden können. Unter Rasumovsky erhielt die Starschina endgültig die Oberhand und beeilte sich, unter Ausnützung der familiären Bande zum Hetman die noch in Freiheit verbliebenen Dörfer „in ihren ewigen und erblichren Besitz“ zu nehmen, eine neue Formulierung, die unter Rasumovsky zum ersten Mal in den Hetman-Universalen verwendet wurde. Die Kettung der Bauern an den Boden, die zwanzig Jahre nach Rasumovsky zum Gesetz wurde, war die logische Folge des Verhaltens der Starschina gegenüber dem Volk, die unter Rasumovsky ihre endgültige Form erhielt.“[15]

Die Lösung der ukrainischen Frage im großrussischen Sinn bedeutete eine große Veränderung für die innere Struktur des Landes. Katharina setzte jedoch auch außenpolitisch andere Akzente als ihr Mann. Sie kehrte zu Rußlands früherem Verbündeten Österreich zurück, was etwa in der Ernennung neuer Gesandter zum Ausdruck kam. Maria Theresia ernannte 1764 den Fürsten Joseph Maria Carl von Lobkowitz zu ihrem persönlichen Botschafter bei der Kaiserin, Katharina schickte ihre ‚bona soror‘ im Gegenzug den Fürsten Dmitrij Michajllowitsch Golizyn. Von beiden wird noch die Rede sein.

11. Die Kinder des Hetmans (1764–1767)

Der neue Generalgouverneur von Kleinrußland, General Graf P.A. Rumjanzew-Sadunajski war ein verdienter Feldherr aus dem Siebenjährigen Krieg. Er kannte sich zwar mit den ukrainischen Verhältnissen nicht aus, zeigte aber eine glückliche Hand bei der Auswahl seiner Mitarbeiter. So ernannte er die Söhne zweier erfahrener Mitglieder der ukrainischen Starschina zu seinen Sekretären, denen beiden eine große Karriere bevorstand: A.A. Besborodko und P.W. Sawadowski. Die Rumjanzew-Administration stand zunächst in deutliche Opposition zu dem ehemaligen Hetman.

Im übrigen scheint die Abschaffung des Hetmanats in der Ukraine nicht völlig widerspruchslos hingenommen worden zu sein. Freiherr von Sacken, ebenfalls ein erfahrener Kenner des russischen Hofes, berichtete nach Hause:

> „Petersburg, 30. November 1764: Es scheint, daß die Kaiserin den Grafen Rasumovski nur veranlaßt hat, die wichtige Stelle als Hetman aufzugeben, um mit einem Mal zwei Schläge zu führen, d.h. um die russische Ukraine vollends ihrer alten Privilegien zu berauben...
> Petersburg, d. 12. April 1765: Vor kurzem ist ein Abgeordneter der saporogischen Kosaken hier angelangt, mit dem Auftrag, über eine Menge Beeinträchtigungen ihrer Privilegien und Zuständigkeiten Klage zu führen und insbesondere gegen die neuen Einrichtungen zu protestieren, welche die Kaiserin beschlossen hat, in der Ukraine und den von den verschiedenen Kosakenstämmen bewohnten Ländern einzuführen, und die darauf abzielen, mit der Zeit einen mächtigen Schutzdamm gegen die Türken zu bilden. Da übrigens dieser Plan nicht in Ausführung gebracht werden kann, ohne ihnen einen Teil ihrer Freiheiten zu nehmen und sie völlig zu unterjochen, so ist diese Deputation, deren Zweck es ist, den Absichten der Kaiserin entgegenzutreten, eben nicht sonderlich willkommen. – Der Graf Romanzow beeilt sich nicht, in die Ukraine abzugehen...
> 27. Juni: Die saporoger Kosaken haben es, unwillig über die Zurückweisungen, die sie, wie es scheint, fast bei allen Forderungen erfahren sollen, gerade herausgesagt, falls die Kaiserin ihre alten Privilegien bestätigen wolle, würde die Zahl ihrer Leute, die bereit wären, das Reich gegen den Einbruch der Tartaren zu verteidigen, bis auf 100.000 sich verstärken, aber wenn man es ihnen abschlüge, würden sie in die den Türken gehörenden Gebiete ziehen.
> 30. August 1765: Die Abgeordneten der saporogischen Kosaken sind sehr unzufrieden abgereist.“[1]

Der ehemalige Hetman erfuhr eine ausgesprochen maßvolle Behandlung. Er wurde sogar von Katharina zum Generalfeldmarschall ernannt und durfte so-

„Aufriß von der Kays. Bibliothec und Kunstkammer gegen Morgen". Akademie der Wissenschaften St. Petersburg 1741

St. Petersburg, „Ansicht des neues Palais neben der Anitschky-Triumph-Pforte ..." 1783

Gräfin Katharina Iwanowna Rasumovsky, geb. Naryschkin, 1729–1771

Graf Kirill Grigorjewitsch Rasumovsky, 1728–1803, Präsident der Akademie der Wissenschaften und Hetman der Ukraine. In der Hand hält er die „Bulawa", das Symbol seines Herrschaftsanspruches über alle Kosaken.

Gräfin Warwara Petrowna Rasumovsky, geb. Gräfin Scheremetjew, 1750–1824

Graf Alexej Kirillowitsch Rasumovsky, 1748–1822, 1810–1814 Minister für Volksbildung

Großfürstin Natalja Alexejewna, 1755–1776. Erste Frau von Kaiser Paul. Stirbt bei der Geburt ihres Kindes.

Kaiser Paul I. von Rußland, 1754–1801

Schloß des Grafen Kirill Grigorjewitsch in Baturin, Ukraine. Wurde nie vollendet.

Der alte Hetman in Baturin. Schattenriß.

wohl seine Stellung bei Hof, als auch seine großen Güter in der Ukraine einschließlich Baturin behalten. Seine Pension entsprach seinem bisherigen Einkommen in der Ukraine für dienstliche Zwecke. Allerdings gab es eine Einschränkung: er durfte den Boden Kleinrußlands nicht mehr betreten.

Trotzdem entschied sich Rasumovsky dafür, dem Beispiel von Katharina Daschkowa und Iwan Schuwalow zu folgen und um die Bewilligung einer Reise ins Ausland anzusuchen, die ihm sogleich gewährt wurde. Zuvor jedoch legte er einen Posten nieder, den er seit 20 Jahren bekleidet, aber nie mit vollem Einsatz ausgefüllt hatte: die Präsidentschaft der kaiserlichen Akademie der Wissenschaften. Die Intrigen, die sich dort im Sommer 1764 abspielten, dürften ihm diesen Entschluß leicht gemacht haben.

Kirills letzte Aktivitäten an der Akademie waren die Verleihung der Ehrenmitgliedschaften an d'Alembert und die Einladung an Leonhard Euler, wieder nach Rußland zurückzukehren (er verschaffte ihm auch eine Entschädigung dafür, daß russische Truppen im letzten Krieg sein Haus in Charlottenburg zerstört hatten). Dann legte er das Amt des Präsidenten der Akademie nieder, blieb aber Ehrenpräsident auf Lebenszeit.

Mitte April 1765 trat Kirill Rasumovsky seine große Auslandsreise an, auf die er seine drei ältesten Söhne mitnahm.

Das erste Reiseziel war Aachen. Unterwegs machte die prominente russische Gesellschaft in Berlin Station, wo Kirill Grigorjewitsch ein weiteres Mal von Friedrich II. ausgesprochen freundlich empfangen wurde.

> „Wir haben hier eine Fürstin Radziwill aus Polen und eine Generalin v. Goltz, die nach Aachen reist, sowie den Hetman Rasumovsky. Dieser ist ein Bruder des Günstlings der verstorbenen Kaiserin von Rußland. Er ist über und über mit Brillanten behangen und sieht aus wie ein Kutscher“,

notiert Graf E.A.H. von Lehndorff, Kammerherr der Königin Elisabeth Christine, im Juni 1765 wenig schmeichelhaft in sein Tagebuch.[2]

König Friedrich II. lud den kaiserlich russischen Feldmarschall ein, an einem Manöver teilzunehmen und fragte ihn, „ob er schon eine Armee kommandiert habe. – Nein, antwortete dieser scherzend, ich bin nur ein Zivilgeneral. – Ach, rief der König lachend, das kennen wir hier nicht!“[3]

Nach ihrem Aufenthalt in Aachen – über den nichts bekannt ist – begaben sich die Reisenden nach Mannheim und Schwetzingen zu Kurfürst Karl Theodor, danach trennten sie sich: Der Vater schickte seine Söhne unter der Obhut von Marignan an die Universität Straßburg, er selbst fuhr nach Paris, wo er bis Jahresende blieb und in seinem Freund Iwan Schuwalow einen sachkundigen Führer hatte. Sein Versuch, eine kostbare Sammlung peruanischer Volkskunst für die russische Kaiserin zu erwerben, hatte allerdings keinen Erfolg.

Die drei jungen Grafen trafen am 15. Mai in Straßburg ein, das zu diesem Zeitpunkt französisch war. Die altberühmte Universität besaß einen renommierten

Lehrkörper. Die Rasumovsky-Söhne wurden zum Vorbild für eine größere Anzahl junger Russen, die nach Straßburg kamen, um eine westliche Ausbildung zu erhalten. Begabte junge Leute, die keine reichen Eltern hatten, erhielten Stipendien von der Petersburger Akademie. In den Immatrikulationsbüchern der Universität Straßburg sind insgesamt 204 Namen von Studenten aus dem russischen Reich verzeichnet. Als die Petersburger Akademie 1787 begann, die Werke von Buffon und anderer französischer Gelehrter zu veröffentlichen, wurden die Übersetzungsarbeiten ehemaliger Stipendiaten aus Straßburg herangezogen.[4]

Anfang November 1765 gerieten die intellektuellen Kreise Straßburgs in große Aufregung über die Ankunft von J. J. Rousseau, der nach seiner Vertreibung aus Môtiers nach Frankreich floh. Ungefähr zur gleichen Zeit traf Kirill Rasumovsky auf dem Weg nach Italien in Straßburg ein, um sich nach den Fortschritten seiner Söhne zu erkundigen. Alexej Jakowlewitsch Polenow, ein Studienkollege der drei Brüder, der sich später als Jurist, Übersetzer von Montesquieu und Herausgeber der „Nikon-Chronik" einen Namen machte, berichtet in einem Brief an einen Freund am 1. Januar 1766 über den Besuch des Hetmans:

> „Als er hörte, daß Rousseau noch in Straßburg war, wollte ihm der Graf sogleich am Tag nach seiner Ankunft einen Besuch abstatten. Es heißt, daß er die Absicht hatte, ihm seine ganze Bibliothek als Geschenk zu übergeben, ihm eine Rente auszusetzen und eine Residenz in einem seiner zahlreichen Güter in Kleinrußland anzubieten. Leider wurde diese großzügige Absicht nicht verwirklicht, denn Rousseau verließ Straßburg an dem Tag, an dem der Graf ankam."[5]

André Rasumovsky behielt seine Studienzeit in Straßburg zeitlebens in bester Erinnerung. Bereits Gesandter, schrieb er an Marignan:

> „Sie teilen mir mit, daß Sie nach Straßburg fahren. Wie gern würde ich dieses schöne Land wiedersehen, für das ich mich mein ganzes Leben lang interessieren werde. Vergessen Sie nicht, mich bei allen unseren alten Freunden in Erinnerung zu rufen. ... Nie werde ich, wenn ich an hundert Orten in der Gegend vorbeikommen sollte, es verabsäumen, dieser Wiege meiner Kindheit, deren Erinnerung für mich so angenehm ist, meine Reverenz zu erweisen."[6]

Während Peter und Andrej – sie nannten sich nun Pierre und André – unter Marignans Aufsicht weiter in Straßburg blieben, nahm Rasumovsky seinen ältesten Sohn Alexej mit nach Italien. Die Reise begann im Februar 1766 und führte durch die Schweiz über Mailand, Florenz, Pisa und Siena bis nach Rom.

Von überall schrieb der Hetman Briefe an verschiedene Personen. Für seinen Aufenthalt in Rom gibt es jedoch einen Hinweis, der an Gewichtigkeit in buchstäblichem Sinne des Wortes alle anderen Dokumente übertrifft: das berühmte Portrait, das Pompeo Batoni von Kirill Rasumovsky malte und mit „Roma 1766" signierte und datierte. Das Bild stellt den russischen Feldmarschall in Überlebensgröße dar – es zeigt ihn im roten Uniformrock mit den Insignien und dem blauen Band des Andreas-Ordens. Mit ausgestrecktem Arm und offener Hand deutet er auf eine Statue der Ariadne; im Hintergrund ist die Laokoongruppe und der Apollo von Belvedere zu sehen. Im Katalog der Batoni-Ausstellung des Greater London Council 1982 ist hierzu notiert:

„The Apollo Belvedere, the Belvedere Antinouus, the Laocoon and the Vatican Ariadne appear, as a group, in only two of Batoni's portraits, that of Thomas Dundas of 1764 and Count Rasumovsky 1766. ... The portrait of Thomas Dundas is rivelled in its grandeur of conception only by the full-length of Count Rasumovsky, the only other portrait to contain a group of unique marbles of comparable importance".[7]

In Rom trennte sich Rasumovsky von Alexej, er ließ ihn unter der Obhut des Erziehers Nicolai sowie Iwan Schuwalows zurück. Der Vater reiste über Neapel, Loreto, Venedig, Padua, Turin und abermals Paris nach Rußland zurück. Seine Anwesenheit in St. Petersburg wird erstmals im September 1767 erwähnt.

Peter und Andrej beendeten ihre Studien in Straßburg und fuhren 1768 nach England; dorthin folgte ihnen im Frühjahr 1769 Alexej. Der 16-jährige Andrej, der seit seinem zehnten Jahr als Angehöriger der russischen Marine geführt wurde, trat in den Dienst der englischen Flotte. In seinem Urlaub absolvierte er mit den Brüdern und den Erziehern im Anschluß an einen Aufenthalt in London eine wohl durchdachte Studienreise durch England über Salisbury–Bath–Oxford und Sheffield bis Birmingham, bei der die jungen Leute nicht nur Kirchen und Schlösser, sondern auch Fabriken und Tuchmanufakturen besichtigten. In Birmingham fand die Reise ein abruptes Ende, weil der Handelsherr, auf den ihre Kreditbriefe ausgestellt waren, in Konkurs gegangen war, wie Alexej in einem ausführlichen Brief an seinen Vater berichtet.[8]

Mit dieser Englandfahrt war die Studienzeit der drei Rasumovsky-Söhne beendet. Ihre Ausbildung kann für das damalige Rußland als vorbildlich gelten – nun war es nach Auffassung des Vaters Pflicht seiner Söhne, „dem Vaterland nützlich zu sein" und die ihnen zugedachten Posten anzutreten. Tatsächlich kamen die Rasumovsky-Söhne dem Wunsch ihres Vaters nur bedingt nach. Die drei ältesten Kirill-Söhne sollten die militärische Laufbahn ergreifen. Andrej begann seine Ausbildung bei der englischen Flotte, wo er am 23. Juni 1769 zum Leutnant avancierte und nebenbei hervorragend englisch lernte, bis er, als der russisch-türkische Krieg ausbrach, von Kaiserin Katharina zurückberufen und der russischen Flotte zugeteilt wurde.

A. Brückner, der Bearbeiter der französischen Ausgabe des Werkes über die Familie Rasumovsky, zitiert, was Graf Andreas Thürheim, der Neffe des späteren Diplomaten, aus Erzählungen wußte:

„Sein Vater ließ ihn bei einer bürgerlichen Familie in Plymouth wohnen, um den jungen Menschen an Mäßigkeit, Ordnung und eine regelrechte Lebensweise zu gewöhnen, was natürlich einen schroffen Gegensatz zu dem fast orientalischen Luxus seines Vaterhauses bildete. Doch hatte eben dieses Erziehungssystem auf Charakter und Sitten des jungen Edelmannes den besten Einfluß. ... Ein Jahr nach seiner Ankunft in

England machte R. auf einem königlichen Schiffe seine erste Seereise nach Lissabon und traf bei seiner Rückkehr eben Vorbereitungen für eine weit größere, als ein Befehl der Kaiserin Katharina den jungen Mann in sein Vaterland zurückrief."[9]

Alexej und Peter kehrten im Herbst 1769 nach Rußland zurück. Beide Brüder waren hinsichtlich Charakter und Begabung ausgesprochen verschieden. Während der eher unscheinbare Peter wie vorgesehen in die Armee eintrat und dort schnell vorrückte, wurde der hochbegabte, jedoch sehr streitsüchtige Alexej entgegen der väterlichen Pläne von Katharina zum Hofdienst herangezogen.

Auch der vierte und fünfte Sohn des Hetmans Lew (Léon, geb. 1757) und Gregor (Grégoire, geb. 1759) kamen im Jahr 1769 in den Genuß einer Studienreise ins Ausland. Diese Brüder bildeten ein sehr ungleiches Paar: Léon, blendend aussehend und charmant, entwickelte sich zu einem in der Gesellschaft beliebten Lebemann, während Gregor, ausnehmend häßlich, mürrisch und rebellisch, von frühester Jugend an nur ein brennendes Interesse kannte: die Naturwissenschaften.

In Göttingen, der ersten Station ihrer Reise, wurden sie von dem bewährten Marignan in Empfang genommen, danach trennten sich die Brüder. Gregor setzte seine Studien in Lyon fort, Léon übersiedelte mit seinem Erzieher M. I. Kowalinski nach Genf und fand dort in Fjodor Nikolajewitsch Golizyn, einem Neffen von Iwan Schuwalow, einen Studienkollegen und treuen Freund auf Lebenszeit. Den Winter 1772/73 verbrachten Léon und Gregor, zusammen mit Fjodor Golizyn, in Lausanne. Ein Besuch bei Voltaire in Ferney kam nicht zustande. Im Herbst 1774 kehrten beide nach Petersburg zurück.

Der jüngste Rasumovsky-Sohn, Iwan (geb. 1761) schließlich kam nicht in den Genuß einer Bildungsreise ins Ausland, sondern erhielt die übliche Erziehung eines russischen Aristokratensohnes. Iwan, der ein verschwenderisches Leben führte, starb 1802 im Alter von 41 Jahren.

Die zehn Kinder des Hetmans – ein elftes, die Tochter Daria, starb in jungen Jahren – waren grundverschieden. Es gab unter ihnen begabte, tüchtige oder bloß „liebenswürdige", schöne und häßliche, gute und übelwollende Menschen – zumindest wurde ihnen das von Zeitgenossen und Biographen nachgesagt. Verschieden waren die Geschwister auch in ihren Charakteranlagen und in der Art, wie sie später auf die Sphäre reagierten, in die sie hineingeboren wurden: einige – André und wohl auch Peter – paßten sich an und bemühten sich, es den Mächtigen recht zu machen; einer – Léon – paßte sich äußerlich an, führte aber daneben im Geheimen ein zweites Leben, in dem er Elend und soziale Ungerechtigkeit durch persönliche Freigebigkeit zu lindern suchte. Drei andere jedoch – Natalja, Alexej und Gregor – sahen die wahren Verhältnisse in Rußland mit kritischem Verstand und wachem Geist. In ihren Briefen und geheimen Aufzeichnungen, die zu ihrem Glück nicht an die Öffentlichkeit gelangten, kommt dies klar zum Ausdruck. Darüber, wie über manches andere geht Wassiltschikoff elegant hinweg.

Eines hatten die Brüder jedoch gemeinsam: den Begriff Sparen kanten sie nicht. Sie lebten – fast alle – auf großem Fuß, brauchten ständig Geld, machten

Schulden und verlangten vom Vater Unterstützung. So gut wie alle an den Vater gerichteten Briefe, die wir kennen, haben nur einen Inhalt: Geld, Geld Geld! Graf Kirill bemühte sich, seinen Söhnen ins Gewissen zu reden und dachte nicht daran, alle ihre Wünsche zu erfüllen. Er war kein ausgewogen-gerechter Vater, der seine Gunst gleichmäßig verteilte, er hatte Lieblinge, z.B. André und Elisabeth; am wenigsten mochte er den „Philosophen“ Gregor.

Im Unterschied zu anderen Familien genossen auch die Rasumovsky'schen Töchter eine Erziehung, die vorbildlich war... Sie wurden zu Hause von sorgfältig ausgewählten Privatlehrern unterrichtet und lernten französisch bei verschiedenen „Madamen“ – so gut, daß die beiden älteren, Natalja und Elisabeth, schließlich nur mehr französisch dachten und schrieben und russisch nur schlecht sprachen, während die jüngeren, Anna und Praskowja, bis zum Ende ihres Lebens völlig russisch blieben, wie Wassiltschikoff zufrieden bemerkt.[10]

Natalja wurde von den Eltern besonders verwöhnt. Sie äußerte sich später gegenüber Puschkin, daß sie es im Leben leichter gehabt hätte, wenn ihr in ihrer Kindheit nicht jeder Wunsch erfüllt worden wäre. Sie war unter den Schwestern die Begabteste, Geistreichste und in der Gesellschaft wegen ihrer Gastfreundschaft geschätzt und wegen ihrer scharfen Zunge gefürchtet, aber sie war mit einem schweren Makel behaftet: sie war sehr häßlich und hatte einen Buckel.

Als sie erwachsen waren, wurden alle vier Mädchen zu Hoffräulein ernannt, was eine seltene Auszeichnung bedeutete, denn es gab insgesamt nicht mehr als zwölf. Sie hatten nun Recht auf ein Jahresgehalt von 2000 Rubel, eine Mitgift von seiten des Hofes von 20.000 Rubel, und durften die „Chiffre“ tragen, ein Schmuckstück mit den Initialen der Kaiserin.

12. Der Tod Alexejs (1771)

Graf Kirill Grigorjewitsch hatte recht daran getan, sich von St. Petersburg für einige Zeit zu entfernen: bei seiner Rückkehr sprach niemand mehr über seine ukrainischen Ambitionen. Er wurde von der Kaiserin freundlich aufgenommen, war bei alen offiziellen Anlässen zugegen und gehörte zum kleinen Kreis der Auserwählten, die sich abends in Katharinas Eremitage trafen.

Im Palais an der Mojka führte das Ehepaar ein reges gesellschaftliches Leben. Es wurden fast täglich größere oder kleinere Empfänge gegeben, allein bei der großen Mittagstafel erschienen zahllose Gäste. Diplomaten und Einheimische drängten sich darum, vom Ex-Hetman empfangen zu werden, so z.B. der sächsische Botschaftsrat Helbig, der im allgemeinen an Rußland kein gutes Haar läßt.

> „Er hatte an der Mojka in Petersburg einen der prächtigsten und weitläufigsten Paläste der Stadt. Hier wohnte und lebte er ganz mit dem Anstande eines großen Herren. Man rechnete, daß er in diesem Hause in der Stadt über zweihundert Personen in seinem Dienst hatte. Er gab große Feste, hatte oft zahlreiche Versammlungen und täglich Gesellschaft bei sich. Man wurde durch das gute, treuherzige und edle Benehmen des Feldmarschalls, durch seine verdienstvollen Söhne und durch seine Töchter, die Verstand mit Liebendwürdigkeit verbanden, dahin getragen...“[1]

Ein ausländischer Diplomat und Freund des Hauses, der zu den ständigen Besuchern gehörte, war der österreichische Gesandte Fürst Lobkowitz, ebenfalls ein großer Musikfreund. Lobkowitz besaß ein eigenes Orchester und gab in seiner Residenz Konzerte. Besonders gern gesehen war er von Natalja Kirillowna, die ihn in ihren späteren Briefen oft erwähnt.

Katharinas Stellung hatte sich einstweilen gefestigt. Im Westen galt sie, die mit Voltaire und Grimm korrespondierte und d'Alembert um die Erziehung ihres Sohnes ersuchte, als weise und aufgeklärte Herrscherin, insbesondere, seitdem sie eigenhändig eine „Instruktion“ für die Neufassung eines russischen Gesetzbuches kompiliert und 1767 eine Kommission einberufen hatte, die ihrem Werk eine endgültige Form geben sollte. Dies brachte ihr im Westen hohes Lob ein; daß diese Kommission bald vertagt und aus dem Gesetzbuch nichts wurde, wurde im Westen kaum zur Kenntnis genommen. Noch weniger wurde wahrgenommen, daß Katharina ausgerechnet zur gleichen Zeit eine Verfügung des Senats akzeptierte, wonach Leibeigene, die sich erkühnten, Klage gegen ihre Gutsherren wegen schlechter Behandlung zu erheben, von ihren Besitzern ausgepeitscht und zu unbefristeter Zwangsarbeit nach Sibirien verschickt werden konnten – als Sklaven, nicht als freie Siedler in der Steppe, wie dies unter Elisabeth der Fall gewesen war.[2]

Einen Konkurrenten gab es allerdings immer noch, den Katharina fürchtete: ihren Sohn Paul. Sie wußte, daß Außenminister Panin, der Erzieher des Kronprinzen, auf dessen Seite stand. Soweit es möglich war, isolierte die Kaiserin ihren Sohn in seinem Palais auf der Kamenni ostrow, umgab ihn mit einem Netz von Spitzeln und hielt ihn von allen Staatsgeschäften fern. Seit seinem zehnten Lebensjahr glaubte Paul, wie sein Biograph Zubow beschreibt, daß er ein Anrecht auf den Thron habe.[3]

Außenpolitisch stand für Katharina ab 1767 die polnische Frage im Mittelpunkt. Sie in einigen Zeilen zu beschreiben, erscheint nahezu unmöglich.[4] Die Stellung des polnischen Königs war ausgesprochen schwach, er konnte sich gegen das „Liberum veto" des aus Repräsentanten des Adels bestehenden Reichstags kaum durchsetzen. Es gab zwei Familienclans, die sich bekämpften, auf der einen Seite die Potocki und Branicki, die für die Beibehaltung des alten Systems eintraten, auf der anderen die rußlandfreundlichen und reformfreudigen Czartoryski. Dazu kamen nationale und konfessionelle Gegensätze innerhalb der Bevölkerung, die nach der Union von Brest 1594 besonders akut wurden und zu blutigen Verfolgungen orthodoxer Russen und Ukrainer durch katholische polnische Stellen und Angehörige der mit Rom unierten Kirche führten. Die schwelenden Konflikte wurden nach dem Tod des sächsischen Königs August III. akut, als ein neuer König gewählt werden mußte.

Die Nachbarn Rußland, Preußen und Österreich hatten schon länger ein begehrliches Auge auf das schwache, zerstrittene Land gerichtet. Kaiserin Katharina und König Friedrich schlossen ein Geheimabkommen und erzwangen am 26. August 1764 die Wahl von Stanislaw August Poniatowski, dem ehemaligen Liebhaber der russischen Kaiserin, zum König von Polen. „Um eine freie Wahl zu garantieren", marschierten russische Truppen vor der Wahl an der Grenze auf. Doch bereits drei Monate später forderte Rußland von Polen ein Defensiv- und Offensivbündnis und die Einstellung der Verfolgung von Nicht-Katholiken. Der polnische Reichstag wehrte sich gegen das Bündnis und gegen die Gewährung von Glaubensfreiheit, mußte sich aber den russischen Drohungen fügen. Der im Februar 1768 unterzeichnete Bündnisvertrag zwischen Rußland und Polen enthielt die Klausel, daß die polnische Verfassung ohne die Zustimmung Rußlands nicht geändert werden dürfe. Als Antwort darauf schlossen sich mehrere polnische Adelige noch im selben Monat zur Konvention von Bar zusammen und riefen Frankreich und Österreich zu Hilfe.

Dies bildete für Rußland den Anlaß zum Einmarsch in die polnische Ukraine und Südpolen und zur Besetzung von Krakau. In den russisch-besetzten Teilen kehrten sich nunmehr die Verhältnisse um: Orthodoxe Kosaken erhoben sich gemeinsam mit der einheimischen Bevölkerung gegen ihre polnischen, katholischen Gutsherren und deren jüdische Verwalter; geflüchtete russische Leibeigene schlossen sich ihnen an; bald ging es nicht mehr um die Konfession, sondern um Raub und Plünderung. Es waren dies die ersten sozial bedingten Unruhen und die ersten systematischen Judenprogrome in der Geschichte des russischen Reiches, die das Militär erst nach Jahren unter Kontrolle bringen konnte.

In diesem Zusammenhang ist eine Depesche interessant, die der englische Gesandte Henry Shirley am 20. Juli 1768 an seinen Vorgesetzten Viscount Waymouth richtete – er hatte offensichtlich erst jetzt von Rasumovskys gescheiterten Plänen in der Ukraine erfahren:

> „Field marschall Rasumovky hat, wie ich höre, um Erlaubnis angesucht, sich für einige Zeit auf seine Güter zu begeben. Es ist zu bezweifeln, daß er sie erhalten wird, angesichts eines Umstandes, den ich erst vor einigen Tagen erfahren habe."

Es folgt der Bericht über die ukrainische Affäre. Shirley fährt fort:

> „Seither hat man sich bemüht, die Ukrainer auf die gleiche Stufe zu stellen wie die russischen Bauern, und man versichert mir, daß sie so unzufrieden sind, daß viele von ihnen an der Revolte der polnischen Bauern keinen kleinen Anteil haben. Wenn Graf Rasumovky in dieser Situation um Erlaubnis bittet, seine Güter zu besuchen, erscheint das ein bißchen verdächtig, und obwohl die Kaiserin fest davon überzeugt ist, daß es nicht in seiner Macht steht, sich selbst in seine frühere Position zu bringen, so möchte sie ihm auch nicht die Gelegenheit geben, es zu versuchen, weil sie dann vielleicht gezwungen wäre, ihn zu betrafen. Das wäre für sie sehr unangenehm und stünde im Gegensatz zu ihrer Politik."[5]

Es blieb dem Feldmarschall somit nichts anderes übrig, als in Petersburg zu bleiben und den Sommer auf einem seiner dortigen Landsitze zu verbringen.

In der polnischen Frage fand sich schließlich eine Interimslösung. Nach langen Verhandlungen, die von Panin, Lobkowitz und Solms geführt wurden, kam es im Juli 1772 zur ersten Teilung Polens. Die Adelsrepublik verlor 211.000 km^2 und über vier Millionen Einwohner. Es war vorauszusehen, daß das Problem damit nicht bereinigt war.

Ein weiterer Krisenherd entstand an der Südgrenze Rußlands: die Türkei, der alte Erbfeind, erklärte Rußland am 25. September 1768 den Krieg. Diesmal war Rußland in der besseren Position, denn es war Alexej Orlow gelungen, eine schlagkräftige Flotte auszurüsten. Unter dem Befehl von A. Orlow, Admiral Spiridow und den Engländern Greig und Lord Elphinstone lief die Flotte aus, segelte durch das Skagerrak und ins Mittelmeer und schlug am 5. Juli 1770 die türkische Flotte vernichtend bei Tschesmé in den Sporaden. Mit an Bord des Schiffes von Elphinstone und unter seinem direkten Befehl befand sich auch der junge Leutnant Andrej Rasumovsky, der den Feldzug bis zum Ende mitmachte und erst im September 1772 auf dem Schiff des Admirals Spiridow nach Petersburg zurückkehrte. Alexej Orlow wurde stürmisch gefeiert; er durfte seinem Familiennamen das Prädikat „Tschesmenski" anhängen und erhielt eine hohe Belohnung.

Auch das Landheer, das an der Donau kämpfte, war in der ersten Phase sehr erfolgreich. Den Oberbefehl hatte anfangs Feldmarschall A.M. Golizyn, der jünger war und einen niedrigeren Rang hatte als Rasumovsky. Als ein Schmeichler ihn fragte, wieso diese Würde nicht ihm übertragen worden sei, antwortete Kirill Grigorjewitsch mit dem Humor, den alle an ihm schätzten: „Bei Golizyn genügt eine Armee; wenn ich ernannt worden wäre, wären zwei verloren gegangen und ich hätte erst mit der dritten gesiegt.“[6]

Der Krieg brachte für Kaiserin Katharina Probleme, die sie nicht allein bewältigen konnte. Sie ließ die „Konferenz“ wieder aufleben, die einst bei Elisabeth bestanden hatte und die von da an zu einer ständigen Einrichtung wurde. Zum Vorsitzenden ernannte sie Rasumovsky. Dieser bewies auch in dieser Funktion, daß er seine geistige Unabhängigkeit bewahrt hatte. Wie Wassiltschikoff berichtet, weigerte er sich einmal, ein ihm ungerecht erscheinendes Urteil zu unterschreiben. Die Senatoren machten ihn darauf aufmerksam, daß die Kaiserin die Vollstreckung des Urteils wünsche. „Wenn es sich so verhält, werde ich mich dem Wunsch der Kaiserin fügen“ sagte Rasumovsky, drehte das Dokument um und unterschrieb, so daß sein Name auf dem Kopf stand. „Ich erfülle den Wunsch Ihrer Majestät, aber da ich das Urteil ungerecht und verkehrt finde, ziehe ich es vor, meine Unterschrift auch verkehrt zu setzen“. Katharina prüfte daraufhin die Angelegenheit noch einmal, annullierte ihren Beschluß und sagte zu Rasumovsky: „Du bist ein wahrer Freund*!“[7]

Wassiltschikoff berichtet von zahlreichen derartigen Anekdoten, z.B. auch, daß in Petersburg eine satirische Schrift über den Hetman zirkulierte, die in Anspielung auf seine zahlreiche illegale Nachkommenschaft den Titel trug: „L'ami des hommes, ou traité de la population“. Der Verfasser soll niemand anderer gewesen sein als der Vater des Grafen Mirabeau.[8]

Das Jahr 1771 brachte der Familie Rasumovsky zwei schwere Schicksalsschläge: Innerhalb eines Monats starben Alexej Grigorjewitsch (am 6. Juli) und am 22. Juli dessen Schwägerin, die Gräfin Katharina Iwanowna.

Seit dem Tod der Kaiserin Elisabeth hatte Alexej still und zurückgezogen, umgeben von Erinnerungsstücken aus der Ukraine, in Petersburg im Anitschkow-Palast, im Sommer in Gostiliza gelebt und bisweilen Feste für Katharina gegeben, die ihn gelegentlich privat besuchte. Drei Monate vor seinem Tod besuchte ihn sein ehemaliger Adjutant Alexander Sumarokow, der inzwischen ein bekannter Dichter – der „russische Racine“ – und Theaterdirektor geworden war. Er eilte aus Moskau herbei, als er von der schweren Erkrankung des alten Grafen hörte.

Als Sumarokow wenig später durch S.F. Uschakow von Alexejs Tod erfuhr, war er sehr erschüttert und schickte Uschakow als Antwort die *„Elegie auf das Hinscheiden des Grafen Alexej Grigorjewitsch Rasumovsky“:*

Der Brief, den Du vor kurzem mir gesandt,
Er kam schon an, er ist in meiner Hand.

Hat Brust und Herz mir wie ein Schwert durchstoßen,
Als wie von Blitz und Donner fühl ich mich getroffen.
Ich möchte Antwort geben, doch mein Kopf ist leer,
Die Feder fällt mir aus der Hand, sie ist zu schwer,
Gedanke auf Gedanke drängt in Sinn sich mir,
Ein heißer Strom von Tränen fließt auf das Papier.
Dies ist der Abschied, Graf, mein Herz ist leer,
Im Leben sehe ich Dich niemals mehr.
Du hast, o Graf, Dein Leben so geführt,
Wie Dir von Ehr' und Anstand ward diktiert.
Sonst stehn die Lieblinge der Zaren weit und nah
Vor Gottes Richterstuhl meist ohne Antwort da.
O unwägbares Schicksal! Dieser lebt nicht mehr,
Doch mancher Schurke ohne Treu und Ehr'
Führt bis ins Alter ein bequemes Leben,
von Reichtümern und falschen Ruhm umgeben.
Doch der, der starb, war nie Tyrann, nie schlecht,
Nie wollt' er andre Menschen niedermachen,
Für Schmeichler hatte er nichts als Verachtung,
Nie hat er an den Feinden sich gerächt.
Nie war er je bedacht auf seinen Ruhm,
Sein Wunsch war stets: den Menschen Gutes tun.
Doch selbst ein Bösewicht voll Gift und Übelwollen, –
verstoßen auf die Erde aus der Hölle,
Auch er hätt', liebenswürd'ger Graf, dir nichts getan.
Leb wohl! Es stöhnt mein Geist, die Feder fällt mir aus der Hand."[9]

Vom Leben der Gräfin Katharina Iwanowna wissen wir nicht viel. Sie hat 11 Kindern das Leben geschenkt, war laut Schlözer jedoch nicht gebildet genug, um ihre Söhne zu erziehen, dafür eine gute Gastgeberin und bei Hof und in der Gesellschaft beliebt, ohne daß auf ihren Namen je ein Schatten gefallen wäre – wahrlich eine Seltenheit unter den Damen der Gesellschaft im Rußland des XVIII. Jahrhunderts. Gräfin Katharina Rasumovsky starb im Alter von 42 Jahren, der „Greis" Alexej war bei seinem Tod 62. Kirill ließ Bruder und Frau im Alexander-Newski-Kloster begraben und setzte ihnen ein Marmordenkmal.

Kirill Grigorjewitsch erbte von seinem Bruder und seiner Gemahlin zahllose Paläste, Güter mit Landhäusern und Tausenden von „Seelen" und ihren gesamten Besitz. Damit war er selbst für damalige russische Verhältnisse ungeheuer reich. Aber in seinem Haus vollzog sich eine folgenschwere Veränderung. Wenige Wochen nach dem Tod der Gräfin Katharina erschien im Palais an der Mojka eine Rasumovsky'sche Nichte, Sofia Ossipowna Gräfin Apraxin, eine Tochter von Alexejs Lieblingsschwester Anna Sakrewski. Von diesem Moment an war es mit der Ruhe in der Familie vorbei. Sofia Ossipowna übernahm die Pflichten einer Hausfrau; sehr bald hatte sie den alten Grafen völlig unter ihrem Einfluß, sodaß er nichts mehr tat, was ihr nicht gefiel. Innerhalb kurzer Zeit gelang es ihr, fast alle Kinder aus dem Haus zu treiben. Die Töchter, die ihren Vater liebten, waren verzweifelt, vor allem Natalja verfolgte die Cousine mit schwarzem Haß und nannte sie in ihren Briefen nur „le monstre“. Erstaunlich ist diese Ablehnung nicht: zu allem Überfluß brachte Sofia Ossipowna auch gleich ihren Liebhaber Michail Wassiljewitsch Gudowitsch mit ins Haus, den Bruder des treuen Adjutanten Peters III.

Beginn einer Diplomatenkarriere

Graf Andrej Kirillowitsch und seine Geschwister

13. Eheschließungen am Hof (1771–1774)

Nach dem Sieg der russischen Flotte bei Tschesmé nahmen auch die Landoperationen einen günstigen Fortgang. Im Laufe des Jahres 1771 drang Fürst Dolgoruki an der Nordküste des Schwarzen Meeres weit auf türkisches Gebiet vor, er eroberte Festungen und besetzte die Halbinsel Krim. Die Türken baten um Friedensverhandlungen. 1772 wurden zwei Friedenskongresse in Foksany und Bukarest abgehalten, aber Katharina stellte so harte Bedingungen, daß die Kämpfe weitergingen.

Für die ehemaligen Feinde Österreich und Preußen wurde Rußland zu mächtig. Im Herbst 1770 trafen sich Friedrich II. und der junge Kaiser Josef II. in Neustadt und kamen überein, Katharina eine Aufteilung des rebellischen Polen vorzuschlagen, um sie von weiteren Eroberungsplänen an der unteren Donau und auf dem Balkan abzulenken. Prinz Heinrich von Preußen, der Bruder des „Großen Fritz", wurde nach Petersburg geschickt, um Katharina diesen Plan schmackhaft zu machen. Sie war dieser Idee nicht abgeneigt, Prinz Heinrich wurde freundlich empfangen und zu seinen Ehren große Feste veranstaltet.

Die internen Probleme Rußlands indes waren nach wie vor ungelöst. Insbesondere das Fehlen einer verbindlichen Rechtsordnung und die rechtlose Lage der unterdrückten Bauernschaft verlangten nach einer Lösung. Im Volk zeigten sich immer wieder Anzeichen von Unruhe, die „aufs strengste unterdrückt und verfolgt" werden mußten. Als infolge der Kriegshandlungen im Süden eine Pestepidemie ausbrach, die sich bis Moskau ausbreitete und Tausende von Toten forderte, brach eine Panik aus, die nur von Gregor Orlow unterdrückt werden konnte. Und als im Sommer 1771 noch dazu der Kronprinz erkrankte, mußte Katharina um ihre Stellung bangen. Der englische Gesandte Lord Cathcart berichtete am 10.8. nach Hause:

> „Das Volk wollte nichts geringeres als die Kaiserin zu entthronen und dem Großfürsten an ihre Stelle zu setzen. Als sich das Gerücht verbreitete, er sei schwer erkrankt und man ihn in Gefahr glaubte, schöpfte das Volk den Verdacht, er sei vergiftet worden, und man schämte sich nicht, sehr hochgestellte Persönlichkeiten zu verdächtigen. In diesem Moment fühlte die Kaiserin neben der Angst einer Mutter auch die Gefahr, die sie selbst bedrohte, falls der Großfürst sterben sollte."[1]

Das Mißtrauen Katharinas gegen ihren Sohn und seine Umgebung, vor allem gegen ihren außenpolitischen Beauftragten Nikita Panin, wurde von Gregor Orlow und seinen Brüdern kräftig geschürt. Die Kaiserin war bemüht, den Großfürsten möglichst schnell zu verheiraten – vielleicht hatte sie schon damals die Absicht, ihn bei der Thronfolge zu übergehen und die Krone direkt einem Enkel zu vererben, was seit dem Erlaß Peters dem Großen in ihrer Macht stand. Bereits 1768 hatte sie den dänischen Gesandten in Petersburg, Achatz Freiherr von Asseburg beauftragt, unter den heiratsfähigen, nicht-katholischen deutschen Prinzessinnen eine Kandidatin ausfindig zu machen. Nach längerem Suchen fand Asseburg zwei Töchter aus kleineren deutschen Fürstenhäusern, die in Betracht kamen: Wilhelmina von Hessen-Darmstadt und Dorothea von Württemberg.

> „Die Prinzessin Wilhelmine von Darmstadt ist mir eher wegen ihrer Herzensgüte, weniger als Meisterwerk der Natur beschrieben worden. ... Aber da ich weiß, daß es so etwas auf der Welt nicht gibt, höre ich von Ihnen, daß sie einen raschen Verstand und die Neigung haben soll, Unfriede zu verbreiten, das lässt mich ihr gegenüber zögern ... Trotzdem bitte ich Sie, machen Sie sich die Mühe, sie nochmals zu prüfen. Wenn aus dieser nichts wird, komme ich auf meine Lieblingsidee zurück, die Prinzessin von Württemberg, die im Oktober das 12. Jahr vollendet haben wird."

Und ein Jahr später, am 16. Januar 1772:

> „Gern willfahr ich Ihrer Bitte, die Frist für doppelte Prüfung bis zum März zu erstrecken, bevor ich mich endgültig für eine der beiden Kandidatinnen entscheide, d.h. entweder für die Prinzessin von Württemberg oder die Prinzessin Wilhelmine von Hessen-Darmstadt. Das Portrait der letzteren, das Sie uns geschickt haben, nimmt zu ihren Gunsten ein; man müßte sehr wählerisch sein, um an diesem Gesicht etwas auszusetzen zu können."[2]

Zuvor aber wollte Katharina, eingedenk ihrer eigenen Erfahrungen, sicher gehen, daß Paul imstande war, einen Erben zu zeugen. Man bediente sich der Dienste einer „Eprouveuse": eine hübsche 23-jährige Witwe wurde gefunden, Sophie Czartoryski, geborene Uschakow, deren Mann Adjutant Peters III. gewesen war. In angemessener Zeit gebar Sophie dem Kronprinzen einen gesunden Sohn. Katharina nahm ihn der Mutter sogleich weg und schickte diese fort: Das Kind erhielt den Namen Semjon Welikoj, es wurde sorgfältig erzogen, trat später in die englische Flotte ein und soll 1794 bei den Antillen gefallen sein.[3]

Im Winter 1771/72 zeichnete sich am russischen Hof eine Wende ab, die die Petersburger Gesellschaft und die ausländischen Diplomaten in Aufregung versetzte, weil eine Neuverteilung der Machtverhältnisse vorauszusehen war: Katharina gab Gregor Orlow den Laufpaß und ließ einem neuen Favoriten, dem Gardeoffizier Alexander Wassiltschikoff, die Wohnung zukommen, die sich im Winterpalast unterhalb ihrer Gemächer befand. Als Orlow davon Kenntnis erhielt, verließ er die Friedenskonferenz von Foksany und eilte wütend zurück; jedoch knapp vor Petersburg erreichte ihn der kaiserliche Befehl, sich auf seinen Besitz in Gatschina zurückzuziehen, da er, aus dem Pestgebiet kommend, unter Quarantäne stehe. Er fügte sich, erhielt eine überaus großzügige Abfertigung, zog sich auf seine Moskauer Güter zurück und beschäftigte sich fortan mit Landwirtschaft und Pferdezucht. Sein Gestüt, das die „Orlow-Traber" hervorbrachte, machte seinen Namen berühmt bis ins 20. Jahrhundert.

Der gutaussehende und sympathische Wassiltschikoff war jedoch ein Mensch ohne politische Ambitionen, daher war sein Einfluß nur von kurzer Dauer. Immerhin war somit die Macht des Orlow-Clans gebrochen und für kurze Zeit verbesserte sich auch das Klima zwischen der Kaiserin und dem Großfürsten.

Ein Opfer der neuen Verhältnisse wurde das 19-jährige Hoffräulein Anna Kirillowna Rasumovsky. Sie war so gut wie verlobt mit einem der Grafen Orlow, lernte jedoch im Dienst den Bruder des neuen Favoriten, Wassilij Semjonowitsch Wassiltschikoff kennen, mit dem sie öfters bei der offiziellen Hoftafel zusammentraf. Katharina, die es liebte, Ehen zu stiften, beschloß, die beiden miteinander zu verheiraten und richtete ihnen am 26. April 1773 in Zarskoje Selo eine prunkvolle Hochzeit aus.[4] Doch dürfte die Kaiserin mit dieser Ehestiftung eine glückliche Hand gehabt haben: Zu den Nachkommen von Anna Kirillowna – sie hatte fünf Kinder – gehörte der Verfasser des monumentalen Werkes über die Familie Rasumovsky.

Ein zweiter Rasumovsky'scher „Roman bei Hof" hatte eine längere Vorgeschichte. Natalja, die älteste Tochter, hatte trotz ihrer Behinderung eine Reihe von Verehrern, die um ihre Hand anhielten, um in die einflußreiche Familie einzuheiraten, aber ihr war keiner genehm. Im Alter von 26 Jahren lernte sie einen Offizier des Ismailowski-Regiments kennen, der gekommen war, um seinem Regimentsinhaber einen Dankesbesuch abzustatten. Es war der verwitwete Kammerherr Nikolaj Alexandrowitsch Sagrjaschski, aus einer alten Moskauer Familie. Als kurz darauf die Gräfin Katharina starb, brachte das Leid und der gemeinsame Dienst bei Hof die beiden jungen Leute zusammen; Sagrjaschski war bei Rasumovsky ein oft gesehener Gast, bis schließlich am 24. Oktober 1772 ihre feierliche, ebenfalls von der Kaiserin bei Hof ausgerichtete Hochzeit stattfand. Danach wurde das junge Paar vom Dienst beurlaubt und übersiedelte nach Moskau. Sagrjaschski muß ein bescheidener Mensch gewesen sein, der stets hinter seiner Frau zurücktrat. Natalja Kirillowna äußerte sich im späten Alter gegenüber Puschkin, daß sich wohl jeder andere Mensch als ihr Mann gleich nach ihrer Hochzeit von ihr getrennt haben würde.

Sagrjaschski hatte einen Verwandten mütterlicherseits, der in seiner Jugendzeit bei ihnen in Moskau gewohnt hatte und mit dem er eng befreundet war, besonders auch, seitdem sie Regimentskameraden im Ismailowski-Garderegiment waren. Auch Natalja Kirillowna verstand sich gut mit ihm. Dieser Verwandte hieß Gregor Alexandrowitsch Potjomkin; sein kometenhafter Aufstieg stand unmittelbar bevor. Auch in den späteren Jahren blieb die Freundschaft zwischen den Sagrjaschskis und Potjomkin bestehen und endete erst mit dem Tod des „Fürsten von Taurien".

Daß der ehemalige Hetman und nunmehrige Feldmarschall mit den Eheschließungen dieser beiden Töchter einverstanden war, ist anzunehmen, zumal sie von der Kaiserin protegiert wurden. Aber er hatte sich, was die Partnerwahl seiner Kinder betraf, auch mit unangenehmeren Überraschungen abzufinden. Es gelingt dem Biographen Wassiltschikoff meisterhaft, die näheren Umstände der Eheschließung des zweiten Rasumovsky-Sohnes, des Obersten im Ladoga-Regiment, zu verschleiern:

> „In den siebziger Jahren vermählte sich Graf Peter Kirillowitsch, anscheinend ein bißchen gegen den Willen des Vaters und der Familie, mit der Witwe Sofia Stepanowna Czartoryska ... einer Gesellschaftsdame und Modepuppe von nicht gerade großem Verstand und sehr schlechter Gesundheit, die mit ihrem Mann fast ständig im Ausland lebte ...“[5]

Er verschweigt, warum der Hetman so aufgebracht über diese Verbindung war und warum das junge Paar unmittelbar nach der Hochzeit – sie dürfte etwa 1775 oder 1776 stattgefunden haben – das Land verlassen mußte: Gräfin Sofia war niemand anderer als die „Eprouveuse“ des Großfürsten Paul, die Mutter seines Sohnes Semjon Welikoj.

Noch tiefer traf den alten Grafen das Verhalten seiner Lieblingstochter Elisabeth. Sie lernte während ihres Hofdienstes den Grafen Peter Fjodorowitsch Apraxin kennen, den Schwager der ungeliebten Cousine und Haushälterin des Hetmans, „einen der gescheitesten, liebenswürdigsten, aber auch skrupellosesten Menschen seiner Zeit“, und fand nichts besseres zu tun, als mit ihm durchzubrennen und ihn zu heiraten, obwohl Apraxin bereits mit Gräfin Anna, geb. Jaguschinskaja verheiratet war.

> „Katharina II., die keinen öffentlichen Skandal wollte und außerdem den Vater der Gräfin, den Hetman-Feldmarschall Rasumovsky, sehr schätzte, befahl, der Gräfin Anna mitzuteilen, daß letztere die Wahl habe zwischen der Verbannung ihres Mannes nach Sibirien oder ihrem Eintritt ins Kloster. Die Gräfin war 42 Jahre alt und hatte überhaupt genug vom Gesellschaftsleben und ihrem leichtsinnigen Mann und wählte die zweite Variante. Sie trat ins St. Fjodorkloster in Kiew ein und lebte dort noch ein Vierteljahrhundert. Sie wurde 1787 dort Äbtissin und starb 1801.“[6]

Die Familie versuchte vergeblich, Elisabeth von diesem Schritt abzuhalten. Der Hetman war über das Betragen seiner Lieblingstochter so empört, daß er sie enterbte und verstieß und am 5. Juli 1774 an die Kaiserin die Bitte richtete, seine Tochter, die die Ehre des Hofes in den Schmutz gezogen habe, zur Strafe zwangsweise in ein Kloster einzuweisen und den Übeltäter Apraxin streng zu bestrafen. Überaus weise ließ ihm Katharina mitteilen, Elisabeth sei zu jung, um zum Eintritt in ein Kloster gezwungen werden zu können; sie schloß sie vom Hofdienst aus und verbot ihr das Tragen der kaiserlichen Chiffre. Peter Apraxin untersagte Katharina den Zugang zum Hof und zu allen gesellschaftlichen Veranstaltungen und ließ ihm die Möglichkeit, zwischen drei Arten der Bestrafung zu wählen: ein halbes Jahr Festungshaft, drei Monate im Zuchthaus von Reval oder ein Jahr Verbannung ins Kloster von Swira.[7] Für welche Variante er sich entschied, wissen wir nicht, aber einige Zeit, nachdem Gräfin Anna den Schleier genommen hatte, ließ Katharina die Ehe Elisabeths für gültig erklären.

Zu den familiären Problemen traten weitere Schwierigkeiten für Kirill hinzu. So spielte er zwar bei Hof nach wie vor eine bedeutende Rolle, erhielt jedoch nicht die Erlaubnis, in die Ukraine zu reisen. Kirill war sich bewußt, daß seine Verwalter und Vertrauensleute, deren Willkür seine Untergebenen und leibeigenen Bauern gnadenlos ausgesetzt waren, ihn in seiner Abwesenheit hintergingen. Auch einige ukrainische Herren nutzten die Situation aus, indem sie Prozesse anstrengten, um Teile des Rasumovsky'schen Besitzes an sich zu bringen.

Um etwas Ordnung in seine Vermögensverhältnisse zu bringen und sich einen Überblick über die Lage zu verschaffen, beauftragte der Hetman im Herbst 1772 seinen Sohn Alexej mit der Verwaltung seiner ukrainischen Liegenschaften und der Güter bei Moskau.

Doch dies scheint keine sehr glückliche Lösung gewesen zu sein. Alexej war nicht fürs Landleben geschaffen und fühlte sich zu Höherem berufen; er zog es vor, seine Inspektionstätigkeit vor allem auf die Moskauer Güter und Dörfer zu beschränken. Wir kennen von ihm drei Briefe an seinen Vater, die ersten beiden, vom 21. März und 22. April 1773 aus Moskau, in denen er sich entschuldigt, noch nicht weitergereist zu sein, und einen dritten vom 5. April 1774 – ebenfalls aus Moskau. Wieviel Zeit er unterdessen in Kleinrußland verbrachte, läßt sich nicht feststellen. Insgesamt zeichnet er ein tiefschwarzes Bild von Mißwirtschaft, Diebstahl usw. und macht einige Verbesserungsvorschläge, wie etwa die Pferdezucht an einem einzigen Ort zu konzentrieren. Was er offensichtlich verhindern will, ist, daß sich der Vater selbst um seine ukrainischen Güter kümmert:

> „Ihre Schulden und die Zerrüttung Ihres Vermögens machen mich ebenso betroffen wie Sie, und ich würde vom Herzen gern alle meine Kräfte einsetzen, um Sie von diesen Sorgen zu entlasten. Aber, mein verehrter Herr, erlauben Sie mir die Bemerkung, daß ich Ihre Abreise nach Kleinrußland auf keinen Fall für ein geeignetes Mittel halte. Sie werden dort nur um ein Geringes weniger verbrauchen als in Petersburg, vor allem im ersten Jahr, in dem es notwendig sein wird, sämtliche Vorräte für Keller, Speisekammer usw. vorzubereiten und hinzutransportieren, nicht eingerechnet, was Ihre Übersiedlung und die Ihres ganzen Haushaltes kosten wird, nicht eingerechnet die doppelten Ausgaben, die Sie für Ihren Haushalt in Kleinrußland und in Petersburg für den Unterhalt meiner Brüder und aller anderen Leute, Gebäude usw. haben werden, nicht eingerechnet viele andere Gründe, mit denen ich Sie hier nicht belasten möchte."[8]

Was bewog Alexej Kirillowitsch dazu, seinem Vater zu suggerieren, lieber in Petersburg zu bleiben als in seine Heimat zurückzukehren, damit ihm, dem zweitreichsten Mann Rußlands, der finanzielle Ruin erspart bliebe? War es schon damals Alexejs Wunsch, einen Grund zu finden, um dem verhaßten Petersburg mit seinem Hofdienst den Rücken zu kehren – vergessen wir nicht, daß der Adel immer noch der Kaiserin dienstpflichtig war – und sich in der Ukraine und in Moskau zu etablieren? Letzteres ist wahrscheinlich, denn am 3. Februar 1774 heiratete er die Moskauer Gräfin Warwara Petrowna Scheremetjewa, die einzige Tochter des hochgebildeten und kunstsinnigen Grafen Peter Scheremetjew, der zu allem Überfluß als der reichste Mann des russischen Reiches galt. Graf Kirill Grigorjewitsch war übrigens mit den Leistungen seines Sohnes als Gutsverwalter nicht zufrieden. Er setzte ihn ab und war bald darauf in der Lage, die Kontrolle seines Besitzes selbst in die Hand zu nehmen.

14. André in Petersburg: Vertrauter des Thronfolgers (1771–1774)

Es war im September 1772, als Graf Andrej Kirillowitsch, nunmehr „André“, nach St. Petersburg zurückkam. Er war 20 Jahre alt, sprach mehrere Sprachen, war einer der „Helden von Tschesmé“ und sah blendend aus – kein Wunder, daß ihm alle weiblichen Herzen zuflogen. Er wurde sofort, unter Beibehaltung seines Ranges bei der Flotte, als Kammerjunker in den Hofdienst übernommen und noch im gleichen Jahr zum Kapitän-Leutnant befördert. Der vornehme englische Reisende Sir William Wraxall, der später in Wien häufig mit Rasumovsky zusammentraf, hielt sich gerade in der russischen Hauptstadt auf und gibt von ihm folgende Beschreibung:

> „Wenige Männer, die ich gesehen oder gekannt habe, waren von der Natur mehr dazu geschaffen, von Frauen geliebt zu werden. Seine Figur war vorteilhaft, sein Auftreten war zwar stolz, aber fröhlich und einnehmend, sobald er seinen guten Willen zeigen wollte, und obwohl sein Aussehen irgendwie an einen Kalmücken erinnerte, hatte er einen Zug von Distinktion, Geist und Intelligenz. Er hatte in der russischen Flotte gedient ... und sich unter den Admiralen Elphinstone und Greig nicht nur nautische Kenntnisse, sondern auch die englische Sprache angeeignet, die er mit bewundernswerter Leichtigkeit und fließend sprach“.[1]

Der junge Mann besaß aber auch andere Eigenschaften: die Lust am prunkvollen Auftreten, verbunden mit großer Verschwendungssucht, Hochmut und, neben dem Wunsch, dem Vaterland zu dienen, einen ausgeprägten persönlichen Ehrgeiz. Es war sein Ziel, in Rußland einmal eine entscheidende Rolle zu spielen, und nichts lag näher, als sich mit dem künftigen Herrscher gut zu stellen, der zudem sein Freund aus Kindheitstagen war.

Unmittelbar nach Andrés Ankunft, am 20. September, wurde Großfürst Paul für volljährig erklärt. Anders als bei sonstigen feierlichen Anlässen gab es keine Begnadigungen – Katharina wollte nicht, daß dereinst jemand ihrem Sohn zu Dank verpflichtet sein solle – aber im Leben des schüchternen Großfürsten traten nun Veränderungen ein. Da seine Erziehung für beendet erklärt wurde, entfernte die Kaiserin den Grafen Panin, und Paul erhielt einen Hofstaat. Hofmeister wurde der 1738 geborene Fürst Iwan Sergejewitsch Barjatinski, und zu Kammerjunkern geruhte die Kaiserin Andrej Rasumovsky und Alexander Kurakin zu ernennen, den Freund der jüngeren Rasumovsky-Söhne aus Genf. Barjatinski war mit einer der schönsten Frauen bei Hof verheiratet, Maria Wassiljewna, einer geborenen Prinzessin Chowanskaja.

Großfürst Paul war glücklich, seinen alten Freund wiederzusehen, und er schloß sich sogleich eng an ihn an. Obwohl sie sich täglich sahen, schrieb ihm Paul immer wieder Briefe, aus denen zu erkennen ist, wie froh er war, endlich jemanden gefunden zu haben, dem er vertrauen und sein Herz öffnen konnte.

Ein Brief vom 6. März 1773:

> „Machen Sie mir die Freude, mein Freund, morgen zu mir zum Essen zu kommen, denn heute abends werde ich nicht so viel mit Ihnen sprechen können, wie ich möchte, da ich heute abends bei Graf Panin soupieren muß. Es wird für mich ein Fest sein, Sie bei mir zu empfangen und offenen Herzens mit Ihnen zu sprechen und ich werde viel Zeit haben, wenn Sie mittags kommen, und morgen ist außerdem Sitzung des Rates. Mein Herz ist ein bißchen schwer und leer. Ihre Gegenwart wird mich erleichtern und das ist für mich eine große Befriedigung. Adieu mein lieber Freund, ich liebe Sie aus ganzem Herzen. Antworten Sie mir, ob es morgen möglich sein wird. P."

Und zwei Tage später, am 8. März:

> „Gestern habe ich mich sehr gelangweilt und war inmitten von 15 Leuten sozusagen allein. Mein Herz ist immer noch erfüllt von Gefühlen und mein Kopf von Ideen, die Ihnen anzuvertrauen für mich sehr angenehm wäre, aber es geht mir genau so wie Ihnen, ich hätte ihnen tausend Dinge zu sagen und in dem Augenblick, in dem ich es tun möchte, weiß ich nicht, womit ich beginnen soll, nichts ist mir gegenwärtig. Sie haben bereits ein Wunder der Freundschaft an mir vollbracht, denn ich habe begonnen, meinem alten Mißtrauen zu mißtrauen. Aber, mein Freund, Sie müssen weiter Geduld mit mir haben, denn sie haben eine Angewohnheit von zehn Jahren vor sich und Sie müssen bekämpfen, was Angst und Schüchternheit in mir eingepflanzt haben. Es möge ihnen wohl ergehen, mein Freund. In einer Stunde fahre ich zur Manege. Ich überlasse es Ihnen selbst, darüber nachzudenken, ob ich Sie sehen möchte, aber Sie werden das tun, was Ihnen die Vorsicht gebietet, um keinen Argwohn zu erwecken. P."

Geheime Besuche und die Angst, Argwohn zu erregen – was hatten die beiden miteinander zu besprechen? Doch wohl Ideen, wie das riesige Reich reformiert weden könne, wenn Paul die Macht übernehmen würde. André hatte mehrere Jahre in Frankreich und England verbracht und war seiner Denkungsart nach dem Westen verpflichtet. Die Zustände in Rußland, angefangen von den Lebensbedingungen der leibeigenen Bauern bis zu den Sitten und Gebräuchen bei Hof, müssen für ihn einen Schock bedeutet haben.

Er konnte Paul über Tatsachen berichten und Informationen geben, die vor dem Thronfolger bisher ferngehalten worden waren. Daß die beiden Pläne zur Umgestaltung des Reiches schmiedeten, kann mit Sicherheit angenommen werden.

Die erste große Aufgabe, die der junge Rasumovsky im Rahmen seiner neuen Pflichten zu erfüllen hatte, stand in Verbindung mit der bevorstehenden Vermählung des Kronprinzen. Katharina wollte möglichst schnell einen Enkel haben, dem sie die Krone übertragen könne; nach einigem Zögern hatte sie sich für eine Schwiegertochter aus dem Hause Hessen entschlossen. Da es in der Familie des Landgrafen von Hessen außer Wilhelmine zwei weitere heiratsfähige Töchter gab und Paul zumindest die Vortäuschung einer freien Wahl haben sollte, lud Katharina im Oktober 1772 Landgräfin Caroline zunächst inoffiziell ein, mit drei Töchtern nach Rußland zu kommen. Die hessischen Damen fuhren nach Berlin, um König Friedrich um Rat zu bitten: dort erreichte sie ein offizielles Einladungsschreiben der Kaiserin, datiert vom 28. April 1773. Darin stand, daß der hohe Besuch in Travemünde von einem russischen Geschwader abgeholt werden würde. Für diese Aufgabe wurde von der Kaiserin die Fregatte „St. Marcus" unter dem Befehl von Admiral Kruse bestimmt, begleitet von den Packbooten „Falke" unter Leutnant Schubin und „Le Rapide" unter Leutnant Rasumovsky.

Paul fuhr fort, seinem Freund Briefe zu schreiben: Am 5. Mai:

> „Nun ist der grausame Moment da, daß ich ihnen Adieu sagen und mich ihrer Freundschaft empfehlen muß. Diese 6 Wochen werden hart für mich sein, aber mein einziger Trost besteht darin, daß unser beiderseitiges Leid durch Ihre baldige und glückliche Rückkehr belohnt werden wird. Mein lieber Freund, Sie weden mir das bringen, was mein künfiges Glück und folglich auch Ihres begründen wird, denn wir werden in allem, was wir tun, immer vereint sein, ebenso in unserem öffentlichen wie in unserem Privaten Leben ..."

Und am 27. Mai, adressiert nach Reval:

> „Ich schicke diesen Brief, damit Sie ihn in Reval erhalten und wissen, wie viele Sorgen man sich hier wegen der starken Winde gemacht hat, die 10 Tage lang ununterbrochen wüteten. Ich zweifle daran, daß hier jemand mehr daran interessiert war als ich, da ich eine Versprochene und einen Feund an Bord hatte."[2]

Die Ängste des Großfürsten waren überflüssig. Die beiden ersten Schiffe trafen in Travemünde am 17. Mai ein; die deutschen Gäste konnten allerdings erst an Bord gehen, nachdem auch der „Rapide" mit zweitägiger Verspätung eingelaufen war. Dann wurden die Anker gelichtet. Eine boshafte Zunge bemerkt, daß Rasumovsky öfter an Bord des „St. Marcus" zu sehen war als auf seinem eigenen Schiff, aber offenbar gefiel er den Reisenden ausgezeichnet. Ein nicht näher genannter Kavalier des Darmstädter Hofes schrieb an Asseburg:

> „Herr von Razoumowski, der Kommandant des „Rapide", ist ein sehr liebenswürdiger junger Mann, er hat ein schönes Äußeres; eine gute Haltung, die Manieren eines Mannes von Distinktion, seine Rede ist angenehm, vernünftig, maßvoll."[3]

Zum Ärger von Kammerherr Baron A.I. Tscherkassow, der im Auftrag der Kaiserin die Landgräfin von Hessen und ihre Tochter in Reval begrüßte, wies Rasumovsky die Erlaubnis seines Chefs, des Leiters des Admiralskollegiums Graf Iwan Tschernyschow vor, das Kommando seines Packbootes niederzulegen und die Reisegesellschaft auf dem Landweg zu begleiten, was Katharina umgehend ablehnte. Da aber der „Rapide" wieder mit Verspätung in Reval ankam („immer muß er mir Schwierigkeiten machen", ärgerte sich Tscherkassow) erübrigte sich das Problem, denn die Gäste setzten ihre Reise auf dem Landweg fort, ohne auf ihr großes Gepäck zu warten.

Es sieht so aus, als ob die kleine Prinzessin bereits vom ersten Moment an ihr Herz verloren hätte.

Prinzessin Wilhelmine machte auf die Kaiserin den besten Eindruck und Paul verliebte sich sogleich in sie. Der Hochzeitstermin wurde festgesetzt und die zukünftige Thronfolgerin mit den Grundzügen der orthodoxen Konfession bekannt gemacht. Bei ihrem Übertritt erhielt sie den Namen Natalja Alexejewna.

Die bevorstehende Vermählung des Großfürsten war natürlich das Hauptthema in den Berichten der ausländischen Gesandten am Petersburger Hof. Die meisten sprechen vorsichtig-freundlich von dem klaren Verstand und dem guten Herzen von Pauls zukünftiger Gattin. Einige Jahre später gibt Wraxall von ihr allerdings eine andere Beschreibung:

> „Ich habe diese Großfürstin 1774 kurz nach ihrer Hochzeit im Salon in Peterhof gesehen ... Selten habe ich eine junge Frau gesehen, die von der Natur weniger bevorzugt war. Ihr Gesicht sah krank aus, ihr Benehmen ließ weder auf Intelligenz, noch auf Würde schließen, aber man sagte, sie sei liebenswürdig gewesen und habe gute Manieren gehabt."[4]

Die Hochzeit fand unter großer Prachtentfaltung am 27. September 1773 in der Kathedrale der Gottesmutter von Kasan in St. Petersburg statt. Gast aus Deutschland war der Bruder der Braut, Erbprinz Ludwig, der spätere erste Großherzog von Hessen-Darmstadt; in seiner Begleitung befand sich Baron Melchior von Grimm, mit dem Kaiserin Katharina von da an bis zu ihrem Tod in enger brieflicher Verbindung stand.[5] Vor der goldenen Hochzeitskutsche ritten die Kammerjunker, unter ihnen André Rasumovsky. Die an die Trauung anschließenden Festlichkeiten dauerten bis zum 14. Oktober.

Nach der Hochzeit wurde der Hofstaat des „kleinen Hofes" umgestaltet und ergänzt: Hofmeisterin der Großfürstin wurde Gräfin Rumjancewa, Hoffräulein Jewdokija Beloserskaja und Pauline Leontjewa, neben den Kammerjunkern Rasumovsky und Kurakin wurde anstelle von Fürst Barjatinski General Graf Nikolaj Soltykow zum Hofmeister ernannt. Barjatinski ging als Botschafter nach Paris, seine schöne Frau Maria blieb bei Hof in Petersburg.

Paul und seine junge Frau waren miteinander glücklich, und auch das Verhältnis zwischen der Kaiserin und dem „kleinen Hof" verbesserte sich dank der Liebenswürdigkeit Nataljas für kurze Zeit, obwohl Paul nach wie vor von allen Staatsgeschäften fern gehalten wurde. Die Kaiserin war milde gestimmt und gestattete ihrem Sohn, André eine Wohnung in seinem Palais auf dem Kamenni ostrow zuzuweisen, so daß Paul den Freund immer um sich haben konnte. André und der Thronfolger wurden unzertrennlich, und als dritte gesellte sich die Großfürstin Natalja hinzu.

Alle ausländischen Diplomaten, die mit Argusaugen das Geschehen bei Hof überwachten und aus jeder Entwicklung Vorteile für ihr Land zu erringen hofften, berichten ihren Vorgesetzten von den neu sich abzeichnenden Kräfteverhältnissen, wobei die meisten von ihnen erwähnten, daß die junge Großfürstin über eine beachtliche Willenstärke verfüge, den Großfürsten beherrsche und offenbar einen Wechsel des politischen Systems herbeiführen wolle. Legations-Secretarius Seddeler berichtete in Vertretung von Botschafter Lobkowitz am 22. Mai 1775 an Fürst Kaunitz in Wien:

„... Der Großfürst, der zu keinen Geschäften gezogen wird, hat auch überhaupt in die Regierungsangelegenheiten nicht den mindesten Einfluß: Der Zwang, in dem er gegen Seiner Frau Mutter sich befindet, erlaubet ihm nicht, seine Neigungen an den Tag zu legen. ... Gedachter Prinz wendet nun seine Freundschaft und völliges Vertrauen einem jungen Grafen Rasumowsky zu, der aber wenig geschickt ist, einen Ratgeber von einem zu wichtigen Regierungs-Geschäften bestimmten Prinzen abzugeben. Einen nicht geringen Anteil an seinem Vertrauen hat auch sein gewesener Friseur, der ein geborener Franzos ist, und den Er zu seinem Generalintendanten ernannt hat. Von diesen beiden ist Er beständig umgeben, und achtet nicht viel des bei Ihm angestellten General Soltikoff. Die Kaiserin, welche in Erinnerung dessen, was in dem hiesigen Reich mehrmalen vorgefallen, gegen den Großfürsten immer auf ihrer Hut ist, läßt es gerne geschehen, daß dieser Groß-Prinz an solchen Leuten, die Ihr keinen Argwohn erwecken, sich binde."[6]

Und einen Monat später, am 22. Juni, schrieb Graf Solms an Friedrich II.:

„Die einzige Person, die das Vertrauen des Großfürsten genießt, ist ein Graf André Rasoumovsky, einer der Söhne des Hetmans, und nach ihm ein junger Fürst Kurakin. Das sind die einzigen, die zu den Diners und Soupers à quatre eingeladen werden, aber was das Vertrauen betrifft, so trägt der erste den Sieg davon. Dieser junge Mann, der keinen schlechten Charakter hat, wird nicht verdächtigt, ihm schlechte Ratschläge zu geben oder gegen seine Mutter aufzuhetzen, aber er ist auch nicht imstande, gute zu geben, die das Verhalten eines Thronfolgers lenken und ihn daran hindern könnten, seinen manchmal in Worten sich ausdrückenden Hang zum Frondeur Einhalt zu gebieten. Es ist unwahrscheinlich, daß I.K.M. davon keine Kenntnis hat, aber sie zeigt es nicht, wohl weil sie nicht fürchtet, daß daraus irgendwelche Folgen entstehen könnten, sie fährt fort, den jungen Hof so zu behandeln wie früher."[7]

Natürlich mußte die Kaiserin wissen, daß in der Stadt und an den ausländischen Gesandtschaften darüber geredet wurde, die Beziehungen zwischen der Großfürstin und dem jungen Kammerherrn seien enger, als es der Anstand erlaube. Aber die Beobachter am „kleinen Hof" hatten ihr auch zweifellos hinterbracht, daß André anderweitig engagiert war: er begann ein leidenschaftliches Liebesverhältnis mit Maria Barjatinskaja, dem 1776 eine Tochter entsprang, von der wir nur den Anfangsbuchstaben W. kennen. Auch dürfte Alexander Wassiltschikoff, Katharinas Favorit, seine schützende Hand über seinen angeheirateten Verwandten gehalten haben, solange er dazu noch imstande war.

Katharina hatte zu diesem Zeitpunkt jedoch ganz andere Sorgen. Noch war der Krieg im Süden nicht beendet, als sich auch im Norden Europas Komplikationen ankündigten, seitdem in Schweden 1771 König Gustav III. den Thron bestiegen und 1772 die adelsdemokratische Verfassung aufgehoben hatte. Sein Ziel bestand darin, Schweden wieder mehr Ansehen zu verleihen und die an Rußland verlorenen Gebiete zurückzugewinnen.

Wesentlich gefährlicher war ein Aufstand, der im Sommer 1773 in Südrußland begann und bald verheerende Ausmaße annahm. Ein Kosake vom Don, Jemeljan Pugatschow, gab sich als Peter III. aus, der gekommen war, um die Bauern zu befreien. Er erhielt Zulauf nicht nur von der Landbevölkerung, auch von den Arbeitern in den Bergwerken, Verbannten, Kalmücken, Kirgisen usw.; in ganz Ostrußland griff die Bewegung um sich wie ein Steppenbrand. Es war die Fortsetzung dessen, was sich kurz zuvor in der Westukraine abgespielt hatte. Opfer waren nicht nur russische Regierungsbeamte, sondern auch die eigenen Gutsbesitzer und Reichen im allgemeinen. Pugatschow brachte nach kurzer Zeit Süd- und Ostrußland in seine Gewalt, er drang immer weiter nach Norden vor und schlug die Verbände, die ihn bekämpften sollten. Im Winter 1772/73 wälzte sich eine riesige Volksmasse in Richtung Moskau und verbreitete Angst und Schrecken. Erst im August 1774 wurde Pugatschows Siegeszug beendet, als es ihm nicht gelang, Orenburg einzunehmen und sein Heer vor den Toren dieser Stadt von der Armee vernichtend geschlagen wurde. Pugatschow gelang es zu fliehen, er wurde jedoch von seinen eigenen Leuten verraten und ausgeliefert, in einem eisernen Käfig nach Moskau gebracht und hingerichtet.

Der Nachrichtendienst Maria Theresias war offenbar weniger effizient als jene der anderen Staaten, denn erst am 2. März 1775 berichtete Legationssekretär Baron Seddeler nach Wien:

> „... da aber dergleichen Vorgänge hier mit äußerster Sorgfalt geheim gehalten werden, so ist es fast ohnmöglich, etwas deutlicheres hierüber in Erfahrung zu bringen. Wie denn wir Fremde erst seit unserer Anwesenheit in Moskau die wahren Verhältnisse der so nahen Gefahr eines allgemeinen Aufruhrs hörten, welcher bey denen Pugatschewischen Unruhen in dieser Stadt bevorstunden."[8]

Kaum war dieser Schrecken vorüber, als Katharina erneut in Unruhe versetzt wurde. In Italien trat eine junge Frau in Erscheinung, die sich sowohl als eine Tochter der Kaiserin Elisabeth und Alexej Rasumovskys, als auch als Schwester Pugatschows ausgab und Anspruch auf den russischen Thron erhob. Sie nannte sich Prinzessin Tarakanowa und reiste in Begleitung von zwei polnischen Herren durch Italien. Den Kennern der Umstände war klar, daß es sich um eine von interessierten Kreisen vorgeschobene Abenteuerin handelte, wie sie in Rußland häufiger vorkamen.

> „Daß sie eine Abenteuerin ist, ist sicher, und sie hat ihre Geschichte, die man sie angewiesen hat zu erzählen, so schlecht gelernt, daß man nur ein bißchen Urteilskraft

braucht, um den Schwindel, des sie verbreitet, zu durchschauen ... und obwohl sie in der modernen Geschichte gut Bescheid weiß, ist sie was die Geschichte dieses Landes betrifft, so unwissend, daß sie Kaiserin Anna als Schwester der Kaiserin Elisabeth bezeichnet, deren uneheliche Tochter durch Graf Rasumovsky sie zu sein vorgibt...",

schrieb Sir Robert Gunning am 19. Juni 1775 an den Earl of Suffolk.[9]

Katharina fühlte sich durch das Auftreten dieser Prätendentin dermaßen bedroht, daß sie Alexej Orlow den Auftrag gab, die Betrügerin unschädlich zu machen. Orlow führte diesen Auftrag auf perfide, aber wirksame Weise durch: Er gab vor, die Ansprüche der Prinzessin anzuerkennen, sie heiraten zu wollen und lud sie auf sein in Livorno ankerndes Schiff ein. Von dort entführte er sie nach Petersburg.[10]

Die Kaiserin ließ die unglückliche junge Frau in der Peter-Pauls-Festung einkerkern; dort starb sie 1775 an Lungenschwindsucht. Sie ist also nicht, wie auf dem Gemälde von Flawizki so rührend-romantisch dargestellt, während der großen Newa-Überschwemmung in ihrer Kasematte ertrunken, denn diese Überschwemmung war erst 1777.

Im „Privatleben" der Kaiserin – mit seinen Auswirkungen bis in die letzten Winkel des russischen Kaiserreiches – trat zu dieser Zeit eine Veränderung ein. Katharina erwählte zu ihrem neuen Liebhaber den Kavallerieoffizier und Kammerherrn Gregor Potjomkin. Sie teilte dies ihrem Korrespontenten Melchior von Grimm auf folgende Weise mit:

„In Ihrer Gegenwart habe ich mich von einem vortrefflichen, aber sehr langweiligen Bürger entfernt, der sofort, ich weiß nicht wie, durch einen der drolligsten und amüsantesten Originale dieses eisernen Jahrhunderts ersetzt wurde."[11]

Diese Entscheidung Katharinas war eine weitreichende. Ihre Verbindung mit dem stürmischen, launenhaften, energischen, zeitweise zu religiösen Meditationen neigenden militärischen Genie war eine Partnerschaft von Ebenbürtigen. Als die Liebesglut vorbei war und Katharina sich nach neuen Kavalieren umschaute, war Potjomkin weise genug, ihr seine zahlreichen Nachfolger selbst zuzuführen, aber als Mann im Hintergrund übte er bis zu seinem Tod im Jahr 1791 auf Katharina den größten Einfluß aus. Potjomkin war jedoch mehr als ihr illegitimer Lebensgefährte. W.S. Lopatin ist es gelungen, nachzuweisen, daß Katharina am 30. Mai 1774 Gregor Potjomkin in geheimer Ehe heiratete, so wie es vor ihr Kaiserin Elisabeth mit Alexei Rasumovsky getan hatte – ein Ziel, das Gregor Orlow nicht erreicht hatte.[12]

Für Kirill Rasumovsky war der Aufstieg des neuen Mannes ein Glück, sie waren bald miteinander befreundet. Nach der siegreichen Beendigung des türkischen Krieges und dem Frieden von Kütschük-Kainardji, der Rußland den Zugang zum Schwarzen Meer brachte, übersiedelte der Hof für das ganze Jahr 1775 nach Moskau, und auch der Hetman verlegte dorthin seinen Wohnsitz. Nachdem der die Kaiserin auf einer Fußwallfahrt ins Sergius-Dreifaltigkeits-

Kloster begleitet hatte, überreichte er ihr ein Gesuch mit der Bitte, seine ukrainischen Besitztümer besuchen zu dürfen, und dank der Vermittlung von Potjomkin stimmte Katharina endlich zu. Direkt von Moskau aus reiste der alte Rasumovsky mit Sofia Ossipowna Apraxina in den Süden – seine ersten Briefe aus Baturin sind mit März 1776 datiert – und gab von dort aus die Anweisung, zwei seiner Petersburger Häuser, das Anitschkow-Palais und das Haus der Zesarewna, zu verkaufen. Für sich behielt er das Palais an der Mojka, in dem seine vier Söhne Andrej, Lew, Gregor und Iwan, sowie die jüngste, unverheiratete Tochter Praskowja weiter wohnten.

15. André in Ungnade (1775–1776)

Zumindest dem äußeren Anschein nach war das Großfürstenpaar an den Angelegenheiten des Staates nicht interessiert. Zu ihren Lieblingsbeschäftigungen gehörte das Theaterspielen. Besonders hoch im Kurs standen französische Lustspiele. Aus dem überlieferten Programm einer Aufführung aus dem Jahre 1774 geht hervor, daß neben dem Thronfolgerpaar und zahlreichen anderen Großen auch Graf Rasumovsky zu den Darstellern zählte.[1]

Den ausländischen Botschaftern entging allerdings nicht, daß sich die Beziehungen zwischen Schwiegermutter und Schwiegertochter rapide verschlechterten. In einem Brief an Grimm beklagte sich die Zarin bitter über Nataljas Unvernunft, ihre mangelnden Russisch-Kenntnisse und ihre Neigung, Schulden zu machen, die ihre großzügig bemessene Apanage bei weitem überträfen usw.

In Wirklichkeit fürchtete Katharina wohl den wachsenden Einfluß der zielstrebigen Großfürstin auf deren schwachen Gemahl.

Den Beobachtern entging auch nicht die enge Freundschaft zwischen dem Thronfolgerpaar und Rasumovsky.

Lobkowitz meldete nach Hause:

> „Der Groß-Fürst läßt sich von seiner Gemahlin, noch mehr aber von einem jungen Rasumowsky leiten, welcher die erworbene Gunst anwendet, um alle diejenigen, so dem jungen Herrn gut rathen können, fürnehmlich aber den Grafen Panin, von ihm zu entfernen, läßt ihm auch zu ernsthaften Beschäftigungen wenig Zeit übrig, sondern ist bloß darauf bedacht, ihm Unterhaltungen zu verschaffen, worunter die französischen Comedien den Vorzug haben, wobei sowohl der Groß-Fürst als die Groß-Fürstin meistens mitspielen."[2]

Harris schrieb:

> „Bald nach ihrer Hochzeit zeigte sich, daß sie leicht das Geheimnis entdeckte, wie er zu beherrschen sei und dies so absolut tat, daß er die wenigen Männer entließ, die er anscheinend selbst ausgewählt hatte ... Sie ihrerseits wurde von ihrem Liebhaber Graf Andreas Razoumowski beherrscht ... und dieser erhielt seine Instruktionen und den größten Teil seines Einkommens von den Gesandten des Hauses Bourbon"[3]

Und Botschafter Durand berichtete am 22. März 1774 dem Duc d'Aiguillon:

> „Es gibt jemanden, mit dem der Großfürst sehr intim ist, und wir haben uns bemüht, auf diesem Wege den Prinzen von den Vorurteilen zu befreien, die man ihm zugunsten des Königs von Preußen und gegen Frankreich eingepflanzt hat und um gleichzeitig die Vorlieben und Geheimnisse des jungen Hofes zu sondieren."[4]

Durand wird am 10. Oktober noch deutlicher:

„Er (der Großfürst) hat einen Favoriten und gleichzeitig eine heiße Liebe für die Großfürstin. Die Mutter glaubte, ihn davon in Kenntnis setzen zu müssen, daß Graf André Rasumovsky von dieser Vertrautheit profitieren und seine Wünsche auf die Person der Prinzessin richten werde. Diese schändliche Information hat dem Großfürsten großen Kummer verursacht, den er sich vergeblich bemühte zu verbergen."[5]

Paul schenkte seinem liebsten Freund blindes Vertrauen. Und André schlug die gut gemeinten Warnungen seines väterlichen Freundes Iwan Tschernyschow leichtfertig in den Wind.

Im August 1775 wurde Botschafter Durand durch den Marquis Jacques Gabriel-Louis de Juigné abgelöst. Im Gefolge des neuen Botschafters befand sich sein junger Verwandter, der Chevalier Marie-Daniel Bourrée de Corberon, der der französischen Mission als Legationssekretär zugeteilt war. Corberons offizielle Aufgabe war die Chiffrierrung von Briefen; zu seinen Pflichten gehörte aber auch die diskrete Übergabe von mehr oder weniger beträchtlichen Summen an russische Empfänger. Er hat über seine Petersburger Zeit ein interessantes Tagebuch hinterlassen.[6]

Corberon war etwas klein von Gestalt, aber elegant und ein vollendeter Kavalier; wegen seiner Herkunft aus Paris wurde er von den Petersburger Damen sehr umworben und bald war er in den Salons der Gesellschaft zu Hause. Im Haus von Anastasija Neledinskaja-Melezkaja machte er die Bekanntschaft von André Rasumovsky, dem sein Dienst beim Großfürstenpaar viel Zeit für Unterhaltungen ließ, und die beiden fanden schnell zu einander.

Ich war heute abends beim Grafen André, wir haben uns gegenseitig viel Freundliches gesagt ..."

trägt Corberon am 9. Dezember 1775 in sein Tagebuch ein und am 13. Dezember:

„Heute abends war ich beim Grafen André, mit dem ich mich von Tag zu Tag besser verstehe..."[7]

Graf André ging in der französischen Botschaft ein und aus. Er liebte das prunkvolle Auftreten und pflegte ein stadtbekanntes Verhältnis mit der schönen Fürstin Barjatinkaja. Da seine ständigen Bitten um Geld beim Vater auf taube Ohren stießen, ist es kein Wunder, daß er Corberons Angebot, ihm zur Begleichung seiner Schulden ein Darlehen zu gewähren, gern annahm. Und es ist André, durch dessen Vermittlung vermutlich auch jemand anderer, der über seine Kosten lebt und Schulden hat, von der französischen Botschaft große Summen erhält: Großfürstin Natalja.

Auf diese Weise sicherte sich die bourbonischen Königreiche ihre Einflußmöglichkeit auf die russische Politik.

Vielleicht war dies einer der Gründe, weshalb sich Prinz Heinrich von Preußen, der geschickte Diplomat, zu einem zweiten Besuch ansagte, als sich bei der Großfürtstin erste Zeichen einer Schwangerschaft bemerkbar machten. Wegen dieses Besuches berief die Kaiserin den Kämmerer Alexej Rasumovsky aus Moskau zurück an den Hof nach Petersburg; sehr zu dessen Mißvergnügen, wie aus einem Brief Alexejs an den Vater vom 6. März 1776 hervorgeht.[8] Alexej Kirillowitsch war also anwesend, als sich die Schlinge um den Hals seines Bruders zusammenzog, aber wir kennen von ihm keine Stellungnahme zu den nachfolgenden Ereignissen.

Am 10. April setzten bei der Großfürstin die ersten Wehen ein. Erst jetzt stellte sich heraus, daß die junge Frau infolge eines unsachgemäßen Eingriffs während ihrer Kindheit unfähig war, ein Kind zu gebären, was Asseburg bei seiner Brautschau nicht gewußt oder später verschwiegen hatte. Der kaiserliche Leibarzt kam nicht, sein Stellvertreter war der Situation nicht gewachsen. Unter schrecklichen Schmerzen und nach Ablegung einer Generalbeichte verschied die unglückliche junge Frau am 16. April.

> „Meinem Letzteren gehorsamsten Bericht sehe ich mich für heute leyder nachzutragen bemüßiget, daß der Großfürstin Kays. Hoheit, da sich bey ihr ganz ungewöhnliche Unglücks-Umstände fanden, welche alle Hülfs-Mittel unmöglich machten, heute Abend zwischen 5 und 6 Uhr das Zeitliche mit dem Ewigen verwechselt ...",

berichtete Lobkowitz seinem „Durchlauchtig-Hochgeborenen Reichsfürsten und gnädigen Herrn" Kaunitz.[9]
Kaiserin Katharina hatte fast die ganze Zeit am Krankenbett ihrer Schwiegertochter verbracht. Nach dem Tod traf sie sogleich mehrere Anordnungen: Sie übergab den völlig fassungslosen Paul der Obhut des gerade eingetroffenen Prinzen Heinrich mit dem Auftrag, ihn unverzüchtlich nach Zarskoje Selo zu bringen; sie ließ die Tote fortschaffen und die Gemächer auf der Stelle ausräumen und neu einrichten und sie ließ sämtliche Papiere der Großfürstin beschlagnahmen. Danach fuhr auch sie nach Zarskoje Selo, wohin ihr der ganze Hof folgte.

Als Corberon in der Nacht zum 27. April (neuer Stil) die Schreckensnachricht erfährt, eilt er um 6 Uhr früh zu seinem Freund André, der sich gerade erst schlafen gelegt hat, ihn aber sofort empfängt. Beim Anblick des Chevaliers bricht André in Tränen aus und kann nichts weiter hervorbringen als „Ah, quelle horreur!" Dann erzählt er, daß die Großfürstin alle ihre Freunde getröstet und ihre letzten Worte an ihn gerichtet habe. „Wir werden uns wiedersehen, sagte sie, um mich zu trösten, wir sind dazu geschaffen, daß wir uns wiedersehen werden." Gerade als André in seinem Bericht so weit gekommen ist, betritt seine Schwester Natalja Sagrjaschskaja das Zimmer und Corberon zieht sich zurück. Die Schwester nimmt nun die Zügel in die Hand, sie läßt den völlig Verzweifelten zur Ader und verhindert so, daß André unverzüglich nach Zarskoje Selo fährt, um seinen Dienst bei Großfürst Paul zu versehen.

Nach seiner verspäteten Ankunft in der Sommerresidenz wird André zu seiner Verwunderung nicht zum Großfürsten vorgelassen. Einige Augenblicke später erscheint Paul jedoch selbst im Vorzimmer; die Freunde fallen sich weinend um den Hals. In diesem Moment tritt die Kaiserin, einen Brief in der Hand haltend, aus ihren Gemächern. Sie blickt in die Runde, entdeckt André und überreicht ihm den Brief mit dem Auftrag, ihn augenblicklich Feldmarschall Golizyn, dem Stadtkommandanten von Petersburg, zu überbringen. In dem Brief steht, Rasumovsky habe sich um die Begräbnisfeierlichkeiten zu kümmern und dürfe nicht mehr nach Zarskoje Selo zurückkehren. 24 Stunden nach dem Begräbnis habe er die Hauptstadt zu verlassen, sich nach Reval zu begeben und dort weitere Befehle der Kaiserin abzuwarten. Geschockt und verzweifelt schreibt André einen Brief an den Großfürsten, der aber nicht überbracht wird.

Großfürstin Natalja wurde wenige Tage im Alexander-Newski-Kloster aufgebahrt und auch dort, nicht in der Peter-Pauls-Kirche, begraben. Großfürst Paul war bei dem Begräbnis nicht anwesend; wohl aber die Kaiserin und „alle Vornehmen der Nation und die fremden Ministri." (Lobkowitz).

Es ist verständlich, daß der Tod der Großfürstin Natalja und der Fall Rasumovsky in der Stadt wie auch bei den ausländischen Vertretern größtes Aufsehen erregten und Anlaß zu wilden Gerüchten gaben, etwa daß Katharina die bei der Thronfolgerin gefundenen Liebesbriefe gefälscht habe, um Paul gegen seinen Freund aufzubringen, daß Natalja und Rasumovsky mit Hilfe Corberons ein Komplott geplant hätten, daß, wie der französische Kammerdiener Durand durchblicken ließ, daß das Kind – übrigens ein Knabe – von André gewesen sei, daß die Kaiserin die ungeliebte Schwiegertochter habe umbringen lassen, um sie durch eine ihr genehme Kandidatin zu ersetzen, daß Rasumovsky nach Sibirien verbannt werden würde und vieles mehr. Corberon schreibt in seinem Tagebuch ebenfalls die Vermutung nieder, daß zwischen André und Natalja ein Liebesverhältnis bestanden habe, wenn ihm sein Freund dies auch nicht ausdrücklich bestätigte.

Bei einem Spaziergang außerhalb der Stadt hatten die Freunde noch einmal Gelegenheit, unter vier Augen miteinander zu sprechen. Rasumovsky erklärte das ganze für eine Intrige des Prinzen Heinrich, der den französischen Einfluß auf Rußland zurückdrängen und Preußen wieder stärker ins Spiel bringen wolle. Corberon fragte, ob es wahr sei, daß sich unter den von der Kaiserin beschlagnahmten Papieren ein Brief des spanischen Gesandten Lacy, adressiert an Rasumovsky, befunden habe. „Celà l'a fait rire", ergänzt Corberon. In der Nacht des 7. Mai verließ André heimlich, in Begleitung eines Offiziers, die Hauptstadt, auf dem Weg nach seinem Exil in Reval; Corberon fand ein Brieflein vor, André habe ihn nicht mehr sehen wollen, um den Freund nicht zu kompromittieren.[10]

In den nächsten Wochen saß der junge Rasumovsky und, wie er behauptete, die Welt nicht verstehend, in Reval und schrieb von dort eine Reihe von Briefen an den treuen Familienfreund Iwan Tschernyschow;[11] er flehte ihn an, für ihn bei der Kaiserin zu intervenieren und ein gutes Wort beim Großfürsten einzulegen, da er sich als unschuldig und Opfer einer Intrige betrachte. Tschernyschow antwortete voll väterlicher Fürsorge; er riet dem Verfemten, nur ja kein Aufsehen zu erregen, sich ruhig zu verhalten und nach einiger Zeit die Kaiserin zu bitten, seinen Vater in der Ukraine aufsuchen zu dürfen. Die Briefe Andrés an den Großfürsten leitete er angesichts der ungünstigen Entwicklung bei Hofe nicht weiter.

Indessen versuchte Katharina, das Gedenken an Natalja Alexejewna möglichst schnell auszulöschen, indem sie sich sofort auf die Suche nach einer potentiellen Nachfolgerin machte.

Sie knüpfte mit Hilfe des Prinzen Heinrich wieder Kontakte zum württembergischen Hof – jetzt war der Moment gekommen, ihre ehemalige Wunschkandidatin Sophie Dorothea mit Paul zu verheiraten. Die Prinzessin war zwar bereits verlobt, aber die Verlobung wurde eiligst gelöst und Sophie Dorothea mit ihrer Mutter nach Berlin zu Großonkel Friedrich eingeladen. Dorthin schickte Katharina auch ihren Sohn, „um ihn auf andere Gedanken zu bringen". In Begleitung des Grafen Rumjanzew fuhr Paul am 13. Juni 1776 ab, am 7. Juli trafen sie in Berlin ein, am 12. Juli erfolgte die Verlobung mit der württembergischen Prinzessin, am 24. Juli, nach einer Reihe von Festen, begab sich das Brautpaar, begleitet von Prinz Heinrich, auf die Rückreise nach Rußland, am 10. September trat die Prinzessin zum orthodoxen Glauben über und erhielt den Namen Maria Fjodorowna, und am 26. September fand die zweite großfürstliche Hochzeit statt. Diese neue Thronfolgerin bereitete der Kaiserin keinerlei Schwierigkeiten: sie war schön, liebenswürdig, ohne Ambitionen und gebar ihrem Gemahl ein Kind nach dem anderen.

Die Eile, mit der die leidige Affäre der ersten Ehe Pauls von oben „vertuscht" wurde, wirft Fragen auf, umso mehr, weil es darüber bisher keine Orginaldokumente gibt. Hatte das Thronfolgerpaar und André Rasumovsky, zusammen mit Corberon und dem französischen Hof, wirklich Pläne für eine Umorientierung der russischen Außenpolitik? War alles nur kindliches Wunschdenken oder bloß eine gewöhnliche Bettgeschichte? War André nur ein Bewunderer der französischen Kultur oder ein bezahlter Agent, dessen lebenslange Haßgefühle gegenüber der französischen Revolution und ihren Folgen auf diese prägenden Jugenderlebnisse zurückgehen? Es erscheint plausibel, daß sich die kleine hessische Prinzessin vom ersten Augenblick an in den eleganten Marineoffizier verliebte, den sie auf ihrer Reise kennen lernte, es ist wahrscheinlich, daß sie nach ihrer Hochzeit ein Verhältnis hatten, aber daß das totgeborene Kind Nataljas von André stammte, ist in Anbetracht dessen, daß Kaiser Paul mit seiner zweiten Frau zehn Kinder hatte, nicht anzunehmen.

Wenn Großfürstin Natalja am Leben geblieben wäre, hätte die Geschichte vielleicht einen anderen Verlauf genommen, und zwar nicht nur, was die russische Außenpolitik betrifft: Paul war von jeher ein schüchternes, mißtrauisches Kind gewesen; André Rasumovsky war sein erster, echter Freund. Als er vom Verrat dieses Freundes erfuhr, dem er rückhaltlos vertraut hatte – daß er der

Version vom Ehebruch seiner Frau Glauben schenkte, beweist sein späteres Verhalten gegenüber Rasumovsky – brach seine Welt zusammen und er erlitt einen seelischen Schock, von dem er sich nie ganz erholte. Autoren, die in diesem Jugenderlebnis einen der Gründe für das mißtrauische und exentrische Verhalten des Kaisers Paul sehen, haben vielleicht nicht ganz unrecht.[12]

Als alter Mann hat Rasumovsky seinem Neffen Thürheim gegenüber bestritten, mit Natalja Alexejewna ein Verhältnis gehabt zu haben, denn „eine heftige Leidenschaft für eine andere Dame des Hofes" habe ihn „vielleicht allein von zärtlichen Gefühlen für die Prinzessin abgehalten." Poetisch fährt Thürheim fort:

> „Melancholische Träume, chimärische Hoffnungen einer glücklichen Zukunft seines Vaterlandes erfüllten die Seele des jungen Edelmannes, der sich bemühen wollte, das Herz des Großfürsten würdig und fähig zu machen, die ihm einst anvertrauten Völker zu beglücken, und diese Wünsche eines Tages zu verwirklichen."[13]

Weniger poetisch ausgedrückt: André Rasumovsky setzte auf Paul weniger aus Freundschaft, sondern weil er das ehrgeizige Ziel vor Augen hatte, unter dem künftigen Herrscher die führende Rolle zu spielen und dessen Außenpolitik zu bestimmen. In einem unveröffentlichten Brief an seine künftige Frau Elisabeth Thun nimmt er zu diesem einschneidenden Ereignis in seinem Leben Stellung:

> „Ich bin überzeugt, daß Sie mit mir übereinstimmen, wenn ich sage, daß nichts auf der Welt das glühende Herz eines Jünglings voll der besten Absichten leichter verführen kann als der Gedanke und die Hoffnung, sich dadurch, daß er Einfluß auf jenen ausübt, dessen Wille alles beherrscht und regiert, einer großen Zahl von Menschen nützlich zu erweisen."[14]

Sehr drückend kann das Exil in Reval nicht gewesen sein; André verkehrte dort in einigen „deutschen" Familien, errang anscheinend die Gunst einer Dame; empfing seine Schwester Natalja, und stand weiter mit Iwan Tschernyschow in regem Briefwechsel. Es war Tschernyschow, der André am 24. Juni inoffiziell mitteilte, die Kaiserin habe eingewilligt, ihn zu seinem Vater in die Ukraine fahren zu lassen, um dort auf ihre weiteren Anordnungen zu warten, allerdings mit der Auflage, den Fuß weder nach Petersburg, noch nach Moskau zu setzen. Schweren Herzens machte sich der in Ungnade Gefallene auf die Reise durch Weißrußland in die Ukraine und traf im Laufe des Sommers in Baturin ein. Seine Schwester begleitete ihn und gemeinsam schmiedeten sie Pläne, irgendwo im Ausland eine neue Karriere zu beginnen.

Für André begann eine Zeit, die er später seiner Frau gegenüber als „les mois les plus tristes de ma vie" bezeichnete.[15]

16. Andrés Heimkehr in die Ukraine (1776–1777)

Während in der Hauptstadt dermaßen einschneidende Veränderungen stattfanden, saß der Hetman in Baturin und war von der Wende im Leben seines Lieblingssohnes sehr betroffen. Er wußte genau, wie zerbrechlich eine Stellung am Petersburger Hof war und fürchtete auch um seine eigene Stellung. Daher wandte er sich an Michail Wassiljewitsch Kowalinski, den ehemaligen Erzieher seiner Söhne Lew und Gregor, der inzwischen Karriere gemacht hatte und Potjomkins Kanzleidirektor war und bat diesen, sich für André einsetzen. Unverzüglich kam ein eigenhändiger Brief von der Zarin selbst – es ist bemerkenswert, daß sie ihren alten Vertrauten nicht einmal in diesem kritischen Moment fallen ließ:

> „Graf Kirila Grigorjewitsch, ich war dazu gezwungen, Ihrem Sohn Graf Andrej den Befehl zu erteilen, nach Reval zu fahren, bis über ihn weitere Beschlüsse gefaßt werden. Im übrigen seien Sie meines steten Wohlwollens versichert. Katharina."[1]

Kirill stand jedoch vor ganz anderen Problemen. Als er nach seiner langen Abwesenheit in die Ukraine zurückkehrte, mußte er erkennen, daß sich das Verhalten seiner ehemaligen Untergebenen ihm gegenüber verändert hatte. Nachbarn hatten von allen Seiten Ansprüche auf seinen Besitz erhoben; untreue Verwalter hatten Geld an sich gebracht, weshalb er eine Reihe von Prozessen anstrengte. Der Prozeß gegen seinen alten Feind, den Podskarbnyi General Michail Skoropadski, erstreckte sich über mehrere Jahre. Es war schließlich wieder Kowalinski, der intervenierte und dem Hetman zu dessen Recht verhalf.

Kirill Grigorjewitsch war ein gutmütiger und anständiger, aber außerordentlich indolenter Mensch, der sich leicht von anderen beeinflussen ließ, ehemals von Teplow, jetzt von seiner Nichte Sofia Apraxina, die alles daran setzte, die Kinder des Hetmans auszuschalten. Vielleicht hatte sie Anteil daran, daß der alte Graf keinen Finger rührte, als Alexej bat, ihm zu helfen, den verhaßten Hofdienst zu quittieren und statt dessen in Moskau den Posten eines Präsidenten des Kammer-Kollegiums oder des Manufaktur-Kollegiums zu erhalten. Als Begründung gab er an, der Hofdienst sei einzig und allein für völlig unnütze Mitglieder der Gesellschaft erträglich; jeder Korporal bringe dem Vaterland mehr Nutzen als er. Doch diese beiden verlockenden Moskauer Posten gingen an andere Kandidaten. Unterstützung erhielt Alexej Kirillowitsch schließlich von dem augenblicklichen Geliebten der Kaiserin, Peter Sawadowski: Dieser erwirkte für ihn einen einjährigen Urlaub. Am 31. Dezember 1777 berichtete Alexej aus Moskau dem Vater über die tatsächlichen Geschehnisse bei Hof:

„Alle Wege, Ehre und Ruhm zu erlangen, sind für einen jungen Menschen verschlossen, außer einem. Schlechte oder gute Eigenschaften der Seele werden nicht geschätzt, erwünscht sind nur körperliche Vorzüge ... Plötzlich sind gleich drei Favoriten groß und mächtig, jeder unterdrückt den anderen und bemüht sich, durch die Erniedrigung seines Nebenbuhlers noch höher hinaufzusteigen. Jeder, der nicht mehr imstande ist, seine Dienste persönlich auszuüben, versucht, einen Stellvertreter einzuführen, aber dann werden aus den Stellvertretern gleichfalls Favoriten, die mit den anderen auf einer Stufe stehen ... Ich habe erfahren, daß Soritsch, der noch gestern allmächtig war, bereits am Vorabend seiner Ablösung steht. Von allen Seiten erscheint eine Unmenge von Prätendenten und alle sind in höchster Aufregung wegen der Ungewißheit, auf wen diesmal das Los fallen wird. Zeugen dieser Veränderungen, die bei einem Favoriten in Gnade sind, ziehen sich unweigerlich die Wut der anderen zu, und jener, der keinen auf seiner Seite hat, an wen soll er sich angesichts dieser häufigen und unerwarteten Veränderungen wenden?"[2]

Es zeugt von Mut und kritischem Bewußtsein – und wohl auch von einem sicheren Briefträger – daß Alexej Kirillowitsch es wagte, sich über die unleidliche Atmosphäre am Petersburger Hof so offen zu äußern; dies wagten im allgemeinen nur Ausländer nach ihrer Rückkehr in die Heimat oder russische Verfasser, deren Schriften im Westen anonym publiziert wurden. Aber Alexej war es in Wirklichkeit wohl nicht darum zu tun, dem Vaterland auf die beste Weise zu dienen; er zog es vor, sich den Dingen zu widmen, die ihm wirklich am Herzen lagen. In dem jungen, erst seit wenigen Jahrzehnten von Europa zur Kenntnis genommenen russischen Staat mit seiner neuen, in einem grundlegenden Wandel befindlichen Oberschicht war der älteste Rasumovsky-Sohn wahrscheinlich der erste reiche, unabhängige Privatgelehrte, der sich für Botanik interessierte und dem die Ausgestaltung seiner Gärten und die Errichtung prachtvoller Paläste ein Herzensbedürfnis war, wobei er, was die Wissenschaft betraf, von seinem Bruder Gregor weit übertroffen wurde.

Es waren schließlich der geschmähte Favorit Soritsch und Gregor Teplow, die Alexej Kirillowitsch zu Hilfe kamen: sie erreichten, daß die Kaiserin ihren unzufriedenen Kammerherrn bereits im nächsten Jahr zum Senator ernannte, ihn in Pension schickte und ihm erlaubte, sich nach Moskau zurückzuziehen.

Gregor, „notre petit Grégoire", wie ihn Natalja Sagrjaschskaja nennt, war wohl von allen Brüdern der Begabteste; schon in seiner frühen Jugend interessierte er sich ausschließlich für die Naturwissenschaften. Von seinem Biographen wird er als klein, häßlich und von cholerischem Temperament geschildert. Wenn Alexej das Hofleben verabscheute, so ging Gregor in seinem Haß auf ganz Rußland noch weiter:

„Trauriges Los eines Menschen, der sein ganzes Unglück Rußland verdankt, in dem er geboren ist! ... Es war zweifellos schwer für mich, die Last, als Sklave geboren zu werden und zu fühlen, daß ich mich dazu durchringen mußte, es für mein ganzes Leben zu bleiben, wenn ich nicht mein Leben zerbrechen wollte, denn ich war immer wegen meiner Aufrichtigkeit und meiner geringen Fähigkeit, den Kopf zu beugen, der Kleinste unter allen Herren in einem Land, in dem nur die sehr niederträchtigen Großen eine gewisse Beachtung finden, oder ein paar Kleine, die wie Pilze wachsen und groß werden. Doch dieser Last, für die meine Seele nicht geschaffen war, konnte ich mich bald entziehen: mein Vater selbst, der sah und verstand, daß das Vaterland, in das mich mein Schicksal geworfen hatte, nicht jenes war, welches mein Herz erwählt hätte ... war der erste, der mir vorschlug, mich von ihm zu entfernen und die Studien zu betreiben, die ich liebte."[3]

Als André im Sommer 1776 in Barurin eintraf, waren es nur die jüngste, unverheiratete Tochter Praskowja und der kleine Iwan, die dem Vater Gesellschaft leisteten. Bald nach André erschien Natalja, um ihrem Lieblingsbruder Gesellschaft zu leisten und ihm über die depressive Stimmung, in die ihn seine Ungnade gestürzt hatte, hinwegzuhelfen. Danach trafen auch Léon und Gregor ein. Die Atmosphäre im Familienkreis muß alles andere als gemütlich gewesen sein: Sofia Ossipowna Apraxina regierte unumschränkt über ihrern Onkel und den ganzen Haushalt. Die Kinder des Hetmans waren ihr ein Dorn im Auge, umso mehr, weil sich ihr Liebhaber Michail Gudowitsch ebenfalls in Barurin aufhielt. Gudowitsch hatte außer seinem Bruder Andrej, dem Generaladjutanten des verstorbenen Kaisers Peter III., einen jüngeren Bruder Iwan, den späteren Grafen und Feldmarschall. Es gelang Sofia Apraxin in diesem Sommer 1776, Iwan Gudowitsch mit Praskowia zu verheiraten und sie auf diese Weise aus dem Haus zu schaffen – anscheinend gegen den Widerstand der Braut, die, wie Natalja Sagrjaschskaja genüßlich berichtet, ihren Mann in der Hochzeitsnacht verprügelt haben solle. Zwischen Sofia und Gregor kam es etwas später zu einem großen Krach, was des Hetmans Entschluß, seinen unbotmäßigen Sohn zum Studium nach Leiden zu schicken, wohl erleichtert haben mag. Natalja haßte ihre Cousine besonders.

Einzig André, dem wendigen Diplomaten, gelang es, sich mit Sofia so gut zu stellen, daß er im Hetman'schen Haushalt weiter in Gunst blieb.

Sein Aufenthalt in Baturin und die Ungewißheit über seine Zukunft dauerten für Andrej Kirillowitsch nicht allzu lange. Am 2. Januar 1777 erhielt er einen inoffiziellen Brief von Iwan Tschernyschow mit der freudigen Nachricht, daß er ab 1. Januar von der Kaiserin zum außerordentlichen Gesandten und bevollmächtigten Minister bei König Ferdinand I. von Neapel ernannt worden sei; der väterliche Freund fügte eine Reihe von Ratschlägen bei, wie sich André verhalten solle, um nicht neuerlich den Zorn der Kaiserin zu erwecken. Es folgte das offizielle Schreiben von Nikita Panin; seine Anweisung lautete, der neuernannte Botschafter solle bis zum Eintreffen der Urkunden in Baturin bleiben und danach die Reise über Warschau und Wien an seinen Dienstort antreten. Nach St. Petersburg zu kommen, um weitere Instruktionen direkt entgegenzunehmen, wurde ihm nicht gestattet.

Zwischen dem russischen Reich und dem Königreich von Neapel und beider Sizilien bestanden bis zu diesem Zeitpunkt keine diplomatischen Beziehungen.

Diese Notwendigkeit ergab sich für Katharina erst, nachdem Rußland als Folge des Sieges über die türkische Flotte die beherrschende Macht in der Ägäis geworden war. In Neapel regierte das Haus Bourbon. Einen offiziellen Vertreter der russischen Interessen im Süden Italiens zu haben, schien im Hinblick auf die ständigen kriegerischen Verwicklungen mit der Türkei für Katharina vorteilhaft.

Nach allgemein gültigen diplomatischen Gepflogenheiten wäre zu erwarten gewesen, daß auf diesen interessanten, viele Möglichkeiten bietenden Posten ein erfahrender Diplomat berufen werden würde. Daß Katharina dies nicht tat, sondern statt dessen einen unerfahrenen jungen Mann ernannte, der noch dazu in Ungnade gefallen war, zeugt entweder von ihrer Verachtung für den kleinen Mittelmeerstaat oder von ihrer Menschenkenntnis und dem ungewöhnlichen Weitblick der „großen" Kaiserin, der sie die vielversprechenden Talente des jungen Salonlöwen erkennen ließ.

Andrej Kirillowitsch muß sich im Frühsommer 1777 auf die Reise gemacht haben; Natalja Sagrjaschskaja bedankt sich für seinen Brief aus Warschau am 6. Juni und bittet ihn, den Prinzen Lobkowitz von ihr zu grüßen. Dies ist der erste Brief einer Korrespondenz zwischen den Geschwistern, die bis 1779 dauern sollte. Die Antworten Andrés sind leider nicht bekannt.[4]

17. Wien (1777–1779)

Lange kann sich André nicht in Warschau aufgehalten haben, denn schon in ihrem zweiten Brief vom 24. Juni 1777 bedauert Natalja Sagrjaschskaja, daß ihr Schreiben den Bruder nicht mehr in der Hauptstadt des Königreiches erreichen werde. Sie gibt ihm einen Auftrag für Wien:

> „Da gibt es einen, bei dem ich möchte, daß du über mich sprichst: Prinz Lobkowitz. Ich bitte dich, deine ganze Beredsamkeit aufzuwenden, um ihm meine Freundschaft und Dankbarkeit für alle Beweise der Freundschaft auszudrücken, die er mir gegeben hat."

Und in einem ihrer nächsten Briefe:

> „Das ist ein Land, das ich gern sehen möchte. Weißt du, warum? Ich möchte den Kaiser sehen".[1]

Graf André dürfte Anfang Juli 1777 in Wien eingetroffen sein. Erst hier erfuhr er aus St. Petersburg, daß der Marquese de Carmanica, sein neapolitanisches Pendant, gestorben war und daß er in Wien die Ernennung eines neuen Gesandten für Rußland abzuwarten habe. Dieser Aufenthalt sollte zwei Jahre dauern.

Kurz vor dem Eintreffen des Grafen André in Wien war Fürst Joseph Lobkowitz mit seinem Orchester aus St. Petersburg zurückgekehrt. Lobkowitz feierte hier ein Wiedersehen mit dem russischen Botschafter, dem Fürsten Dmitrij Golizyn, der, ebenso wie er, maßgeblich an den Verhandlungen über die erste Teilung Polens beteiligt gewesen war. Golizyn brachte einen Vertrag über russisch-österreichische Handelsbeziehungen zustande, er war ein gern gesehener Gesprächspartner von Kanzler Kaunitz und wurde von der Wiener Gesellschaft voll akzeptiert und als einer der ihren angesehen, was alles andere als selbstverständlich war.

Golizyn ließ sich zu Beginn der achtziger Jahre eine schöne Sommerresidenz auf einem Hügel im Wienerwald errichten, die sein bevorzugter Wohnsitz wurde. Dort veranstaltete er Diners und Konzerte, die sich größter Beliebtheit erfreuten. Dort besuchte ihn auch des öfteren Kaiser Josef. Der seitdem in den 16. Wiener Gemeindebezirk integrierte Hügel heißt bis heute „Gallitzinberg".

Die Aufnahme in die Wiener Gesellschaft, d.h. der Zutritt zu den Salons des Wiener Hochadels, war für alle Ausländer, seien es Diplomaten oder prominente Reisende, von großer Bedeutung, waren doch diese nicht nur Zentren des geselligen Beisammenseins, in denen Abend für Abend musiziert, geplaudert, Theater oder Karten gespielt wurde; dort stellten sich auch regelmäßig die leitenden

Persönlichkeiten des Staates ein, um die Geschäfte in gelösterer Atmosphäre weiter zu besprechen. In einigen Häusern verkehrte regelmäßig auch der Kaiser.

Ausschlaggebend für die Atmosphäre eines Salons war natürlich die Präsenz einer liebenswürdigen Gastgeberin, und hier gebührt die Krone zweifellos dem Salon der Gräfin Thun, der für ausländische Gäste, auch Bürgerliche, und vor allem für Musiker, weit offen stand. Viele Fremde, die zu dieser Zeit Wien besuchten, besonders englische Gäste, beschreiben diese gastliche Aufnahme; der deutsche Weltreisende Georg Forster tut dies 1784 in geradezu hymnischer Weise:

> „Der Graf Lichnowsky, mein Bekannter aus Göttingen, führte mich zu Gräfin Thun, einer liebenswürdigen Dame mit drei liebenswürdigen Töchtern. Der Fürst Kaunitz sieht sie gern. Der Kaiser pflegt fast wöchentlich einmal im Circle abends bei ihr einzusprechen, kurz alles, was Geschmack, Aufklärung, Liebe zur Wissenschaft und Verlangen trägt, mit vortrefflichen, guten, ungezwungenen Menschen umzugehen, geht dort hin. ... Wenn ich die hiesigen Großen gegen jene kleiner Herren kleinen Diener halte, so gewinnen sie unendlich. Sie glauben nicht, wie herablassend, wie freundlich man ist. Kaum merkt mans, daß man unter Leuten von Stande ist, und jeden Augenblick möchte mans vergessen und sie auf vertrautem Fuß der gleichgeborenen Freunde behandeln, wenn ich bei der Gräfin Thun bin, dem besten Weibe von der Welt, und ihren drei Grazien von Töchtern, wo jede ein Engel von einer eigenen Gattung ist. ...“[2]

Gräfin Marie-Wilhelmine Thun, geboren 1744, war die ältere Tochter des Reichsgrafen Anton Corfiz von Ulfeld, dem Vorgänger des Fürsten Kaunitz; ihre Mutter Anna-Maria war eine Prinzessin Lobkowitz. Die zweite Tochter des Paares, Anna-Elisabeth, war mit dem Grafen Georg Christian Waldstein verheiratet. Diese Namen sind uns geläufig: sie sind eng mit der Entstehung der Wiener klassischen Musik und dem Aufblühen der Wissenschaften verbunden. Daß zu diesem eng verwandten Kreis von Mäzenen etwas später noch zwei Schwiegersöhne gehören würden, deren Namen durch Beethoven mit der Musikgeschichte verbunden bleiben – Rasumovsky und Lichnowsky – war 1777 noch nicht vorauszusehen.

Jeder dieser Aristokraten hat sich bleibende Verdienste erworben. So bemühte sich z.B. Ferdinand Philipp Lobkowitz, ein Bruder der Gräfin Ulfeld, dem Sohn eines seiner Förster eine musikalische Ausbildung zu geben, er nahm ihn zu diesem Zweck sogar auf eine Reise nach London mit: Christoph Willibald Gluck. Der alte Graf Johann Joseph Thun, der Schwiegervater der Gräfin, war ein Freund und Förderer Mozarts; in seinem Linzer Haus entstand Mozarts berühmte Linzer Symphonie KV 425, und bei allen seinen Aufenthalten in Prag wohnte der junge Virtuose im Stadtpalais seines Gönners. Franz Joseph Thun, der Mann der Gräfin Wilhelmine, war vor allem an Naturwissenschaften interessiert; er war eng mit dem Arzt Franz Anton Mesmer befreundet und versuchte selbst, dessen Heilmethode durch Magnetismus an seinen Untergebenen in Böhmen anzuwenden. Zu seinen Freunden gehörte auch der Botaniker Nikolaus Joseph von Jacquin, der Schöpfer des Wiener botanischen Gartens. Graf Franz

Joseph war kein Freund des gesellschaftlichen Lebens; er verbrachte den Großteil seiner Zeit auf seinen ausgedehnten Besitzungen in Böhmen und kam nur gelegentlich nach Wien. Die vier Kinder des Ehepaares, Elisabeth (geb. 1764), Christiane (geb. 1765), Joseph Johann (geb. 1767), der die Linie fortsetzen sollte, und Caroline (geb. 1769), lebten bei der Mutter in Wien und waren Ende der siebziger Jahre noch Kinder.

Die gesellschaftliche Karriere der Gräfin Wilhelmine begann damit, daß sie die Rolle der Hausfrau bei dem verwitweten englischen Botschafter Lord Stormont übernahm, der 1763–72 sein Land in Wien vertrat und im Palais des verstorbenen Grafen Ulfeld auf dem Minoritenplatz residierte. Sie beherrschte vorzüglich die englische Sprache und schätzte alles, was aus England kam. Als Stormont 1772 durch Sir Robert Murray Keith abgelöst wurde, gehörte dieser bald, ebenso wie Golizyn, zum ständigen Kreis im Hause Thun. Fast täglich erschien auch Joseph Lobkowitz, dessen Stelle in St. Petersburg mittlerweile Graf Louis Cobenzl einnahm, bei seiner Cousine. Als Besucher des Salons werden auch der Geologe und Bergbaudirektor Ignaz von Born und Baron Gottfried van Swieten, der Präfekt der Hofbibliothek, öfters erwähnt.

Die Thuns wohnten wohl auch schon damals außerhalb der Stadt, in einer nahe gelegenen Vorstadt im Südosten, inmitten von Weinbergen und Gärten, an einer breiten, baumbestandenen Landstraße, die von Wien nach Ungarn führt und der Vorstadt, bzw. dem 3. Wiener Gemeindebezirk, bis heute ihren Namen gegeben hat. Hier hatte während seines Wiener Aufenthaltes auch Dr. Mesmer sein Gartenhaus, in dem 1768 das Singspiel „Bastien und Bastienne" des jungen Salzburger Genies W.A. Mozart aufgeführt worden war.

Die Musik spielte im Salon Thun eine bedeutende Rolle. Hier wurde die moderne deutsche Musik aufgeführt, während bei Hof immer noch die italienische Oper und der Hofdichter Metastasio bevorzugt wurden. Gluck hatte hier einen Ehrenplatz und war einer der ständigen Gäste, ebenso Joseph Haydn, wenn er in Wien war. Und als Mozart im Frühling 1781 mit seinem Fürst-Erzbischof nach Wien kam, besuchte er, wie wir aus den Briefen an seinen Vater wissen, bereits vor dem 24. März den Fürsten Golizyn und am 11. April die Gräfin Thun, „das ist die charmanteste, liebste Dame, die ich in meinem Leben gesehen habe, und ich gelte auch sehr viel bei ihr."[3]

Ob es nun Golizyn oder Lobkowitz war, der Rasumovsky im Salon Thun einführte, spielt keine Rolle. Tatsache ist, daß der junge elegante Russe, der englisch sprach, gut Geige spielte und die Liebe und das Verständnis für Musik von seinen ukrainischen Vorfahren geerbt hatte, mit offenen Armen aufgenommen wurde. Aus den Briefen der Sagrjaschskaja ist zu entnehmen, daß ihr André seine neuen Bekannten in den wärmsten Farben beschrieb:

„Du sprichst davon, mein Freund, daß du mich die Bekanntschaft der Gräfin Thun machen lassen möchtest. Ich wäre sicher sehr geschmeichelt nach all dem, was du mir von ihr erzählst. Ich habe mit allen gesprochen, die sie kennen. Es gibt über sie nur eine einhellige Stimme des Lobes ..." (28.11.1777)

„Ich danke Frau von Thun herzlich für die Freundschaft, die sie dir entgegenbringt. Wenn ich da wäre, würde ich mir die Freiheit nehmen, ihr etwas von deiner Gesellschaft streitig zu machen ..."(19.9.78)

„Wenn ich meine Gefühle an Frau von Thun übertragen könnte ... Sie ist geistreich, liebenswürdig, sie hat dich gern, du empfindest Freundschaft für sie, sie könnte großen Einfluß auf dich haben, sie wird dich trösten, du wirst glücklich sein und ich wäre beruhigt ..."(29.9.78)

„Du bist also noch in Baden, mein Freund, und du verläßt es mit Bedauern? Ist das wahr?" (3. Oktober)[4]

In Baden verbrachte die Gräfin Thun mit ihren Töchtern den Sommer. Aus Baden schrieb sie 1785 an Rasumovsky:

„... ich bin sehr froh, daß ich hier bin, obwohl mich alles schmerzlich an die Trennung von abwesenden Freunden erinnert: an Stormont, an Boyd, an Sie! Bei jedem Schritt, den ich tue, sehe ich sie vor mir. Mit jedem von ihnen habe ich hier so schöne Tage verbracht, und jetzt sind sie in alle Winde zerstreut ..."[5]

Durch die Freundschaft mit Gräfin Thun kam André in engen Kontakt mit der Spitze des musikalischen, politischen und wissenschaftlichen Lebens Wiens, was für ihn von unschätzbarem Wert wurde, neben vielen anderen mit Joseph Haydn und Gluck. In den Briefen von Natalja Kirillowna ist darüber allerdings nichts zu finden.

Nataljas Briefe handeln hauptsächlich von russischem Hofklatsch. In langatmigen Episteln, die an der Zensur vorbeigeschmuggelt wurden, läßt sie sich des langen und breiten über die alten und neuen Liebhaber der Kaiserin aus. Sie träumt davon, dem Land, das sie wegen seiner Sittenlosigkeit haßt und verachtet, den Rücken zu kehren und zu André nach Neapel überzusiedeln. Ausführlich schreibt sie auch über ein Thema, das dem Bruder wohl nicht sonderlich gefiel: es zeigte sich, daß die Fürstin Barjatinski von ihm ein Kind erwartete. Dieses Kind, „la petite W.", kam in Moskau zur Welt, seine Mutter überließ es Zieheltern. Die kinderlose Sagrjaschkaja hatte die Absicht, das kleine Mädchen zu adoptieren; warum dies nicht gelang, läßt sich nicht rekonstruieren, da die entsprechenden Briefe nicht mehr vorhanden sind. Natalja konnte es sich nicht verkneifen, ausführlich zu berichten, daß Léon, der vierte Hetmanssohn, der André in Aussehen sehr ähnelte, gar bald dessen Platz im Herzen der schönen Fürstin einnahm.

Das Leben in Wien war nicht gerade billig, und Andrej Kirillowitsch liebte es, als großer Herr aufzutreten und das Geld mit beiden Händen auszugeben – es ist kein Wunder, daß fast das einzige, was wir aus dieser Zeit von ihm kennen, Geldgesuche bei seinem Vorgesetzten und bei seinen Verwandten sind. Panin hatte ihm zwei Mitarbeiter für Neapel zugeteilt, deren Gehälter Rasumovsky von seiner Dotation als zukünftiger Gesandter bezahlen mußte: zwei in russischen

Diensten stehende Ausländer, den Chevalier de Ribas und einen zwielichtigen Abenteurer und späteren Grafen Ghica. Dieser wurde allerdings bald nach Neapel weiterexpediert, um dort das Terrain zu sondieren und Informationen zu sammeln.

André wandte sich an seinen Vater mit der Bitte um einen finanziellen Zuschuß, unabhängig von dem Betrag, den er vierteljährlich vom Hetman erhielt. Aber der Vater lehnte ab. Er erniedrigte sich so weit, daß der die verhaßte Cousine Sofia Ossipowna um eine Intervention bat, was ihm den Zorn Nataljas einbrachte, aber auch dies blieb ohne Erfolg. Durch Vermittlung von Natalja erhielt André schließlich ein Darlehen von Bruder Alexej.

Endlich, nach langem Hin und Her, ernannte der König von Neapel den Marquese de San Nicola zu seinem Vertreter beim Hof von St. Petersburg. Panin forderte Rasumovsky auf, nun seinerseits die Reise nach Neapel anzutreten. Aber der „Jungdiplomat" bewies keinerlei Diensteifer; es bedurfte mehrfacher Aufforderungen seiner Vorgesetzten, um ihn zur Abreise zu bewegen. Es gelang André, seinen Abschied von Wien bis zum September 1779 hinauszuschieben.

Der Wiener Aufenthalt hatte auf das weitere Berufsleben und die Karriere André Rasumovskys gewichtigen Einfluß: Er wurde zu einem überzeugten Verfechter der Politik eines Zusammengehens von Rußland und Österreich.

18. Botschafter in Neapel (1779–1784)

In einem der Briefe von Natalja Sagrjaschskaja an ihren Bruder stößt man auf eine kuriose Stelle:

> „Man hat mir gesagt, daß die Kaiserin-Königin nicht möchte, daß Du nach Neapel gehst, sie will absolut nicht, daß du mit ihrer Tochter schläfst. Das ist kein Witz, denn es ist nicht das erste Mal, daß ich das höre. Triff also in dieser Hinsicht Vorsichtmaßnahmen, falls das notwendig sein sollte. Aber ich bitte Dich, sei vorsichtig, hasardiere nicht. Ich hoffe, daß Deine Vorliebe für das weibliche Geschlecht nicht so weit gehen wird, daß Du einen Posten von solcher Wichtigkeit aufs Spiel setzt.“[1]

Natalja Kirillowna kannte ihren Bruder – und Maria Theresia ihre Tochter.

Erzherzogin Marie-Caroline von Österreich, geboren 1752, war die zehnte Tochter und das dreizehnte Kind Maria Theresias. Aus Staatsräson, wie alle Eheschließungen im Hause Habsburg-Lothringen, wurde sie am 7. April 1768 per procuram mit dem um ein Jahr älteren Ferdinand I., König von Neapel und beider Sizilien aus dem Hause Bourbon, verheiratet; am 22. Mai traf sie mit ihrer Suite in Neapel ein. Das Königreich war seit 1735 eine Sekundogenitur der spanischen Bourbonen. Ferdinand wurde mit acht Jahren König, als sein Vater als Karl III. 1759 den spanischen Thron bestieg. Erster Minister in Neapel und spanischer Vertrauensmann war viele Jahre der allmächtige Minister Marchese Bernardo Tanucci.

Ferdinand war weder ein Traum-Mann noch ein weiser Herrscher, er war ein grober, ungebildeter Klotz. Er sprach die Sprache der Fischer von Neapel, bei denen er die meiste Zeit verbrachte, falls er nicht auf die Jagd ging. Die Führung der Staatsgeschäfte überließ er Tanucci.

Dies änderte sich, als die ihm intellektuell weit überlegene Habsburgerin in Neapel erschien, denn Marie-Caroline nahm sehr bald die Zügel selbst in die Hand. Es gelang ihr innerhalb von kurzer Zeit, Tanucci abzusetzen und als neuen leitenden Minister Marchese Giuseppe Bologna della Sambuca einzusetzen, der zuvor Botschafter in Wien gewesen war. Und auf Empfehlung ihres Bruders Leopold von Toscana wählte die Königin zu ihrem persönlichen Ratgeber den Sohn eines englischen Katholiken und einer Französin, Sir John Acton. Dies war ein guter Griff, denn Acton besaß das Durchsetzungsvermögen, einige Reformen einzuleiten, die in die gleiche Richtung zielten, wie jene des Kaisers und des Großherzogs von Toscana. Dies war nicht im Sinne Spaniens. Bald entstand, lanciert vom spanischen Gesandten Las Casas, das Gerücht, die Königin trage für

Acton „eine gewisse Zärtlichkeit im Herzen“, aber schriftliche Beweise lagen nicht vor und es gelang Las Casas nicht, den Engländer zu entfernen. Zwar bot Acton seinen Rücktritt an, aber König Ferdinand lehnte dies ab und schenkte ihm weiterhin sein volles Vertrauen.[2]

Für Rußland war es seit dem Sieg über die türkische Flotte bei Tschesmé von großer Wichtigkeit, einen fixen Beobachtungsposten und Stützpunkt im Mittelmeer zu haben, doch den bourbonischen Höfen war dieser Vorstoß des Riesenreiches im Norden nicht eben willkommen. A. Rasumovsky wurde bei seinem Dienstantritt im Herbst 1779 vom Königspaar und von Sambuca mit Zurückhaltung empfangen, wobei möglicherweise auch sein Ruf als „Don Juan“ ins Gewicht fiel. Dies änderte sich jedoch bald. Es geschah das, was Maria Theresia befürchtet hatte: Königin Caroline verfiel den Reizen des jungen Diplomaten. Binnen kurzer Zeit wurde nun André derjenige, für den die Königin „eine gewisse Zärtlichkeit im Herzen“ verspürte, und dies nicht im geheimen. Rasumovsky wurde häufig in den königlichen Palast geladen, für ihn wurden die Regeln der spanischen Etikette geändert, die bis jetzt verhindert hatten, daß bei Hof akkreditierte Diplomaten in persönlichen Kontakt zur königlichen Familie traten. Im Frühling und im Herbst begleitete André die Monarchen nach Caserta; dort wurde ihm sogar eine ständige Wohnung zur Verfügung gestellt.

Die privilegierte Stellung des russischen Botschafters setzte natürlich alle Klatschzungen Europas in Bewegung, der spanische Botschafter schickte alarmierende Berichte nach Hause, weil sich das Königreich unter dem Einfluß Rasumovskys immer stärker der österreichischen Position annäherte. König Ferdinand hatte allerdings auch gegen diese Freundschaft seiner Frau nichts einzuwenden, im Gegenteil, er lud André häufig zu Jagdausflügen ein.

Auf diplomatischen Posten im Königreich Neapel befanden sich in diesen Jahren einige interessante Persönlichkeiten, zu denen der Gesandte bald freundschaftliche Beziehungen knüpfte, vor allem zum englischen Botschafter Sir William Hamilton. Dessen schöne Frau Emma wurde wenig später berühmt durch ihre Liaison mit dem englischen Seehelden Lord Nelson. Österreichischer Botschafter und Stütze von Königin Marie-Caroline war zuerst Graf Ernst Kaunitz, der Sohn des Staatskanzlers und spätere Botschafter in Rußland, nach ihm Graf Richecour. Als Legationssekretär an der österreichischen Botschaft sammelte der junge Anton Binder von Krieglstein seine ersten Erfahrungen. Eine enge Freundschaft pflegte André ebenfalls mit dem deutschen Maler Philipp Hackert, der 1782 nach Neapel kam, hier 1786 eine Anstellung als „Königlicher Landschaft-, See- und Jagdmaler“ fand und hier bis zum Einmarsch der Franzosen seine berühmten Landschaftsbilder malte. Rasumovskys gute Beziehungen zu Lord Acton hatten Jahrzehnte später eine überraschende Folge: 1823 adoptierten der nachmalige Fürst und seine zweite Frau Constantine Georgine Acton, die Großnichte des neapolitanischen Staatsmannes.

Es waren nicht nur die landschaftlichen Schönheiten und das milde Klima, die viele gebildete Ausländer nach Neapel lockten. Die Stadt war dank Alessandro Scarlatti der Schauplatz eines regen musikalischen Lebens, hier wurde durch die Tätigkeit einer großen Reihe von Komponisten die Opera seria gepflegt, die Opera buffa erfunden; das Opernhaus mit seinen berühmten Sängern bildete den Mittelpunkt des gesellschaftlichen Lebens. Aber vor allem führte die allgemeine Begeisterung für Schliemanns Erfolge eine große Zahl von prominenten europäischen Reisenden hierher, die die Ausgrabungsstätten von Pompeji und Herculaneum sehen und den Vesuv besteigen wollten. Goethe lernte Rasumovsky nicht kennen, der berühmte Mann kam erst zwei Jahre nach Andrés Abreise nach Neapel. Rasumovsky aber hatte genug damit zu tun, für seine eigenen Landsleute den Cicerone zu spielen. Kaum hatte er sich auf seinem neuen Posten eingerichtet, als bereits die Fürstin Daschkowa mit Sohn und Tochter erschien. Dem Botschafter gelang es dank seiner guten Beziehungen zum Hof, für die Fürstin eine Audienz bei der Königin in Caserta zu erwirken. Nach ihr kamen viele andere russische Reisende, unter ihnen 1781 Nikolaj A. Lwow, ein Dichter, Maler und Architekt, auf dessen Pläne das heute noch bestehenden Moskauer Palais von Alexej Kirillowitsch Rasumovsky in der Uliza Kasakowa zurückgeht. Die Bekanntschaft mit den Bauten des klassischen Altertums, mit dem europäischen historischen und kulturellen Erbe des Mittelalters und der Neuzeit war für die geistige Weiterentwicklung der jungen Russen, die völlig anderen geschichtlichen und geographischen Wurzeln entstammten, von entscheidender Bedeutung. Und dies trifft besonders für den jungen russischen Botschafter zu.

Aber der Posten hatte auch seine unangenehmen Seiten. Rasumovsky sah sich in eine schwierige Lage versetzt, als aus St. Petersburg die Ankunft des Thronfolgerpaares angekündigt wurde, die unter dem Pseudonym Graf und Gräfin von Norden durch Europa reisten. Seit den Ereignissen von 1776 hatten sich die ehemaligen Freunde nicht mehr gesehen, André war von Paul nicht mehr empfangen worden und war in Rußland immer noch persona non grata. Besorgt schrieb der Hetman am 17. November 1781 aus Baturin:

> „Die allerhöchsten Reisenden ..., sind hier durchgereist und haben am 15. Oktober Kiew, Kleinrußland und das Vaterland verlassen ... Während ihres Aufenthaltes haben sie dieser Stadt und diesem Landstrich kein geringes Wohlwollen gezeigt und die Herzen der hiesigen Einwohner erobert ... Ich war selbst in Kiew, ich wurde außerordentlich gnädig empfangen und habe mich auch unter Tränen von ihnen getrennt ... Jetzt hoffe ich nur, daß sie Dich dort sehen werden und daß Du, ob Du nun im Recht oder im Unrecht bist, Dich so benimmst, daß das Publikum nichts von einem gespannten Verhältnis merkt ...“[3]

Die erste Station der allerhöchsten Reisenden war Wien. Dort war in der Zwischenzeit ein Thronwechsel erfolgt; nach Maria Theresias Tod 1780 war nun Joseph II. auch König der Erblande. Die freundschaftlichen Bande zwischen

Rußland und Österreich waren noch enger geworden, seitdem Joseph 1780 inkognito als Graf von Falkenstein Rußland besucht und in Mogilew mit Kaiserin Katharina zusammengetroffen war; danach wurde ein Militärbündnis abgeschlossen. Großfürst Paul und Großfürstin Maria Fjodorowna wurden daher am 21. November in Wien besonders herzlich empfangen. Das umfangreiche Unterhaltungsprogramm enthielt unter anderem einen Wettstreit zwischen Mozart und Clementi am 24. Dezember in der Hofburg über ein vom Kaiser vorgegebenes Thema. Haydn widmete dem Großfürsten sechs zwischen 1778 und 1781 komponierte Werke op. 33 (Hob. III, 37–42), die „russischen" Quartette.

Am 4. Januar 1782 setzten „Graf und Gräfin von Norden" ihre Reise über Florenz und Rom fort und trafen am 27. Januar in Neapel ein.

Das Zusammentreffen zwischen dem Thronfolger Rußlands und dem offiziellen Vertreter seines Landes verlief ausgesprochen frostig. Wassiltschikoff gibt die in der Familie überlieferte Version wieder, daß Paul, als er Rasumovsky vor dem Eingang des für die Gäste bestimmten Hauses stehen sah, Andrés Hand packte, ihn in einen leeren Raum zog, seinen Degen zückte, sich in Position stellte und brüllte: „Flamberge au vent, Monsieur le comte!" (Den Degen aus der Scheide, Herr Graf!). Den Mitreisenden gelang es nur mit Mühe, den Großfürsten zu beruhigen. Paul ließ während seines ganzen Aufenthaltes Rasumovsky seine Kälte und Zurückhaltung spüren, was natürlich von den Anwesenden aufmerksam registriert wurde.

Die Rückreise des Kronprinzenpaares erfolgte über Mailand und Paris und als letzte Station Stuttgart, der Heimat Maria Fjodorownas. Dort gab ihnen am 22. September 1782 Herzog Karl Eugen ein rauschendes Abschiedsfest. In dieser Nacht, als die Aufmerksamkeit aller auf die Illumination des Lustschlosses Solitude konzentriert war, gelang es zwei ehemaligen Schülern der Karlsschule, der im Lande herrschenden unerträglichen militärischen Zucht zu entfliehen: dies waren Friedrich Schiller und Andreas Streicher, der später berühmte Wiener Klavierbauer.

Ein Jahr danach, 1784, wurden Rasumovskys Gastgeberpflichten erneut ausgiebig in Anspruch genommen. König Gustav III. von Schweden bereiste, ebenfalls inkognito, Italien, und das auf russische Kosten. In Übereinstimmung mit dem Bündnispartner Österreich kämpften die kaiserlichen Heere unter Potjomkin und Suworow im Süden des Reiches gegen die Türken und Katharina wollte, um nicht in einen Zweifrontenkrieg verwickelt zu werden, den potentiellen Feind Schweden ruhig stellen. Sie gab allen ihren Botschaftern den Auftrag, den König aufs beste zu empfangen. Rasumovsky schickte König Gustav den Grafen Ghica bis Rom entgegen, wofür er von diesem am 23. Januar 1784 einen warmen Dankesbrief erhielt („... étant votre bien affectionné Gustav"). Der König traf am 11. Februar in Neapel ein; der russische Botschafter gab ihm mehrere große Feste und lud ihn bis zum 9. März in sein Haus in Caserta ein. Der prominente Reisende aus dem Norden sprach sich in Rußland voll des Dankes für die ihm erwiesene Gastfreundschaft aus, aber auch diese Angelegenheit hatte für André ein unangenehmes Nachspiel: Petersburg weigerte sich, die in seiner üblichen Verschwendungssucht entstandenen Mehrkosten durch eine zusätzliche Summe abzudecken.

Nach dem so unglücklich verlaufenen Wiedersehen mit seinem zukünftigen Herrscher setzte André einen Schlußstrich unter seine Ambitionen, in der russischen Politik eine führende Stellung zu erreichen.

> „Ich bin in Neapel und möchte hier lange bleiben, weit weg vom Tumult der Geschäfte, unter klarem Himmel. ... Mich um meine Freunde zu kümmern und für sie zu leben, das ist, wie ich hoffe für lange Zeit, das Ziel meiner Existenz“,

schrieb er Marignan.[4] Die Ursache für die Wiederaufnahme des Kontaktes zwischen André und Marignan, der in der Schweiz lebte, war „notre petit Grégoire“, der vom Vater unverstandene und wenig geliebte Bruder, den der Hetman ein weiteres Mal Marignan anvertraut hatte.

> „Vater hatte immer ein Vorurteil gegen diesen jungen Mann, aus Gründen, die ich Ihnen vielleicht nicht erklären muß. ... Der Grund ist, daß er seine Kinder wenig kennt und daß er sich wegen seines (Gregors) wenig einladendem und sogar wilden Äußeren eine zu ungünstige Vorstellung von ihm gemacht hat.“[5]

Gregor weigerte sich, die ihm vom Vater vorgezeichnete militärische Laufbahn einzuschlagen; er war glücklich, als er 1779 Baron Stroganow auf einer Reise nach Schweden begleiten durfte, weil die Fahrt über Lappland führte, danach ging er nach Leiden und begann bei Professor Allaman mit dem Studium der Geologie und Mineralogie, der Fächer, die sein Lebensinhalt werden sollten. Die Bekanntschaft mit Professor de Saussure in Genf, dem ersten Erforscher der Westalpen, bestimmte seine weiteren Untersuchungen.

Zwar kam die geplante Reise von Gregor und Marignan nach Neapel, um die es in dem erwähnten Briefwechsel vor allem ging, nicht zustande, aber André hatte den Bruder in Florenz und Venedig getroffen und sich von seinem großen Wissen und dem Ernst seiner Bestrebungen überzeugt. Er intervenierte zu seinen Gunsten beim Vater.[6] Schließlich war der alte Hetman einverstanden, daß „unser Philosoph“ eine wissenschaftliche Laufbahn einschlug – eine für den Sohn eines hohen Würdenträgers unbegreifliche Berufswahl.

> „Bei allen seinen Absonderlichkeiten“ schrieb Kirila Grigorjewitsch an André „ist es gut, daß er eine Beschäftigung gefunden hat, die lobenswert ist, für einen jungen Menschen nützlich sein kann und die ihm gefällt. Ich bin darüber nicht nur nicht böse, sondern approbiere diese Absicht, die ihm später Ruhm eintragen kann.“[6]

Nach dieser väterlichen Einwilligung übersiedelte Gregor in die Schweiz und bezog ein Haus in der Nähe von Lausanne. Dort widmete er sich mit unermüdlichem Eifer seinen Studien und der Erforschung seiner Umgebung.

Es war André nicht beschieden, lange unter „dem klaren Himmel von Neapel für seine Freunde zu leben". Die spanische Partei, die das Umschwenken des Königreiches in die österreichisch-englisch-russische Einflußsphäre nicht hinnehmen wollte, wählte A. Rasumovsky zur Zielscheibe ihres Versuches, wieder Terrain zu gewinnen. Eines Tages erbat der spanische Botschafter Las Casas Audienz bei König Ferdinand und legte diesem vier kompromittierende Briefe an Rasumovsky vor. Sie waren durch Sambuca in spanische Hände geraten; die Königin hatte den Kanzler gebeten, die Briefe von A. Rasumovsky zurückzufordern. Der König geriet in Verwirrung, aber sowohl Marie-Caroline als auch der Botschafter beteuerten lautstark ihre Unschuld, und die Königin brachte ihren Mann bald dazu, alles für eine spanische Intrige zu halten. Andrés Stellung schien sogar noch gefestigt zu sein, er besuchte das Königspaar weiter in Caserta und begleitete den König auf die Jagd.

Diese Geschichte machte an allen europäischen Höfen die Runde, und obwohl Kaiserin Katharina mit den diplomatischen Erfolgen ihres Ministers sehr zufrieden war, sah sie sich gezwungen, einzugreifen. Im Herbst 1784 schrieb sie ihrem neuen Außenminister Besborodko:

> „Lassen Sie durch Serra Capriola dem König von Neapel sagen, daß der Graf Rasumovsky ein ragazzo ist, den man nicht verwöhnen darf und daß ich es bin, die ihm das sagt. Sie werden sehen, daß er zufrieden sein wird ..."[7]

Und sie beauftragte den gerade in Italien reisenden Fürsten Nikolaj Borisowitsch Jusupow, sich am Hof von Neapel zu erkundigen, ob man mit ihrem Botschafter zufrieden sei. Beide Majestäten bestätigten dies emphatisch und baten, Rasumovsky auf seinem Posten zu belassen. Trotzdem entschied sich Katharina, ihren skandalumwitterten Vertreter abzuberufen und ihn in das politisch uninteressante Venedig zu versetzen, was Sagrjaschskaja natürlich umgehend ihrem Bruder mitteilte.

Kurz danach traf in Neapel ein weiterer russischer Italienreisender ein, Arkadi I. (später Graf) Morkow, der bald darauf in Rußland eine einflußreiche Rolle spielte. Er war zum russischen Botschafter beim schwedischen König ernannt worden, da aber Gustav noch in Italien unterwegs war, folgte Morkow dessen Beispiel. Er berichtete Besborodko am 22. April 1784, daß er Rasumovsky gebeten habe, ihn bei Hof vorzustellen, daß die Audienz zuerst aber nicht zustande gekommen sei, daß erst am Tag seiner Abreise Obersthofmeister Graf Belmonte bei ihm erschienen sei und ihm eine Einladung der Königin in ihr Landhaus in Portici überbracht habe. In einem weiteren, persönlich an die Kaiserin gerichteten Brief berichtet Morkow, daß ihn Königin Caroline mit einem nicht enden wollenden Redeschwall empfangen, über Intrigen und über Jusupows Besuch geklagt und ihm einen eigenhändigen Brief zur Weiterleitung an Kaiserin Katharina übergeben habe. Sie bat, Rasumovsky in Neapel zu lassen:

> „Meine Frau Schwester und Cousine, die Freude, die ich fühle, daß ich mich bei E. M. in Erinnerung bringen kann, bringt es mit sich, daß ich die Gelegenheit der Abreise

von Herrn Morkoff dazu benütze, Ihnen auf direktem Wege die Versicherung meiner größten Wertschätzung zum Ausdruck zu bringen. ... Ich schmeichle mir, daß er E. M. genau die aufrichtige und positive Versicherung übermittelt hat, daß sowohl mein Gemahl der König, als auch ich unendlich zufrieden mit der dienstlichen und privaten Haltung des Grafen Rasumofsky sind, der die allgemeine Wertschätzung aller ehrlichen und vernünftigen Leute besitzt und den wir mit großem Bedauern von hier fortgehen sehen würden..."

Sie bittet, daß E. M. wenigstens geruhen mögen, ihm Ihre Zustimmung durch einen ehrenvollen Posten auszudrücken, der ihm beweisen würde, daß E. M. mit seiner Amtsführung zufrieden sind

„und daß die Empfehlungen und Versicherungen, die der König und ich die Ehre haben, eigenhändig abzugeben, in Betracht gezogen werden mögen."[8]

Der österreichische Botschafter Graf Richecourt berichtete am 4. Januar 1785 über diesen Vorfall nach Wien:

„Als die geheime Triebfeder aller dieser seit einiger Zeit dem hiesigen Hofe zugeflossenen Unannehmlichkeiten wird der Staatssekretär Marchese della Sambuca angesehen. Zu diesem auf ihn geworfenen Argwohn vereinigen sich noch einige im Geheim und ohne Wissen und Befehl beyder Majestäten von ihm gemachten Schritte. Um denselben zu bestättigen und das ohnedies täglich wachsende Mißtrauen und Mißvergnügen beyder Majestäten mit dem Minister zu vergrößern, worunter hauptsächlich die eigenmächtig und ohne Wissen des Königs und der Königin angesuchte und betriebene Abruffung des Grafen Rasoumoffsky ... und verschiedene listige Ausspähungen zu rechnen sind, denen er beschuldigt wird ..."[9]

Zu Rasumovskys Nachfolger ernannte Katharina den Grafen Martin Skawronski, der prompt in Neapel eintraf und die Übergabe aller Agenden verlangte. Dies führte zu einem Streit zwischen den beiden Diplomaten, der fast in einen Skandal ausartete, umso mehr, weil Königin Caroline verbot, Skawronski Einblick in geheime Akten zu geben. Auch diesmal zögerte Rasumovsky seine Abreise hinaus, solange es ging, und diesmal tat er gut daran. Katharina änderte – vielleicht beeinflußt vom Brief Marie-Carolines – ihren Entschluß und vertraute dem jungen Diplomaten einen wichtigeren Posten an. Als im November 1784 André Rasumovsky offiziell von Neapel abberufen wurde, war dies zugleich sein Ernennungsdekret für den Posten des russischen Botschafters beim König von Dänemark. Das Schreiben enthielt einen Zusatz: „Anreise direkt, ohne Umweg über Rußland."

19. André und Elisabeth von Thun (1785)

Wieder zeigte Graf André Rasumovsky keinerlei Eile, seinen neuen Dienstposten anzutreten. Nachdem er sich endlich von Neapel getrennt hatte, verbrachte er Anfang 1785 zwei Monate in Rom. Laut eines Briefes seines Freundes V.N. Sinowjew besuchte er fast jeden Abend den Kardinal de Bernis, verbrachte viel Zeit bei einer intimen Bekannten aus Wien, der Gräfin Marie Christine Hoyos, geb. Clary, feierte Feste und führte sich auf wie in seiner Jugendzeit in St. Petersburg. Nach einem aufsehenerregenden Streit mit einem römischen Arzt, der sich bei einer Visite verspätet hatte, erhielt er in der römischen Gesellschaft den Spitznamen „il matto moscovito".[1]

Im März hielt sich André eine Woche lang beim Grafen Semjon Woronzow, dem späteren Botschafter in London, in Pisa auf[2] und traf am 15. April in Wien ein. Hier wollte er unter dem Vorwand, Einkäufe machen zu müssen, einige Wochen bleiben. Graf Karl Zinzendorf, der unermüdliche Chronist, notiert am 17. April in sein Tagebuch: „... Fin de soirée chez le P^ce^ Golitzin, où je fis la connaissance de ... Rasumofsky, me parlant de Mme de Diede", und lakonisch am 4. Juni: „Chez Kaunitz. Razoumofsky prit congé".[3]

Die kurze Zeit in Wien bedeutet im Leben des Grafen Andrej Kirillowitsch einen Wendepunkt. Gleich am Tag nach seiner Ankunft besucht er die Familie Thun, wo er einschneidene Veränderungen bemerkt. Die Gräfin ist etwas kränklich, ihre Gäste treffen sich jetzt häufig bei ihrer besten Freundin, der Gräfin Pergen; die drei Mädchen Elisabeth, Christiane und Caroline sind zu bildhübschen, von allen Seiten umschwärmten jungen Damen herangewachsen. André verliebt sich in Elisabeth, alle drei Schwestern verlieben sich in ihn; allerdings glauben sie, daß sie für den jungen Diplomaten nur „Freundschaft" empfinden.

Elisabeth ist Rekonvaleszentin nach einer schweren Krankheit, die ihr im Vorjahr fast das Leben gekostet hatte – es muß wohl Diphterie gewesen sein, denn immer noch kann sie nur flüssige Nahrung zu sich nehmen.[4] Gerettet hat sie, davon ist sie felsenfest überzeugt, ein Elexier, welches ihr ein Familienfreund, der Oberst von Szekely, auf Anraten eines geheimnisvollen Freundes regelmäßig bringt. In Wirklichkeit mixt Szekely, ein eifriger Alchimist, das Mittel selbst. Elisabeth bleibt oft zu Hause, wenn Mutter und Schwestern auf Diners gehen, und Rasumovsky leistet ihr Gesellschaft, so auch am 26. April, ihrem 21. Geburtstag. Von nun an erscheint er täglich bei der Familie Thun in der Vorstadt Landstraße; Elisabeth wartet ungeduldig am Fenster, bis sie seinen grünen Wagen bei der Invalidenanstalt in die Hauptstraße einbiegen sieht. Wenn die Familie zu Hause ist, versammeln sich abends alle um den Tisch und André liest englische Dichter vor; erwähnt wird besonders Shenstone. Und alle sind beglückt, nicht zuletzt die Gräfin Thun. Man trifft sich auch in der „Welt“ bei festlichen Mahlzeiten, bei denen Elisabeth bei Tisch sitzt, ohne etwas essen zu können, öfters beim Fürsten Kaunitz. Die Tage verfliegen wie im Traum.

Wenige Tage vor seiner Abreise hält André bei der Gräfin um die Hand Elisabeths an. Diese stimmt freudig zu, aber besser als der Verliebte erkennt sie die großen Hindernisse, die sich einer solchen Verbindung in den Weg stellen. Da ist die Vermögensfrage; man braucht das Einverständnis der Kaiserin Katharina, aber das Gravierendste ist die Verschiedenheit der Konfessionen: weder wird die fromme, der streng katholischen Familie Lobkowitz entstammende Großmutter Elisabeths, noch der betont orthodoxe Vater Andrés dieser Heirat zustimmen. Man kommt überein, über diese Angelegenheit strengstes Stillschweigen zu bewahren, ein so strenges, daß noch nicht einmal Elisabeth von diesem Antrag erfahren darf, ebensowenig ihr Vater, „der kein Geheimnis für sich behalten kann“ und schon gar nicht die Familie. In der Zwischenzeit wollen beide Seiten das Terrain erkunden und vorbereitende Schritte unternehmen. Die Gräfin erlaubt dem jungen Paar, in Briefwechsel zu treten und schließt sich selbst als Dritte an. Damit Unbefugte nicht verstehen, wovon die Rede ist, wird ein leicht durchschaubarer Code vereinbart: „Maria“ steht für Elisabeth, „l'Abbé“ für André, „Adam“ für den Hetman, „Marton“ für den Vater Thun; „le peintre“ ist die alte Gräfin Ulfeld, „Cidalise“ Kaiserin Katharina, „Bigati“ ist die Gräfin selbst. Dieser Briefwechsel ist von Juni bis Dezember 1785 teils im Orignal, teils in Abschriften erhalten, Andrés Briefe sogar bis 1787. Sie sind ein Spiegelbild der wachsenden Liebe zwischen den beiden jungen Leuten, aber auch eine Momentaufnahme aus dem Wien vier Jahre vor der Französischen Revolution, deren Wetterleuchten am Horizont bereits zu erkennen ist.[5]

Am 8. Juni 1785 verließ Graf André Rasumovsky Wien und machte auf dem Weg nach Kopenhagen Station in Prag, um dem Grafen Thun einen Besuch abzustatten – über seine Heiratspläne sprach er allerdings nicht. Dort erwarteten ihn bereits die ersten Briefe von Mutter und Tochter, geschrieben am Tag seiner Abreise:

> „Ich kann nicht schlafen gehen, ohne Ihnen nochmals zu sagen, wie viel Kummer mir Ihre Abreise bereitet, wie sehr meine Freundschaft und Hochschätzung während Ihres letzten Aufenthaltes in Wien zugenommen haben und wie stark und zärtlich ich mich mit Ihnen durch alle jene Bande verbunden fühle, die empfindsame Seelen auf untrennbare Weise miteinander vereinten“,

schreibt die Mutter, „eine Stunde nach Mitternacht,“ und die Tochter, etwas weniger überspannt, aber sicher ebenso ehrlich:

> „Ah mein guter Freund! Was hat es mich gekostet, mich von Ihnen zu trennen! Ich will nicht versuchen zu sagen, wie sehr ich nach Ihrer Abreise leide ...“

André antwortet postwendend nach seiner Ankunft in Prag am 12. Juni, er berichtet, wie erfolgreich sein Besuch bei Elisabeths Vater verlaufen sei, der sich spontan entschlossen habe, André bis nach Dresden zu begleiten. Sein erster Brief aus Kopenhagen ist mit 3. Juli datiert. Von Anfang an und später immer wieder drückt Graf André sein Mißfallen an „diesem flachen und öden Land" mit seiner „traurigen, kraftlosen, unfruchtbaren Natur" und seine Sehnsucht nach Wien und den dort verbleibenen Freunden aus.

In seinen Briefen an Elisabeth erweist sich Rasumovsky als geborener Diplomat, der in immer neuen Wendungen in klassischem Französisch seine Verehrung für Mutter und Tochter und seine Liebe zu Wien artikuliert, über seine dienstliche Tätigkeit aber kein Wort verliert: die seltenen Veranstaltungen bei Hof und die dänische Gesellschaft langweilen ihn; nur den Minister Grafen Bernsdorff erwähnt er mehrmals lobend. Sein Hauptthema ist Elisabeths Gesundheit; er kommentiert mit großer Freude kleine Fortschritte, z.B. daß Elisabeth in Wein getunkte Brotschmolle oder Broccoli-Gemüse gegessen und bei sich behalten hat. („... die ganze Nahrung ist drinnen geblieben, sodaß der Spucknapf nicht gebraucht wurde", schreibt Gräfin Thun am 1. September).
Mutter und Tochter berichten von den Ereignissen in Wien, im Sommer aus dem Schloß Pottenbrunn in Niederösterreich, den sie bei der Familie Pergen verbringen. Beide schreiben regelmäßig mit jeder Post; das große Hochwasser vom 28. Juni, bei dem Donau, Wienfluß und vor allem der Alserbach große Schäden anrichten, bringt nur eine kurze Unterbrechung der Korrespondenz. Elisabeth versichert ihren Briefpartner voll nicht gespielter Naivität in ebenso exzellentem Französisch ihrer „Freundschaft". Sie ist entzückt, wenn in ihrer Gegenwart in der Gesellschaft freundlich über Rasumovsky gesprochen wird. Gräfin Thun bemerkte am 30. September beim Namenstagdiner des Fürsten Kaunitz, bei dem viel von Rasumovsky die Rede war, wie sehr Rasumovsky den österreichischen Kanzler schätze und verehre. Er antwortete:

> „Es ist nicht nur das, er leistet uns auch in der Politik jeden guten Dienst, den er kann".

Einen amüsanten Einblick in die Umgangssprache, die damals von der österreichischen Hocharistokratie gesprochen wurde, gibt eine Stelle aus dem Brief Elisabeths vom 9. September, die im Original wiedergegeben sei:

> „Nous (d.h. sie und ihre Freundin Therese Pergen, verehel. Merveldt) parlons bien souvent de vous, elle vous aime bien ... nous avons dit toutes les deux der liebe R. Je suppose que vous savez assez d'allemand pour comprende ceci et que vous direz pas „Wosis dendos" (= „was ist denn das")."

Die interessanten Briefe sind jene der Gräfin Wilhelmine. Sie berichtet ihrem zukünftigen Schwiegersohn nicht nur regelmäßig über Elisabeths Gesundheit und in chiffrierter Schrift ihre Hoffnungen und Befürchtungen bezüglich einer bevorstehenden Heirat, sie schickt ihm eine Art Tagebuch über das gesellschaftliche und musikalische Leben in Wien. Die Stadt war 1785 ein Treffpunkt vornehmer Polen, die seit kurzem Bürger des Kaiserreiches waren, im Hause Thun herzlich empfangen wurden und den drei Schwestern den Hof machten. Besonders häufig erwähnt werden Pepi Poniatowski und „der junge Rzewuski“[6], sie musizierten und wirkten bei den Aufführungen französischer Lustspiele mit. Der zweite zukünftige Schwiegersohn, Fürst Karl Lichnowsky, war in diesem Sommer nicht in Wien anwesend.

An einem Abend, an dem Graf Hatzfeld im Thun'schen Salon Quartett spielt – „Mozart und Vachon“ – vermißt Gräfin Wilhelmine schmerzlich die Geige Rasumovskys. Ganz Wien einschließlich des Kaisers debattiert über die Kunstfertigkeit des neapolitanischen Kastraten Marchesini. Mitunter finden sich in den Briefen hierzu interessante Passagen:

> „Ich war gerade unterwegs zu Mozart, als ich heute früh Ihren Brief erhielt, und ich konnte nicht umhin, ihn rasch durchzulesen, während musiziert wurde. ... Ich sehe nichts, ich höre nichts außer Marchesini und ein bißchen Mozart. Erster hat heute früh die Oper des letzteren gesungen, d.h. mit geschlossenen Zähnen gesummt ... Danach hat Mozart gespielt, was er bis jetzt von einer neuen Opera buffa „Die Hochzeit des Figaro“ komponiert hat; die Musik ist reizend.“ (8. August 1785).

Es kamen aber auch Ereignisse zur Sprache, die eine weiter reichende Bedeutung hatten. „Hier spricht man seit Tagen von nichts anderem als vom Krieg“, berichtet die Gräfin am 7. September über Truppenbewegungen, die unter dem Namen „Kartoffelkrieg“ gegen Bayern in den Annalen bekannt sind; zum Krieg kam es schließlich doch nicht. Auch in Wien schlug die berüchtigte Pariser „Halsbandaffäre“, in die der Kardinal de Rohan verwickelt war und Königin Marie Antoinette schwer belastet wurde, hohe Wellen – Cousine Therese Hoyos befand sich gerade auf Besuch beim Kardinal, mit dem sie gut befreundet war.[7]

Aber noch größer war die Aufregung in der Familie Thun über die Affäre des Obersten von Szekely, die schließlich auch dem Ruf des Kaisers Schaden zufügte. Sie betraf Elisabeth unmittelbar. Der Oberst meldete sich eines Tages beim Kaiser und erstattete Selbstanzeige, daß in der von ihm verwalteten Kasse des ungarischen Garderegiments ein Betrag von 90.000 Gulden fehle. Der Kaiser ließ ihn verhaften, aber noch im Gefängnis hatte der Unglückselige die Möglichkeit, weiter die Ingredienzen für das Medikament zu mischen, das Elisabeth von ihrer Krankheit geheilt haben sollte – dem Leser ist klar, daß der Oberst den Griff in die Kasse getan hatte, um seine Arbeit fortführen zu können. Es droht eine lange Festungshaft und sogar der entehrende Pranger. Empört und tief getroffen schreibt Elisabeth am 10. Dezember an Rasumovsky:

> „Vor einigen Tagen hat er mir sagen lassen, daß er noch einen Rest von meiner Medizin hat; wenn man ihm erlauben würde, nachts in den Keller hinunter zu steigen (begleitet von so vielen Wächtern wie man will), könnter er sie mir schicken. N. B. der Keller ist direkt neben dem Gefängnis, außerdem hat er sowieso eiserne Ketten an

einem Fuß und einer Hand, und trotzdem hat Fürst Esterhazy meiner lieben Mama diese kleine Gnade verweigert, was mich sehr ärgert, denn es scheint absichtlich zu sein. Daraufhin hat sich Mama an den Kaiser gewandt, und der hat das gleiche getan! Ich muß gestehen, daß mich das sehr schmerzt, ... weil es mir beweist, daß es stimmt, daß die großen Herren nicht fähig sind, Freundschaft zu empfinden. Seit meiner Kindheit hat mich der Kaiser immer ausgezeichnet und war freundlich zu mir, während meiner Krankheit gab er mir immer wieder Beweise seines echten Interesses ... und nach alledem verweigert er mir etwas so Einfaches!"

Szekely wurde 1786 zu acht Jahren Kerkerhaft verurteilt. Der Kaiser setzte diese Strafe zwar auf vier Jahre herab, aber er verurteilte den unbescholtenen Offizier trotzdem zu zwei Stunden des entehrenden Stehens am Pranger. Szekely konnte diese Schande nicht verwinden und starb kurz danach. Die Sache verursachte in Wien großes Aufsehen; es zirkulierten anonyme Pamphlete gegen den Kaiser, die nicht verboten wurden, denn für kurze Zeit herrschte damals in Österreich Pressefreiheit.[8] Es bereitet eine kleine Genugtuung, die Ehre eines treuen ungarischen Offiziers mit einer Verspätung von 200 Jahren wiederherstellen zu können.

Der „Briefwechsel Thun–Rasumovsky–Thun" aus dem Jahr 1785 ist auch deshalb bemerkenswert, weil sich in ihm die Denkweise am Ende einer Epoche widerspiegelt. Herder, Goethe, Schiller bereiten schon den Boden für neue geistige Strömungen; die Schlagworte der Französischen Revolution, die Ideale der Freiheitskriege, sind drauf und dran, die Welt zu erobern, aber Elisabeths Reaktion auf einen wehmütigen Satz in Rasumovskys Brief vom 1. November: „Ich habe, liebreizende Freundin, kein Vaterland, und dieser traurige Gedanke bewegt meine Seele auf das Lebhafteste" gibt eine Vorstellung von der Gedankenwelt, die noch weit verbreitet war:

„... Vaterland! Analysieren wir dieses Wort: Mein Vaterland – das ist die ganze schöne Natur, diese schöne Erde, die schönen Bäume, die schönen Berge, die prachtvollen Wiesen – mit einem Wort alles, was unter der Sonne existiert und geschaffen wurde, um mein Glück auszumachen, etwas, das mir gehört und wovon ich im Überfluß schwelgen kann. Meine Landsleute – das sind alle Menschen, die mein Glück teilen und es ebenso genießen wie ich. Ich bin davon überzeugt, daß es dieses Bedürfnis ist, zu lieben und unser Glück zu teilen (das wir in uns tragen, welches uns veranlaßt, jene Menschen zu bevorzugen, die uns nahe stehen und das gleiche Glück empfinden wie wir. Ich bin sicher, daß nur deshalb die Idee aufgetaucht ist, diese Menschen Landsleute zu nennen, die durch Zufall auf dem gleichen Flecken Erde geboren sind, und Vaterland den kleinen Flecken, auf dem man geboren wurde. Wenn ich einen Sohn hätte, würde ich mein möglichtes tun, um ihm von Kindheit an die Liebe zu seinem Vaterland einzuimpfen, d.h. den Wunsch und die Tatkraft, jenen Menschen Gutes zu tun, die ihm ähnlich sind und sie so glücklich zu machen, wie es in seiner Macht steht. Vernünftigerweise muß er damit beginnen, es für jene zu tun, die seine Umgebung bilden ... der Zufall (denn ich kann die Wankelmütigkeit eines Fürsten nicht Unglück nennen) hindert Sie daran, als geliebte Landsleute jene zu erwählen, die im gleichen Land geboren wurden wie Sie, aber gestatten Sie mir, Ihnen entgegenzuhalten, daß das noch nicht heißt, daß Sie kein Vaterland haben ..."[9]

20. Dänemark (1785–1786)

Nach den prägenden Jahren in Neapel und den ereignisreichen Wochen in Wien muß Rasumovsky das Leben in Kopenhagen grau und trostlos erschienen sein. Seine Briefe sprechen von unerträglicher Langeweile, von Billardpartien mit dem ebenfalls nach Dänemark versetzten Baron Binder, von öden offiziellen Diners und uninteressanten Damen. Mit Hochachtung erwähnt er nur den bevollmächtigten Minister Graf Bernsdorff, der mit einer Schwester der dichtenden deutschen Grafen Stolberg-Stolberg verheiratet ist.

Im politischen Kalkül sowohl Rußlands, als auch Österreichs spielte das kleine Dänemark eine wichtige Rolle als Gegengewicht zu Preußen und Schweden. In beiden skandinavischen Königreichen regierte das Haus Holstein-Gottorp, dem auch Kaiser Peter III. angehört hatte. Seit 1766 hatte der geisteskranke König Christian VII. den Thron inne, sein Sohn, Kronprinz Friedrich, war der Regent, aber die Geschäfte führte Graf Andreas Bernsdorff, der die ausländischen Diplomaten jeden Donnerstag zu einem dienstlichen Essen einlud.

Rasumovsky hatte den Auftrag, ein günstiges Klima für Rußland zu schaffen, denn es war für Katharina wichtig, im Norden den Rücken frei zu haben. Als in Rußland bekannt wurde, daß der schwedische König Gustav Dänemark besuchen wolle, erhielt der russische Gesandte den Auftrag, sich ihm besonders zu widmen, worüber sich Gustav mit großer Zufriedenheit äußerte.

Die Interessen der Kaiserin lagen jedoch im Süden. Sie betrachtete den Frieden zwischen Rußland und der Türkei von Kütschük-Kajnardji als vorübergehenden Waffenstillstand: Eigentlich wollte sie den Zugang zum Schwarzen Meer, die Halbinsel Krim und auf lange Sicht die Rückeroberung von Konstantinopel für die Christenheit und die Wiederherstellung des Byzantinischen Reiches unter ihrem 1779 geborenen Enkel, den sie bezeichnenderweise auf Konstantin taufen ließ. Die Türken waren eingeschüchtert und ließen es zu, daß die Krim kampflos unter das Protektorat und später in den Besitz Rußlands kam. Es war aber abzusehen, daß es bald wieder zu einer bewaffneten Auseinandersetzung kommen würde.

Bei allen diesen Plänen spielte der geniale Feldherr Potjomkin die Hauptrolle: Nicht nur, daß er die Armee reorganisierte und eine mächtige Flotte aufbaute, es gelang ihm binnen kürzester Zeit, die riesigen menschenleeren Gebiete zu besiedeln und Städte förmlich aus dem Boden zu stampfen: Cherson, die Hafenstadt Sewastopol, Jekaterinoslaw, etwas später entstand Odessa. Er suchte Menschen, die in Neu-Rußland Ämter übernehmen und Landbesitz erwerben wollten. 1781 bereiste Graf Kirill Grigorjewitsch die neuen Gebiete und besuchte die Stadt Cherson, er engagierte sich dort jedoch nicht. Natalja Sagrjaschskaja erhielt von Potjomkin große Ländereien zum Geschenk, die sie später ihrer Nichte Maria Kotschubej als Hochzeitsgeschenk überließ, wie sie selbst 1835 Puschkin erzählte. Ihr Reingewinn sei, wie sie hinzufügte, 80 Rubel im Jahr gewesen, während er bei Graf Viktor Kotschubej sogleich auf 50.000 Rubel hinaufschnellte.[1] Es ist erstaunlich, daß der „Fürst von Taurien“ im Gedächtnis der Nachwelt als der Erfinder der „Potjomkin'schen Dörfer“ weiterlebt, nicht aber als der grandiose Städtebauer, der er war.

Zu Beginn der achtziger Jahre übersiedelte der ehemalige Hetman wieder in sein Petersburger Palais an der Mojka, begleitet von seinem Hausstand: Sophie Apraxin und Michail Gudowitsch, dem österreichischen Leibarzt Dussek, dem Pariser Chefkoch und dem Detachement des Ismajlowski-Regimentes, das dem alten Rasumovsky als Regimentsinhaber zu seiner Bedienung zur Verfügung stand. Graf Kirill Grigorjewitsch stand bei der Kaiserin wieder hoch in Gunst; er war bei den offiziellen Veranstaltungen des Hofes und den intimen Soireen der Kaiserin anwesend, und wenn die Zarin nicht in Petersburg war, ernannte sie Rasumovsky zum Kommandanten der Stadt – unter Übergehung des Thronfolgers. Als Suworw im Herbst 1785 zur St. Petersburger Division abkommandiert wurde, unterstand er seinem Kommando.[2]

Zum persönlichen Stab des Grafen Kirill Grigorjewitsch gehörte zeitweise auch sein jüngster Sohn Iwan, zuerst als Flügel–, später als Generaladjutant. Iwan, geboren 1761, war im Adelskorps erzogen worden, 1783/84 diente er in Polen als Offizier und nahm an der dortigen Unterdrückung der Unruhen teil. In Petersburg führte er, sehr zum Unwillen des Vaters, das Leben eines jungen Herrn aus gutem Hause und „Sohn eines berühmten Vater“, der nur Schulden machte und „nichts für Wissenschaft übrig hatte“, wie der Hetman an André schrieb. Deshalb wollte er den leichtsinnigen Jüngsten in Begleitung eines Mentors zu André nach Kopenhagen und danach nach Göttingen schicken. Aber anscheinend gelang es André, diesen brüderlichen Besuch zu verhindern, denn in seinen Briefen an Elisabeth ist von der Ankunft Iwans nicht die Rede. Hingegen existiert ein Brief des Hetmans an Gregor vom November 1786, demzufolge Iwan sich bei diesem in Lausanne aufhielt und auf Anordnungen des Vaters wartete, worauf der erboste Vater ihn zurückbefahl und, weil er nichts lernen wollte, zu Potjomkin in die Armee schickte. 1788, nach der Erstürmung von Otschakow, wurde Iwan der St. Georgsorden 4. Kl. verliehen. Er kehrte 1794, bereits lungenkrank, nach Petersburg zurück.[3]

Auch Lew (Léon), der fünfte Sohn des Hetmans, „diente dem Vaterland“ als Offizier im Semjonowski-Regiment. Während seiner Stationierung in Petersburg trat er als Salonlöwe und Frauenverehrer in die Fußstapfen seines berühmten Bruders. Léon avancierte zum Oberst, ging 1782 mit seinem Regiment an die türkische Front und wurde Potjomkins Generaladjutant; 1790 kehrte er im

Range eines Generalmajors in die Hauptstadt zurück. Lew Kirillowitsch wird von allen Zeitzeugen als besonders liebenswürdig und gutherzig beschrieben, er interessierte sich sich für die schönsten Künste und als einziger der Brüder auch für Literatur: zu seinen Freunden gehörten A.I. Wjasemski und N.M. Karamsin.

In St. Petersburg erreichte den Hetman ein Brief von André aus Kopenhagen, in dem er „Adam“ gegenüber endlich Andeutungen über seine Heiratspläne machte. Sie waren allerdings so unklar, daß ihm der Vater am 7. Januar 1786 zurückschrieb:

> „Deinen Brief Nr. 20 habe ich erhalten ... Der Grund dieses meines Briefes ist dein Schluß: „Il y a bien longtemps, mon cher père, que j'ai l'esprit fortement et incessement occupé d'objets de la plus haute importance“. Du drückst dich nicht klar aus und glaubst, daß ich es selbst errate, wenn ich darüber nachdenke. Ich habe genug nachgedacht, aber nichts erraten. Von allen, denen ich deinen Brief gezeigt haben, damit sie es vielleicht erraten, natürlich nur Familienmitgliedern, hat nur deine Schwester Natalja Kirillowna, die deinen Hang zu ständiger Verliebtheit kennt, den Schluß gezogen, daß dir die Idee gekommen ist, dich zu verheiraten. Wenn sie richtig geraten hat, so schreib uns, in welchem Teil der Welt, in welchem Staat, in welcher Stadt die Schönheit lebt, die dich in ihren Bann geschlagen hat, und wie sie heißt. Für mich würde ich wünschen, daß sie von Adel ist und keine Gemeine, für dich und deine wirtschaftlichen Probleme, die ich nicht für deine beste Seite halte, wäre es besser, daß sie reich ist, statt arm. Daß sie hübsch sein muß, darüber sind wir uns beide einig; nebenbei bemerkt, sollte sie womöglich auch eine Russin sein. Soweit sind wir gekommen, und hier halten wir ein. Ich warte jetzt auf deine Antwort, die klar und verständlich sein muß ...“[4]

Offensichtlich schrieb André nun ausführlicher und bat um eine Zusammenkunft mit dem Vater. Der Hetman antwortete am 14. März: durch die offizielle Post:

> „Deinen Brief vom 14. Februar habe ich am 9. März in Ordnung erhalten, was Dir mitzuteilen ich mich beeile. Was den Inhalt betrifft, so ist jetzt weder der Moment noch die Gelegenheit, Dir ausführlich zu antworten. Ich sage Dir nur kurz, daß sich meiner Meinung nach der Erfüllung Deines Wunsches große Hindernisse entgegenstellen werden, worüber es besser ist, von Angesicht zu Angesicht zu unterhandeln, als in Briefen, die möglicherweise nicht ankommen und die betreffende Frage weder begründen und schon gar nicht lösen können. Deswegen halte ich es für unbedingt wichtig, daß wir uns treffen, aber wo und wann das sein kann, darüber können wir uns vorher schriftlich verständigen. Womit ich Dir eine gute Gesundheit und Wohlergehen wünsche.“

Ein Zusammentreffen im kommenden Mai, das André vorschlug, lehnte der Hetman ab. Dann jedoch reiste ein sicherer Bote in den Westen und Graf Kirill Grigorjewitsch gab ihm folgenden langen Brief mit, den wir im Wortlaut zitieren:

St. Petersburg, 1. Mai 1786

„Da dies eine sichere Gelegenheit ist und dieser Brief nicht durch die Post geht, habe ich mich entschlossen, dir ein Wort über deine Heirat und die damit zusammenhängenden Umstände zu sagen. Erstens: In kaiserliche Dienste zu treten, dein Vaterland zu verlassen und dich aus einen Russen in einen Österreicher zu verwandeln, dein eigenes Nest zu zerstören, das dir durch Erbschaft und Landbesitz gehören wird, es zu Geld zu machen und ins Ausland überweisen zu lassen – das ist nicht bloß schwer, sondern unmöglich und wird deine Schmach und deinen Ruin bedeuten, die weder ich, noch die Verwandten, noch unsere Freunde gutheißen können. Die Feinde werden das als Waffe benützen, die dir und mir schaden kann, wenn deine Absicht bis zu ihnen dringt.
Ob du Österreicher oder russischer Untertan bist, ist meiner Meinung nach egal, aber man darf nicht den Boden des Vaterlandes für immer verlassen. Sieh die sprachlosen Geschöpfe, die in den Wäldern immer die Plätze beibehalten, wo sie geboren wurden und aufgewachsen sind ... wie viel mehr muß der Mensch, ein mit Verstand und Urteilsvermögen ausgestattetes Wesen, sich an diese Regel halten.
Nun etwas über die Person, die den Hauptgrund unseres Gespräches darstellt: Vielleicht ist sie lieb, wunderschön und so vollkommen und voll guter Eigenschaften, wie du sie schilderst, vielleicht ist sie es sogar noch mehr, ich bin völlig mit dir einverstanden. Aber da gibt es Punkte, die auf die deutsche Pedanterie zurückgehen und mir und allen, die dich lieben, gar nicht gefallen: Das sind die Forderungen, 150.000 Gulden auf den Tisch zu legen, den griechischen Glauben aufzugeben und die alte Herkunft des Adels nachzuweisen. Wenn man darüber gründlich und gut nachdenkt, muß das, scheint mir, jede Flamme der Verliebtheit zum Erkalten bringen, denn sie wurde blind entfacht.
Nun nach all dem Gesagten mein Schluß: Mit der Heirat bin ich einverstanden. Ein derartiger Bund wäre mir aber lieber, wenn er mit einer Russin geschlossen würde. Wenn du aber, aus Liebe oder aus anderen Gründen, eine Ausländerin heiraten willst, so mußt du im Auge behalten, daß man drei Dinge niemals aufgeben darf: das Vaterland, den Glauben und den Herrscher. Diese Punkte müssen auf alle Fälle heilig und unverrückbar bewahrt bleiben, – und danach überlege und urteile womöglich leidenschaftslos, ob das Unternehmen, das du im Auge hast, möglich ist."

Mittlerweile hatte sich André in dem von ihm so wenig geliebten Dänemark recht behaglich eingerichtet. Zu tun hatte er wenig; in seiner dienstlichen Laufbahn erklomm er eine weitere Stufe – auf Vorschlag von Potjomkin und Besborodko ernannte ihn Kaiserin Katharina zum Geheimrat, wie er Elisabeth am 1. April 1786 mitteilte. Mit diesem Avancement wurde sein Ausscheiden aus der kaiserlich-russischen Marine endgültig.

André mietete oder kaufte ein Landhaus in Springforby direkt am Meer, es lag neben dem Besitz der Gräfin Rewentlow, die er „fast jeden Tag in der Stadt oder am Land" sah. Er gedachte, dort einen geruhsamen Sommer zu verbringen.

Dazu sollte es nicht kommen. Am 16. Mai starb in Petersburg Peter Wassiljewitsch Bakunin, der seit 1752 im Kollegium für auswärtige Angelegenheiten tätig gewesen war. An seine Stelle berief die Kaiserin den Gesandten in Schweden, Arkadi Iwanowitsch Morkow. Zu seinem Nachfolger in Stockholm wurde Rasumovsky ernannt. „Mon destin me mène à Stockholm", teilte er Elisabeth am 27. Juni mit.

Morkow hatte den Auftrag, in Schweden zu bleiben, bis er vom neuen Botschafter abgelöst wurde, denn es gab wichtige Dinge zu besprechen. Aber auch diesmal ließ sich Rasumovsky Zeit. „Dieser Herr hat auch im feuchtesten Klima eine trockene Schönheit, die seinen Marsch verlangsamt", bemerkte Morkow boshaft zu A.R. Woronzow.[5]

Erst am 3. Oktober 1786 kündigte André in einem Brief an Elisabeth seine Abreise für den nächsten Tag an. Noch von Kopenhagen aus, am 26. August, hatte e Elisabeth endlich offen seine Liebe erklärt; die Hoffnung auf einen baldigen Hochzeitstermin schien allerdings in weite Ferne gerückt zu sein. Ein Hindernis gab es jedoch nicht mehr: die fromme alte Gräfin Ulfeld war am 19. August gestorben.

21. Von Stockholm nach Wien: Andrés Heirat mit Elisabeth von Thun (1786–1788)

Der Posten in Schweden erwies sich als wesentlich schwieriger als jene, die André Rasumovsky bisher innegehabt hatte, das machte ihm Morkow klar, als sie in Stockholm zusammentrafen. Die Lage des russischen Gesandten war heikel, denn König Gustav hatte die feste Absicht, Schwedens Größe wieder herzustellen und Rache für Poltawa zu nehmen. Er wartete auf eine Gelegenheit, um einen neuen Krieg gegen Rußland zu beginnen. Sein Versuch, ein Bündnis mit der Türkei zu schließen, blieb jedoch erfolglos.

Auf Anweisung von Besborodko hatte Morkow begonnen, eine Taktik anzuwenden, die Rußland auch in späteren Jahrhunderten gut beherrschte: die Zersetzung des Landes von innen. Seit Gustav 1772 die Adelverfassung aufgehoben hatte, gab es im Land eine Menge Unzufriedener, und Morkow nützte diese Stimmung aus. Als Gustav 1786 zum ersten Mal wieder den Reichstag einberief, versammelte sich der oppositionelle Adel offen im Hause des russischen Gesandten.

Potjomkin war nicht davon überzeugt, daß Rasumovsky der richtige Mann für diese schwierige Aufgabe sei. Ende Juli 1786 schrieb er an die Kaiserin:

> „Die geistige Einstellung in Schweden scheint zu unseren Gunsten zu sein. Aber wird der dorthin ernannte Minister jetzt, wenn alle Kräfte gegen die Franzosen gerichtet werden müssen, wohl für diesen Posten geeignet sein?“[1]

Frankreich hatte in Schweden großen Einfluß.

Morkow übergab seinem Nachfolger eine ausführliche Instruktion, deren wichtigster Inhalt war, auf die Wiedererrichtung der Konstitution von 1772 hinzuwirken. Rasumovskys Plan, Schweden unter dem Motto zu bereisen, die Schönheiten und Bodenschätze des Landes kennen zu lernen und bei dieser Gelegenheit die Stimmung zu erkunden und Unzufriedene um sich zu sammeln, fand Morkows volle Zustimmung.

In der Botschaft fand Rasumovsky einen sehr jungen Mitarbeiter vor, einen Neffen des Grafen Besborodko, ebenfalls aus der Ukraine stammend: Viktor Pawlowitsch Kotschubej, der im Begriff stand, die ersten Sprossen seiner späteren großen Karriere zu erklimmen.

Anfangs ging alles gut. Der König nahm seinen alten Bekannten huldvoll auf und würdigte ihn bei offiziellen Anlässen mit freundlichen Worten, aber es konnte dem schwedischen Polizeiapparat nicht entgehen, daß Rasumovsky sehr bald eine Tätigkeit zu entwickeln begann, die man im 20. Jahrhundert konspirativ zu nennen gewohnt ist. Er fuhr im Land herum und meldete, was er sah, nach Petersburg. Unterstützt wurde er dabei vom Grafen Brahe und dem schwedischen Geologen Engström, einem Bekannten der Familie Thun. In seinen Briefen an Elisabeth erwähnt André immer wieder seine Reisen, seine Bewunderung der schwedische Natur und sein Interesse für Mineralogie – das vielleicht nicht einmal gespielt war – ohne den wahren Zweck seiner Ausflüge zu nennen. Am 26. März 1787 berichtet er, daß er einen alten Freund aus der Straßburger Studienzeit, den Ungarn Bolemany, wieder getroffen habe und nun seine Erkundungen mit ihm gemeinsam unternehme („... mon associé dans mon entreprise de chymie et de minéralogie ..."). Dem Hof gegenübr betonte Rasumovsky dagegen stets die friedlichen und freundschaftlichen Absichten seiner Souveränin und machte sich, wie in ausländischen Berichten nachzulesen ist, durch sein distanziertes und hochmütiges Auftreten unbeliebt.

Im Januar 1787 begann die Reise Katharinas in die neuerworbenen „taurischen" Gebiete, die in Europa großes Aufsehen erregte und in deren Verlauf sie zum zweiten Mal mit Kaiser Joseph zusamentraf, diesmal in Cherson. Katharina sah eine neue Möglichkeit, im Zusammenwirken mit Österreich den Traum ihres Lebens, die Eroberung von Konstantinopel, zu verwirklichen; es kam zu einem Abkommen der beiden Großmächte gegen die Türkei. Im August des gleichen Jahres erklärte die Türkei von sich aus Rußland den Krieg, der bis 1791 dauern und neben unzähligen Opfern auch Kaiser Joseph das Leben kosten sollte, ohne daß Rußland an sein Ziel gelangte.

Fern von jeder Politik war mittlerweile in Andrés Herzensangelegenheiten eine unerwartete Wendung eingetreten. Im August 1787 kam Graf Iwan Tschernyschow nach Wien. In seiner Begleitung befand sich seine Tochter Anna, die schon bald eine enge Freundschaft mit Elisabeth Thun schloß. Als Elisabeth dies in einem Brief an André erwähnte, geriet dieser in große Aufregung. In vielen Briefen beschwor er seine Braut, alles in Bewegung zu setzen, damit Tschernyschow bei „Adam" ein gutes Wort für sie beide einlege. Elisabeth hatte hiermit offenbar Erfolg. Tschernyschow und seine Tochter waren von der liebenswürdigen Wiener Komtesse entzückt; es dürfte ihr Einfluß gewesen sein, der nun endlich den alten Hetman bewog, sich an die Kaiserin zu wenden und ihre Zustimmung zu der Heirat seines Sohnes mit einer Ausländerin zu erbitten.

Katharina war mit der Tätigkeit ihres Vertreters in Schweden sehr zufrieden, anders ist der freundliche Ton in ihrem persönlichen Handschreiben vom 8. Februar 1788 an Kirill Rasumovsky nicht zu erklären:

„Graf Kirillo Girgorjewitsch! Aus Ihrem Brief vom 29. Januar ersehe ich, daß Ihr Sohn Graf Andrej eine Heiratspartnerin in Wien gefunden hat, Gräfin Elisabeth Thun, wofür Sie mich um Zustimmung und Rat bitten. In Beantwortung dieses erkläre ich Ihnen, daß ich dies mit Wohlwollen sehe, erstens, weil ich darin die Aufrichtigkeit Ihrer Gefühle, verbunden mit Vertrauen und Hoffnung mir gegenüber erkenne. Ich trage nicht im geringsten daran Zweifel, Ihnen als Vater das Recht zuzusprechen, über

> das Schicksal Ihres Sohnes zu entscheiden; meinerseits sehe ich kein Hindernis in dieser offensichtlich passenden Verbindung, von Herzen wünschend, daß diese Ihnen immer zur Tröstung dienen und auf diese Weise Ihre Jahre verlängern und Ihre Gesundheit bessern möge. Ich versichere Sie wie immer meines Wohlwollens. Ich gebe Anweisung, dem Bräutigam die Bewilligung zu erteilen, sich zwecks Heirat für die benötigte Zeit von seinem Posten zu entfernen."[2]

Ob André von diesem Brief wußte, läßt sich nicht eruieren; in seinen Briefen an Elisabeth ist von diesem Thema nicht die Rede. Aber das war sowieso nicht der richtige Moment für einen Sonderurlaub.

König Gustav von Schweden sah seine Stunde gekommen, um Rußland anzugreifen und Finnland zurückzuerobern; wahrscheinlich hatten ihm seine Spione gemeldet, daß Katharina und Potjomkin Rasumovskys Informationen über schwedische Kriegsvorbereitungen nicht ernst nahmen. Aus verfassungsrechtlichen Gründen lag Gustav daran, Rußland zu einer Kriegserklärung zu veranlassen, um als überfallenes Land angesehen zu werden. Nachdem seine Versuche, Dänemark zu seinem Verbündeten zu gewinnen, Anfang 1788 gescheitert waren, begann der König, den russischen Gesandten bei jeder Gelegenheit in auffälliger Weise zu brüskieren, was von den ausländischen Diplomaten genau registriert wurde. Rasumovsky gab sich unerschütterlich kühl und reagierte auf keinerlei Provokationen. Schließlich überreichte er dem König ein Memorandum über Rußlands friedliche Absichten gegenüber Schweden, und drei Worte in diesem Memorandum gaben Gustav den Anlaß zu einem Eklat. Graf Louis Cobenzl, der österreichische Botschafter in Petersburg, berichtete darüber am 2. Juli nach Wien:

> „In dem Memorandum, das durch den russischen Botschafter überreicht wurde, bediente sich dieser des Ausdrucks: ‚Ihre Majestät versichert dem königlichen Ministerium und den Vertretern des Volkes, die an der Regierung teilnehmen, Ihre friedlichen Absichten'. Dieser Satz wurde vom König zum Anlaß genommen, die Bombe platzen zu lassen. Er ließ Herrn Rasumovsky durch den Hofzeremonienmeister ausrichten, daß die Wortwahl in seiner diplomatischen Note, in der er das Volk vom König getrennt habe, dem Stil der früheren russischen Minister während der Unruhen gegen die schwedische Konstitution 1772 gleiche, gegen das Wohl des Königs und des Staates gerichtet sei und Seine Majestät in schwerster Weise beleidige; daß der König nicht glauben könne, daß die Kaiserin ihren Minister beauftragt habe, derart wider ihrer Absichten zu handeln und er daher die Rückberufung des Grafen Rasumovsky fordere; daß er diesen von nun an nicht mehr als Vertreter Rußlands ansehe und seinem Ministerium verboten habe, ihn als solchen zu betrachten. Zum Zeichen seines ehemaligen Wohlwollens gewähre er dem genannten Grafen eine Frist von einer Woche, um sich auf seine Ausreise vorzubereiten ..."[3]

Am 21. Juli berichtete Cobenzl ergänzend, daß die Beschuldigungen des Königs gegen Rasumovsky und die Forderung, daß dieser das Land augenblicklich zu verlassen hätte, ein reiner Vorwand und juristisch unhaltbar seien, daß schwedische Truppen, ohne eine Antwort aus St. Petersburg abzuwarten, in Finnland mit Kriegshandlungen begonnen hätten und daß Gustavs Bedingungen, auf die es nur ein „ja" oder „nein" gäbe, kurz und bündig seien: die exemplarische Bestrafung Rasumovskys, die Rückgabe von ganz Finnland und Karelien und die Zustimmung zu einer schwedischen Vermittlung zwischen Rußland und der Türkei.

Rasumovsky informierte seine Vorgesetzten in Noten am 12. und 18. Juni und erklärte, daß er nicht daran denke, das Land zu verlassen, ohne von seiner Kaiserin dazu aufgefordert worden zu sein. Zwar erhielt er am 23. Juni (alten Stils) die Anweisung Ostermans

> „... Ohne den geringsten Aufschub mit den Abreisevorbereitungen aus Stockholm (zu beginnen) und über Hamburg oder Berlin nach Wien zu fahren, wo Ihnen, entsprechend Ihres vor einiger Zeit geäußerten Wunsches, Ihre Majestät zu bleiben und ebenfalls von dort aus Ihren Vater zu besuchen gestattet."[4]

Auch nach dieser Anweisung und trotz der Aufhebung seines Diplomatenstatuses, blieb Rasumovsky unter den verschiedenensten Begründen weiter in Stockholm, er empfing in- und ausländische Besucher, die sein Haus stürmten, um ihre Sympathie zu bekunden oder in die Heimat zu berichten, er ging provokativ in der Stadt spazieren und war im Umgang mit den Behörden von unübertroffener Arroganz. Insbesondere der neu ernannte österreichische Botschafter Graf Philipp Stadion, der spätere Gesandte in Petersburg und Außenminister, stärkte ihm den Rücken. Die Briefe Rasumovskys an Elisabeth Thun sind leider nur bis Ende des Jahres 1787 erhalten, daher gibt es keine Augenzeugenberichte aus den folgenden bewegten Monaten.

Endlich, nach wiederholten Drohungen seitens des schwedischen Außenamtes, geruhte der in Ungnade gefallene Diplomat bekanntzugeben, daß er am 11. Juli (alten Stils) die Absicht habe, ein Schiff in Richtung Lübeck zu besteigen. Tatsächlich verließ er Stockholm am 1./11. August; doch der Ärger, den er König Gustav bereitete, war damit immer noch nicht zu Ende. Widrige Winde zwangen die Jacht, auf der sich Rasumovsky mit seinen Leuten befand, in Wisby auf der Insel Gotland Schutz zu suchen. Auch dort unternahm André provokante Stadtspaziergänge, so daß es zu Unruhen unter der Bevölkerung kam, die in ihm sicherlich nicht ganz zu Unrecht einen russischen Spion vermutete.

Als sich das Wetter besserte, versuchte die Jacht die Weiterfahrt, aber erneut trieben Stürme das Schiff in einen Hafen, nach Karlshamn an der schwedischen Küste. Das Stadtoberhaupt war ein Anhänger der rußlandfreundlichen Partei der „Mützen" und lud André zum Essen ein. Es dauerte noch eine Reihe von Tagen, bis Rasumovsky schließlich auf einem Handelsschiff nach einer Reise von sieben Wochen nach Hamburg gelangte. Während dieser Fahrt verfaßte er ein langes Memorandum über die Lage in Schweden, das er durch den russischen Konsul in der Hansestadt nach Petersburg schicken ließ.

Als es König Gustav nicht gelang, Rußland zu einer Kriegserklärung zu provozieren, inszenierte er selbst von Männern in russischen Uniformen einen Überfall auf einen schwedischen Grenzposten und stellte sich selbst an die Spitze seiner Truppen in Finnland, nicht ohne vorher seinen Damen ein baldiges Frühstück in Peterhof zu versprechen.[5] Doch sein Unternehmen brachte ihm kein Glück. Am 17. Juli kam es zu einer Seeschlacht bei Hogland, bei der beide Seiten Verluste erlitten. Dann rebellierten jedoch schwedische Offiziere gegen ihren König und er mußte einen Waffenstillstand schließen. 1789 versuchte Gustav noch einmal, einen Sieg über Rußland zu erringen; es gab eine unentschieden endende Schlacht auf dem Festland, eine Seeschlacht zwischen Bornholm und Gotland, eine zweite bei Wiborg, danach wurde am 14. August 1790 der Friede von Werelä auf der Basis des Status quo geschlossen. Und am 16. März 1792, knapp zwei Jahre später, wurde König Gustav III. auf einem Maskenball von seinem Gegner Ankerström aus der „Mützenpartei" erstochen, was Verdi als Vorlage für den „Maskenball" diente.

Rasumovsky verließ Hamburg Ende September 1788 und reiste über Berlin nach Wien. Golizyn berichtete Besborodko am 28. Oktober, daß er vor einer Woche angekommen sei. Wie das Wiedersehen mit seiner Braut und den österreichischen Freunden verlief, wissen wir nicht, wohl aber haben wir einen Augenzeugenbericht von der Hochzeit, die anscheinend wenige Tage nach Andrés Ankunft stattfand. Es berichtet einer der Trauzeugen, Graf Karl Zinzendorf in seinem Tagebuch:

> „4. November. Die Gräfin von Thun schickte mir zwei Heiratskontrakte, beide in französischer Sprache, ich unterschrieb sie nach dem Grafen Hatzfeld, hatte aber keine Zeit, den Inhalt zu lesen. Vor ein Uhr in St. Michael, wo man lange brauchte, bis alle versammelt waren. Die Braut war sehr schön in weißem Brautkleid, die Frauen von Kinsky und von Hoyos sehr hübsch. Marschall und Caroline mit ihren Rosmarinkränzen. Von da gingen wir zur griechischen Kapelle gegenüber von Marschall Lacy. Der Raum war hinter der Braut mit hübschen Frauen angefüllt. Sie und der Bräutigam trugen brennende Wachskerzen, Frau von H. war so aufgestellt, daß sie den Bräutigam sehen konnte, der ihr von Zeit zu Zeit einen Blick zuwarf. Der Gottesdienst mit langwieriger Liturgie, der Gesang sehr erbaulich, die Frage, ob es keine älteren Verlöbnisse gäbe, beantwortete der Bräutigam lachend. Ein Kelch, aus dem die beiden nacheinander tranken, ein Kreuz zum Kuß gereicht. Caroline und Marschall hielten ihre Kränze eine Ewigkeit. Gospoda pomilui kam alle Augenblicke vor ..."[6]

Dieser Schilderung kann entnommen werden, daß auf einmal niemand mehr von unüberwindlichen Hindernissen wie der Verschiedenheit der Konfessionen oder des Besitztransfers nach Österreich sprach. Ferner waren die beiden Hauptgegner dieser Verbindung, Elisabeths Großmutter Ulfeld und ihr Großvater Thun, in der Zwischenzeit gestorben.

Das junge Paar hatte die Absicht, im Anschluß an die Hochzeit nach Rußland zu fahren, um die neue Gräfin Rasumovsky den Verwandten vorzustellen. Im

Hinblick auf die fortgeschrittene Jahreszeit und Elisabeths Gesundheitszustand wurde die Reise jedoch bis zum Frühling 1789 aufgeschoben.

Wenig später heiratete auch Christiane Thun – den jungen Fürsten Karl Lichnowsky, einen reichen Gutsbesitzer in Schlesien und eifrigen Musikförderer und Freund Mozarts. Von den drei Schwestern war Christiane die begabteste und originellste, allerdings fehlte ihr Elisabeths Charme. Als einzige hatte sie im adeligen Damenstift in Nivelles in den Niederlanden eine geregelte Ausbildung genossen; 1787 war sie, zusammen mit ihrer Cousine Therese Dietrichstein, von dort zurückgekehrt, da Thereses Hochzeit mit dem Grafen Philipp Joseph Kinsky bevorstand. Während Elisabeths Verbindung eine Liebesheirat war, die vielen Stürmen standhielt, empfand Christiane für ihren Zukünftigen offenbar keinerlei zärtliche Gefühle. Zinzendorf berichtet genüßlich, worüber sich ganz Wien den Mund zerriß, daß Christiane, als ihr Elisabeth sagte, man müsse einen Mann sehr lieb haben, um sich ihm in der Hochzeitsnacht ganz zu unterwerfen, ihre Verlobung löste, alle Geschenke zurückschickte und die Absicht bekundete, Wien zu verlassen. Die Gräfin Thun war gezwungen, sich bei der Fürstin-Witwe Lichnowsky für das Betragen ihrer Tochter zu entschuldigen und die Verlobung zu lösen. Doch Christiane überlegte es sich anders, sie schrieb der zukünftigen Schwiegermutter einen höflichen Entschuldigungsbrief, und die zweite Thun'sche Hochzeit konnte planungsgemäß stattfinden. Christiane teilte zwar die musikalischen Unternehmungen ihres Mannes in vollem Ausmaß, aber ihre Ehe war nicht glücklich.

Von den drei Schwestern Thun war die Fürstin Lichnowsky die einzige, der ein langes Leben beschieden war. Sie spielte im späten kulturellen Leben Wiens eine bedeutende Rolle.

22. Warten auf neue Aufgaben (1789–1791)

Graf André muß bei seiner Rückkehr in die Heimat über die Veränderungen gestaunt haben, die in den letzten 15 Jahren in beiden Hauptstädten vor sich gegangen waren: überall waren prachtvolle neue Gebäude entstanden.

Die 1780er Jahre waren für Rußland gewissermaßen ein goldenes Zeitalter. Katharina war von der gleichen Bauleidenschaft besessen wie bereits Kaiserin Elisabeth. Neben den bereits unter Elisabeth nach Rußland geholten ausländischen Architekten Bartolomeo Rastrelli und M. Delamotte waren Antonio Rinaldi, Giacomo Quarenghi und der Schotte Charles Cameron hier tätig, ebenso die Russen Jurij Felten und Wassilij Baschenow. Auftraggeber war nicht allein der Hof, auch der Adel ließ sich neue Stadtpalais und prächtige Landsitze errichten. Einen großen Aufschwung, begünstigt durch die Gründung der Akademie der schönen Künste durch I.I. Schuwalow, nahm die Malerei, genannt seien nur die Portraitmaler A.P. Antropow, I.P. Argunow, der ein Leibeigener der Familie Scheremetjew war, F.S. Rokotow, die Ukrainer D.G. Lewitzki und A.P. Losenko (geboren 1737 in Gluchow), etwas später V.L. Borowikowski, Argunow-Sohn Nikolaj Iwanowitsch und der erste Landschaftsmaler S.F. Schtschukin. Petersburg wurde zu einem Anziehungspunkt für ausländische Künstler, die ihrerseits ihre russischen Kollegen beeinflußten: für kürzere oder längere Zeit arbeiteten hier die Maler A. Roslin, J.B. Lampi, Madame E. Vigée Lebrun, die Bildhauer E.M. Falconet, Madame M.A. Collot und viele andere.

Katharina war nicht nur legistisch tätig, sondern auch literarisch: sie schrieb fünf Theaterstücke und nahm überhaupt regen Anteil am Theaterleben. Bei Hof und in den Salons des Adels wurden vorwiegend französische Lustspiele aufgeführt. Seit 1771 bzw. 1773, als per Ukas die Gründung auch von privaten Buchdruckereien erlaubt wurde, erschienen Bücher und Zeitschriften in großer Zahl, die allerdings nicht immer das Gefallen der Zarin erregten. Besonders groß war das Interess der Kaiserin für den Aufbau eines geregelten Schulwesens. Bereits 1764 hatte sie das Smolny-Institut für die Erziehung adeliger Mädchen gegründet, 1785 setzte sie eine Kommission für Volkserziehung ein und traf mit der Bestellung von Sawadowski zu deren Leiter eine glückliche Wahl. Aus Österreich ließ sie den von Kaiser Joseph empfohlenen Jankiewicz de Mirievo kommen, einen Fachmann für das Schulwesen; ein Ukas über die Erneuerung des Schulsystems scheiterte allerdings am passiven Widerstand der breiten Massen. 1782 berief Katharina die umtriebige Fürstin Daschkowa an die Spitze der Akademie der Wissenschaften.

Eine der umstrittendsten, aber weitestreichenden Reformen Katharinas war jedoch ihr Ukas vom Mai 1785 über die Befreiung des Adels von seiner Dienstpflicht. Bereits Peter III. hatte die Pflichten des Adels gegenüber dem Kaiser gelockert, nun wurden sie auch von der Bezahlung von persönlichen Steuern, von Körperstrafen und vom staatlichen Pflichtdienst generell befreit; nur Angehörige des Adels durften Grundbesitz und Leibeigene besitzen. Dieses Gesetz hatte für die Entwicklung Rußlands grundlegende Folgen: auf der einen Seite wurde es für die aktiven, gebildeten Vertreter der Aristokratie nun möglich, sich auf ihre Güter zurückzuziehen und auf eigene Initiative in dem riesigen Reich Landwirtschaft, Industrie und Handel zu betreiben, sowie kulturelle Zentren zu entwickeln, wodurch der Aufschwung Rußlands im 19. Jahrhunderts erst ermöglicht wurde; andererseits wurde es in dem neuen Gesetz nicht für notwendig erachtet, auch die Stellung der leibeigenen Landbevölkerung entsprechend zu verbessern und sicherzustellen. Alle warnenden Stimmen, die sich in den folgenden Jahren und Jahrzehnten erhoben, wurden unterdrückt, und als 1861 unter Kaiser Alexander II. endlich die Befreiung der Bauern erfolgte, blieb nicht genug Zeit, um die Katastrophe von 1917 zu verhindern. Die erste Katastrophe, die in Frankreich, stand unmittelbar vor der Tür, als das junge Ehepaar Rasumovsky im Mai 1789 in Rußland eintraf, um den Vater zu besuchen.

Graf Kirill Grigorjewitsch war einer der ersten, der von dem Erlaß über die Freistellung des Adels profitiert hatte. Im Januar 1787 übersiedelte er mit seinem gesamten Haushalt vorerst nach Moskau, nachdem er das Palais an der Mojka, seinen letzten Petersburger Besitz, an den Fiskus verkauft hatte. Das Haus wurde später von Kaiserin Maria Fjodorowna zurückgekauft; im Mai 1797 zog dort laut einem Ukas von Kaiser Paul, das Erziehungshaus für Findelkinder ein, das sich im Laufe der kommenden Jahrhunderte von einem russischen pädagogischen Institut zur Staatlichen russischen pädagogischen Universität weiterentwickelte, die im Mai 1997 ihr 200-jähriges Bestehen feiern konnte.

Im Sommer 1789 wohnte der alte Hetman in Petrowskoje. Elisabeth eroberte vom ersten Moment an die Herzen ihrer neuen Familie. In einem Brief an ihre Mutter beschreibt sie ihren Schwiegervater so:

> „Ein reizender alter Herr, gut, freundlich, fröhlich, dankbar für die kleinste Aufmerksamkeit, die man ihm erweist und ohne eine solche zu beanspruchen. Mit einem Wort, er ist genau so, als ob ich ihn für mich selbst nach meinem Geschmack erfunden hätte."[1]

Auch Kirill Grigorjewitsch war von seiner Schwiegertochter entzückt. Er machte ihr viele Geschenke und stellte sie stolz der Moskauer Gesellschaft vor. Mit Natalja Kirillowna befreundete sich Elisabeth sogleich; von den in Moskau anwesenden Brüdern ihres Mannes war ihr Alexej der liebste und für sie wohl auch der interessanteste.

Alexej Kirillowitsch hatte im Unterschied zu André die Öffentlichkeit und das Hofleben immer gehaßt, er zeigte keinerlei Ambitionen, im Dienste des

Vaterlandes Karriere zu machen. Er wollte in Ruhe gelassen werden, um sich seinen Privatinteressen zu widmen, und der kaiserliche Erlaß über den Adel und die reiche Mitgift seiner Frau gaben ihm die Möglichkeit, dies zu tun. Nachdem ihm seine Frau Warwara Petrowna zwei Söhne und zwei Töchter geboren hatte, setzte er sie 1784 einfach vor die Tür, verbat ihr jeden Kontakt mit den Kindern und nahm als Lebensgefährtin eine seiner Leibeigenen, Maria Michajlowna Sowolewskaja, mit der er im Verlauf der Jahre fünf Söhne und fünf Töchter hatte. Diese uneheliche Nachkommenschaft erhielt nach Alexejs, von Onkel Alexej Grigorjewitsch geerbten Gut Perowo den Familiennamen Perowski. Mehrere dieser Kinder zeichneten sich später auf den verschiedensten Gebieten aus und werden ihren Platz in der russischen Geschichte und Literaturgeschichte behalten; zwei von ihnen wurde der Grafentitel verliehen.[2]

Warwara Petrowna, schüchtern und verschreckt, tat, was ihr Mann wollte – Alexej zwang sie sogar, für die Kinder, die er bei sich behielt, Alimente zu zahlen – sie zog aus, baute ein Haus auf den Lubljankaplatz, in dem sie, vereinsamt und von ihrer Dienerschaft tyrannisiert, bis 1824 lebte. Ihr einziger Bruder Nikolaj Scheremetjew war für sie keine große Hilfe; er hatte selbst den gesellschaftlichen Fauxpas begangen, seine Leibeigene Praskowja Iwanowna Kowalewskaja zu sich zu nehmen: im Unterschied zu seinem Schwager heiratete er sie jedoch kirchlich, was seine Stellung in der Gesellschaft unmöglich machte. Scheremetjew ließ sich 1800 pensionieren, übersiedelte nach Moskau, lebte in seinem prachtvollen Häusern in Scheremetjewo, Ostankino und Kuskowo und zeichnete sich, zusammen mit seiner Frau, durch große Wohltätigkeit aus, u.a. gründete er das erste Moskauer Altersheim.

Alexej Rasumovsky war einer jener russischen Aristokraten, die für ihre Interessen lebten, daneben aber Werte schufen, deren Spuren trotz allem, was später geschah, bis heute nachwirken. Ebenso wie sein Vater und Onkel liebte er es, neue Häuser zu bauen. Aus dem Naryschkin'schen Erbe hatte der Hetman für seinen ältesten Sohn das Haus auf dem Erbsenfeld bestimmt; Alexej brachte ihn dazu, es seinem Schwager Scheremetjew für einen Betrag von 4000 Rubel zu verkaufen und ließ daneben von dem Architekten Matwej Kasakow um eine Million Rubel ein riesiges, weitläufiges Palais im russischen Empirestil errichten, inmitten eines prachtvollen Gartens, der von der heutigen Uliza Kasakowa hinunter bis zur Jausa um am entgegengesetzten Ufer bis hinauf nach Lefortowo reichte. Dort ist zum gegenwärtigen Zeitpunkt das Institut für Leibeserziehung untergebracht. Die kostbare Einrichtung und die wertvolle Bibliothek erregten das Staunen der In- und Ausländer, z.B. von Madame de Staël und Joseph de Maistre.[3]

Das größte Interesse des Grafen Alexej galt jedoch der Botanik und der Gartenarchitektur. Auf seinem Sommersitz Gorenki, der Alexej Grigorjewitsch gehört hatte, ließ er unter der Anleitung des deutschen Professors der Moskauer Universität Gotthelf Fischer von Waldheim, dem Begründer der Moskauer Gesellschaft für Naturforschung, einen botanischen Garten anlegen, der eine Reihe von exotischen und ungewöhnlichen Pflanzen aufwies.

1808 erschien ein von Fischer verfaßter Katalog des Pflanzenbestandes von Gorenki, der einen Umfang dieser großen Anlage vermittelt.[4] Auch auf seinem Lieblingsgut in der Ukraine in Krasny Rog bei Potschep ließ der Pflanzenliebhaber einen botanischen Garten anlegen, von dem bis heute Überreste zu sehen sind.[5]

Obwohl André und Elisabeth in Moskau eine angenehme Zeit verbrachten, wollte André endlich wieder in die Hauptstadt fahren, zu der ihm, trotz seiner erfolgreichen Tätigkeit im Ausland, der Zutritt immer noch verboten war. Nach langen Monaten des Wartens ließ sich Katharina schließlich erweichen:

> „Dem Grafen Andrej Kirillowitsch Ras. wurde die Erlaubnis erteilt, hierher zu kommen. Ich finde, daß er ein Mann mit großen Fähigkeiten ist. Durch böse Erfahrungen belehrt, ist er jetzt ein anderer Mensch",

schrieb Sawadowski am 7. Oktober 1789 an S. Woronzow.[6]

Im Familienarchiv sind die Abschriften einiger weniger Briefe Rasumovskys aus St. Petersburg an die Gräfin Thun erhalten. Der erste ist datiert mit 27. Sept./ 8. Oktober 1789 und wurde durch den französischen Botschafter Graf Ségur dierekt, also unter Umgehung der Zensur, nach Wien gebracht. André schreibt, daß sie sowohl beim großen als auch beim kleinen Hof vorgestellt und mit einiger Freundlichkeit, aber ohne besondere Auszeichnung aufgenommen wurden.[7] „Man" ließ ihn jedoch wissen, daß er einen neuen, verantwortungsvollen Posten bekommen werde, sobald seine Dienste gebraucht würden; sogar der Botschafterposten in Wien läge im Bereich des Möglichen. In dem Brief bittet André die Gräfin Thun, alle Hebel in Bewegung zu setzen und sogar den Kaiser um eine Intervention zu seinen Gunsten zu bitten. Iwan Tschernyschow habe ihm gesagt:

> „Der gute Galitzin ist alt, er schläft von Tag zu Tag mehr ein, und auf diese Weise wird es plötzlich von einem Tag auf den anderen mit ihm aus sein, und ich bin nicht weit davon entfernt, seine Ansicht zu teilen."[8]

Aus diesem schönen Plan wurde vorderhand nichts, Rasumovsky wurde zur Mitarbeit im Kollegium für auswärtige Angelegenheiten herangezogen, vor allem in Angelegenheiten, die Schweden betrafen. Auch über Mangel an Unterhaltung konnte sich das Ehepaar nicht beklagen, sie besuchten die Rasumovsky'schen Güter in der Nähe von Petersburg, hatten zahlreiche Gäste, tanzten auf vielen Bällen und standen neuerdings bei der Kaiserin so in Gunst, daß sie zu den intimen Soiréen in der Eremitage geladen wurden.

Für Elisabeth gab es aber keineswegs nur angenehme Überraschungen, wie Andrés kryptischen Worten an seine Schwiegermutter zu entnehmen ist:

> „Sie haben uns, liebste und exzellente Mama, viel Grund zum Lachen gegeben wegen Ihrer Aufregung über die Annahme, daß wir ein Mädchen von 15 Jahren adoptieren könnten ... aber da Sie jetzt das Geheimnis kennen, möchte ich lieber von der Güte un-

serer unvergleichlichen Elisabeth sprechen, die zu diesem Kind eine so große Zuneigung fühlt, daß ich darüber von Tag zu Tag mehr gerührt bin."

Dies war wohl „die kleine W.", Andrés uneheliche Tochter, über deren weiteres Schicksal nichts bekannt ist. Warenka, die älteste Tochter Alexejs, von der Elisabeth in ihren Briefen von 1800 mit so viel Liebe spricht, war 1790 erst 12 Jahre alt.

Unklar sind die Umstände, unter denen Elisabeth am 23. Juni 1790 ein totes Kind zur Welt brachte. Falls über dieses Ereignis Briefe existieren, wurden sie von vorsorglicher Hand eliminiert. Die Rasumovsky'sche Ehe blieb kinderlos.

Ein Höhepunkt dieses Petersburger Aufenthaltes war die Aussöhnung zwischen dem Großfürsten Paul und André. Er berichtete darüber seiner Schwiegermutter am 20./31. Januar 1790:

„Meine Seele fühlt sich seit einiger Zeit viel wohler wegen einer Angelegenheit, die hier mehr auf ihr lastete als alles andere. Ich hatte die Genugtuung, Gefühle, die bis auf ihre Wurzeln ausgerottet zu sein ich befürchten mußte, in Jenem wiederzufinden, dem ich meine ersten Jugendjahre gewidmet habe, den zu verlassen mir so schwer fiel und die Erinnerung an Den mein Empfinden so tief belastet hat. Diese Genugtuung ist umso größer, weil er selbst es war, der zu mir zurückgekommen ist. Ich brauche Ihnen nicht zu sagen, wie tief gerührt ich war – meine gute Elisabeth weiß es, sie hat alle Regungen meiner Seele geteilt und war ihr Zeuge."

Am 8./19. Februar ergänzt Elisabeth:

„Sie haben sich völlig ausgesprochen, in einer Weise, die mich wirklich bis zu Tränen gerührt hat; der Großfürst hat sein Unrecht eingestanden, nicht nur ihm, sondern sogar mir gegenüber, und er hat danach so viel Freude und so viel Freundschaft gegenüber Ras. gezeigt, daß ich ganz entzückt über sein Herz bin, aber im Gegensatz dazu auch schockiert über seine extreme Ängstlichkeit und Schwäche. Er hat so schreckliche Angst vor der Kaiserin, daß er niemals den Mut haben wird, ihr entgegenzutreten, was er uns ständig sagt und leise wiederholt. Geben Sie zu, wenn er eine Spur von Charakter hätte, müßte er nach einer derartigen Aussprache Ras. öffentlich rehabilitieren."[9]

Während Andrés Aufenthaltes in Petersburg schrieb der Hetman seinem Lieblingssohn eine Reihe von Briefen und stand mit ihm in regem Gedankenaustausch. Insgesamt sind 76 Briefe bei Wassilstschikoff im Wortlaut abgedruckt.[10]

Moskau, 9. Januar 1790:

„Etwas gefällt mir gar nicht, daß der Kaiser (Joseph) erkrankt ist. Gott, laß uns diesen Freund nicht verlieren, einen der ihm gleicht, wird Rußland kaum finden ..."

Der alte Graf ist dabei, seine Güter an seine Söhne und Töchter zu verteilen. Vor allem der ungeliebte Sohn Gregor ist Gegenstand seiner Überlegungen:

Moskau, 24. Januar 1790:

„Unser Philosoph hat mich brieflich verständigt, daß er seine Sachen aus Petersburg in die Schweiz kommen lassen möchte. Allerdings ist er sehr begeistert über das Diplom der Fürstin Daschkowa, daß er in unsere Akademie aufgenommen wurde ..."

Moskau, 3. März:

„Über den Tod des Kaisers spricht ganz Moskau und alle mit Bedauern. Der Tod hat seinen Untertanen ihren Kaiser, unserer Kaiserin einen treuen Freund und Rußland einen guten Verbündeten gestohlen ..."

Gregor hat dem Vater mitgeteilt, daß er eine Schweizerin heiraten möchte:

Moskau, 30. Dezember 1790:

„... Ich zerbreche mir den Kopf über seine (unseres verliebten Philosophen) Absicht; der Teufel weiß wen zu heiraten, sich von seinen Verwandten und seinem Vaterland zu entfernen und sich außerhalb seiner Grenzen anzusiedeln ... Was soll ich auf so außergewöhnliche und dumme Fragen antworten? Er will von mir Geld, das ich nicht habe. Wäre es nicht gescheiter, daß er mit seiner Dulcinea selbst hierher käme und sie hier heiraten würde, wenn sie dessen wert ist; vielleicht könnte man auch ohne Heirat auskommen, solange bis sie ihm zuwider wird, was zweifellos bald der Fall sein wird ..."

Moskau, 23. März 1791:

„Der verliebte Schweizer schreibt mir empört über mein Schweigen und meine Weigerung, ihm Geld zu überweisen ... Ich sage: wenn du Geld willst, lebe in deinem Vaterland unter Deinesgleichen und Verwandten; wenn du heiraten willst, such dir eine wohlgeborene Frau in deiner Heimat und nicht irgendeine Dahergelaufene in der Schweiz. Wenn jemand Familie und Vaterland freiwillig verläßt, ist er ein Schuft ..."

Der „verliebte Schweizer" lebte als angesehener Wissenschaftler in Vernand bei Lausanne. Er fand und beschrieb Steine, Pflanzen und Tiere, u.a. den „Schweizer Molch" (Triturus helveticus), der anscheinend bis heute seinen Namen trägt, er gründete in Lausanne die „Société des sciences physiques", die nach seiner Abreise zu bestehen aufhörte und hatte bereits im Alter von knapp 25 Jahren eine Reihe von Büchern geologischen und naturwissenschaftlichen Inhalts verfaßt, die z.T. auch ins Deutsche übersetzt wurden.[11]

Über die wissenschaftliche Tätigkeit des „Comte Grégoire" in der Schweiz gibt es eine Aussage, die kompetenter ist, als die des ehemaligen Präsidenten der russischen Akademie der Wissenschaften. Der Schriftsteller N.M. Karamsin schreibt in seinen „Briefen eines russischen Reisenden":

„In Lausanne hat sich auch einer unserer Landsleute niedergelassen, dies ist der Graf Gregor Kirillowitz Rasumovsky, ein gelehrter Mann und berühmter Naturforscher. Aus Liebe zu den Wissenschaften hat er alle Würden und Ehrenstellen ausgeschlagen, zu welchen seine vornehme Geburt ihm Recht gab, und sich in ein fremdes Land begeben, wo die Natur so reich und so schön ist und wo es so viel Nahrung für seine Lieblingsneigung gibt. Er lebt hier in Ruhe, unausgesetzt mit der Vervollkommung der Naturkunde beschäftigt und macht seinem Vaterland Ehre. Wenn ich nicht irre, so ist er der erste Russe, der in Europa als ein wirklich gelehrter Mann bekannt geworden ist. Seine Schriften hat er französisch geschrieben. Vor einigen Wochen ist er nach Rußland gereist, aber nicht auf immer. Er kehrt wieder nach Lausanne zurück."[12]

In einem hatte der Vater allerdings recht. Die Hochzeit mir der „Schweizer Dulcinea" kam nicht zustande.

Von besonderem Interesse ist ein Satz aus dem Brief des Hetmans vom 2. April 1791:

„Das Batoni-Porträt kannst Du behalten, auf diese Weise wird es bei euch heimisch werden, und mit der Zeit, wenn es meine Gesundheit erlaubt, kann euch auch das Original besuchen kommen ..."[13]

Nicht nur Graf Kirill Grigorjewitsch machte sich Sorgen um die Zukunft des russisch-österreichischen Bündnisses nach dem Tod von Kaiser Joseph; sie wurden auch von Potjomkin geteilt. Er verstand, daß der alte Fürst Golizyn nicht mehr der richtige Mann war, um die russischen Interessen in Wien zu vertreten. Auf seinen Brief antwortete die Kaiserin am 18.3./8.4. 1790:

„Ich halte es nicht für notwendig, den Botschafter in Wien auszutauschen, denn die Angelegenheiten erledigen kann man auch mit ihrem Botschafter hier, der Fürst Golizyn ist ihnen dort angenehm, und wenn man jemanden zu ihm schicken müßte, dann höchstens den Grafen Rasumovsky."

Offenbar war Potjomkin mit dieser Antwort nicht zufrieden, denn am 15. Mai erhielt er ein weiteres allerhöchstes Schreiben:

„Ich habe Dir geschrieben, daß es am günstigsten wäre, Andrej Rasumovsky dorthin zu schicken: seine Frau ist eine Wienerin, er hat dort Verbindungen, ist nicht dumm und seine Jugend hat sich schon etwas beruhigt, et il paraît être devenu beaucoup plus prudent; er hat sich oft verbrannt, sogar bevor er eine Glatze bekommen hat."[14]

André berichtete seinem Vater von der bevorstehenden Ernennung am 10. Juni 1790 und dieser war darüber sehr erfreut.

„Das ist für Dich doppelt angenehm: die Wichtigkeit des Ortes und daß Du dort so viele Bekannte und fast eine zweite Familie hast, und für Deine Elisabeth ist das ein unsagbarer Vorteil wegen ihrer Liebe zu ihren Verwandten. ... Grüße sie von mir und gratuliere ihr zu diesem erfreulichen Ereignis. Ich zweifle nicht daran, daß Deine neue Berufung am Anfang in der Vorstellung unseres dortigen Botschafters Fürst Dmitrij Michajlowitsch eine gewisse Empörung hervorrufen wird, wie sie hier bei seinen Verwandten zu bemerken ist, aber das wird von Dir und Deinem Verhalten ihm gegenüber abhängen, über das ich keine Zweifel hege, weil ich weiß, daß Deine seelische Disposition nicht auf die Beleidigung deines Nächsten ausgerichtet ist ..."[15]

Die offizielle Ernennung Andrés erfolgte am 30. September 1790, allerdings, um die Gefühle des alten, verdienten Fürsten Golizyn nicht zu sehr zu verletzen, nicht zum russischen Botschafter am Hofe des römisch-deutschen Kaisers, sondern zum Gesandten beim König von Böhmen und Ungarn, der mit dem Kaiser identisch war. Als Sekretär wurde ihm der seit vielen Jahren an der Botschaft in Wien tätige Philipp von Klüpfeld beigegeben, ein alter Freund und ständiger Gast im Salon Thun.

Die Abreise des neuen Gesandten verzögerte sich um mehrere Monate; Besborodko hielt es für wichtig, ihm die Möglichkeit zu politischen Gesprächen mit Potjomkin zu geben, vor allem auch deshalb, weil der neue Kaiser Leopold II. sogleich Frieden mit der Türkei schloß und eine Annäherung Österreichs an Preußen, den alten Feind, in die Wege leitete. Potjomkin kam im März 1791 von der Front im Süden nach Petersburg und führte mit Rasumovsky ausführliche und freundschaftliche Gespräche. Am 28. April nahmen Graf und Gräfin Rasumovsky an dem prunkvollen Fest im Taurischen Palast teil, das Potjomkin der Kaiserin gab und das als „taurisches Fest" legendär wurde. Niemand konnte ahnen, daß dies der letzte Auftritt des großen Feldherrn in der Hauptstadt sein würde.

Kaiserin Katharina erwies sich als außerordentlich gnädig. Zum Abschied schenkte sie Elisabeth ein aus Brillanten bestehendes Blumenbukett, wofür ihr Elisabeth in einem langen Brief dankte.[16] Dann begab sich das Paar auf die Reise nach Wien, mit Unterbrechungen in Moskau und Kiew, denn die Gesundheit der jungen Gräfin ließ wieder zu wünschen übrig.

Kampf gegen Napoleon

23. Botschafter in Wien (1791–1793)

Nicht das Aussehen der Stadt, wohl aber das politische Klima von Wien hatte sich auch hier verändert, als Graf und Gräfin Rasumovsky im Juni 1791 zurückkamen. Am 24. Juli bezogen sie das Palais Wallmoden, das die Gräfin Thun für sie gemietet hatte und begannen dort ihr neues gesellschaftliches Leben. Laut einem Wiener Adressbuch aus dem Jahr 1797 wohnten auch die Verwandten nicht weit entfernt: zu den „vorzüglichsten Privatgebäuden" gehörten „der Fürstin Lichnofsky Gebäude in der Schauflergasse" und das „gräflich-Thunische Gebäude auf dem Minoritenplatz".[1]

Ob das junge Diplomaten-Ehepaar rechtzeitig zur Hochzeit der jüngsten Thun-Tochter eintraf, läßt sich nicht feststellen. Caroline, seit 1791 Lady Caroline Guilford, heiratete den Sohn eines reichen irischen Landbesitzers, der kurz an der englischen Botschaft in Wien gearbeitet hatte und danach als Privatmann in der Kaiserstadt lebte. Nach dem Tod seines Vaters erbte er dessen Titel Earl of Clanwilliam.

Der neue Kaiser Leopold II. hatte sich als Großherzog Pietro Leopoldo der Toscana einen guten Ruf als reformfreudiger Fürst erworben. Er erkannte zunächst nicht, welche Sprengkraft in den neuen Parolen von der „Verkündung der Bürger- und Menschenrechte" steckte und begrüßte die Einberufung der Generalstände in Frankreich. Als sich aber der revolutionäre Geist rasch auch über den Rhein hinaus ausbreitete, als man von der mißglückten Flucht der Königsfamilie erfuhr und die ersten Emigranten in Deutschland und Italien eintrafen, kamen Leopold II. und König Friedrich Wilhelm II. von Preußen zusammen; sie schlossen ein Bündnis gegen Frankreich und wollten die revolutionäre Glut so rasch wie möglich austreten. Sie richteten am 2. Februar 1792 eine scharfe Note an die Generalversammlung in Paris. Einen Monat später, am 1. März, war der Kaiser tot.

Kaiserin Katharina begriff wesentlich schneller, wie gefährlich die neuen Ideen ihrem autokratischen Regime mit der ungelösten Frage der Leibeigenschaft werden konnten. Über Nacht änderte sie ihren politischen Kurs, das liberale Klima der 1780er Jahre nahm ein jähes Ende. Als der Literat und Verleger Nikolaj Nowikow Alexander Radischtschews kritisches Buch „Reise von St. Petersburg nach Moskau" veröffentlichte, wurden beide unnachgiebig bestraft. In Petersburg verbreitete sich eine Atmosphäre des Mißtrauens und Argwohns. Unter denjenigen, die die Gunst der Kaiserin verloren, war auch die Fürstin Daschkowa, die „aus gesundheitlichen Gründen" ihre Präsidentschaft in der Akademie niederlegte – ihr Bruder Alexander Woronzow war ein Freund von Radischtschew. Einer, der die schädlichen Einflüsse aus Frankreich am radikalsten ablehnten, war Alexej Rasumovsky.

Gleich nach seiner Ankunft in Wien bekam André Schwierigkeiten mit dem Fürsten Golizyn, der ja weiterhin akkreditierter Botschafter Rußlands war: zum Ärger des Fürsten besuchte Rasumovsky seine Wiener Verwandten und Freunde und auch den alten Kanzler Kaunitz, ohne die offizielle Vorstellung durch Golizyn abzuwarten. In der nächsten Zeit gab es fortwährend Auseinandersetzungen um Kompetenzen: der alte Botschafter verwehrte seinem jungen Konkurrenten den Einblick in die diplomatische Korrespondenz und ins Botschaftsarchiv. Rasumovsky beschwerte sich bei seinem Freund Morkow, der im Departement für auswärtige Angelegenheiten arbeitete und inzwischen ebenfalls den Grafentitel erhalten hatte. Morkow beruhigte, er riet André, dank seiner guten Verbindungen die Stimmung am Wiener Hof zu sondieren und unauffällig zu beeinflussen:

> „Lachen Sie über die Scherereien, die Ihnen Ihr boshafter Affe bereitet, gewinnen Sie Ihr würdevolles Auftreten zurück und warten Sie getrost, bis es Gott gefällt, über ihn zu disponieren.“[2]

Auch Potjomkin hatte André beauftragt, für ihn in Wien Informationen zu sammeln und ihm, dem großen Kunstfreund, über das musikalische Leben in Wien zu berichten. Das berühmte Postskriptum von Rasumovskys Brief am Potjomkin von 15. September 1791 ist in so gut wie allen Mozartbiographien zu finden:

> „Es war nicht meine Schuld, mein Fürst, daß ich Ihnen den ersten Clavecin-Spieler und einen der geschicktesten Komponisten Deutschlands – sein Name ist Mozart – nicht schicken konnte, der, da er hier eine Unannehmlichkeit hatte, geneigt wäre, diese Reise zu unternehmen. Er ist in Böhmen, wird aber bald zurück sein. Ich bitte Eure Hoheit, mich bevollmächtigen zu wollen, ihn dann zu engagieren, nicht für eine lange Zeit, einfach damit Hoheit ihn hören und ihn danach engagieren können, falls dies Eurer Hoheit angemessen scheint.“[3]

Welche Meisterwerke hätte die Nachwelt von Mozart erwarten können, wenn diese Reise zustande gekommen wäre? Gott gefiel es, anders zu disponieren, um mit Morkow zu sprechen: Am 15. Oktober starb Potjomkin unterwegs nach Jassy auf offenem Feld, am 2. Dezember des gleichen Jahres der 36-jährige Mozart in seiner Wiener Wohnung.

Der Tod ihres geheimen Gatten war für Kaiserin Katharina ein schwerer Schlag. Ihr augenblicklicher (und letzter), noch von Potjomkin „installierter“ Favorit, der zu diesem Zeitpunkt 25-jährige Gardeoffizier Platon Subow, konnte den erfahrenen Feldherrn und Berater nicht ersetzen und ihr bei den nun anstehenden schwierigen Problemen nicht helfen. Katharina hatte zwar ein Übergreifen der revolutionären Gedanken auf ihr Imperium mehr zu fürchten als die anderen Herrscher, aber in alter Schläue zog sie es vor, sich die Kastanien von anderen aus dem Feuer holen zu lassen. Nach dem Ende der Feldzüge gegen Schweden und die Türkei wandte sich ihr Interesse in eine andere Richtung. Unmißverständlich bemerkte sie am 14. Dezember 1791 zu ihrem Sekretär Chrapowitzki:

> „Ich zerbreche mir den Kopf, wie ich die Wiener und Berliner Höfe in die Angelegenheit verwickeln kann... der preußische würde es ja tun, aber der Wiener bremst... Sie (d.h. der Vizekanzler und die Mitglieder des Kollegiums f. auswärtige Angelegenheiten, Anm. d. Übers.) verstehen mich nicht... Habe ich Unrecht? Es gibt Dinge, die man nicht aussprechen kann. Ich möchte sie in diese Angelegenheit verwickeln, um die Ellbogen frei zu haben. Ich habe viele unvollendete Sachen; es ist notwendig, daß sie beschäftigt sind und mich nicht stören."[4]

Und mit neuer Energie wandte sie sich dem nächsten Ziel ihrer Begierde zu: dem Königreich Polen.

Die Ereignisse in Frankreich hatten in Polen ein großes Echo gefunden. Am 3. Mai 1791 hatte sich das Land von russischen Prärogativen befreit und sich eine Verfassung gegeben, die die Macht des Königs Stanislaw August wieder voll herstellte und sowohl von Preußen, als auch von Österreich anerkannt wurde. Dies bot Katharina den Anlaß, sich hinter dem Rücken Österreichs mit Preußen über eine weitere Aufteilung Polens zu verständigen. Am 27. Februar 1792 wurde zwischen St. Petersburg und Berlin ein Geheimabkommen geschlossen, von dem Österreich vorerst nichts wissen durfte. Zwischen Petersburg, Berlin, London und Wien entspann sich eine rege diplomatische Tätigkeit, und da sich zeigte, daß Golizyn diesem Ränkespiel nicht mehr gewachsen war, schlug nun die Stunde des André Rasumovsky. Der „boshafte Affe" wurde auf Druck des auswärtigen Kollegiums dazu gebracht, um seine Entlassung aus Altersgründen anzusuchen, und Katharina gab am 9. April 1792 dem Grafen Besborodko den Bescheid:

> „Da der Botschafter Fürst Golizyn darum bittet, von allen seinen Pflichten entbunden zu werden, soll an seine Stelle Graf Andrej Rasumovsky akkreditiert und Fürst Golizyn seinem Wunsch entsprechend in den Ruhestand versetzt werden."[5]

Rasumovskys Ernennung erfolgte am 23. April. Am 10. Mai war in der „Wiener Zeitung" zu lesen:

> „Am abgewichenen Freitage Vormittags hat der bisher an dem hiesigen Hofe gestandene Botschafter u. bev. Minister des russ. Kais. Hofes Fürst von Galitzin die Ehre gehabt. Sr. Maj. in einer Privataudienz sein Abberufungsschreiben, und Sonntags darauf der Graf v. Rasumovski in eben diesen Eigenschaften sein Beglaubigungsschreiben zu überreichen."

Fürst Dimitrij Michajlowitsch bat darum, für den Rest seines Lebens in Wien bleiben zu dürfen. In seinem geliebten Landhaus auf dem „Gallitzinberg" – heute im 16. Wiener Gemeindebezirk – ist er am 19. September 1793 gestorben und wurde dort zuerst auch begraben. Er hatte keine Nachkommen; mit seinem riesigen Vermögen finanzierte er den Bau eines der ersten Privatspitäler für die Bevölkerung von Moskau, das sein Cousin Fürst Alexander Michajlowitsch erbauern ließ und das bis 1917 „Golizyn-Spital“ hieß. Unter der großen, dem Petersdom in Rom nachempfundenen Spitalskirche ist Fürst Dmitrij Michajlowitsch Golizyn endgültig begraben.

Rasumovsky kannte den Betrieb in Petersburg nur zu gut; er wußte, wie wichtig es war, sich mit den Favoriten gutzustellen. Eine seiner ersten Handlungen als Botschafter bestand darin, für Subow den Reichsgrafentitel zu erbitten, was der junge Kaiser Franz II. gnädig gewährte.

> „Herr Graf, es sei mir gestattet, der erste zu sein, der Sie mit einem Titel anspricht, durch welchen die Schätzung und Hochachtung zum Ausdruck kommt, die der intime Alliierte unserer großen Souveränin für Eure Liebden empfindet.“[6]

Die Verleihung des Reichsgrafentitels an Platon Subow und seine drei Brüder erfolgte am 30.12.1792.[7]

Dem neuen russischen Botschafter blieb wenig Zeit, sich in seine Tätigkeit einzugewöhnen. Die politischen Ereignisse nahmen ein turbulenten Verlauf, und einer der Brennpunkte des Geschehens war Wien.

Im Unterschied zu seinem Vater war Kaiser Franz davon überzeugt, daß der revolutionäre Funke möglichst schnell im Lande seines Entstehens ausgetreten und die königliche Familie gerettet werden müsse, und in dieser Haltung wurde er von Baron Thugut, dem neuen starken Mann in Österreich, unterstützt. Diese umso mehr, da am 10. August 1792 in Paris unter der Führung von Danton und Marat die zweite Phase der französischen Revolution ausbrach, die in die berüchtigte „Terreur“ mündete.

Der erste Koalitionskrieg begann mit einer Kriegserklärung Frankreichs an Österreich am 20. April 1792. Zum allgemeinen Erstaunen überrannten die revolutionären Massen das kaiserliche Heer bei Jemappe in Belgien, das ganz besetzt wurde. Nun flüchteten zum ersten Mal nicht nur vertriebene französische Aristokraten über den Rhein, sondern auch Reichsbürger aus den österreichischen Niederlanden. Der Prince de Ligne, einer der bekanntesten Männer des Reiches, verlor seinen gesamten Besitz.

Preußen trug seinen Teil zur „Bekämpfung des Bösen“ durch die Kanonade von Valmy am 20. September bei und zog sich danach zurück. Preußen war mittlerweile in intensive Geheimgespräche mit Rußland über eine neuerliche Teilung Polens verwickelt, und diese Gespräche liefen zum großen Teil zwischen dem preußischen General Bischofswerder und Rasumovsky in Wien; ihm fiel außerdem die Aufgabe zu, den Wiener Hof über Katharinas Absichten so lange wie möglich im Dunklen zu lassen.

Rasumovskys amtliche Depesche aus Wien an Ostermann, sowie die inoffiziellen Briefe von Morkow, die durch verläßliche Boten befördert wurden, sind bei Wassiltschikoff ausführlich im Wortlaut wiedergegeben. Sie bilden eine wichtige

Grundlage zur Geschichte der zweiten Teilung Polens.[8] Da Rasumovsky jedoch ein unbedingter Anhänger des Zusammengehens von Rußland und Österreich war, wurde er in Einzelheiten der russisch-preußischen Verhandlungen nicht eingeweiht und erhielt erst nach dem Abkommen zwischen Berlin und St. Petersburg vom 25. Februar 1793 über die Festlegung der neuen Grenzen Polens und den Einmarsch russischer Truppen auf polnisches Gebiet grünes Licht, den Österreichern von dem neuen Abkommen zu berichten und sie zum Beitritt einzuladen.

Österreich ging bei dieser zweiten Teilung Polens leer aus – ihm wurde zuerst Bayern im Tausch gegen die österreichischen Niederlande (die es nicht mehr gab) in Aussicht gestellt, danach Gebiete in Oberitalien (die bald danach ebenfalls von den Franzosen besetzt wurden). Diese Schlappe kostete dem Grafen Philipp Cobenzl seine Stellung; der alte Fürst Kaunitz wurde in den Ruhestand versetzt und starb wenig später. Leiter der österreichischen Außenpolitik wurde der Generaldirektor des Österreichischen Haus-, und Hof und Staatsarchivs Baron Johann Amadeus Freiherr von Thugut.

Die Verstimmung in Wien war groß. Man fürchtete weniger die Vergrößerung des russischen Herrschaftsgebietes, als den Machtzuwachs und die weiteren territorialen Gelüste Preußens. Es war für Rasumovsky nicht leicht, dem Wiener Hof und Thugut die neue Politik Rußlands verständlich zu machen, aber er unterzog sich, wie Morkow schreibt, dieser Aufgabe „mit Anstand und Würde".

Über Andrés diplomatische Tätigkeit in Wien gibt es den ausgewogenen Bericht des Neffen und Schützlings des Grafen Besborodko; Viktor Pawlowitsch Kotschubej, der sich 1793 auf dem Weg nach Konstantinopel mehrere Wochen lang in Wien aufhielt. Kotschubej stand in regem Briefwechsel mit dem Botschafter in London, dem Fürsten S. R. Woronzow. Er schrieb am 15. September:

> „Bevor ich diesen Brief beende, muß ich Ihnen einen Bericht über meinen hiesigen Aufenthalt geben. Unter einem anderen Botschafter als dem Grafen R. hätte ich mehr profitiert. Er ist mißtrauisch bis zum Exzess, grenzenlos ehrgeizig, ein außergewöhnlicher Charakter in jeder Hinsicht, aber es war mir nicht möglich, ihm nahezukommen. Er hat mit mir fast nie von dienstlichen Angelegenheiten gesprochen, immer nur Zurückhaltung und leere Redensarten... Ich habe deshalb nicht so viel profitiert, wie es bei einem anderen möglich gewesen wäre, aber andererseits kann ich geschmeichelt sein wegen seinen Höflichkeit und seines freundschaftlichen Tons in allem, was sich auf indifferente Dinge bezog. Ich muß dem Grafen R. Gerechtigkeit widerfahren lassen: es ist unmöglich, einen Posten mit mehr Eifer und größeren Fähigkeiten auszufüllen. Er widmet sich ganz seinen Obliegenheiten. Niemand ist besser über alles informiert als er, und was noch schwerer wiegt, er ist vollkommen davon überzeugt, daß es im Interesse Rußlands liegt, mit dem kaiserlichen Hof auf gutem Fuß zu sein. Diesem Prinzip bleibt er aus persönlicher Überzeugung oder aus anderen Umständen, die mir unbekannt sind, treu und er handelt danach. Ich glaube, daß wir hier durch niemanden so gut vertreten sein könnten, wie durch ihn."[9]

Trotz dieser großen Arbeitsüberlastung fanden Graf und Gräfin Rasumovsky Zeit, am Wiener gesellschaftlichen und musikalischen Leben regsten Anteil zu nehmen. Der frühere Salon Thun bestand nicht mehr – es ist möglich, daß die alternde, kränkliche Gräfin bereits damals in der russischen Botschaft in der Johannesgasse wohnte – aber die Tradition wurde von ihren beiden Töchtern fortgeführt. Die Pianistin Frau von Bernhard, die als junge Debütantin bei Botschaftssekretär Klüpfeld wohnte, schreibt in ihren Erinnerungen, daß sie oft bei den Freitag-Abenden im Hause Lichnowsky gespielt habe, daß dort auch regelmäßig „her sister Elisabeth, married to count Rasumovsky, who was even more beautiful" anwesend gewesen sei, daß sie dort „both Haydn and Salieri, sitting on a sofa, both carefully dressed in the old-fashioned way with perruque, shoes and silk hose" gesehen habe.[10]

Noch größere Verdienste um das Wiener Musikleben erwarb sich Fürstin Christiane, als sie einen jungen Musiker aus dem „Reich" bei sich aufnahm und ihn monatelang in ihrem Wiener Palais und auf dem schlesischen Gut Grätz beherbergte: er war ihr von ihrem Verwandten, dem Grafen Carl Waldstein, Kämmerer des Fürst-Erzbischof-Kurfürsten Maximilian Franz, dem jüngsten Sohn Maria Theresias, im Oktober 1792 aus Mainz geschickt worden: Ludwig van Beethoven. Waldstein hatte den Kurfürsten darauf hingewiesen, daß dieser erstklassige Pianist nun nach Mozarts Tod dessen Stelle einnehmen solle. Vom Augenblick seiner Ankunft an förderten die beiden Schwager Rasumovsky und Lichnowsky – und fast mehr noch ihre Frauen – das Musikgenie aus Deutschland, und gaben ihm die Möglichkeit, in ihren Salons aufzutreten.

> „Am Abend bei Frau von Rasumofsky, wo ich Bedhofen klavierspielend vorfand",

notiert Zinsendorf am 23. April 1795 in sein Tagebuch.

> „Außer Christiane und ihrem Mann und Frau von Thun, geborenen Kollowrat aus Prag (sic!) war sonst niemand anwesend."[11]

Beethoven selbst scheint Christianes Gastfreundschaft, die „selbst an seinen Absonderlichkeiten Gefallen fand und ihn nicht wenig verhätschelte", etwas zuviel geworden zu sein. Er schrieb:

> „Mit großmütterlicher Liebe hat man mich dort erziehen wollen und dies ging so weit, daß oft wenig gefehlt, daß die Fürstin nicht eine Glasglocke über mich machen ließ, damit kein Unwürdiger mich berühren oder anhauche."[12]

24. Der erste Koalitionskrieg und der Tod Katharinas (1797–1799)

Die französische Revolution, die „Mutter aller Revolutionen“, begann, ihre Kinder zu fressen. Nach der Machtübernahme durch Danton, Marat und Robespierre begann die Schreckensherrschaft der „Terreur“ und das große Blutvergießen. Tausende Reiche und Würdenträger des alten Regimes mußten ihr Leben unter der Guillotine lassen oder konnten sich als Bettler über die Grenzen Frankreichs retten. Am 21. Januar 1793 wurde König Ludwig XVI. hingerichtet, am 10. Oktober Königin Marie Antoinette.

Die Flüchtlinge aus den vornehmsten Familien Frankreichs, die im Reich, in England und Italien Zuflucht suchten, wurden oft mit Staunen, Unverständnis und Argwohn aufgenommen – mit diesem Phänomen war man in Europa zum ersten Mal konfrontiert. Wer Glück hatte oder Verwandte besaß, fand eine neue Bleibe, wie z. B. die Grafen Thürheim, die auf der Flucht aus ihrem Schloss Huy bei Lüttich fast von den sie verfolgenden „Sansculottes“ gefangen worden wären, weil die fünfjährige Tochter Constantine während einer kurzen Rast in einem von Franzosen überfüllten Gasthaus, in sehr gespannter Atmosphäre, dem Anführer der „Patrioten“ plötzlich laut zurief: „Herr General, geben sie doch Befehl, daß man uns zu essen bringt!“[1] Die Familie fand einen neuen Wohnsitz in Schloß Schwertberg in Oberösterreich.

Als die Nachricht von der Ermordung der königlichen Familie nach Rußland kam, entschloß sich Katharina, in der Bekämpfung des gefährlichen revolutionären „Giftes“ nun eine aktivere Rolle zu spielen. Sie brach die diplomatischen Beziehungen zu Frankreich ab, verwies alle Franzosen, die ihr nicht den Treueid schworen, des Landes und bot den Flüchtlingen, die ihr in ihrem Kampf beistehen wollten, Asyl in Rußland an. Der Weg dieser Flüchtlinge führte meist über die Botschaft in Wien. Von besonderem Interesse ist ein Brief Rasumovskys am Subow vom 15. Mai 1793, in dem er mitteilte, daß zwei junge Aristokraten, der Comte de Langeron und der Duc de Richelieu, den Wunsch hätten, der Kaiserin ihre Dienste anzubieten. Beide machten später in Rußland eine große Karriere, Langeron in der Armee, Richelieu, ein Urgroßneffe des Kardinals, vor allem als Administrator der Stadt Odessa – sein Denkmal oberhalb der berühmten Stiege hat alle Unbilden der Zeiten überdauert.[2]

Rußland trat der preußisch-österreichischen Koalition gegen Frankreich bei. England versprach, Geldmittel für die Kriegführung bereitzustellen. Erschwerend für eine erfolgreiche Koordinierung der militärischen Planung erwies sich, daß die Beziehungen zwischen Österreich und Preußen nach der zweiten Teilung

Polens denkbar schlecht waren. Anfang 1774 wandte sich der österreichische Hof an Katharina mit der Bitte, eine Vermittlerrolle zu übernehmen, wie Rasumovsky in einer Depesche an Ostermann vom 13. Februar berichtete. Die Kaiserin erklärte sich dazu gern bereit, aber sie beging den Fehler so mancher Friedensstifter, denen die realen Hintergründe und Animositäten nicht bekannt sind, von oben herab zu dekretieren, Preußen und Österreich müßten sich vertragen, um den Feind erfolgreich bekämpfen zu können. Während der kommenden Monate wurden zahlreiche diplomatische Schritte bei allen Höfen unternommen, doch als sich Thugut nicht gewillt zeigte, sich diesem Spruch einfach zu beugen, fiel Österreich bei Katharina in Ungnade und sie schloß ein Bündnis mit Preußen. Dies bekam auch der russische Vertreter in Wien zu spüren, der von Katharina und Ostermann für Thuguts Halsstarrigkeit verantwortlich gemacht wurde.

Baron Thugut hat bei den russischen Historikern des 19. Jahrhunderts keine gute Presse. Fast hat man den Eindruck, sie seien froh, alle Mißerfolge der Koalition, die die nächsten Monaten mit sich brachten, ihm anzulasten: seiner Unentschlossenheit, seiner kleinlichen Habgier nach neuen Gebietserweiterungen; sogar der Bestechlichkeit wurde er bezichtigt. In Wirklichkeit war er zwar nicht mit seinem Vorgänger Kaunitz oder seinem Nachfolger Metternich zu vergleichen, ihm fehlte der entschlossene Wille und das Verständnis für große Zusammenhänge, aber er war ein anständiger, pflichtbewußter österreichischer Beamter, für den, wie Hantsch festhält, das österreichische Staatsinteresse und eine untadelige Gesinnung die Basis des Handelns darstellten. Sein Ziel war die Zermalmung der Revolution in Frankreich und die Wiederherstellung der alten Ordnung, außerdem haßte er Preußen.[3]

Die Kampfhandlungen zwischen den Kaiserlichen und den „Sansculottes“ zogen sich hin, ohne daß eine Seite einen entscheidenden Schlag führen konnte. Da veränderte sich plötzlich die Lage an der „zweiten Front“: Am 22. März 1794 brach in Warschau ein Aufstand aus, am 24. erklärten die verzweifelten Polen Rußland den Krieg und errangen erste Siege gegen die Preußen. Nun strömte in Wien zusammen, wer von den früheren polnischen Freiheitskämpfern sich hatte ins Ausland retten können: Tadeusz Kosciuszko, Potocki, Joseph Poniatowski, der „Pepi“ aus dem Salon Thun, und andere. Die Insurgenten waren zuerst erfolgreich, dann aber wurde Kosciuszko von den Preußen geschlagen, die vordrangen und Krakau besetzten. Nun glaubte Österreich, nicht mehr beiseite stehen zu können und ließ sein Heer ins russische besetzte Wolhynien einmarschieren, was bei den Koalitionspartnern großen Ärger hervorrief. Am 16. September erklärte Preußen in einer Note an Thugut, daß es infolge der politischen Ereignisse gezwungen sei, seine Truppen von der französischen Front abzuziehen; Thugut ließ durch Rasumovsky um ein russisches Truppenkontingent zur Unterstützung der Rheinarmee bitten. In Rasumovskys Depesche tauchen erste Überlegungen über eine nunmehr endgültige Aufteilung Polens und den österreichischen Anteil auf.

Am 4. Oktober 1794 machte Rußland dem Aufstand in Polen ein Ende. General Suworow besetzte Warschau nach einem blutigen Gemetzel in der Vorstadt Praga, König Stanislaw August dankte ab, Kosciuszko wurde gefangen genommen – „Finis Poloniae" für 123 Jahre! Am 15. Januar 1795 kam es zu Unterzeichnung eines Abkommens zwischen Rußland und Österreich über die dritte Teilung Polens, dem Preußen beitrat. Österreich erhielt Westgalizien und Krakau, Preußen Warschau und das Gebiet zwischen Weichsel, Bug und Njemen; die restlichen zwei Drittel des Landes gab Rußland nicht mehr her.

Preußen hatte nun seine Kriegsziele erreicht. Am 5. April 1795 schloß König Friedrich Wilhelm II. in Basel einen Separatfrieden mit Frankreich und glaubte, sich auf diese Weise mit Frankreich arrangieren zu können.

Nach diesen vielen mühevollen Verhandlungen, die zum großen Teil über Wien liefen, hoffte André, zum Dank für seine hervorragenden Dienste eine größere Geldzuwendung zu erhalten – wieder einmal befand er sich in einer akuten finanziellen Notlage. Aber „l'auguste souveraine" verlieh ihm nur den Orden des Hl. Wladimir am Bande, worüber er sehr enttäuscht war. Kaiser Franz hingegen schenkte dem russischen Botschafter aus Dankbarkeit eine goldene Tabatiere mit seinem Bild im Wert von 6000 Dukaten; die Reichskanzlei ergänzte diese Summe um weitere 1000 Dukaten.[4]

Kaiserin Katharina und Ostermann fanden, daß Rasumovsky sich zu sehr von Thugut und den österreichischen Interessen beeinflussen ließ. Als auch nach dem Ende der polnischen Ereignisse die österreichischen Truppen keine Anstalten trafen, Wolhynien zu verlassen und es zu ernsten Reibereien zwischen Suworow und den Österreichern kam, machte Katharina Rasumovsky dafür verantwortlich. In ihrem Auftrag richtete Ostermann ein strenges Reskript an den Botschafter, in dem der böse Wille des Wiener Hofes in der Wolhynienfrage und Rasumovskys schwächliches Auftreten scharf getadelt wurde (21. Mai 1795). Morkow beeilte sich am 11. Juli, den erschrockenen und gekränkten Freund zu beruhigen.

André hatte aber auch diplomatische Missionen anderer Art zu erfüllen. Erinnerungen aus der Vergangenheit wurden für ihn wach, als Königin Marie-Caroline von Neapel in Wien in Begleitung von drei heiratsfähigen Töchtern erschien, die sie von hier aus „an den Mann bringen" wollte. Sie war sowohl die Tante, als auch die Schwiegermutter des jungen Kaisers; Maria Theresia, die älteste der neapolitanischen Prinzessinnen, war die erste Frau Franz' II. Als passende Verbindung für ihre Tochter Marie Christine hatte sie den Großfürsten Konstantin von Rußland, den zweiten Sohn des Thronfolgers Paul, ins Auge gefaßt. In ihrem Auftrag wandte sich Rasumovsky an die Kaiserin, er betonte, daß die zukünftige Großfürstin zur unierten Kirche übertreten werde, aber die erregte, zornige Antwort Katharinas ließ nicht auf sich warten:

> „Ihre Majestäten ignorieren anscheinend, daß sich Rußland mit der griechisch-orientalischen Religion ebenso verbunden fühlt, wie sie mit der westlich-lateinischen... daß die mit der lateinischen unierte griechischen Religion in keiner Weise ein akzeptables

Zwischenglied ist, daß die griechische Religion ehrlich und ohne Mentalreservation ausgeübt werden muß, daß eine lateinische oder griechisch-lateinische Nachkommenschaft nicht akzeptiert werden wird, solange ich lebe... daß der Papst jedesmal mit seinen Intrigen Schiffbruch erleiden wird, wenn er versucht, sein Primat in Rußland durchzudrücken, egal unter welchen Schleiern...".[5]

Eine andere Demarche Andrés hatte mehr Erfolg: am 19. April 1796 verlieh Kaiser Franz den Reichsfürstentitel an Platon Subow und den Reichsgrafentitel an Arkadij Iwanowitsch Morkow.

In den nächsten Monaten wurden zwischen den Koalitionspartnern zahlreiche Noten bezüglich eines Feldzuges gegen Frankreich gewechselt. Rasumovsky konferierte in Wien nicht nur mit Thugut, sondern auch mit dem englischen Botschafter Sir Morton Eden. Die Last des Krieges hatte Österreich allerdings allein zu tragen.

Der Verlauf des Krieges änderte sich schlagartig, als im März 1796 ein unbekannter junger General aus Korsika namens Buona Parte den Oberbefehl über die französischen Truppen im Süden übernahm. Binnen kürzester Zeit überschritt er die Alpen, besetzte Piemont und brachte den Österreichern schwere Verluste bei. Die Erstürmung der Adda-Brücke bei Lodi und die französische Besetzung von Mailand waren eine Vorentscheidung. In den nächsten Monaten war die Lombardei besetzt, Papst Pius VI. zur Abdankung und der König von Sardinien zum Frieden gezwungen. Mit Neapel schloß Napoleon einen Waffenstillstand.

In dieser Situation beschloß Katharina, nun endlich aktiv in die Kriegsgeschehnisse einzugreifen. Am 8. August 1796 wurde Rasumovsky von Ostermann verständigt, daß Rußland ein Korps von 60.000 Mann unter dem Kommando von General Suworow an den Rhein schicken werde, damit in Frankreich die alte Ordnung wieder hergestellt werden könne. Ihr Plan war, den Comte den Provence als König Ludwig XVIII. auf den Thron zu bringen.

Von Interesse ist ein Bericht Rasumovskys an Ostermann vom 1. Oktober: Vor wenigen Tagen sei ein französischer Kurier in Wien erschienen, „drapiert in die Aufmachung der sogenannten Republik", den Thugut zuerst gar nicht habe empfangen wollen. „Er brachte ein Billet von so bizarrer Frechheit, daß ich es gar nicht beschreiben kann" von Bonaparte, mit dem kurzbündigen Inhalt: „Majestät, Europa will Frieden. Es ist Zeit, den Kriegskalamitäten ein Ende zu bereiten."[6] Einen Erfolg hatte diese Botschaft nicht.

Dann trat ein Ereignis ein, mit dem anscheinend niemand in Europa rechnete und das für alle überraschend kam, dessen Auswirkung eine Parallele zu den Ereignissen des Jahres 1762 darstellte. Am 6. November 1796 erlag die Große Katharina im Winterpalais einem Schlaganfall. Sie lebte noch 33 Stunden, kam aber nicht mehr zu Bewußtsein und hatte nicht mehr die Zeit, einen anscheinend schon unterschriebenen Ukas zu veröffentlichen, der ihren Sohn von der Thronfolge ausschloß und zu ihrem Nachfolger ihren Enkel Alexander einsetzte. In den letzten Augenblicken ihres Lebens waren Großfürst Paul und Staatssekretär Besborodko allein an ihrem Bett anwesend; Paul durchsuchte ihren Arbeitstisch, fand das gesuchte Paket und warf es nach einer kurzen Kopfbewegung Besborodkos in den brennenden Kamin. Paul war Zar. Die russische Geschichte war wieder an einer Haarnadelkurve angelangt.

Die Folgen zeigten sich sogleich. Paul war bei seinem Regierungsantritt 34 Jahre alt, er war von seiner Mutter systematisch von allen Staatsgeschäften ferngehalten worden; nun kam seine Ungeduld, die Herrschaft über Rußland anzutreten, explosionsartig zum Ausbruch. Katharina hatte ihn bei der Thronfolge übergehen wollen – am Tag seiner Krönung führte er die geregelte Thronfolge nach dem Gesetz der Primogenitur in männlicher Linie wieder ein, das Peter I. außer Kraft gesetzt hatte. Paul widerrief auch sofort mehrere Erlasse Katharinas: Der Krieg gegen Persien wurde eingestellt, alle Soldaten wurden in die Kasernen zurückbeordert, auch das Korps, das an der russischen Westgrenze stand und zur Unterstützung Österreichs bestimmt war. Katharinas Russifizierungsbestrebungen in Polen und im Baltikum wurden rückgängig gemacht, die ehemals bestehenden Verwaltungsorgane in diesen Gebieten reaktiviert; alles, was auf den gehaßten Potjomkin zurückging, wurde abgeschafft.

Unter den Bediensteten bei Hof und in den staatlichen Ämtern gab es große Veränderungen, Günstlinge der verstorbenen Kaiserin wurden entlassen, zogen sich freiwillig oder unfreiwillig auf ihre Güter zurück oder reisten ins Ausland; auch Katharinas letzter Liebhaber Platon Subow verschwand für einige Zeit aus Petersburg. Hoch in der kaiserlichen Gnade stand Graf Besborodko, sein Neffe Viktor Kotschubej wurde aus Konstantinopel zurückgerufen und zum Vizekanzler ernannt. Zu den Vertrauensmännern des Zaren gehörten Fürst N.P. Panin und sein Neffe Fürst A.B. Kurakin. Allerdings konnte bei Pauls Unberechenbarkeit und Sprunghaftigkeit niemand sicher sein, ob er nicht bereits am nächsten Tag in die Verbannung geschickt werden würde.

Für die in Rußland verbliebenen Mitglieder der Familie Rasumovsky hatte die Thronbesteigung Pauls unterschiedliche Folgen. Völlig unbeteiligt blieb nur Alexej Kirillowitsch in seinen Moskauer Palais, Prachtgärten und Glashäusern. Der alte Hetman hatte bereits 1794 sein Petersburger Palais verkauft und war mit seinem gesamten Haushalt in die Ukraine übersiedelt, aber als Feldmarschall und nomineller Befehlshaber des Ismajlow-Regimentes hatte er Anspruch auf eine Suite von Ordonnanzoffizieren und Soldaten. Dieses Privileg wurde ihm vom neuen Kaiser gestrichen. Lew Kirillowitsch, Generalmajor und ehemaliger Generaladjudant Potjomkins, suchte um seine Pensionierung und begab sich auf eine Auslandsreise. Iwan Kirillowitsch war wegen seiner Lungenerkrankung schon im Februar 1796 zum Generalmajor ernannt und pensioniert worden. Natalja Kirillowna, geschätzt wegen ihres Salons und gefürchtet wegen ihrer spitzen Zunge, war stets eine Parteigängerin Katharinas gewesen; sie haßte den Thronfolger allein wegen der Ereignisse des Jahres 1776. Trotzdem avancierte Nikolaj

Alexandrowitsch Sagrjaschski nach Pauls Thronbesteinung zum Hofmeister und Natalja wurde am Tag der Taufe des Großfürsten Michail Pawlowitsch der St. Katharinenorden 2. Klasse verliehen. Die kaiserliche Huld währte allerdings nicht lange.

Für Peter Kirillowitsch bedeutete der Herrschaftsantritt des neuen Kaisers endlich das Ende seines Wanderlebens im Ausland, zu dem er wegen seiner von Kaiserin Katharina und seiner Familie scharf mißbilligten Heirat mit Sofia Stepanowna Czartoryska, gezwungen gewesen war. Der Kaiser ernannte ihn zum Senator und Geheimen Rat; das Ehepaar lebte dann angenehm und unbehelligt in St. Petersburg oder Gostiliza. „Mon frére Pierre a un ventre comme une montage...", wie Sagrjaschskaja in einem Brief schreibt, ist das einzige, was wir aus dieser Zeit von ihm wissen.

Aus verschiedenen Andeutungen scheint hervorzugehen, daß er im Gegensatz zu seinen Brüdern darauf bedacht war, seine Besitztümer zu vermehren, statt zu verschleudern.

25. Paul I. und der Zweite Koalitionskrieg (1797–1799)

Die Nachricht vom Ableben der Kaiserin und der Thronbesteigung Pauls I. erhielt der Wiener Hof in einem offiziellen Schreiben, überbracht durch den Kammerherrn Fürst Michail Michajlowitsch Golizyn. Die österreichischen Hoffnungen, daß auch der neue Herrscher den Kampf gegen die französische Republik fortführen werde, wurden durch mündliche Kommentare des Kuriers zerstört: Kaiser Paul verfolgte eine neue Politik.

> „Man war hier sehr betroffen von dem Entschluß des Kaisers, betreffend die Unterstützung durch 60.000 Mann, mit der man hier gerechnet hat“,

schrieb Rasumovsky an Ostermann.[1] André selbst hatte gute Gründe, seiner dienstlichen Zukunft sorgenvoll entgegenzugehen: wie würde sich sein Verhältnis zum neuen Souverän angesichts ihres alten Gegensatzes gestalten? Doch das Gegenteil seiner Befürchtungen trat ein: Am 17. November 1796, 11 Tage nach Katharinas Tod, erhielt André einen Brief des neuen starken Mannes, Gregor Grigorjewitsch Kuschelew, daß sich der Kaiser in Erinnerung an ihre alte Freundschaft entschlossen habe, die Zwistigkeiten zu vergessen und Rasumovsky zum Vizepräsidenten des Admiralskollegiums zu ernennen und mit der Leitung des Flottendepartementes zu betrauen. Als Antwort auf Andrés Dankschreiben und seine Bitte, ihn auf seinem Wiener Posten zu belassen, weil er seit zwanzig Jahren nichts mehr mit der Marine zu tun gehabt habe, erfüllte Paul in einem freundlichen Reskript dieses Ansuchen (4.1.1797). Anläßlich der Kaiserkrönung am 4. Mai 1797 wurde Graf André zum wirklichen Geheimrat ernannt und erhielt 20.000 Rubel statt der erbetenen 200.000. Eine Reise nach Rußland aus diesem Anlaß war allerdings nicht vorgesehen: die Lage an der italienischen Front war zu angespannt. Nach dem Separatfrieden von Basel und dem unerwarteten Austritt Rußlands aus der Koalition stand Österreich in seinem Kampf gegen die französische Republik, abgesehen von unbedeutenden Verbündeten wie Neapel und dem Kirchenstaat, allein da. General Bonarparte trat zum Angriff an und eroberte am 2. Februar Mantua, der kaiserliche General Wurmser mußte sich ergeben. Am 22. März begann der französische Angriff auf Görz und Laibach, eine andere Kolonne stieß in Richtung Villach und Klagenfurt vor, eine dritte in Richtung Tarvis. Am 25. März mußten sich die Österreicher unter Erzherzog Karl bei Villach gegen die vereinigten französischen Truppen verteidigen und erlitten eine verheerende Niederlage. Am 28. März zogen die Franzosen in Klagenfurt ein; General Bernadotte übernahm von Laibach aus die Verwaltung der eroberten Provinzen Küstenland und Krain; die französische Vorhut stand bei St. Veit und Friesach.

Daß Bonaparte ein genialer Feldherr war, zeigte sich darin, daß er genau wußte, wie weit er gehen konnte. Am 31. März richtete er an Erzherzog Karl ein Friedensangebot, in dem es hieß:

„Gibt es überhaupt keine Hoffnung, daß wir uns miteinander verständigen, müssen wir uns nur wegen der Interessen einer fremden Macht und ihrer Leidenschaft für die Greuel des Krieges weiter gegenseitig umbringen?“[2]

Als Erzherzog Karl am 2. April antwortete, auch er wolle den Frieden, habe aber keine Vollmacht zu verhandeln, setzten die Franzosen ihren Vormarsch fort, am 5. April kam es bei Neumarkt zu einer neuerlichen Niederlage der Österreicher, Leoben und Linz wurden besetzt, der Weg nach Wien entlang der Donau oder über den Semmering stand für Napoleon offen. Einen musikalischen Niederschlag dieser Ereignisse samt der Hoffnung auf baldigen Frieden kann man in Haydns „Misa in tempore bello“, der Paukenschlag-Messe in C-Dur, finden.

In Wien brach Panik aus. Am 18./30.März beschreibt Graf André, ohne auf Einzelheiten einzugehen, die Gefährlichkeit der Lage:

„Die Situation ist äußerst kritisch... In der niederdrückenden Krise, in der sich der hiesige Hof befindet, der sich darein ergeben hat, alle Unglücksschläge zu ertragen, sieht er für die Zukunft nur Hoffnung in der Unterstützung durch unseren erhabenen Souverän.“

Und fügt am 28. März hinzu, daß Kaiser Franz den russischen Bruder auf den Thron darum bitte, zwischen Österreich und Frankreich zu vermitteln.[3] Was der russische Botschafter nicht weiß, weil es ihm von Thugut verschwiegen wird: bereits am 2. April (n. St.) hat der Hofkriegsrat die Lage geprüft und auf Vermittlung des neapolitanischen Gesandten Maquese di Gallo die Generale Bellegrade und Merveldt in Bonapartes Hauptquartier in Leoben geschickt, die Geheimgespräche über die Präliminarien eines Friedens, getarnt als Verhandlungen über einen Waffenstillstand bis zum 16. April, aufnehmen.

Es ist eine der größten Fehlleistungen in der diplomatischen Kariere des Grafen André Rasumovsky, daß er sich durch Thugut täuschen ließ, davon überzeugt war – wohl weil er es selbst wollte – daß nach dem Ende des Waffenstillstandes der Krieg weitergehen würde und daß er seinen Kaiser, der inzwischen selbst die Führung der Außenpolitik übernommen hatte, den ganzen Sommer lang falsch informierte. Paul war über die ihm zugedachte Rolle eines Friedensstifters sehr geschmeichelt und plante, einen Friedenskongreß nach Berlin einzuberufen, und auf dem unter seinem Vorsitz der europäische Status quo wieder hergestellt werden sollte. Als die österreichsichen Stellen, trotz zahlloser Vorsprachen des russischen Botschafters, für diese Pläne keine Begeisterung erkennen ließen, verschlechterte sich das Verhältnis zwischen Rußland und Österreich.

Trotzdem wurde in dieser Zeit die Heirat zwischen dem jungen Erzherzog Joseph und der Großfürstin Alexandra Pawlowna, ebenfalls durch die Wiener Botschaft, in die Wege geleitet. Rasumovsky schrieb zwar zahllose langatmige Berichte nach Petersburg, hatte jedoch nicht in Erfahrung gebracht, daß ab Juni 1797 General Bonaparte in Udine mit Louis Cobenzl über den Abschluß eines Friedens verhandelte. Als dieser Friede am 8. Oktober in Campoformio geschlossen wurde, wurden Rasumovsky die Bedingungen vorerst gar nicht mitgeteilt, wie er am 8. Oktober nach Petersburg (a. St.) schrieb.

Es ist kein Wunder, daß der Ärger Pauls und seiner Umgebung über den Wiener Botschafter groß war. Dies geht auch aus einem Brief von A.B. Kurakin an seinen Onkel N.P. Panin, den Botschafter in Berlin, hervor:

> „Graf Rasumovsky hat uns durch Sonderkurier von der Unterzeichnung eines Friedenstraktates zwischen dem Wiener Hof und den Franzosen informiert, ohne die Friedensbedingungen zu erwähnen, weil er, wie er schreibt, von ihnen keine Kenntnis hat und Baron Thugut ihn erst in zwei Tagen zu sich berufen und einen Sonderkurier mit einer ausführlichen Darlegung aller diese Sache betreffenden Umstände hierher schicken wird. Aber bis jetzt ist dieser Kurier nicht erschienen und Graf Ras. übermittelt keine Berichte. Dieses unrühmliche Verhalten, das zu Schlüssen verleitet, die ihn in einem ungünstigen Licht erscheinen lassen, sein Schweigen, ist wahrhaft erstaunlich, und der Kaiser hat befohlen, ihm hierfür sein Mißfallen auszudrücken."

Diesem Brief vom 6. November schickt Kurakin am 11. November einen zweiten nach:

> „Graf Rasumovsky hat sich in dieser Situation als unbeständig und voreingenommen gezeigt. Nach einer, wie er mitteilte, kurzen Information durch Baron Thugut und ohne auf irgendwelche Einzelheiten einzugehen, hat er eine Stafette geschickt und mitgeteilt, daß zwei Tage später ein Kurier aus Wien mit allen Einzelheiten der Friedensbedingungen abgehen werde. Aber zu unserem außerordentlichen Erstaunen und Beunruhigung sind zwei Wochen in absolutem Stillschweigen vergangen, sowohl von seiner, als auch von der Seite Baron Thugut, und dies war der Anlaß, warum seine Kaiserliche Hoheit diesem Botschafter ihren Unwillen ausgedrückt haben."

Kurakin informierte seinen Onkel so ausführlich, weil dieser den Wiener Botschafterposten haben wollte. Aber daraus wurde nichts, denn der wankelmütige Kaiser entschied sich anders:

> „In Wien gibt es keine Vakanz und es wird auch keine geben. Rasumovsky wird dort immer bleiben, weil man ihn hier nicht haben will und weil alle diesbezüglichen Gerüchte, die bis zu Ihnen gedrungen sind, erlogen sind."[4]

Der Friede von Campoformio war für Österreich ein „Schandfriede". Der römische Kaiser mußte Belgien und das linke Rheinufer an Frankreich abtreten, Österreich verlor die Lombardei, erhielt aber dafür Venedig; über die Entschädigung der deutschen Fürsten aus säkularisiertem Kirchenbesitz wurde auf dem

Kongreß von Rastatt verhandelt. Rasumovsky blieb vorderhand auf seinem Posten, galt jedoch in Rußland mehr denn je als willfähriges Instrument Österreichs.

Um Europa wieder ins Gleichgewicht zu bringen, beschloß der von seiner Friedensmission durchdrungene Kaiser Paul, sich nun aktiver in den Kampf gegen Frankreich einzuschalten. Dazu mag auch Rasumovskys Mitteilung vom 4. April beigetragen haben, der neue französische Botschafter in Österreich, General Bernadotte, sammle unzufriedene Polen um sich, die die Absicht hätten, die Ideale der französischen Revolution nach Rußland zu tragen.[5]

Dazu kam ein neues Moment: Im Sommer 1798 befand sich Bonaparte auf seinem ägyptischen Feldzug. Bevor seine Flotte am 1./2. August bei Abukir von Admiral Nelson vernichtend geschlagen wurde, hatte er im Juni die Insel Malta besetzt und den dort seit Jahrhunderten residierenden Malteser Ritterorden vertrieben; Großprior Ferdinand von Hompesch mußte kapitulieren und nach Triest ins Exil gehen.

Kaiser Paul war ein Bewunderer des Ordens und hatte im Januar 1797 per Dekret ein russisches Priorat gegründet; es war durch Großprior Baron Hompesch und seinen Staatsrat ratifiziert und der Zar zugleich zum Ordensprotektor ernannt worden. Als nun nach dem Fall der Insel einige Ritter nach Rußland kamen, ließ sich Paul auf Initiative des Ordensbevollmächtigten Graf Giulio Renato Litta zum neuen Großprior wählen, obwohl er selbst nicht katholisch und verheiratet war.[6] Die katholischen deutschen Fürsten zögerten ihre Anerkennung hinaus, was Paul in Wut versetzte. Für den Zaren, dessen Wesen immer paranoidere Züge annahm, begannen die Probleme des Ordens und die Beachtung seiner neuen Würde alles andere zu verdrängen. Alle Hofbeamten mußten nun die schwarzen Mäntel mit dem weißen Malteserkreuz tragen. In einem Privatbrief von Kotschubej an Rasumovsky vom 6.10.1801 findet sich ein bissiger Kommentar zu dieser „lächerlichen Geschichte".[7]

Die Allierten hatten kein gemeinsames Ziel und keine untereinander abgesprochene Strategie. England wollte den Franzosen Holland entreißen, Österreich wollte Oberitalien zurück haben, war aber nach den vielen Niederlagen sehr geschwächt. Kaiser Paul hatte kein konkretes Ziel: er sah sich als Retter Europas. Er entsandte ein russisches Expeditionskorps von 27.000 Mann unter dem Befehl von General Rosenberg, das Ende 1798 die Grenze in Richtung Galizien überschritt. Doch sogleich kam es zu den unter Verbündeten üblichen Reibereien zwischen Rosenberg und den österreichischen Behörden wegen unzureichender Quartiere und Verpflegung, für die Rosenberg Rasumovsky verantwortlich machte. Die Streitereien setzten sich auch in Brünn fort, wohin am 15. Dezember das österreichische Kaiserpaar und Rasumovsky kamen, um die Verbündeten zu begrüßen. Rosenberg nahm dem russischen Gesandten besonders übel, daß die Truppen nicht in Brünn ihre Winterquartiere beziehen durften, sondern erst im Raum St. Pölten-Krems. Seine Klagen über Rasumovsky erreichten St. Petersburg in regelmäßigen Abständen.

Schließlich kam der Augenblick, als Kaiser Paul die Klagen über Rasumovsky zu viel wurden. In einem Brief vom 14. Januar 1799 berief er Rasumovsky ab und schickte einen seiner neuen Günstlinge, Stepan Wassiljewitsch Kolytschow, nach Wien.

In einem „Brief aus Wien“ schrieb das Hamburger „Politische Journal“:

> „Der Rußische Bothschafter, Graf Rasoumovski, ist zwar von hier abgerufen, und Herr von Kalitschev ist an deßen Stelle ernant worden, aber man glaubt, ersterer werde, auf Einschreiten unseres Hofes, auch fortan hier verbleiben.“[8]

Und so sollte es auch kommen: In einem Brief vom 20. Januar 1798, der sich mit dem kaiserlichen Schreiben kreuzte, teilte Rasumovsky mit, daß Kaiser Franz vorschlage, Rosenberg abzuberufen und anstelle des eben verstorbenen Prinzen von Oranien General Suworow zum Oberbefehlshaber der alliierten Truppen an der Südfront zu ernennen. Paul war über dieses Anerbieten so entzückt, daß er nicht nur unverzüglich die Abberufung seines Botschafters widerrief, sondern ihm außerdem den Andreasorden verlieh.

> „Der Posten, den man dem Grafen Rasumovsky weggenommen hat, wurde ihm zurückgegeben, nicht, wie man hier glaubt, nach einer Intervention des Erzherzogs (Karl) oder des Wiener Hofes... sondern weil der Kaiser aus eigenem Antrieb dem Grafen Rasoumovski Gerechtigkeit widerfahren lassen und ihm dannach das blaue Band verleihen möchte. Ich bin sehr froh darüber, daß er dem Dienst erhalten bleibt. Er hat bestimmt großes Talent und was die Vorwürfe gegen ihn betrifft, die man ihm oft gemacht hat, daß er in der Seele ein Österreicher ist, so ist das stark übertrieben und sie kommen nur von Leuten, die nicht wissen, wie die Geschäfte abgewickelt werden...“,

schrieb Woronzow am 26. Februar an Kotschubej.[9]

Kolytschow blieb in Wien und begann, gegen Rasumovsky zu intrigieren, so wie dieser seinerzeit gegen Golizyn, und wartete auf seine Stunde.

Über Suworows Erscheinen in Wien berichteten alle zeitgenössischen Publikationen. Er entsprach dem Bild, das man sich in den Wiener Salons von den merkwürdigen Russen zu machen pflegte: ein ruhmbedeckter Feldherr, dessen „exotisches“ Benehmen viel zu seiner Popularität beitrug. Er bildete das Gesprächsthema der Hauptstadt.

Suworow traf am 14./27. März in Wien ein und wurde von der Volksmenge mit Vivat-Rufen begrüßt; der Kaiser empfing ihm sogleich überaus huldvoll. Der General nahm Quartier in der russischen Botschaft, aber er wollte nicht in einem Bett schlafen, sondern ließ sich auf dem kostbaren Parkettboden Stroh aufschütten. Auch die Bemühungen des Botschafterehepaares, für ihren berühmten Gast einige Feste zu veranstalten, schlugen fehl: Suworow weigerte sich als frommer orthodoxer Christ, während der Fastenzeit Feste zu besuchen. Zwischen ihm und Rasumovsky bildete sich ein freundschaftlich-vertrauensvolles Verhältnis; Suworow besprach mit dem Botschafter seinen Schlachtplan. Noch stärker scheint den alten Haudegen allerdings die Gräfin beeindruckt zu haben: als er Ende März aus Wien abreiste, um zur Truppe zu fahren, legte der Feldmarschall und Oberbefehlshaber zweier Kaiserreiche Elisabeth ein goldenes Herzchen an einem Kettchen um den Hals, versperrte es, steckte den Schlüssel in die Tasche und bestieg seinen Reisewagen.

Suworow war zwar der Oberbefehlshaber zweier Kaiserreiche, aber von wem er seine Anweisungen erhalten und welche Kriegsziele er anzustreben hatte, blieb offensichtlich ungeklärt. Österreich wollte die Lombardei zurück haben, jedoch Frankreich in seinen natürlichen Grenzen nicht zu nahe treten; Paul interessierte sich vor allem für den Malteserorden und zerbrach sich über konkrete Ziele nicht den Kopf; Suworow wollte die Franzosen besiegen und weitere Gebiete erobern – für Konfliktstoff war also gesorgt. Die Koordinierung zwischen der Truppe und den politischen Instanzen lief in der Praxis über die Wiener russische Botschaft, was André dermaßen überforderte, daß er oft sein Heil im Lavieren zwischen Suworow, seinem Kaiser und dem vorsichtigen Wiener Hofkriegsrat suchte, was Suworow nicht verstand. Aus ihrem vollständig erhaltenen Briefwechsel läßt sich ersehen, wie Suworows freundschaftliche Gefühle langsam in Mißtrauen und Frustration umschlugen.[10]

Am 3. April traf Suworow in Verona ein; seine Truppen erreichten diese Ausgangsbasis erst einen Tag nach ihm. Nun wiederholten sich für die unglückselige Bevölkerung die Ereignisse des Vorjahres mit umgekehrten Vorzeichen: Am 8. April begann die Offensive, am 10. wurde Brescia genommen, am 13. Bergamo; die Festung Mantua blieb im Rücken der Armee liegen. Vom 15.-17. April erlitten die Franzosen eine Niederlage in Lecco, am 18. standen die Alliierten vor Mailand; die Bevölkerung erhob sich gegen die Franzosen. Am 15. Juni wurde General Moreau in einer außerordentlich blutigen Schlacht bei Trebbia geschlagen.

In Wien ebenso wie in Petersburg war man über diese Erfolge begeistert. Auf Empfehlung von Suworow verlieh Paul André die höchste Auszeichnung, den Andreas-Orden mit Diamanten. Diese Huld dauerte allerdings nicht lange an.

Zwischen den Alliierten kam es zu Differenzen. Der siegreiche Feldherr wollte die Gunst des Augenblicks nützen und weiter vorgehen, entweder durch die Schweiz in Richtung Paris oder „die Adda gleich dem Rubicon überschreiten"[11] und über Rom bis Neapel vordringen, das die Franzosen besetzt hatten. Der Hofkriegsrat verlangte jedoch zuerst die Eroberung der Festungen Mantua, Tortona und Alessandria. Suworow beklagte sich bei Rasumovsky, dieser versuchte zu beschwichtigen und vertrat die Position der Österreicher. „Mütterchen Gräfin", schrieb daraufhin Suworow in seinem nächsten Brief, „verabreiche dem Grafen eine Tracht Prügel; er hat ein paar Dummheiten gesagt!" Suworow wandte sich mit seinen Klagen über Rasumovsky und den Wiener Hof direkt an den Kaiser, mit der Bitte, ihn abzuberufen, falls seine Dienste nicht mehr benötigt würden, und diese Klagen fanden bei Paul ein offenes Ohr, denn sein Ärger über die Haltung Österreichs in der Frage des Malteserordens wurde immer größer.

Die Herrlichkeit des neuen Malteser-Großpriors wurde dadurch beeinträchtigt, daß in Triest immer noch der rechtmäßig gewählte Großprior saß und die Insignien des Ordens nicht herausgeben wollte. Paul schrieb an Rasumovsky ausgesprochen verärgert:

> „Herr Graf von Razoumovsky, trotz meiner wiederholten Forderungen und den Versicherungen, die mir der römische Kaiser gemacht hat, höre ich, daß der Herr Hompesch, der weiter in Triest nicht als einfache Privatperson, sondern als Phantom eines Großmeisters residiert und von nicht bevollmächtigten Leuten umgeben ist, die sich sein Hofstaat nennen... Ich habe diese Umtriebe satt, in denen ich etwas besonders Tückisches sehe und was meiner Art zu handeln widerspricht und möchte ein Ende dieser Dummheiten von Hompesch in Triest sehen. ... Ich habe dem Generalleutnant Korsakoff den Befehl erteilt, bis auf weiteres den Vormarsch seines Corps zu unterbrechen und sich nicht zu rühren, bis ich es ihm anordne, was dann geschehen wird, wenn ich vollkommen zufriedengestellt sein und hören werde, daß der Wiener Hof den Herrn Hompesch zur Räson gebracht hat. Sie werden dem Buchstaben getreu das ausführen, was ich Ihnen vorschreibe und mir darüber einfach und lakonisch berichten!“[12]

Paul sah Rasumovsky als Werkzeug Thuguts an; er ernannte den auf seinen Auftritt wartenden Kolytschow zum Botschafter des souveränen Malteser-Ordens beim römischen Kaiser – ein Posten, der traditionell einem Vertreter des böhmischen Hochadels vorbehalten war – und gab Suworow die Anweisung, seine Berichte nach Rußland über Kolytschow zu senden.

Cobenzl kittete notdürftig die verfahrene Situation zwischen Rußland und Österreich; er teilte Rostoptschin mit, daß der Kaiser einverstanden sei. Hompesch wurde unter Druck gesetzt, zugunsten des russischen Zaren abzudanken. Da der Großprior vom kranken Papst Pius VI., der sich praktisch in französischer Gefangenschaft befand, keine Unterstützung erhielt, gab er nach und demissionierte in einem Brief an Kaiser Franz vom 6. Juli 1799.

Mittlerweile besetzten die verbündeten Truppen Sardinien und eroberten Turin; in den ersten Julitagen ergaben sich die Festungen Tortona, Alessandria und Mantua den Russen, die Städte Mailand und Ferrara den Österreichern. Suworow setzte in eigener Machtvollkommenheit den König von Sardinien wieder ein, was den Konflikt mit dem Wiener Hof noch verschärfte. Am 4. August begannen die Franzosen bei Novi mit einer Gegenoffensive, aber der befehlshabende General Joubert fiel am ersten Tag; statt ihm übernahm General Moreau das Kommando. Suworow setzte zum Gegenangriff an und errang erneut einen großen Sieg. „Mein treuer Freund, lassen sie mir meinen Willen und geben Sie mir Freiheit! Damit ich die vollkommene Macht habe, die Gelegenheit auszunützen“, beschwor Suworow den Grafen André.[13] Aber diese Freiheit erhielt er nicht und bat, tief enttäuscht, erneut um seine Ablösung.

Obwohl sich das Verhältnis zu Österreich nach einem Geheimabkommen zwischen Rußland und England weiter verschlechterte, fand im August die geplante Hochzeit zwischen der Großfürstin Alexandra Pawlowna und dem Erzherzog-Palatin Joseph statt. In dessen glänzendem Gefolge befand sich auch der junge Graf Franz Joseph Dietrichstein, ein Cousin der Gräfin Elisabeth, der von Thugut den Auftrag erhalten hatte, in Gesprächen mit Rostoptschin die Stimmung zu verbessern. Diese Mission schlug fehl, aber auch Dietrichstein konnte von dieser Reise eine entzückende junge Frau heimführen: Prinzessin Alexandra Schuwalowa.

Verständlicherweise konnte Rasumovsky den großen Arbeitsanfall, den seine vielseitigen Verpflichtungen mit sich brachten, mit dem Botschaftspersonal nicht mehr bewältigen. Er bat in Petersburg um Verstärkung und erhielt als Helfer zwei junge Männer, Michail Leontjewitsch Magnizki und seinen Neffen Alexej Wassiljewitsch Wassiltschikoff, den Sohn seiner Schwester Anna Kirillowna. Ein dritter Kandidat, Michail Semjonowitsch Woronzow, kam nicht, weil sein einflußreicher Vater in London ihn nicht dem schlechten Einfluß Rasumovskys aussetzen wollte:

> „Dieser sehr talentierte Gesandte ist der sittenloseste Mensch der Welt. Er ist mit einer liebenswürdigen Frau verheiratet, die ihn liebt, aber er macht sie unglücklich. Er ist ununterbrochen damit beschäftigt, die Frauen anderer zu verführen (was in diesem Land nicht schwer ist), und tut dies nur, damit er sich später damit brüsten kann. Außerdem ist er weit über das hinaus verschuldet, was er zurückzahlen kann und lebt trotzdem weiter auf Kosten seiner Gläubiger in extravagantem Luxus und Verschwendung.“[14]

Die Beschreibung, die Woronzow von seinem Wiener Kollegen gibt, hatte sicher eine Berechtigung. Was er jedoch nicht sah oder wissen wollte, war die herausragende Rolle, die das russische Botschafterehepaar bereits zu dieser Zeit im kulturellen Leben Wiens spielte und die zweifallos große Geldsummen verschlang. Bei den täglichen Routs in der Botschaft, an denen auch Botschaftsrat Klüpfeld und die jungen Sekretäre teilnahmen, wurden nicht nur inoffizielle politische Gespräche geführt, sondern vor allem Musik gemacht. Beethoven, der Lichnowsky'sche Protégé, ging in der Botschaft aus und ein; er spielte auch oft bei Klüpfeld. Sein Trio op. 11, geschrieben um 1797, ist der Gräfin Thun gewidmet, die „Sonate pathétique“ aus dem Jahr 1799 dem Fürsten Lichnowsky. Vielleicht das größte Verdienst der beiden Schwager ist jedoch, daß sie sehr bald nach Beethovens Ankunft vier Musiker engagierten (die von Rasumovsky „auf Lebenszeit“ bezahlt wurden), die unter der Leitung des Primgeigers Ignaz Schuppanzigh die Aufgabe hatten, das auszuprobieren, was Beethoven in Fortsetzung der Tradition von Haydn und Mozart für vier Streichinstrumente komponierte. Das Schuppanzigh-Quartett, das erste professionelle Streichquartett, ist ebenso in die Musikgeschichte eingegangen wie der unsterbliche Komponist.

Aber die kritische Lage an der italienischen Front ließ André wohl nicht allzuviel Zeit für musikalische Genüsse. Es war Englands Vorschlag, das russische

Graf Lew (Léon) Kirillowitsch Rasumovsky, 1757–1818. Portät von O.A. Kiprensky.

Prinzessin Maria Grigorjewna Golizyn, geb. Prinzessin Wjasemsky, 1772–1865. In 2. Ehe verheiratet mit L.K. Rasumovsky („La comtesse Léon"). Portät v. E.L. Vigée Lebrun.

Natalja Kirillowna
Sagrjaschsky, geb.
Rasumovsky, 1747–1837

Gräfin Praskowja Kiril-
lowna Gudowitsch, geb.
Rasumovsky, 1755–1808

Fürst Nikolaj Grigorjewitsch Repnin-Wolkonsky, 1778–1844, Feldmarschall

Fürstin Warwara Alexejewna Repnin-Wolkonsky, geb. Rasumovsky 1778–1869

Graf Sergej Sergejewitsch Uwarow, 1786–1855, Minister für Volksbildung

Gräfin Katharina Alexejewna Uwarow, geb. Rasumovsky, 1783–1849

Palais des Grafen Kirill Grigorjewitsch, St. Petersburg, Mojka Nr. 48, erbaut 1762–1766

Moskau, Gesamtansicht des Kreml

Expeditionscorps aus Oberitalien abzuziehen und es unter Suworows Oberbefehl mit dem Corps Rimski-Korsakow zu vereinigen, das mittlerweile in der Schweiz eingetroffen war, um die österreichische Armee unter Erzherzog Karl zu verstärken. Wohl infolge eines neuerlichen Mißverständnisses war aber Erzherzog Karl beim Eintreffen der Russen bereits durch die Burgundische Pforte in Richtung Frankreich abmarschiert.

Der seelisch und körperlich sehr geschwächte General Suworow führte den erhaltenen Befehl aus. Noch einmal, bei Glarus, besiegten die von den großen Anstrengungen erschöpften russischen Truppen den doppelt so starken Feind, dann erfolgte innerhalb von sechzehn Tagen der legendäre Marsch über die Alpen, der Suworows Namen im Westen berühmter gemacht hat, als alle seine Siege. Doch als die russischen Soldaten, die die Strapazen überlebt hatten, über Chur in Lindau eintrafen, hatte General Masséna das Corps Korsakow bei Zürich geschlagen und aufgerieben.

Suworows letzter Brief an Rasumovsky wurde am 9. Oktober 1799 in Lindau geschrieben.[15] Von dort begab sich der kranke, alte Feldherr nach Hause und rechnete nach allem, was er für Rußland geleistet hatte, mit einem feierlichen Empfang. Aber das Gegenteil geschah: nur den inständigen Bitten seiner Freunde war zu verdanken, daß er nicht in die Peter-Pauls-Festung geworfen wurde. Der bereits verrückte Kaiser Paul machte Suworow für die Niederlage Korsakows verantwortlich. Der große Feldherr starb verzweifelt und verbittert am 12. Mai 1800.[16]

Diese Ereignisse besiegelten den Bruch zwischen Rußland und Österreich, und als Hauptschuldiger wurde in St. Petersburg Rasumovsky betrachtet. Am 25. September richtete der Kaiser an ihn ein Schreiben, in dem er „seinen Wunsch, in Rußland zu sein" erfüllte und den Botschafter für sechs Monate beurlaubte, mit dem Auftrag, alle laufenden Agenden und das Botschaftsarchiv Kolytschow zu übergeben.

Graf André scheint diese Aufforderung nicht ganz ernst genommen zu haben. Er antwortete, daß er noch einige Zeit in Wien verbringen müsse, um abschließende Gespräche mit dem Baron Thugut zu führen. Es ist nicht verwunderlich, daß dies Paul erneut in Wut versetzte. Rasumovsky erhielt ein mit 16. Oktober datiertes allerhöchstes Reskript, das keine Zweifel mehr übrig ließ: Übergabe aller laufenden Angelegenheiten und des Archivs an Kolytschow, sofortige Abreise aus Wien und Zwangsaufenthalt bei seinem Vater in Baturin. Rostoptschin schilderte Woronzow dieses Ereignis am 11. November:

> „Rasoumovsky, der nichts vom Fehlschlagen der Mission Dietrichstein wußte, wollte trotz des Befehls, die Leitung der Geschäfte an Kolytschow zu übergeben, in Wien bleiben und gab vor, von seinem sechsmonatigen Urlaub erst dann Gebrauch machen zu wollen, wenn seine Verhandlungen mit Thugut zu Ende seien. Sie können sich vorstellen, wie der Kaiser das aufgenommen hat. Er hat seine Abberufung und den Befehl bekommen, sich zu seinem Vater, dem Marschall, zu begeben. Es tut mir sehr leid für

ihn, aber unter uns, nie hat es einen geistvollen Mann gegeben, der so verblendet ist und so von diesem Schuft von Thugut an der Nase herumgeführt wurde wie André.“[17]

Aber auch Paul hatte dazugelernt, er wollte nicht mehr den Retter Europas spielen. Nochmals Rostoptschin an Woronzow:

„Der Kaiser hat sich entschlossen, zu Hause zu bleiben und zu beobachten, wie sich die Dinge entwickeln. Er ist von seinem Wunsch geheilt, den kühnen und edlen Ritter zu spielen.“[18]

Gleichzeitig mit seinem letzten Dienstschreiben vom 26. November 1799 übersandte Rasumovsky an den Kaiser drei Siegel und die von Paul so heiß ersehnten drei Heiligtümer des Malteserordens, die er schließlich doch von Hompesch erhalten hatte: 1. Ein Teilchen des lebensspendenden Kreuzes, das von Gerhard dem Gründer des Johanniterordens, aus der Zeit des 1. Kreuzzuges stammte, 2. Das wundertätige Bild der Gottesmutter von Philermos, gemalt vom Evangelisten Lukas, 3. Die Hand Johannes' des Täufers, des Schutzpatrons des Ordens.[19]

Rasumovsky selbst dürfte die Tatsache seiner „Beurlaubung“ nicht in ihrer vollen Tragweite erkannt haben; auch wollte er nicht an einen endgültigen Bruch zwischen Rußland und Österreich glauben. Kurz zuvor hatte er in der Vorstadt Landstraße, dort, wo er vor 20 Jahren die Familie Thun kennen gelernt hatte, von Dr. Mesmer ein großes Grundstück erworben, das von der Hauptstraße bis zum heutigen Donaukanal hinunterreichte, und auf dem ein kleines Landhaus stand; er hatte dort eine Privatbrücke in den Prater errichten lassen. Er war gerade dabei, durch den berühmten Gartenarchitekten Rosenthal einen Park anlegen zu lassen, als ihn das Dekret aus St. Petersburg erreichte.

Doch sogar in dieser Situation hielt es der abgesetzte Botschafter nicht für notwendig, die Dinge zu übereilen. Am 9. Dezember teilte er Rostoptschin mit, daß er am nächsten Tag, nach der Abschiedsaudienz beim Kaiser, Wien verlassen würde. Am 12. Dezember beklagte sich Kolytschow, daß Rasumovsky immer noch in der Stadt sei und daß sich Abend für Abend bei ihm die feine Gesellschaft einschließlich Baron Thugut träfe. Aber er wußte nicht, daß an dem gleichen Abend bereits der Reisewagen für die Abfahrt im Torflur stand. An diesem Abend fragte Alexej Wassiltschikoff den französischen Kammerdiener, ob sein Onkel nun bald abreisen werde. „Es scheint, daß etwas sich abzuzeichnen beginnt“, erhielt er zur Antwort, bevor der Diener dem Vater des zukünftigen Familienchronisten die Tür vor der Nase zuschlug.[20]

Elisabeth blieb in Wien zurück – mit einer sterbenden Mutter, zahllosen finanziellen und familiären Problemen, selbst krank und angesichts einer sich neuerlich abzeichnenden Kriegsgefahr.

26. Verbannung (1800–1801)

Andrés Reiseroute im tiefen Winter können wir anhand seiner Briefe verfolgen. Die ersten zwei kommen aus Nikolsburg, am 29.12. (n.St.) ist er in Krakau, am 6.1.1800 in Lemberg beim alten Freund Rzewuski, am 13. bereits jenseits der Grenze auf dem Gut seines Schwagers Iwan Gudowitsch; der achte Brief, datiert auf den 18./29. Januar wurde bereits in Baturin geschrieben. Hier erfolgte ein bewegendes Wiedersehen mit seinem Vater, den er bei schlechter Gesundheit vorfand.

Glückliche Umstände bewirkten, daß trotz aller kriegerischen und anderen Ereignissen in unserem Jahrhundert die ca. 230 Briefe, die das Ehepaar Rasumovsky zwischen 1800 und 1801 wechselte, zum Großteil erhalten geblieben sind.[1] Aus ihnen werden die Geschehnisse in Wien, in Rußland und auf den Kriegsschauplätzen, die Stimmungen und persönlichen Erlebnisse auf eine andere Weise verständlich, als aus den offiziellen Verlautbarungen. André schrieb jedesmal, wenn Post von Baturin befördert wurde, Elisabeth regelmäßig zweimal in der Woche, wobei sie es sich sogar in den schwersten Tagen zur Pflicht machte, ihren verfemten, isolierten und von vielen Seiten bespitzelten Mann über alle Ereignisse zu informieren, die er unter anderen Umständen wohl selbst mitgestaltet hätte. Sie wollte selbst nach Rußland fahren und sich dem Kaiser zu Füßen werfen. Sie war fest davon überzeugt, daß die kaiserliche Ungnade nur ein Mißverständnis war, daß ein Brief oder eine persönliche Audienz alles aufgeklärt hätte. Daß Rasumovskys Lebensaufgabe, das Zusammengehen von Österreich und Rußland, für den Augenblick zerstört war, daß Paul längst schon Schritte unternommen hatte, um gemeinsam mit Frankreich gegen England vorzugehen, davon ahnten beide nichts.

Dieser Briefwechsel ist aber auch ein berührendes Zeugnis dafür wie Ehepartner, die sich in vielem auseinandergelebt haben, wieder zusammenfinden – ein schmerzlicher Prozeß, besonders nachdem Elisabeth von wohlmeinenden Freunden erfahren hat, daß ihr berüchtigter Don Juan nicht nur sie, sondern auch eine andere Herzensdame aus der Gesellschaft in Wien zurückgelassen hat. Rührend ist die schriftliche Versöhnung mit einer Verspätung von zwei Monaten – so lange dauert es, bis zu einem bestimmten Problem eine Antwort erfolgt. In diesen Briefen zeigt sich Elisabeth als selbstlose, großartige, jeder Situation gewachsene Frau, während André sich vor allem auf seine eigenen Ängste und Wehwehchen konzentriert.

Vom Augenblick ihrer Trennung an sah sich Elisabeth allen nur erdenklichen Schikanen, Unannehmlichkeiten und Schicksalsschlägen ausgesetzt: Es begann damit, daß ihr Kolytschow sofort die Loge im Theater wegnehmen wollte; danach, als der Erzherzog-Palatin mit seiner jungen Frau aus Rußland zurückkam und Elisabeth der Großfürstin Alexandra eine Besuch abstatten wollte, wurde sie von deren Ehrendamen nicht vorgelassen. Auf Kolytschows Betreiben wurden Rasumovskys Vertraute, der „große" und der „kleine Ritter", nach Rußland zurückberufen, worüber die Gräfin sehr traurig war. Aber als am 16. Februar eine der üblichen Donauüberschwemmungen Teile der Stadt und den Prater verheerten, wurde die hölzerne „Rasumovsky-Brücke" nicht weggerissen; zumindest eine gute Nachricht.[2]

Dazu kommen die famliären Probleme. Nicht nur der alten Gräfin Thun geht es schlecht; Elisabeth muß fast täglich in „ce maudit faubourg" Margarethen fahren: wir hören, daß dort der alte Graf Thun, ebenfalls schwer krank, liegt. Er hat sich mit seiner Frau vollkommen entzweit. Wir erfahren, daß auch die beiden anderen Thun-Schwestern in Wien leben: Christiane, zusammen mit ihrer Cousine Therese Dietrichstein (später Gräfin Merveldt) im Hause des englischen Botschafters Minto in St. Veit – Lichnowsky befindet sich auf seinen schlesischen Gütern und Christiane fährt bloß einmal für ein paar Tage hin – Caroline mit ihrem Mann Guilford und drei Kindern in Hacking. Sie erwartet ein viertes Kind. Der einzige Bruder, der im böhmischen Klösterle residiert, hat irgend etwas getan, das, wie Elisabeth schreibt, den Tod beider Eltern beschleunigt hat. Elisabeth kann aus finanziellen Gründen das Palais der Botschaft nicht halten und versucht, es zu vermieten, was ihr erst nach vielen Monaten gelingt. Freude bereitet ihr die Ankunft von Andrés Schwester Elisabeth Apraxin, die ihre Tochter, verheiratet mit einem Grafen Nostiz, besucht.

Und am 26. April noch ein Lichtblick, wobei wir wörtlich zitieren wollen:

> „Es gibt hier einen berühmten Jagdhornspieler namens Punto, er spielt wie ein Engel. Sie (= die Mutter) hat den Wunsch ausgesprochen, ihn zu hören, und Beethoven und er haben eine reizende Sonate, eine Komposition des letzteren, gespielt. Sie haben sich ins Zimmer neben ihrem gesetzt. Ich hatte große Angst, daß es zu laut und ermüdend für sie sein wird. Aber ganz im Gegenteil, es hat ihr größte Freude bereitet."[3]

Und dann folgte ein Schlag auf den anderen: am 9. Mai stirbt die Mutter, am 15. August Caroline im Kindbett, am 24. August der alte Graf Thun. Mutter und Tochter wurden in einem Grab auf dem St. Marxer Friedhof begraben, das heute nicht mehr zu finden ist. Die „Wiener Zeitung" widmete der Mäzenin, die so viel für die musikalische Kultur getan hatte, einen ausführlichen Nachruf.[4]

Unmittelbar nach dem Tod der Mutter stürzten sich Andrés Gläubiger auf Elisabeth; sie war gezwungen, mit Hilfe des Bankiers Arnstein die ererbten Diamanten, ihren persönlichen Besitz, zu verkaufen. Danach war sie völlig mittellos, denn aus St. Petersburg kam kein Geld mehr und der Großteil der Erbschaft fiel nach langen Verhandlungen an den Bruder.

Es ist kein Wunder, daß die Briefe der Gräfin Elisabeth, die selbst krank ist, aber alle Verwandten aufopfernd pflegt, verzweifelt klingen. Trotzdem besitzt sie die Disziplin und Seelenkraft, ihrem ins Unglück geratenen Mann mit bewundernswerter Regelmäßigkeit alles zu berichten, was sich in Wien und in der Welt zuträgt – keineswegs ausgesprochen erfreuliche Neuigkeiten. Rasumovsky muß durch die Briefe seiner Frau erfahren, daß sich das Schlachtenglück nach Napoleons Rückkehr aus Ägypten am 16. Oktober 1799 und seinem Staatsstreich vom 9. November, durch den er sich zum Ersten Konsul ernannt hat, neuerlich gewendet hat. Bedrückt und unglücklich schreibt Elisabeth über die schwere Niederlage der Kaiserlichen bei Marengo durch „Buona Parte", bei Hohenlinden durch Moreau. Alle im Vorjahr eroberten Gebiete in Oberitalien sind verloren, die Franzosen stehen wieder an der Enns, in Wien bricht erneut Panik aus: aus Wien und Prag fliehen reiche Leute auf ihre Güter (Brief v. 7. September).

Durch gelegentlich von Reisenden überbrachte Briefe wußte Elisabeth, wie die Situation ihres Gatten wirklich war; die auf normalen Weg expedierten Poststücke wurden streng zensiert. André lebte in Baturin isoliert von der Außenwelt, überwacht von vielen Spitzeln. Er bewohnte das gleiche Zimmer wie während seiner Ungnade im Jahre 1776 und setzte wochenlang keinen Fuß vor das Haus, sein Schlaf wurde gestört „durch trübe Gedanken und Ratten". Das Haus war öde und leer, seitdem Kaiser Paul dem alten Hetman die aus Offizieren seines Regimentes bestehende Suite weggenommen hatte; der Tagesablauf denkbar monoton. André leistete am späten Vormittag seinem Vater beim Ankleiden Gesellschaft; vor und nach dem Abendessen mußte er mit ihm Karten spielen, die übrige Zeit verbrachte er lesend in seinem Zimmer. Zu den Mahlzeiten, bei denen früher Dutzende von Gästen anwesend gewesen waren, waren sie nun meist zu fünft. „...ma cousine Apraxine et moi, ensuite le comparse (= Michail Gudowitsch) comme secrétaire, le médecin (= der österreichische Leibarzt Dr. Dussek) et l'intendant" (18/29 mars.). Auf den Gedanken, zur Abwechslung doch manchmal das Haus zu verlassen und sich in seiner Umgebung umzusehen, kam André offenbar nicht. Aber vielleicht hätte das sogar für ihn gefährlich werden können.

Kirill Grigorjewitsch konnte zwar seine Füße nicht mehr gebrauchen, aber sein Geist war rege wie eh und je: „Il ne s'intéresse toujours que pour les nouvelles entreprises, bâtisses, plantations", bemerkte sein Sohn am 7./19. März. Tatsächlich hatte der Ex-Hetman seit seiner Rückkehr in die Ukraine 1794 eine Reihe von Bauwerken errichten lassen, die das Bild des Landes noch heute prägen bzw. bis 1917 oder 1945 geprägt haben, z.B. die Kirche von Jagotin, erbaut von Ménélas und das vom gleichen Architekten entworfene Stadtpalais in Kiew, das allerdings innerhalb von 24 Stunden abgerissen und das Material nach Jagotin transportiert werden mußte, weil sich der alte Graf über eine Steuervorschreibung der Stadt ärgerte. Berühmt waren auch Kirche und Palais in Potschep, errichtet von J.B. Delamotte; das Palais enthielt einen Ballsaal und eine große Bibliothek und war umgeben von einem Park im holländischen Stil. In den letzten Jahren seines Lebens konzentrierte sich Kirill Grigojewitsch auf den Bau der

Kirche von Baturin und seines neuen Palastes am Ufer des Sejm, der niemals fertig gebaut wurde.

Der ehemalige Landesherr hatte sich in den letzten Jahren aber auch um die wirtschaftliche Weiterentwicklung gekümmert. 1797 führte er mit Andrés Hilfe Merinoschafe aus der Zucht des Fürsten Liechtenstein in der Ukraine ein, nach Jagotin brachte er eine Zucht von Seidenraupen, er ließ auf seine Güter neue Maschinen kommen, in Baturin eine Kerzen- und eine Textilfabrik errichten und vieles mehr. Einmal jährlich unternahm er eine Reise durch seine Besitzungen – im Herbst 1800 wurde er von André begleitet – und liebte es, wie Wassiltschikoff berichtet, „mit den Bauarbeitern bei dieser Gelegenheit in seinem heimatlichen Idiom zu sprechen."[5]

Der „letzte Hetman" muß beim Volk sehr beliebt gewesen sein: bis heute zirkulieren über ihn in seiner Heimat zahlreiche Anekdoten.

Abwechslung in den tristen Alltag brachte nur die Ankunft von Familienmitgliedern, vor allem das Zusammentreffen in Baturin von Natalja Sagrjaschskaja mit dem Ehepaar Kotschubej auf ihrem Weg ins deutsche Exil.

Hier müssen wir in der Familiengeschichte einen Blick zurück werfen. Natalja Kirillowna wünschte sich dringend Kinder, konnte aber keine haben. Ob sie in den siebziger Jahren Andrés uneheliche Tochter adoptierte, ist nicht festzustellen, weil die entsprechenden Briefe vernichtet wurden. Eindeutig ist, demgegenüber, daß sie die 1777 geborenen Tochter Maria ihrer Schwester Anna Wassiltschikowa in einem Handstreit entführte und das Kind nicht mehr herausgab. Mascha Wassiltschikowa wuchs im Hause Sagrjaschski auf. Zu den ständigen Besuchern des berühmten Salons gehörte Viktor Kotschubej, der anfangs ein besonderer Liebling von Kaiser Paul war, kurz zuvor den Fürstentitel erhalten hatte und Vizekanzler geworden war. Eines Tages teilte ihm der Kaiser mit, daß er ihn zu seinem Schwiegersohn und Gatten einer seiner Töchter auserkoren habe. Der tief erschrockene Kotschubej fand den Mut zu sagen, er sei mit Maria Wassiltschikowa verlobt und werden sie demnächst heiraten; erst danach eilte er zu Natalja Kirillowa und hielt um Maschas Hand an. Die Hochzeit fand am 13. Oktober 1799 statt. Kutschubej fiel in Ungnade, er wurde „auf eigenes Ersuchen" aus dem Dienst entlassen und mußte sich mit seiner jungen Frau auf des Familiengut Dikanka in der Ukraine zurückziehen – das einige Jahrzehnte später durch Gogol in die russische Literatur eingegangen ist. Allerdings erhielten sie die Bewilligung, ins Ausland zu reisen.

Die Folgen der kaiserlichen Ungnade bekam auch Natalja zu spüren, wenngleich ihr Mann seinen hohen Posten bei Hofe nach wie vor inne hatte. Paul ließ ihr mitteilen, er wisse, daß sie auf Bällen an der Hofdame Fürstin Lopuchina, der Stiefmutter seiner Geliebten, vorbeiging, ohne sie zu grüßen und daß er dies nicht mehr dulden werde. Bei nächster Gelegenheit, als die Fürstin von zahlreichen Höflingen umgeben war, näherte sich ihr Sagrjaschskaja mit tiefen Reverenz und sagte so, daß alle es hören konnten: „Im Auftrag Seiner Majestät habe ich die Ehre, mich vor Eurer Durchlaucht zu verneigen!" „Ordre de faire partir Mme Zagrjajski", teilte der Arzt Dr. Rogerson dem Fürsten Woronzow am 28.2.1800 mit, „grande sensation, grand mouvement".[6] Aber auch sie erhielt die Erlaubnis, aus Rußland auszureisen und ihre Nichte nach Deutschland zu begleiten. Ihr Aufenthalt in Baturin dauerte bis Ende Juli und verursachte beträchtliche Aufregung unter den Hausbewohnern.

Für einige Zeit erschien in Baturin auch Bruder Léon, mit dem sich André sehr befreundete. „Il s'est engagé dans de nouvelles chaines à Moscou sans avoir brisé celles de Mme Vadkoffsky", bemerkte André maliziös. Diese „neuen Ketten" waren haltbar: hier ging es um Léons zukünftige Frau Prinzessin Maria Grigorjewna Wjasemskaja, 1800 noch verheiratet mit dem stadtbekannten Lebemann und Verschwender Alexander Nikolajewitsch Golizyn. Die Familienüberlieferung sagt, daß Léon sie von seinem Freund beim Kartenspielen gewann, als dieser nichts mehr einzusetzen hatte. Die 1802 nach einvernehmlicher Scheidung zwischen dem Grafen Léon und Maria Grigorjewna geschlossene Ehe wurde erst viele Jahre später von Kaiser Alexander anerkannt. Der alte Hetman, der von ihr zuerst auch nichts wissen wollte, ließ sich bald vom Charme der neuen Schwiegertochter verzaubern. „La comtesse Léon", ihrem zweiten Mann in treuer Liebe verbunden, war später eine der markantesten Frauengestalten beim Wiener Kongreß und in den Salons von Paris und St. Petersburg.[7]

Ein anderer Bruder, der „Philosoph", ist in Baturin zwar nicht anwesend, bildet aber ein häufiges Gesprächsthema in den Briefen des Ehepaares. Gregor war Ende 1789 auf Anordnung seines Vaters aus der Schweiz zurückgekehrt, weil er zum Brigadegeneral ernannt worden war. Er wurde am 7. Januar 1790 einstimmig zum Ehrenmitglied der kaiserlichen Akademie der Wissenschaften gewählt. Aber während es ihm gelang, seinen Armeedienst offiziell zu quittieren, kam es bei seinem cholerischen Temperament sofort zu einem Streit zwischen ihm und der Präsidentin der Akademie. Fürstin Daschkowa übersandte ihm gleichzeitig mit dem Diplom alle im Akademieverlag erschienene Bücher, begleitet von einer Rechnung über 600 Rubel. Gregor war darüber so wütend – er besaß bereits alle Bände in den Originalsprachen –, daß er die Bücher und auch das Diplom mit einem verletzenden Brief an die Fürstin zurücksandte.[8] Kurz danach gelang es ihm, sich wieder in die Schweiz abzusetzen.

Im Frühjahr 1797 (nicht wie Wassiltschikoff schreibt, 1790) ereilte den weltfremden Gelehrten das Unglück seines Lebens in Gestalt zweier französischer Emigrantinnen, Baronin Malsen und ihre Tochter Henriette.[9] Am 1. Oktober 1797 heiratet Gregor Henriette in Ettenheim nach katholischem Ritus. Die Trauung glich jenen, die wir aus italienischen Opern kennen: übereilt, in tiefer Nacht, geschlossen ohne Aufgebot und Trauzeugen. Den Dispens für diese unübliche Art einer katholischen Hochzeit hatte der Priester von dem aus Frankreich geflüchteten Kardinal de Rohan erhalten.

Das junge Paar samt Schwiegermutter ließ sich in Freiburg im Breisgau nieder, aber die beiden Damen führten ein so lärmendes und verschwenderisches Gesellschaftsleben, daß der unglückliche Ehemann nach 7 oder 8 Monaten die Flucht ergriff und unter Zurücklassung der Hälfte seines Vermögens und der späteren Zahlung einer hohen jährlichen Pension aus dem gemeinsamen Haushalt auszog. Er verdrängte dieses kurze Zwischenspiel so erfolgreich, daß er nicht daran dachte, sich offiziell scheiden zu lassen, zumal die orthodoxe Kirche diese Ehe niemals anerkannte. Gräfin Henriette ließ sich nach einigen Reisen nach Wien und Paris in Linz nieder und schrieb von dort an Elisabeth in Wien einen Brief mit der Forderung, der Hetman möge ihr eine jährliche Pension aussetzen, was Elisabeth am 8. März 1800 an André weiterleitete. Doch die russischen Verwandten waren empört; der Vater erkannte diese Ehe nicht an und weigerte sich, der Usurpatorin, wie er sie nannte, Geld zu geben. Auch André äußerte sich über Henriette in sehr abfälligen Worten. Nach diesem ersten Akt in Gregors Ehedrama fiel der Vorhang mit einem unerwarteten Knalleffekt: Unmittelbar vor dem Frieden von Lunéville, im Februar 1801, führten die Franzosen noch eine Offensive durch und eroberten Linz. Der Kommandant veranstaltete Bälle, zu denen auch die Linzer Damen der Gesellschaft zu erscheinen hatten. Was geschah?

> „General Grouchet, der die französische Einheit in Linz befehligte, hat uns den Dienst erwiesen, uns von unserer reizenden Schwägerin zu befreien, er nimmt sie nach Frankreich mit. Gute Reise!“,

schreibt Elisabeth am 1. April 1801 und André antwortet am 12./24. April:

> „Ich gratuliere Dir und mir selbst. Ebenso allen Verwandten und vor allem Monsieur Grégoire herzlich zur Eskapade seiner Dulcinea, die die Beute eines französischen Generals geworden ist. Ich bin wie Du sagst entzückt darüber, daß sie sich selbst entlarvt hat.“[10]

Der General, der der Familie Rasumovsky diesen unerwarteten Dienst leistete, war Vicomte Emanuel de Grouchy, danach einer der erfolgreichsten Heerführer Napoleons, dem wir noch begegnen werden. Ein späterer Vicomte de Grouchy hat 1880 den Briefwechsel zwischen Henriette Rasumovsky und ihrem Bruder Maurice Baron de Maltzen (1809–10) veröffentlicht.[11]

Im August erschien der schwer an Tuberkulose erkrankte Iwan auf der Durchreise nach Italien bei seinem Vater. André erwähnt, daß sein Husten durch das ganze Haus schallte. Iwan sollte seine Heimat nicht wiedersehen: zwei Jahre später starb er in Rom in den Armen seiner Geliebten, der Fürstin Katharina Nikolajewna M., wie sie von Wassiltschikoff diskret bezeichnet wird.

Iwan nahm einem Brief an Elisabeth mit, in dem André ein ungeschminktes Bild der Verhältnisse in Rußland zeichnete. Er hatte zweimal dem Kaiser geschrieben, um sich zu rechtfertigen, aber Rostoptschin hatte die Briefe nicht einmal weitergeleitet. André fährt fort:

„Es würde mir sehr schlecht ergehen, wenn man ihn (= den Brief) finden würde. Man muß allem gegenüber mißtrauisch sein. Du kannst Dir nicht vorstellen, wie sehr hier alle in Angst und Furcht wegen jedes Wortes, jedes Schrittes, jedes Gedankens leben, und unglücklicherweise haben sie nur zu recht...“

Er schickt einen Brief an Thugut mit:

„Wenn man hier wüßte, daß ich ihm geschrieben habe, wäre das ein Grund, um mich nach Kamtschatka jagen zu schicken... Du weißt vielleicht nicht und kannst es sicher nicht glauben, daß die Einfuhr jeder Art von Büchern und sogar von Noten verboten ist. Die Zeitungen, die man bekommt, sind ganz verstümmelt, man tilgt, ich weiß nicht womit, ganze Seiten, so daß man nichts lesen kann, manchmal fehlt ein ganzes Blatt...“[12]

Im Herbst verbrachte Elisabeth einige Wochen zur Erholung in Baden. Von dort schrieb sie zum ersten Mal in etwas besserer Stimmung, daß die Königin von Neapel auf ihrer Flucht vor den Franzosen in Wien angekommen sei und daß sie ihr demnächst ihre Aufwartung machen werde. André war über diese Nachricht entzückt und ließ seine alte Gönnerin durch Elisabeth bitten, beim Zaren, dem Verbündeten des Königreiches Neapel, ein gutes Wort für ihn einzulegen. In fast allen späteren Briefen rühmt Elisabeth ihre neu entstandene Freundschaft mit der Königin in den höchsten Tönen, sie lobt ihren engelsgleichen Charakter, ihre Güte und Hilfsbereitschaft. Und zu Jahresende konnte sie über etwas anderes berichten, das ihr große Freude machte, ihre Übersiedlung in den kleinen Gartenpavillon, der sich im Rasumovsky'schen Garten auf der Landstraße befand und daher keine Mietkosten verursachte. Dieses kleine Haus wurde Elisabeths Lieblingsaufenthalt; große Empfänge konnte sie dort zwar nicht geben, aber täglich besuchten sie einige Freunde, u.a. der Prince de Ligne.

Und dann, unerwartet und nicht vorhersehbar, beschloß Paul, alle die vielen von seinem Hof Verbannten zu amnestieren und ihnen wieder Posten zu geben, zuerst den Offizieren, dann den Zivilbeamten, wie André am 26. November und 10. Dezember nach Wien schrieb. Er wußte nicht, daß an diesem gleichen 10. Dezember auch er begnadigt, zum Senator ernannt und in die Hauptstadt berufen wurde, denn noch am 3. Januar spricht er von „einer vagen Hoffnung, daß eine Reise nach Petersburg sein Schicksal vielleicht ändern wird.“

Aber er hatte sich seine Rehabilitierung anders vorgestellt. In den beiden Hauptstädten regiert die blanke Angst. Am 30. Januar 1801 schreibt er aus Moskau: „Ich wohne bei Léon und sehe nur Bruder Alexej und Schwester Gudowitsch.“ Der nächste Brief (Nr. 8) aus St. Petersburg fehlt, im Brief Nr. 9 vom 20. Februar steht in Geheimschrift „Du machst Dir keine Vorstellung, wie gefährlich es ist, Briefe zu schreiben“, und im Klartext: „Ich habe hier fast niemanden gesehen, ich sitze abends in meinem Kabinett und werde weiter so leben.“

Noch mehr als die Stimmung in Petersburg muß Rasumovsky allerdings der totale Umschwung in der russischen Außenpolitik getroffen haben: Pauls Haß auf Österreich, dem er vorwarf, Feldmarschall Suworow durch Undank in den Tod getrieben zu haben, seine Wut über England, das sich weigerte, dem Malteser-Großmeister die gerade zurückeroberte Insel Malta zu überlassen, seine plötzliche Bewunderung für Bonaparte, die harten Friedensbedingungen Rußlands gegenüber Österreich. Die Beziehungen zum ehemaligen Verbündeten waren abgebrochen, der gerade erst angekommen neue Botschafter Cobenzl wurde zurückgeschickt, an eine Rückkehr Andrés auf seinen alten Posten war nicht zu denken.

Was wenige Tage später geschah, ist in zahlreichen Büchern beschrieben worden. Am 11. März 1801 wurde Kaiser Paul in seinem eben fertiggestellten Michaels-Palais erdrosselt. Haupttäter waren die Brüder Platon und Nikolaj Subow, der wirkliche Drahtzieher Graf Peter von der Pahlen, der Vorsitzende des Auswärtigen Kollegiums.[13] André muß von dem Komplott gewußt haben, denn in einem Nebensatz erwähnt er ein Gespräch mit Pahlen. Aber mit dem Mord selbst hatte er nichts zu tun. Bedauerlicherweise fehlen die Briefe Nr.13–17 aus dieser kritischen Zeit. Als Elisabeth Andeutungen über in Wien kursierende „vilains mensonges" machte, reagierte ihr Mann heftig:

> „Dreht es sich dabei um die Revolution? Das kann nicht sein, das wäre nicht einmal Bosheit, sondern einfach Dummheit, wenn man annimmt, daß ich etwas damit zu tun gehabt hätte. Pfui, pfui und nochmals pfui!... Wenn sich jemand selbst respektiert, gibt man sich mit so etwas nicht ab, und das ist der Grund, warum man jene zutiefst verachtet, die es wagen, jemanden falsch einzuschätzen..."[14] (25.5./1.6. 1801)

Der Tod Pauls rief in ganz Rußland Freude und Entzücken hervor: „Nous avons tous l'air de renaître à une vie nouvelle", schrieb am zweiten Tag nach der Thronbesteigung Alexanders D. P. Tatischtschew an seinen Onkel Woronzow in London:

> „Wir haben alle den Eindruck, zu einem neuen Leben zu erwachen... Die schrecklichen Vorstellungen von Kerker, Folter und Proskription haben sich verflüchtigt wie fürchterliche Gespenster... Sie wurden ersetzt durch die Hoffnung auf nationalen Wohlstand und persönliche Sicherheit, ein Glück, an das zu denken nicht mehr erlaubt war."[15]

Der junge Kaiser warf das Ruder herum; seine Absicht war, „nach den Gesetzen und dem Herzen der Großen Katharina" und den Grundsätzen zu regieren, die ihn sein Schweizer Erzieher La Harpe gelehrt hatte. Für seine von Friedensliebe und liberalen Idee getragenen Reformpläne brauchte er gleichgesinnte neue Köpfe, aber auch die Unterstützung erfahrener Männer, und das hatte zur Folge, daß erneut viele der alten Politiker zum Zuge kamen. Als einer der ersten eilte Kotschubej aus Dresden herbei, um seinem Freund Alexander zur Verfügung zu stehen. Zum Botschafter in Paris wurde der von Paul verbannte Morkow ernannt; Woronzow weigerte sich, seinen angenehmen Londoner Posten zu verlassen. Die traditionellen freundschaftlichen Beziehungen zwischen Österreich und Rußland wurden durch Alexander sofort wieder hergestellt. Kaiser Franz richtete an seinen russischen Kollegen ein persönliches Schreiben mit der Mitteilung, daß er den Fürsten Schwarzenberg zum neuen a.o. Gesandten in St. Petersburg ernannt habe.

Die von allen erwartete Wiederberufung Rasumovskys auf den Wiener Posten ließ bis zum 11. Mai auf sich warten. Der Grund für diese Verzögerung war möglicherweise ein Exposé Rasumovskys über die Lage in Europa, in dem er eine – gar nicht in Alexanders Vorstellung passende – Tripelallianz zur Fortführung des Krieges gegen Frankreich vorschlug, aber auch Intrigen aus Wien, geschürt durch den in russischen Diensten stehenden Grafen d'Antraigues: Rasumovsky war in Wien als Freund und Gesinnungsgenosse Thuguts bekannt, der seine Funktionen nach dem verlorenen Krieg niedergelegt hatte. André blieb noch den ganzen Sommer in Petersburg und nahm intensiv an der Arbeit des Auswärtigen Kollegiums teil.[16]

Elisabeth hatte die freudige Nachricht von Andrés Begnadigung und Wiederaufstieg durch ihre Schwägerin Apraxin erhalten. Jetzt, nachdem sie diese lange schwere Zeit mit Mut und Selbstdisziplin überstanden hatte, brach sie zusammen. Nach einen kurzen Brief („Ich kann nicht mehr, ich kann mich kaum noch auf den Beinen halten") trat eine Pause im Briefwechsel ein, am 14. März ein kurzes Billet von Christiane: „Sie hat überlebt, das Fieber ist gefallen, sie ist aber noch sehr schwach."

Elisabeths letzter Brief an ihren Mann ist vom 8. April 1801 datiert, adressiert nach Petersburg. Von da an schrieb sie in Erwartung seiner baldigen Abreise nach Baturin, und diese Briefe sind leider nicht bis zu uns gelangt.

Andrés Schreiben betreffen nun hauptsächlich konkrete Probleme, z.B. die Miete eines neuen Botschaftsgebäudes. Es gelang Elisabeth, das Palais Paar zu einem günstigen Preis zu bekommen, worüber sich André sehr freute. Als der Kaiser im August zur Krönung nach Moskau reiste, begleitete ihn Rasumovsky und fuhr danach mit einem Aufenthalt in Baturin und einem Umweg über sein Gut Potschep in Richtung Wien.

Auch in Baturin hatte sich die Atmosphäre gründlich verändert, alle lachten, waren fröhlich und priesen den neuen Herrscher. Sogar die Gesundheit des Vaters hatte sich so weit gebessert, daß man Pläne für einen Kuraufenthalt im nächsten Jahr in Teplitz schmieden konnte. Kirill Grigorjewitsch gab seinem Sohn den Auftrag, für die weite Reise eine bequeme Kutsche in England zu bestellen; diese Kutsche bildete den Hauptinhalt der Briefe des folgenden Jahres. Der Wagen fiel prächtig aus, er war mit allen möglichen technischen Neuerungen ausgestattet, doch als er ein Jahr später unter vielen Mühen nach Baturin transportiert wurde, erwies er sich als unbrauchbar – er war zu schwer. Übrigens hätte der Hetman die Strapazen dieser Reise wohl nicht mehr ertragen.[17]

André blieb bis zum 31.8./12.9. in Baturin; er traf dort mit dem neuen österreichischen Botschafter Graf Saurau zusammen und unterhielt sich mit ihm intensiv über die neuen Verhältnisse in Europa. Der nächste Brief aus Brody ist bereits mit „22. Sep. neuen Stils“ datiert; der letzte ohne Nummer vom 29. September, 10 Uhr abends kommt aus Brünn: „In 19 Stunden bin ich in Wien. Wenn Du mir entgegen kommen willst, ermüde Dich nicht, komm höchstens bis zum Shpiz (Floridsdorfer Spitz) oder Stammersdorf.“

André hatte auch in anderer Beziehung allen Grund, zufrieden zu sein. Nicht nur, daß sein Vater „neue Dispositionen“ zu seinen Gunsten getroffen hatte, das Auswärtige Kollegium schickte seine beiden Adlaten wieder nach Wien und der Kaiser bewilligte ihm die Nachzahlung seines Botschaftergehaltes ab Dezember 1799.

27. André als Mäzen und Förderer Beethovens (1802–1804)

Graf Andrej Kirillowitsch wurde bei seiner Rückkehr vom Großteil der Wiener Gesellschaft mit offenen Armen aufgenommen. Er machte einen Antrittsbesuch bei Vizekanzler Colloredo und wurde am nächsten Tag vom Kaiser empfangen. Die russische Botschaft wurde erneut zum glanzvollen Mittelpunkt des Wiener gesellschaftlichen und kulturellen Lebens.

Aber André mußte bald erkennen, daß sich auch dort das Klima verändert hatte. Thugut wurde für seine kriegerische Politik gegen Frankreich, die sich für Österreich so katastrophal ausgewirkt hatte, verantwortlich gemacht; er hatte demissioniert und sich nach Preßburg zurückgezogen. Kaiser Alexander, der anfangs nichts als Frieden wollte, verbot seinem Botschafter jeden Umgang mit dem unglücklichen Baron. Rasumovsky war jedoch weiter ein Feind des republikanischen Frankreich: Sogleich beim Neujahrsempfang 1802 kam es in der Frage der Priorität zu einem Eklat zwischen ihm und dem neuen französischen Gesandten Champagny. Kaiser Alexander war darüber unzufrieden und befahl Rasumovsky, künftig jede Rivalität in Etikettfragen zu vermeiden. Champagny erregte in Wien Aufsehen, weil er im Unterschied zu den feinen, in Samt und Seide gekleideten Diplomaten in einem einfachen Anzug und mit nicht gepudertem Haar erschien, eine Freiheit, die bis dahin nur Beethoven zugestanden worden war.

Zar Alexander fühlte sich anfangs sehr unsicher und zog ein „geheimes Komitee“ von vier jungen Männern zu Rate, die wie er von Neutralität und liberalen Reformen in Rußland träumten. Neben Kotschubej waren das Paul Stroganow, der polnische Fürst Czartoryski und N.N. Nowosilzew. Doch bald bekam Alexander Lust, in den europäischen Angelegenheiten und bei der Neuordnung des Reiches eine Rolle zu spielen. Nach dem Sieg über Österreich war Frankreich die tonangebende Macht auf dem Kontinent. Im November 1801 schlossen Frankreich und Rußland ein Friedenstraktat, das in Paris von Botschafter Morkow und dem neuen französischen Außenminister Talleyrand unterschrieben wurde. Rußland erhielt ein Mitspracherecht in der Neuordnung Deutschlands. Danach kam es zu einer Annäherung zwischen Alexander und Preußen, die ihren Höhepunkt in seinem Besuch bei König Friedrich Wilhelm III. in Memel im Mai 1802 fand. Alexander war entzückt von der Gastfreundschaft des preußischen Königs, mit dem er großzügig die Landkarte Europas neu aufteilte, aber vor allem war er hingerissen vom Charme der Königin Luise.

Rußlands neue Linie zeigte sich beim Reichstag in Regensburg, bei dem die Gegensätze zwischen Preußen und Österreich wieder scharf zutage traten. Rasumovsky in Wien erhielt – nicht zum ersten Mal in seiner Laufbahn – den Auftrag, die augenblickliche russische Politik zu interpretieren und Österreich zur Versöhnung mit Frankreich und Preußen zu bewegen. Dies lief Andrés Vorstellungen diametral entgegen. Zwar vertrat er gegenüber dem Wiener Hof loyal den Standpunkt seines Monarchen, aber in seinen zahlreichen langatmigen Depeschen versuchte er vorsichtig, die russische Deutschlandpolitik zu kleinen Korrekturen zu bewegen.

Der am 23. Februar 1803 unterzeichnete „Reichsdeputationshauptschluß" bedeutete praktisch das Ende des 1000 Jahre alten „Römischen Reiches deutscher Nation": jeder deutsche Staat handelte, wie es ihm gut dünkte und viele begaben sich ins französische Lager. Es war nur folgerichtig, daß Kaiser Franz wenig später die deutsche Kaiserkrone niederlegte.

So unbefriedigend für Rasumovsky die neue russische Politik war, seine gesellschaftliche Position in Wien war nach wie vor glänzend. In der Botschaft gab es in ununterbrochener Reihenfolge Routs, festliche Diners, Empfänge, Konzerte, Bälle, das Palais erstrahlte im Schein der Kerzen und von Gold und Silber. André legte größten Wert auf den äußeren Rahmen und die Beachtung aller Feinheiten der Hof- und Gesellschaftsetikette. Immer und überall „repräsentierte" er, wie Alexander Wassiltschikoff seinen Vater erzählen läßt; die Gäste mußten im Frack und mit gepudertem Haar erscheinen, unterhielten sich aber trotzdem sehr gut. Sogar im engsten Familienkreis mußten die Regeln des guten Benehmens strikt eingehalten werden. Rasumovsky zeremonielles und hoheitsvolles Auftreten trug ihm in Wien bald den Spitznamen „Erzherzog Andreas" ein.

Gräfin Elisabeth war eine liebenswürdige und perfekte Hausfrau, wenn auch ihre Gesundheit immer mehr zu wünschen übrig ließ. Die Art von Geselligkeit, die sie liebte, war anders. Manchmal wenn der Botschafter beschäftigt war, lud sie heimlich Freunde zu sich ein und setzte ihnen vor, was von den feierlichen Banketten am Vortag übrig geblieben war. Diese ungezwungenen Abende, die „les soupers à quatre cuisses" hießen, erfreuten sich unter den Eingeweihten größter Beliebtheit, umso mehr, weil mit ihnen ein gewisser Nervenkitzel verbunden war: Ribeaupierre oder Wassiltschikoff, die in der Botschaft wohnten und wie Kinder des Hauses behandelt wurden, wurden von Gräfin Elisabeth als Wache aufgestellt. Sobald sie das Nahen Andrés meldeten, verschwanden die Teller und Speisen unter dem Teppich, der den Tisch bedeckte.[1]

Im Palais Paar trafen sich die Gegner Frankreichs. Als im Frühling der preußische Untertan Friedrich Gentz nach Wien kam und eine passende Verwendung suchte, führte ihn Graf Pozzo di Borgo in der russischen Botschaft ein. Gentz schrieb in sein Tagebuch:

> „Pozzo di Borgo war Mitglied des Damenzirkels bei der Gräfin Razoumofsky, wo sich die créme der guten Gesellschaft versammelten und Armfeld, Pozzo und ich eine Art von politischem Kleeblatt bildeten."[2]

Gentz gehörte später zu Rasumovskys engsten Mitarbeitern.

Aber der größte Anziehungspunkt für die Wiener Musikliebhaber und das größte Verdienst des Ehepaares Rasumovsky für die Nachwelt waren die Konzerte in der Botschaft, bei denen die Werke Beethovens gespielt wurden, sowie die intensive und ständige Unterstützung, die der große Komponist hier erhielt. Beethoven befand sich in dieser Zeit menschlich in einer schweren Periode: enttäuschte Liebe, der Beginn seiner Taubheit, wie er im „Heiligenstädter Testament“ vom 6. Oktober 1802 so herzberührend schreibt. Künstlerisch gelang ihm zwischen 1802 und 1804 ein Meisterwerk nach dem anderen, sicher auch deshalb, weil das Schuppanzigh-Quartett seine Einfälle sogleich aus der Theorie in die Praxis umsetzte, und weil er bei Lichnowsky in Grätz bei Troppau ein Refugium hatte, in dem er ungestört arbeiten konnte. Aus dieser Zeit stammen die Symphonien Nr. 2, D-Dur (op. 36), Nr. 3, Es-Dur („Eroica“, op. 55), die Klaviersonaten C-Dur („Waldstein“, op. 53) und f-moll („Appassionata“, op. 57), das Tripelkonzert C-Dur (op. 56). Beethoven arbeitete 1804 an der ersten Fidelio-Version, auch das Scherzo aus dem Quartett op. 59, Nr.1 („Rasumovsky“) war bereits fertig.[3]

Für Andrés Repräsentationsbedürfnis und seine vielen gesellschaftlichen Verpflichtungen erwies sich das Palais Paar jedoch bald als zu klein. In der Plan- und Schriftenkammer der Stadt Wien liegt ein Gesuch Rasumovskys aus dem Jahr 1803 an den Wiener Magistrat, ihm einen Baukonsens für die Errichtung eines Hauses in der Vorstadt Landstraße nach Plänen von Baumeister Joseph Meissl und Architekt Louis de Montoyer zu erteilen.[4]Allerdings erwies es sich als notwendig, Elisabeths Landhaus niederzureißen. Bei der Grundsteinlegung am 30. September 1803 war André nicht anwesend.

Im Lauf des Jahres 1802 verschlechterte sich der Gesundheitszustand des alten Hetmans. Ihm widerfuhr noch der Kummer, vom Tod seines Sohnes Iwan zu erfahren, der schwerverschuldet in Rom starb, aber er erlebte auch die Freude, seine neue Schwiegertochter Maria Grigorjewna, „la Comtesse Léon“, kennenzulernen, die ihm, nachdem er sie anfangs abgelehnt hatte, ausgesprochen gut gefiel. Ein letztes großes Ereignis in Baturin war die Hochzeit seiner Lieblingsenkelin Warwara, der Tochter Alexejs, mit dem Fürsten Nikolaj Grigorjewitsch Repnin-Wolkonski, einem Enkel des Feldherrn Fürst N.V. Repnin, der trotz seiner Jugend bereits ein hochdekorierter Kriegsheld war.

Am 3. Januar 1803 starb Graf Kirill Grigorjewitsch Rasumovsky, ein Mann, der trotz seiner schwindelerregenden Karriere vom kleinen Viehhüter, bis zu einem der reichsten und einflußreichsten Männer des russischen Reiches immer ein bescheidener und volksverbundener Mensch geblieben war. Er wurde in der eben fertiggestellten Kirche von Baturin beigesetzt und ruhte dort bis in die dreißiger Jahre des 20. Jahrhunderts, bis eines Tages „Archäologen aus Leningrad“ den Sarg aufbrachen und seinen Staub in alle Winde zerstreuten. Aber die Erinnerung an ihn lebt bei seinen Landsleuten fort bis heute.

André ersuchte Kaiser Alexander um einen Urlaub von sechs Monaten, um zuerst die Kur in Teplitz anzutreten und danach seine Vermögensverhältnisse in Rußland zu regeln. Vor seiner Abreise gab es jedoch noch verschiedene Dinge zu erledigen, u.a. mußte er bei der Einweihung der neuen Botschaftskirche anwesend sein, die in der großen Schulgasse neu adaptiert wurden war. Er berichtete dem Großkanzler Woronzow am 3. Juni 1803:

> „Die meisten der in Wien lebenden Griechen und mehr noch die Illyrier, deren Sprache der unseren so ähnlich ist, ziehen die Botschaftskapelle ihrer eigenen Kirche vor. Die Weihe unserer neuen Kapelle wurde vollzogen; die Würde des Ortes, seine Haltung, sein Stil, die Feierlichkeit, mit der unser heiliges Mysterium zelebriert wird, haben seitdem einen immer größeren Zulauf bewirkt... Die Illyrier haben eine Deputation zu mir geschickt, um sich für die Möglichkeit zu bedanken, die unsere Kirche der Ausübung ihres Glaubens bietet..."[5]

Die Kirche entwickelte sich bald zu einem geistigen Zentrum für alle Russen in Wien.

Ende Juni brach das Ehepaar Rasumovsky auf. Sie fuhren zuerst nach Karlsbad, dann besuchten sie die Bäder in Teplitz in der Hoffnung, daß dies Elisabeth nützen würde. In Teplitz trennten sie sich, Elisabeth kehrte nach Wien zurück, André begab sich auf den Weg nach Baturin und hoffte, dort seine Brüder anzutreffen. Er fand allerdings nur ein Chaos vor. Die Cousine und „der Komparse" hatten nach dem Tod Kirill Grigorjewitsch's das Palais verlassen, nicht ohne ihre Schäfchen gehörig ins Trockene gebracht zu haben.

Die Familienzusammenkunft fand in Moskau statt; außer Gregor, dessen Aufenthaltsort den Brüdern unbekannt war, hatten sich alle versammelt. Die Teilung der Erbschaft ging offenbar nicht ohne Streit ab, denn die beiden älteren Brüder, vor allem Alexej, beanspruchten den Löwenanteil, aber schließlich blieb für jeden, auch für die Schwestern, genug übrig. André erbte Baturin, daneben eine beträchtliche Geldsumme und eine Reihe von Dörfern mit „Seelen".

Wer jedoch kurz nach dem Tod des Hetmans in Rußland erschien, um Ansprüche geltend zu machen, war Henriette, die von der ganzen Familie abgelehnte „Comtesse Grégoire". Dank einflußreicher Freunde – Wassiltschikoff nennt Nowosilzew und Champagny – gelang es ihr durch ein in Kontumaz gegen ihren Mann ergangenes Gerichtsurteil, von Gregor ein Kapital von 30.000 Rubel und eine jährliche Rente von 6000 Rubeln zugesprochen zu erhalten. Vorsorglich pfändete das Gericht gleich Gregors Besitz von 1000 Bauern im Gebiet Saratow. Als dieser nach Petersburg eilte, um seinen Standpunkt zu vertreten, war nichts mehr zu erreichen. Unter der Hand teilte ein Mitglied des Hl. Synod beiden mit, daß die orthodoxe Kirche ihre Ehe nicht anerkenne, ließ Gregor aber wissen, er möge die Angelegenheit ruhen lassen, weil er bei Hof viele Feinde habe. Henriette reiste befriedigt ab; allerdings war sie von keinem Mitglied der Familie Rasumovskys empfangen worden.

Gregor lebte um diese Zeit zuerst in Augsburg und München, wo er Mitglied der Akademie der Wissenschaft wurde, und siedelte sich dann in Österreich an. Er kaufte ein Haus in Baden bei Wien und ließ in Triest ein Palais am Meer bauen, das er später der Witwe des Generals Murat verkaufte. Léon, der einzige wirklich gute Mensch unter den Brüdern, schrieb an André 1804:

> „Ich habe mit Freude gehört, daß er Dir gelungen ist, Dich unserem extravaganten Bruder ein bißchen zu nähern. Es ist eine Erleichterung für das Herz und vor allem für deines, wenn man sich seiner Schuld gegenüber jemandem entledigen kann, dem gegenüber man keine haben sollte, egal wie er auch ist..."[6]

Von Moskau reiste André Kirillowitsch weiter nach St. Petersburg und wurde dort sogleich vom Kaiser zu den Beratungen des Staatsrates hinzugezogen. Alexander hatte inzwischen seine Meinung geändert, er hatte sich von seinen liberalen Träumen und Reformvorstellungen abgewandt und beriet sich nicht mehr mit seinem Geheimkomitee – einflußreiche Gutsbesitzer wie Woronzow und Morkow waren strikt dagegen, irgendwelche Änderungen in der Frage von Landbesitz und der Situation der Bauern durchzuführen. Sie bezeichneten Pläne, die in diese Richtung gingen, als schädliches Gedankengut der französischen Revolution. Wie schon sein Vater gefiel sich Alexander jetzt in der Rolle eines europäischen Friedensstifters. Als aber Napoleon nicht auf seine Vorschläge zur Aufteilung Europas einging, war er unzufrieden: erste Versuche, neuerlich eine Koalition zwischen Rußland, Preußen und Österreich zustande zu bringen, zeichneten sich ab. Rasumovsky blieb bis zum Januar 1804 in der Hauptstadt; die Rückreise dauerte wegen der schlechten Wege und Schneeverwehungen länger als einen Monat. Sein Antrittsbesuch beim neuen österreichischen Vizekanzler Ludwig Cobenzl erfolgte am 17. Februar.

Andrés Auftrag lautete, Österreich zum Eintritt in eine neue Koalition zum Kampf gegen Frankreich zu bewegen; offenbar wußte man in Rußland nicht, wie schwer die vergangenen Kriegsjahre Österreichs Finanzwesen und Heer in Mitleidenschaft gezogen hatten. In einem persönlichen Schreiben an den Kaiser schilderte der Botschafter die Besorgnis und den Kleinmut von Colloredo und Cobenzl und fügte hinzu: „Dieser Hof braucht einen starken Impuls, weil es bei seinen leitenden Persönlichkeiten an Energie fehlt..."

Im Frühling 1804 verschärfte sich die Situation. Am 15. März ließ Bonaparte aus Ettenheim, von einem fremden Staatsgebiet, den Herzog von Enghien, ein Mitglied des französischen Königshauses, entführten und am 21. März in Vincennes erschießen. Dies war in der Jahrhunderte alten europäischen Rechtsauffassung ein Sakrileg. In Rußland ertönte ein Aufschrei, Alexander ordnete Staatstrauer an und schlug Kaiser Franz eine Allianz gegen Frankreich vor. Aber Wien zögerte eine Antwort hinaus und der Grund wurde bald klar: Champagny in Wien und Philipp Cobenzl in Paris verhandelten über ein Geheimabkommen, demzufolge Napoleon sich bereit erklären sollte, Kaiser Franz und seine Nachkommen als Kaiser von Österreich anzuerkennen, wenn Franz seinerseits Napoleons Anspruch auf die Kaiserkrone von Frankreich nichts in den Weg legen würde. Darüber berichtete Rasumovsky am 16. Mai.

Im Sommer 1804 herrschte in Mitteleuropa jedoch Frieden und dies nützen viele, um Reisen zu unternehmen. Im Juni kamen zwei junge Russen nach Wien, Alexander Iwanowitsch Turgenjew und Andrej Sergejewitsch Kajsarow. Sie hatten an der Universität Göttingen bei Schlözer studiert und gerade Prag besucht. Dort hatten sie zu ihrem Erstaunen festgestellt, daß es außer den Russen noch andere slawische Völker gab. In Wien stellte sich heraus, daß sie wegen der französischen Besetzung Oberitaliens ihr Reiseziel Rom nicht erreichen konnten; sie beschlossen, weitere „slawische Brüder“ in Slawonien und Kroatien aufzusuchen, wie in den interessanten Briefen Turgenjews an seinen Vater nachzulesen ist. Turgenjew schreibt am 30/18. Juni 1804 über seinen Besuch in der russischen Botschaft:

> „Der Botschaftssekretär, bei dem ich um Pässe für Ungarn ansuchte, gab mir den Rat, zum Minister persönlich zu gehen, der mich, wie es seine Art ist, etwas trocken, aber sehr höflich empfing; er wollte das Ziel meiner Reise wissen und lud mich für den nächsten Tag zum Mittagessen ein. Die Gräfin... sprach mit mir, sie bedauerte den Tod meines Bruders und machte mir einige Komplimente; sie hatte durch Bulgakow von mir gehört...“

Am Pfingstsonntag wohnten alle Wiener Russen dem Festgottesdienst in der neuen Kirche bei, die jungen Leute wurden mehrmals in die Botschaft eingeladen. Am 1. August/18. Juli, kurz vor ihrer Abreise, kommt Turgenjew nochmals auf den Botschafter zu sprechen:

> „Vorige Woche hat der Minister sehr, sehr liebenswürdig mit mir gesprochen und bedauert, daß wir unsere Pässe immer noch nicht haben. Er kam nach der Messe auf mich zu und fragte mich aus, wie ich meine Zeit in Göttingen verbracht und bei wem ich studiert habe? Ich antwortete, bei demjenigen, der seinerzeit die Ehre hatte, Ihr Lehrer zu sein, d.h. bei Schlözer, der in Petersburg Hauslehrer beim Grafen Rasumovsky war. Er war darüber erfreut, daß der Greis noch am Leben ist und daß es ihm gut geht; er fragte, ob er über finanzielle Mittel verfügt, womit er sich beschäftigte, ob er immer noch seine Zeitschrift herausgebe – und wollte wissen, woher ich erfahren habe, daß er bei ihnen gelebt habe. Ich antwortete, daß das alles in Schlözers Leben, von ihm selbst beschrieben, zu lesen sei. Der Botschafter wollte das Buch lesen, aber ich hatte es nicht mit. Unser Gespräch dauerte länger als eine Viertelstunde; so etwas kommt beim Botschafter selten vor.“[7]

Die jungen Leute ließen sich in der Wiener Hofbibliothek slawische Handschriften zeigen, dann reisten sie über Buda nach Karlowitz, Semlin, Peterwardein, Agram und Fiume und kamen tief beeindruckt nach Petersburg zurück. Es war die Zeit des großen geistigen Umbruchs in Europa, Herder, Schiller, Clemens Brentano hatten den Anstoß zur Entdeckung der Volksdichtung und zur Erforschung der eigenen nationalen Wurzeln gegeben, es war der Beginn eines neuen Weltgefühls und ihm verfielen auch die beiden russischen Studenten. Istrin, der Herausgeber der Briefe, hat wohl nicht unrecht, wenn er A. I. Turgenjew und A. S. Kajsarow als die ersten Slawophilen bezeichnet. Während A. Turgenjew später ein ruhiges Leben führte, verfaßte der hochtalentierte Kajsarow den ersten „Versuch einer slavischen Mythologie“ und „Über die Befreiung der Leibeigenen.“ Er ist 1813 im Alter von 31 Jahren bei Hanau gefallen.

Auch im Herbst 1804 herrschte noch Frieden. Da sich Elisabeths Gesundheitszustand im Sommer verschlechterte hatte und die Ärzte ihr dringend zu einem Aufenthalt im Süden rieten, nahm sie die Einladung der Königin Marie-Caroline zu einer Reise nach Neapel an. Die Gräfin reiste im September zuerst nach Florenz und Rom, unterwegs besuchte sie Andrés Freunde aus dem Jahr 1785, Hackert, Angelika Kauffmann und Canova, die ihr die Schönheit der beiden Städte zeigte. Bei Canova bestellte Elisabeth eine Büste für ihr neues Haus, wohl die sagenumworbene „Hebe“, die heute nicht mehr existiert[8], und schrieb von dort begeisterte Briefe. Bei ihrer Ankunft in Neapel am 1. Oktober wurde sie vom Grafen Roger de Damas abgeholt, der ihr in den kommenden Monaten ein treuer Begleiter und Fremdenführer wurde. Die Königin empfing sie mit offenen Armen und behandelte sie wie eine Freundin. Elisabeth verbrachte fast jeden Tag bei ihr.

Von den bis 1804 datierten Briefen aus Italien, die noch vor dem 1. Weltkrieg vorhanden gewesen sein müssen, hat uns Brückner nur Bruchstücke übermittelt.[9] Der Ton dieser Briefe änderte sich nach der Ankunft in Neapel: Elisabeth erkannte, daß dem Königreich neuerlich große Gefahr von seiten der Franzosen drohte. Sie war entsetzt über den Leichtsinn der neapolitanischen Gesellschaft:

> „Die Weise, wie man hier jede Art von Gefahr verschläft, ist wirklich unfaßbar und das geschieht sicher nicht aus Tapferkeit. Einen Moment lang regt man sich schrecklich auf, denn beruhigt man sich und trifft keine wie immer gearteten Maßnahmen. Wenn es die Königin nicht gäbe, könnte man dieses Land nicht aushalten.“[10]

Die Königin hoffte, sich durch Geld eine Abwehr der Invasion erkaufen zu können. In ihrem letzten bekannten Brief ohne Datum bittet Elisabeth, André möge einen Rat geben, wie sich die Regierung in dieser schwierigen Situation verhalten solle.

Die Trennung der Eheleute dauerte diesmal zwei Jahre. Gräfin Elisabeth harrte bei der königlichen Familie in Neapel aus und kam deshalb mit den dramatischen Ereignissen in Österreich im folgenden Jahr nicht in Berührung. Im Februar 1806 floh sie mit ihren Freunden vor der französischen Invasion nach Palermo und trat im Herbst, bereits vom Tod gezeichnet, den Heimweg an.

28. Austerlitz (1805)

Am 2. Dezember 1804 krönte sich Napoleon zum erblichen Kaiser der Franzosen. Im Gegenzug verkündete Kaiser Franz wenige Tage später, am 7. Dezember, die Annahme des erblichen Titels „Kaiser von Österreich" für sich und seine Nachkommen und stellte sich auf diese Weise sozusagen auf eine Stufe mit dem Usurpator. Voll Empörung meldete Rasumovsky am 17. Dezember seinem Hof:

> „Wer hätte jemals denken können, daß ein Abenteuer, der auf Kosten der Bourbonen erzogen wurde, sich einmal auf ihren Platz setzen und für sich und eine Kreolin, seine lächerliche Begleiterin, Ehren fordern würde, auf die nicht einmal die Nachkommen einer der ältesten Dynastien Europas Anspruch erhoben..."[1]

Die Reaktionen auf dieses Ereignis, das an die Wurzel einer tausendjährigen, auf christlichen Traditionen beruhenden Weltordnung rührte, waren unterschiedlich. Einige deutsche Fürsten stellten sich sogleich auf die Seite des neuen starken Mannes. Preußen, das es bisher geschickt verstanden hatte, ernste Zusammenstöße zu vermeiden, blieb neutral und ließ sich von allen Seiten umwerben. In Österreich war die Gesellschaft zwar strikt gegen das Monstrum aus den untersten Schichten des Volkes, die leitenden Männer waren aber realistisch genug, nach den schweren Niederlagen der letzten Jahre vor neuen kriegerischen Handlungen zurückzuschrecken; Kaiser Franz war zudem ein unentschlossener Zauderer und nicht bereit, die Rolle eines Verteidigers des Reiches zu übernehmen, das praktisch nicht mehr existierte.

Nur Kaiser Alexander wollte sich nicht damit abfinden, daß Europas geheiligte Ordnung zerstört wurde. Er wollte alles daransetzen, um den Usurpator zu stürzen. Nach den Ideen seines Lehrers La Harpe, mit Hilfe von Adam Czartoryski und unter Mitwirkung von Joseph de Maistre entwarf er den Plan einer neuen Ordnung in Europa, der auch ein neu erstandenes Königreich Polen in Personalunion mit Rußland einschloß und Europa den ewigen Frieden bringen sollte. Mit diesem utopischen Plan schickte er Nowosilzew nach London, um einen Bundesgenossen zu finden. Die Engländer, Napoleons größte Feinde auf den Weltmeeren, waren über diese russischen Annäherung sehr erfreut; am 10. April 1805 wurde ein Beistandspakt unterzeichnet, der allerdings kaum etwas von Alexanders hochfliegenden Träumen enthielt.

In den Monaten nach Napoleons Thronbesteigung liefen die diplomatischen Aktivitäten in den russischen Gesandtschaften von London, Wien und Berlin auf Hochtouren: Preußen sollte endlich zur aktiven Teilnahme an der Koalition gebracht und Österreich durch Rasumovsky dazu überredet werden, trotz seiner geschwächten Position den Kampf gegen Frankreich wieder aufzunehmen. Österreich machte vorerst Ausflüchte.

Verstärkt wurden sie russischen Bemühungen nach einer Depesche, die Rasumovsky am 11. Januar nach Petersburg sandte: Napoleon habe sich in einem eigenhändigen Schreiben an Kaiser Franz gewandt, aus dem hervorging, daß das italienische Volk eine Vereinigung mit Frankreich fordere; Napoleon habe die Absicht, seinen Bruder Joseph Bonaparte zum König der Lombardei zu machen. Die Aufregung bei den Alliierten, vor allem in Österreich, war groß. Doch Joseph lehnte ab. Daraufhin ließ Napoleon seine Armee die ligurische Küste und Genua besetzen und krönte sich selbst am 26. Mai in Mailand mit der Eisernen Krone der Lombarden zum König von Italien. Nun traten im August Österreich und Schweden der russisch-englischen Koalition bei, Preußen blieb weiter neutral.

Alexander sah sich jetzt dazu berufen, den Usurpator mit Waffengewalt in seine Schranken zu verweisen. Obwohl er in Kutusow und Bagration zwei fähige und erfahrene Heerführer zur Verfügung hatte, erklärte er sich gegen den Rat seiner Mitarbeiter selbst zum Oberbefehlshaber der russischen Armee und ließ Kutusow an der Grenze zu Preußisch-Schlesien aufmarschieren. Er selbst wartete in Pulawy, dem Familienbesitz der Czartoryski, auf einen Unterredung mit König Friedrich Wilhelm.

Die französische Armee stand am Ärmelkanal – ein Trick, wie Napoleon später Metternich erklärte –, der Augenblick zum Beginn von Kriegshandlungen schien günstig zu sein. Ohne auf Verstärkung durch Erzherzog Karl zu warten, fiel die in Deutschland stehende österreichische Heeresgruppe unter General Mack am 2. September in Bayern ein, aber die Franzosen waren in Blitzeseile zur Stelle, umzingelten die Österreicher und zwangen Mack in Ulm am 10. Oktober zur Kapitulation (mit 23.000 Mann). Die Heeresgruppe Kutusow hatte sich erst am 12. September in Bewegung gesetzt und war bis Braunau am Inn gelangt, als er von den österreichischen Generalen Kienmayr, Merveldt und Nostiz gebeten wurde, Mack in Ulm zu entsetzen. Kutusow lehnte dies ab, um seine erschöpften Soldaten zu schonen, was dem Verständnis zwischen den Koalitionspartnern nicht gerade förderlich war. Eine Nachrichtenübermittlung existierte praktisch nicht; von Macks Kapitulation erfuhr man im russischen Lager erst, als dieser selbst dort erschien.

Graf André, der einmal mehr die Aufgabe hatte, schlechte Nachrichten weiterzuleiten, saß in Wien und war sehr besorgt, wie sich die Lage weiter entwickeln würde. In einem durch die österreichische Botschaft nach Neapel übermittelten Brief schrieb er am 4. November an Elisabeth:

> „Die schönste Armee wurde innerhalb von sechs Tagen vernichtet... Der in Ulm eingeschlossene Rest, 27.000 Mann, hat sich in Gefangenschaft begeben. Wir waren drei Wochen ohne Nachrichten und ohne Verbindung, über Tirol haben uns die schlechten

Nachrichten erreicht. Wir sind in der Hauptstadt wieder einmal durch den Vormarsch der Franzosen bedroht – wir packen mit allen Kräften und der Hof wird sich nach Olmütz zurückziehen."[2]

Kutusow zog sich mit der russischen Hauptstreitmacht nach Mähren zurück; die Nachhut unter Bagration und Miloradowitsch stieß über die Donau bis zur Enns vor, besetzte kurzzeitig die später nochmals in die Geschichte eingegangene Brücke über die Enns und hinderte danach Davout, bei Dürnstein bzw. Loiben, die Donau zu überschreiten. Rasumovsky meldete dies seinem Kaiser als großen Sieg – als solcher gilt diese militärische Auseinandersetzung in Rußland bis heute:

„Ein durchschlagender Erfolg hat die Armee Eurer Majestät gekrönt. Sire, nehmen Sie den Ausdruck meiner tiefen Freude und meiner Glückwünsche entgegen, die ich E.M. zu Füßen lege. Das ist der Grund, warum ich mich beeile, E.M. einen Kurier entgegen zu schicken, um den Augenblick zu beschleunigen, in dem ich diesen glücklichen Beginn verkünden kann, diesen Vorboten von Triumphen, die dem Retter Europas gebühren. Der Oberstkommandierende General Kutusow hat über die dem Marschall Mortier unterstehenden Divisionen einen vollständigen Sieg errungen, Mortier selbst ist gefallen. Diese Schlacht gereicht der tapferen russischen Armee zur größten Ehre, sowohl wegen ihres Mutes, als auch wegen der Intelligenz, die sie entwickelt hat. Das Schlachtfeld war bei Krems an der Donau. Die feindliche Division wurde fast völlig aufgerieben..."[3]

Auf den Lauf der Ereignisse hatte dies aber keinen Einfluß. Kurz danach meldete Rasumovsky nach Petersburg:

„Der Feind nähert sich Wien, er kann in drei Tagen hier sein. Ich hoffe, daß es mir morgen gelingen wird, wegzukommen. Ich reise mit meinen eigenen Pferden, weil die Schwierigkeiten, auf den Poststationen Pferde zu bekommen, unbeschreiblich sind. Deshalb werden meine Tagesetappen sehr klein sein, und ich werde in Brünn erst am dritten Tag eintreffen. Ich hoffe, vor meinem hohen Herrn dort zu anzukommen."[4]

In Wien brach Panik aus, wer konnte, ergriff die Flucht, so auch die Familie Thürheim, die schon früher von Schwertberg nach Wien gekommen war. Nun bestand der alte Graf darauf, seine Frau und die fünf Kinder weiter nach Budapest zu schicken, wo sie das Ende der Kampfhandlungen abwarten sollten. „Die Franzosen sind vor den Toren Wiens", schreibt Lulu Thürheim am 13. November in Budapest in ihr Tagebuch, „deren Einwohner ihnen eine Deputation um zu kapitulieren entgegengeschickt haben."[5]

Der Hof, die Regierung und das diplomatische Corps nahmen Quartier in Brünn. Kutusow errichtete sein Hauptquartier in Olmütz. Mit Angriffshandlungen wollte er nicht nur auf die Armeegruppe Buxhoevden warten, die zu seiner Verstärkung unterwegs war, sondern auch auf das Eintreffen seines obersten Kriegsherren.

Dieser beeilte sich allerdings nicht, den Kriegsschauplatz zu erreichen; er verließ St. Petersburg am 21. September und traf erst acht Wochen später in Olmütz ein. Er wollte persönlich mit König Friedrich Wilhelm sprechen und wartete zuerst auf dem Czartoryski'schen Gut Pulawy auf eine Nachricht aus Berlin. Bei seiner Ankunft in der preußischen Hauptstadt wurde er mit großem Pomp gefeiert und konnte den Erfolg für sich in Anspruch nehmen, Friedrich Wilhelm zur Unterzeichnung eines Geheimabkommens bewegt zu haben (3. November). Am 4. November fuhren die beiden Herrscher nach Potsdam und schworen sich gegenseitig vor dem Grab Friedrichs des Großen ewige Treue. Am 5. November brach der Kaiser aller Reußen auf – allerdings nicht, um auf schnellstem Wege zu seiner Armee zu stoßen. Er machte einen Umweg über Weimar, besuchte seine Schwester, die Herzogin Maria von Sachsen-Weimar, ließ sich von ihr feiern und Goethe, Herder und Wieland vorstellen und besichtigte danach Leipzig und Dresden. In Olmütz, wo er von Rasumovsky erwartet wurde, erschien er schließlich am 18. November.

Bei Napoleon ging alles schneller. Die Franzosen zogen am 13. November in Wien ein, Napoleon quartierte sich in Schönbrunn ein, wo er allerdings nur kurz blieb. Die französische Armee verfolgte Kutusow in Eilmärschen, wobei ihnen zugute kam, daß der Wiener Stadtkommandant Fürst Auersperg es verabsäumt hatte, die Taborbrücke über die Donau sprengen zu lassen. André schilderte Elisabeth ausführlich diese unglückliche Episode (am 16. November). Der Brief schließt mit dem „... Ich preise den Himmel, daß Du dort bist, wo Du bist..."[6] Er konnte sich nicht vorstellen, daß auch Elisabeth kurz danach gezwungen sein würde, vor den Franzosen nach Sizilien zu fliehen.

Erst einen Tag nach dem Zaren, am 19. November, gelangte Kutusow mit dem Hauptkontingent der russischen Streitkräfte bis zum russischen Hauptquartier in Olmütz. Einen Tag später, am 20. November, traf Napoleon in Brünn ein, das von den Österreichern in großer Eile geräumt worden war. Am 24. trafen sich die beiden alliierten Kaiser auf Schloß Austerlitz, das der Familie Kaunitz gehörte. Sie kamen überein, daß der österreichische General Weyrother, der das Gelände kannte, den Oberbefehl übernehmen sollte. Gleich danach schickte Kaiser Franz seine Familie weiter nach Norden, in die kleine schlesische Stadt Teschen, und diesem Beispiel folgte nicht nur Rasumovsky, sondern auch zahlreiche andere Diplomaten.

Über die berühmte Dreikaiserschlacht bei Austerlitz am 2. Dezember 1805, einer der schwersten Niederlagen der kaiserlichen Armeen von Rußland ebenso wie von Österreich, wurde sehr viel geschrieben.[7] Gründe für dieses Debakel waren wieder Unstimmigkeiten zwischen den Verbündeten, aber auch zwischen Kutusow und dem Zaren, der selbst Kriegsruhm erwerben wollte und Kutusow den Befehl zum Angriff gab, obwohl weder die russischen noch die österreichischen Verstärkungen unter dem Prinzen von Liechtenstein eingetroffen waren. Schuld war auch das frühwinterliche Wetter. In der Nacht vom 1. zum

2. Dezember betrug die Temperatur –6°, die zahlreichen Seen in der Umgebung waren von einer dünnen Eisschicht überzogen. In den Morgenstunden fiel Nebel ein und als er sich hob und „blutrot die Sonne von Austerlitz aufging“, standen die Franzosen nicht dort, wo Weyrother vermutet hattte, sondern unmittelbar vor den Alliierten, die sich auf der Höhe von Pratzen wie auf einer Theaterbühne befanden. Auch die beiden Kaiser kamen heraufgeritten, um den Verlauf der Schlacht zu verfolgen, bis sie von einschlagenden französischen Granaten gezwungen wurden, eiligst den Rückzug anzutreten. Im Laufe des Vormittags eroberten die Franzosen die Anhöhe. Als Großfürst Konstantin, der den Befehl über die russische Nachhut führte, am Nachmittag der Kavallerie die Wiedereroberung des Pratzener Hügels befahl, kam es zu einem fürchterlichen Debakel und zu einer wilden Flucht der Russen über die kaum zugefrorenen Teiche, viele brachen ein und ertranken.[8] Als es dunkel wurde und erneut Nebel fiel, irrten Russen und Österreicher in Verzweiflung und Panik durch die Gegend, Tausende Russen gerieten in Gefangenschaft. Auch Zar Alexander verirrte sich und ritt, begleitet nur von sechs Getreuen (von denen einer der Fürst Czartoryski war) auf der Suche nach Kaiser Franz durch die dunkle mährische Winternacht, bis er vor Erschöpfung in dem Dorf Hodejitz zusammenbrach und erst am nächsten Morgen die Österreicher 12 km entfernt in dem Städtchen Zeitsch fand. Von der prachtvollen russischen Armee konnten sich nur 20.000 Man retten; Alexanders Traum von Kriegslorbeer war ausgeträumt.

Gerüchte über die Ereignisse auf dem Schlachtfeld müssen wohl schon in der Nacht des 2. Dezember, spätestens aber am nächsten Tag nach Teschen gelangt sein. Was der russische Botschafter beim römisch-deutschen Kaiser offiziell seinen Vorgesetzten meldete, verrät uns Wassiltschikoff nicht. Bekannt ist lediglich sein Brief an Czartoryski vom 24. November/6. Dezember; er kann als ein Muster von Desinformation bezeichnet werden:

> „Die Nachrichten vom 3. Dezember, die heute vom Kaiser-König aus dem Hauptquartier in Czeitsch eingetroffen sind, haben uns von der großen Sorge befreit, die wir bezüglich unseres hohen Herrn hatten, eine Folge der unglücklichen Ereignisse des 2. Dezember, von denen wir in Olmütz am Tag darauf durch ein Billett des Kaisers an seine Minister erfahren haben... Seit diesem Moment atmen wir wieder, weil wir wissen, daß unser Herr allen Gefahren entronnen ist und sich in Sicherheit an der Spitze seines tapferen Heeres befindet, das immer noch sehr formidabel ist. Für den Augenblick sind wir beruhigt, aber kann man es auch für die Zukunft sein?“[9]

An Elisabeth schreibt er am 10. Dezember die Wahrheit:

> „Die Unserigen haben sich am 27. in Bewegung gesetzt, die beiden Kaiser an ihrer Spitze, man war entschlossen, eine Schlacht zu liefern... Sie fand in der Ebene von Thuras (?) statt, man glaubte an einen sicheren Sieg. Es war eine komplette Niederlage. Ich verzichte darauf, Details zu schildern, sie sind hier nicht am Platz. Wir werden uns einmal darüber unterhalten...“[10]

Daß Napoleon eine herausragende, alle seine Gegner in den Schatten stellende Persönlichkeit war, zeigt seine Fähigkeit, nicht nur auf dem Schlachtfeld rasch und überlegt zu handeln, sondern auch am Konferenztisch. Als ihm Kaiser Franz am Tag nach der Niederlage den Prinzen Johann von Liechtenstein zu Verhandlungen schickte und am Tag darauf selbst zu Napoleon fuhr, begannen sofort Friedensgespräche zwischen Liechtenstein und Talleyrand auf Schloß Nikolsburg, die sodann nach Preßburg verlegt wurden. Napoleon selbst kehrte nach Wien zurück und unterzeichnete am 10. Dezember in Schönbrunn einen Vertrag mit dem preußischen Sonderbeauftragten Graf Haugwitz, in dem Preußen auf die Seite Frankreichs trat. (Seit den feierlichen Schwüren von Alexander und Friedrich Wilhelm am Grabe des Großen Friedrich waren genau fünf Wochen vergangen!)

Alexander erwies sich als standhafter; er lehnte die ihm in einem eigenhändigen Brief Napoleons vorgeschlagenen Verhandlungen ab und gab Kutusow den Befehl zum sofortigen Rückzug der russischen Armee, ohne einen Vertrag zu unterzeichnen. Er selbst fuhr sofort zurück und passierte, wie dem Brief Andrés an Elisabeth zu entnehmen ist, Teschen am 8. Dezember. „Zweifellos hätte eine andere Haltung (Rußlands) Österreich Gebietsabtrennungen größeren Ausmaßes erspart“, kommentiert Zöllner.[11]

Bereits am 26. Dezember 1805 wurde zwischen Frankreich und Österreich der Friede von Preßburg unterzeichnet, der das Ende des 3. Koalitionskrieges, aber auch das Ende der Vormachtstellung Österreichs im süddeutschen Raum brachte und seine Ausschaltung als Gegner der Hegemoniepläne Napoleons bedeutete.

Rasumovsky blieb noch einige Zeit in Teschen und konferierte ausführlich mit Czartoryski, die beiden kamen sich auch menschlich nahe. Noch erfreulicher war für den Grafen André das Treffen mit seiner Schwägerin: Christiane war beim Herannahen der Franzosen aus Wien auf ihr Gut Grätz geflohen, das ungefähr 30 km von Teschen entfernt ist. Sie besuchte André in Teschen, er erwiderte den Besuch in Grätz und fuhr für einige Tage in die schlesische Landeshauptstadt Troppau, in der die Lichnowskys ein Haus besaßen.

Das Überraschendste und Rührendste mußte für den abgebrühten Diplomaten ein anderer Familienbesuch gewesen sein: Unerwartet erschien bei ihm in Teschen seine Nichte, die junge Fürstin Warwara Alexejewna Repnina und bat um Hilfe bei der Suche nach ihrem Mann. Fürst Nikolaj Repnin kommandierte die 4. Schwadron der Garde-Kavallerie, die dem Großfürsten Konstantin unterstand. Warwara und zwei andere junge Damen der Petersburger Hocharistokratie waren ihren Männern Schritt für Schritt bis Olmütz nachgefahren. Die Marquise de Villereau, geb. Apraxina, wußte bereits, daß ihr Mann gefallen war; die 4. Schwadron war bis auf 18 Mann aufgerieben worden, aber von Repnin fehlte jede Spur. Mit viel Mühe und unter Ausnützung seiner guten Beziehungen gelang es Rasumovsky, in Erfahrung zu bringen, daß Oberst Repnin verwundet in Gefangenschaft geraten war; er verschaffte seiner Nichte Zutritt zum Lager. In „Krieg und Frieden“ findet sich die Stelle, wie Napoleon die gefangenen Offiziere aufsucht und sich den Fürsten Repnin vorstellen läßt; sie dürfte authentisch sein. Es war Repnin, der dem Zaren Alexander Napoleons Brief mit dem Friedensangebot überbrachte und auf diese Weise gegen einen hohen französischen Offizier ausgetauscht wurde.

Die drei russischen Frauen entwickelten in den Spitälern und den französischen Lagern eine rege Tätigkeit, die Rasumovsky am 11. Januar 1806 in einem Brief an Czartoryski folgendermaßen beschrieb:

> „Ich kann Ihnen, mein Fürst, nicht alle Beispiele von Frömmigkeit nennen (ich kann keinen anderen Ausdruck für Handlungen finden, die aus Gottesfurcht getan werden), die vor den Augen der Franzosen an unseren Gefangenen vollbracht werden. Ich müßte Ihnen die Namen von Frauen aus der höchsten Gesellschaft nennen, die in die Lager gehen und Hunderte von Hemden, Soldatenröcken, Brot und Geld verteilen. Diese Damen wären sehr unglücklich, wenn man ihre Namen nennen würde, und ich bewahre hierüber Diskretion, obwohl die Stimme des Volkes dies eher überflüssig macht.“[12]

Nach dem Abzug der russischen Armee blieb Warwara Alexejewna noch einige Zeit bei ihrem Onkel in Wien. Hier erkrankte sie an einer heimtückischen Augenkrankheit und wurde von einem jungen Doktor aus dem Rheinland völlig ausgeheilt. Von seinem Können – er hieß Dr. Friedrich Joseph Haas – war sie so begeistert, daß sie ihn als ihren Leibarzt nach Rußland mitnahm, wie aus einem am 3. Februar 1806 unterzeichneten Vertrag hervorgeht. Dieser „heilige Doktor Fjodor Petrowitsch“ Haas, der 1807 durch einen kaiserlichen Erlaß zum Oberarzt in einem Moskauer Spital ernannt wurde, blieb zeitlebens in Rußland und hat sich um das russische Gesundheitswesen große Verdienst erworben, vor allem auch durch die Entdeckung der Heilquellen im Kaukasus.[13]

Graf Andrej Kirillowitsch befand sich nicht mehr in dieser nördlichsten Provinz der österreichischen Monarchie, als sich auf Schloß Grätz der wohlbekannte Zwischenfall mit Beethoven ereignete:

Ein Leidtragender der kriegerischen Ereignisse des Herbstes 1805 war Beethoven: seine Oper „Leonore“ wurde am 20. November im Theater an der Wien uraufgeführt, wenige Tage nach dem Einmarsch der Franzosen. Es wurde ein Mißerfolg, denn alle Gönner hatten sich auf ihre Schlösser abgesetzt und die Bürger Wiens hatten in diesen Tagen andere Sorgen, als ins Theater zu gehen. Danach bestürmten viele Freunde den Komponisten, Änderungen und Kürzungen vorzunehmen, auch das Ehepaar Lichnowsky. Aber auch die umgearbeitete Fassung, die am 28. März 1806 aufgeführt wurde, brachte nicht den gewünschten Erfolg, was für Beethoven auch finanzielle Folgen hatte. Daraufhin luden ihn der Fürst und die Fürstin für den Sommer und „solange der Herbst dauert“ nach Grätz ein.

Dieser Sommer war für Beethoven eine besondere fruchtbare Schaffensperiode.[14] Laut Eintragung auf dem Manuskript begann er am 26. Mai mit der Komposition des Streichquartetts in F-Dur op. 59 Nr. 1, das er am 5. Juli beendete. Am 3. September teilte er dem Verlagshaus Breitkopf & Härtel in einem Brief aus Troppau seine Bedingungen für die Veröffentlichung der Quartette mit – die beiden ersten waren fertig, das C-Dur-Quartett hatte er begonnen. Quasi „nebenbei" entstanden in diesem Sommer die 4. Symphonie, die er dem ebenfalls in Grätz weilenden Grafen Oppersdorf widmete, und das 4. Klavierkonzert op. 58.

Die drei Quartette op. 59 waren ein Auftragswerk Rasumovskys. Er gab dem Maestro eine zusätzliche Motivation, als er ihm auf der Geige Volkslieder aus seiner russischen Heimat vorspielte. Tatsächlich enthält jedes der drei Quartette ein russisches Motiv: Im C-Dur-Quartett Nr. 3 ist es das Lied „Wie viele schöne Mädchen, wie viele zärtliche Namen...", von Beethoven fast notengetreu übernommen in das Anfangsthema des 2. Satzes, Andante con moto.

Beethoven wollte bis Ende Oktober in Grätz bleiben, doch es kam zu dem Zwischenfall, der von jedem Chronisten anders geschildert wird: Mitte Oktober gaben die Lichnowskys ein Fest, an dem auch französische Besatzungsoffiziere teilnahmen. Es war eine stürmische, verregnete Herbstnacht. Fürstin Christiane überredete Beethoven, etwas auf dem Klavier vorzuspielen. Aber die Franzosen beachteten ihn nicht, sie tranken und redeten weiter. Da sprang Beethoven auf, schlug mit dem Ruf „Vor solchen Schweinen spiel' ich nicht!" den Klavierdeckel zu, raffte seine Noten zusammen und rannte, ohne in seiner Wut auf die Bitten Christianes zu hören, im strömenden Regen ca. 6 Kilometer bis Troppau. In der Stadt waren die Straßen so aufgeweicht, daß auf einem Platz eine seiner Galoschen im Schmutz stecken blieb. Bis zum Herbst 1938 hieß dieser Platz im heutigen Opava Beethovenplatz. Daß diese Geschichte zumindest zum Teil wahr ist, beweisen die Wasserflecken auf den Autographen der ersten beiden Sätze des e-moll-Quartetts, des 1. Satzes des C-Dur-Quartetts und der Reinschrift der „Appassionata".[15]

Die im Januar 1808 im „Bureau des Arts et d'Industrie" in Wien erschienen „Trois quatuors op. 59" tragen die Widmung „Très humblement dédiés à Son Excellence Monsieur le Comte de Rasumoffsky... par Louis van Beethoven". Aufgeführt wurden sie aber „bereits im nächsten Winter an den Schuppanzigh'schen Concertabenden in seinem (Rasumovskys) herrlichen Palais am unteren Donaukanal" und rezensiert in der „Allgemeinen musikalischen Zeitung" am 27. Februar 1807.[16]

29. Krieg in Preußen (1806–1807)

Gerüchte über die Niederlage bei Austerlitz und das Ausmaß der Katastrophe erreichten die Salons von St. Petersburg mit einer Verspätung von zwei Wochen. Wassiltschikoff beschreibt in einem Absatz, der in die französische Ausgabe nicht aufgenommen wurde, die Reaktionen:

> „Die öffentliche Meinung in Rußland war in stärkstem Maße gegen Österreich aufgebracht. Alle Mißerfolge des Feldzuges schob man der österreichischen Regierung in die Schuhe, und in allen Schichten der Gesellschaft sprach man von Verrat durch den Alliierten. Überall war Unzufriedenheit zu spüren, die sich in lauten Klagen über die Politik der russischen Staatsmänner Luft machte... Die Gesellschaft schimpfte über Czartoryski und Dolgorukov; aber über niemanden wurde so hergezogen, wie über den unglücklichen Rasumovsky. Man warf ihm vor, daß er den Kaiser nicht von den falschen Maßnahmen informierte, die die österreichische Regierung ergriffen hatte und daß er nicht gegen die vorzeitige Überschreitung des Inns durch General Mack protestiert hatte. In den Petersburger Salons wurde offen darüber gesprochen, daß Graf Andrej Kirillovitsch vom österreichischen Hof bestochen worden sei und daß er riesige Summen erhalten habe, mit denen er große Ländereien in der Umgebung von Wien erworben und sogar aus eigenen Mitteln eine steinerne Brücke über die Donau habe errichten lassen. Ganz Rußland forderte seine Absetzung."[1]

Der sardinische Gesandte Graf Joseph de Maistre sagte sogar Rasumovskys unmittelbar bevorstehende Rückberufung und Ungnade voraus, aber dies traf nicht ein – noch brauchte der Zar, der über die Wahrheit selbst am besten Bescheid wußte, seinen Vertreter in Wien.

In Petersburg war nun die zweite Generation von Aristokraten an der Macht, die in französischem Geist und in der restlosen Bewunderung für das alte Frankreich erzogen worden waren; die revolutionären Ideen und Napoleons Machtansprüche wurden vom größten Teil der russischen Gesellschaft scharf abgelehnt. Französische Flüchtlinge mit klingenden Namen wurden in Rußland – im Gegensatz zu den deutschsprachigen Ländern – herzlich aufgenommen und gingen in den Salons aus und ein. Der selbsternannte „sardinische Gesandte" Graf Joseph de Maistre stand überall in höchster Gunst.

Die Emigranten brachten aus dem Westen Einflüsse mit, die bald auch in Rußland sehr in Mode kamen: den Katholizismus und das Freimaurertum. Die Katholische Kirche war im streng orthodoxen Rußland anerkannt, seitdem zum russischen Imperium polnische Untertanen gehörten und Kaiserin Katharina dem Jesuitenorden nach seiner Vertreibung Asyl gewährt hatte; de Maistre war ihr eifrigster Förderer. Die Freimaurer hatte die Kaiserin nach der Affäre Nowikow unterdrückt; mit dem Regierungsantritt Alexanders hatten sie aber wieder an Einfluß gewonnen, vor allem durch den fanatischen und ultrakonservativen O.A. Posdejew. Das Zentrum des russischen Freimaurertums war Moskau. Posdejew ging so weit, ein glühender Verfechter der Leibeigenschaft zu sein, weil in der Bibel gesagt sei, die Erde müsse in Schweiße des Angesichts bearbeitet werden. Sein begeisterter Anhänger und Verteidiger war in Moskau niemand anderer als Alexej Rasumovsky, Mitglied der Loge „Capitulum Petropolitanum". Bekannt sind eine große Anzahl von Briefen Posdejews an den Grafen Alexej Kirillowitsch.[2] Es ist anzunehmen, daß der reiche Sonderling, der am liebsten seine Paläste und Gärten nicht verließ, keinen öffentlichen Auftrag übernehmen wollte und dessen Einstellung ebenfalls erzkonservativ war, mit der österreichischen Politik seines Bruders keineswegs einverstanden war.

Nach seinem Scheitern auf dem Schlachfeld suchte Kaiser Alexander neue Männer. Er ließ, wenn auch diskret, seine alten liberalen Freunde von der politischen Bühne verschwinden; Kotschubej blieb noch für 15 Monate Innenminister, wenn auch das Interesse des Zaren für dessen Reformpläne erkaltet war, und vorderhand konnte er auch auf den angefeindeten Czartoryski nicht verzichten, obwohl ihre Meinungsverschiedenheiten groß waren.

Mitte Juli 1806 wurde Czartoryski durch den baltischen Baron von Budberg ersetzt, der dem Grafen André nicht wohlgesinnt war. Zu neuen Ehren kam Graf Peter Sawadowski, ein fähiger, integerer Mann von niedriger Herkunft, ein ehemaliger Kurzzeit-Liebhaber der Kaiserin Katharina, den Alexander 1802 zum Minister für das Schulwesen ernannt hatte.

Die Möglichkeit, Rasumovsky von seinem Wiener Posten abzuziehen und nach London zu versetzen, ergab sich, als Graf Semjon Woronzow aus Altersgründen um seinen Rücktritt bat. Czartoryski teilte dem Grafen André am 26. März 1806 mit, daß der Zar ihn an den Hof von St. James versetzt und auf den Posten des russischen Gesandten in Wien den Fürsten Kurakin ernannt habe.[3] Rasumovsky regte sich schrecklich auf und weigerte sich, Wien zu verlassen und Alexander ließ diese Angelegenheit fallen – er brauchte weiter die Dienste seines langjährigen, mit allen Hintertüren beim Wiener Hof erfahrenen Vertreters, denn die Beziehungen zu Österreich gestalteten sich immer schwieriger.

Revirements gab es auch in Österreich. Der Napoleon-Hasser Gentz war bei Hof nicht mehr genehm.

> „Am 7. November (1805) eröffnete mir Graf Cobenzl mit bitteren Thränen, daß es Zeit sei, Wien zu verlassen".[4]

Er ging ins „Exil" – nach Dresden und Prag. Was waren das damals doch für goldene Zeiten!

Aber auch Cobenzl mußte gehen. Neuer Vizekanzler wurde Rasumovskys alter Freund noch aus schwedischen Zeiten Graf Philipp Stadion, einer der wenigen, der, ebenso wie Graf André, für eine Weiterführung des Kampfes gegen Napoleon war. Neuer Botschafter in St. Petersburg wurde General Graf Merveldt, seit seiner Heirat mit Therese Dietrichstein ein Verwandter des Thun'schen Familienclans. Es bildete sich aber auch eine starke pro-französische Partei, die den schmachvollen Preßburger Frieden einem neuerlichen Waffengang gegen den unbesiegbaren Feind vorzog; an ihrer Spitze stand Erzherzog Karl. In Rußland wurde als wichtigste Aufgabe Rasumovskys angesehen, dem Einfluß dieser Partei entgegenzuwirken und streng über eine effektive Wiederaufrüstung der österreichischen Armee zu wachen.

Rasumovsky hatte überdies eine weitere schwierige diplomatische Aufgabe zu lösen, die Verstimmung zwischen Österreich und Rußland wegen des Streits um die Bucht von Cattaro zu begleichen. Den westlichen Historikern ist dieser Zwischenfall höchstens einen Satz wert[5], aber heute sieht man, daß er der Vorbote von Ereignissen in einer von Krisen geschüttelten Region war, die bis heute nicht zur Ruhe gekommen ist.

Nach dem Wortlaut des Friedens von Preßburg mußte Österreich Istrien und Dalmatien an die Franzosen übergeben, wodurch Frankreich in direkte Nachbarschaft zum Osmanischen Reich geriet.[6] Cattaro war jedoch ein österreichischer Kriegshafen mit einer starken Festung. Pozzo di Borgo schrieb am 15. März 1806 aus Wien an Czartoryski und machte ihn auf die strategische Bedeutung der Bucht aufmerksam. Vor den Ionischen Inseln, die ebenso wie Montenegro, unter russischem Protektorat standen, kreuzte die russische Kriegsflotte unter Vizeadmiral Senjawin. Als nun von österreichischer Seite gemäß dem Preßburger Frieden Cattaro an den französischen General Molitor übergeben werden sollte, ließ Senjawin vier Kriegsschiffe in die Bucht einlaufen, 180 russische Matrosen stürmten die Stadt und zogen auf der Festung die russische Flagge auf. Gleichzeitig erklärten sich die Montenegriner zu russischen Untertanen, die niemals französische Truppen bei sich dulden würden und bereiteten Senjawin einen festlichen Empfang.

Die österreichische Regierung war nach den Ereignissen der Vergangenheit an einem erträglichen Verhältnis zu Frankreich interessiert, sie war über das Vorgehen ihres Verbündeten erbittert. Fast täglich erschien Stadion bei Rasumovsky oder bat iohn zu sich und verlangte die Räumung des Stützpunktes. Rasumovsky, vom Zaren zum russischen Bevollmächtigten in dieser Frage ernannt, lavierte zwischen beiden Höfen und versuchte, sich mit Ausflüchten und langen Depeschen aus der Affäre zu ziehen. Hinzu kam, daß sich auf dem Balkan die christlichen Serben gegen ihre türkischen Herren zu erheben versuchten; sie brauchten dringend Waffen und wollten diese durch Rasumovskys Vermittlung von Österreich erhalten. Im Sommer erschien beim Grafen André eine serbische Delegation mit einer Petition an Kaiser Alexander, in der dieser als „Vater und Befreier der Serben" angesprochen und der Wunsch ausgedrückt wurde, den „russischen Helden Großfürst Konstantin" als Herrscher zu erhalten. Aber

Rasumovsky bereitete ihnen nicht den freudigen Empfang, den sie erhofft hatten: seiner erzkonservativen Weltanschauung gemäß stand er nicht auf der Seite der Rebellen, sondern der legitimen Ordnung:

> „Ich habe mich darauf beschränkt, allgemeine Versicherungen des wohlwollenden Interesses und des Wunsches zur Beteiligung an der Aufrechterhaltung von Ordnung und Ruhe zum Ausdruck zu bringen.“,

schrieb er an Budberg.[7] Der Konflikt um die Bucht von Cattaro wurde erst beendet, als im September 1806 in Paris ein – von Alexander nicht ratifizierter – Friedensschluß zwischen Frankreich und Rußland unterzeichnet wurde, woraufhin sich Senjawin aus der Stadt zurückzog.

Unterdessen vergrößerte Napoleon sein Imperium: Es kam zu einem kurzen militärischen Zwischenspiel, von dem das Ehepaar Rasumovsky unmittelbar betroffen war. Neapel, und hier insbesondere Königin Marie-Caroline, fühlte sich durch den Friedensvertrag nicht gebunden. Angespornt durch den englischen Sieg bei Trafalgar wurde im Januar 1806 bei Neapel ein Heer von 50.000 Engländern, Russen und Neapolitanern aufgestellt, das Norditalien zurückerobern sollte. Doch dieser Traum erwies sich als von kurzer Dauer. Eine französische Einheit unter General Masséna und dem nominellen Oberbefehl von Joseph Bonaparte zog nach Süden. In Neapel brach Panik aus, Engländer und Russen setzten sich ab und am 6. Februar mußte die königliche Familie zum zweiten Mal nach Sizilien fliehen. In ihrer Begleitung befand sich die schwer kranke Gräfin Elisabeth. Napoleon ernannte seinen Bruder Joseph zum König von Neapel und seinen Bruder Louis zum König von Holland: zwei neue Bausteine in seinem Reich.

Einen weiteren Machtzuwachs für den französischen Kaiser brachte die Gründung des Rheinbundes, zu dem sich vorerst 16 deutsche Fürsten unter dem Protektorat Frankreichs zusammenschlossen. Österreich und Preußen gehörten nicht dazu. Es war nur folgerichtig, daß Kaiser Franz am 6. August unter dem Druck Napoleons die römisch-deutsche Kaiserkrone niederlegte und damit den Schlußstrich unter eine 1000-jährige Geschichte zog.

Napoleon wollte zuerst Rußland unschädlich machen und von zwei Seiten einkreisen.

> „Das endgültige Ziel meiner Politik ist, eine dreifache Allianz zwischen mir, der Pforte und Persien zu bilden“,

schrieb er im Juli 1806 an Talleyrand.[8] Diese Gefahr muß man auch in Rußland verstanden haben, denn im November, als ganz Europa gebannt auf den neuen Kriegsschauplatz in Preußen blickte, überschritt eine russische Armee aus einem nichtigen Vorwand den Dnjestr und besetzte die Donaufürstentümer. Neuerlich begann ein langer Feldzug gegen den türkischen Erbfeind, in dem Verbände gebunden wurden, die Alexander bald dringend an anderer Stelle brauchen sollte.

Preußen hatte es bis jetzt geschickt vermieden, mit Napoleon auf direkten Konfrationskurs zu gehen, aber den Verlust seines Einflusses in Norddeutschland nach der Gründung des Rheinbundes wollte es nicht hinnehmen. König Friedrich Wilhelm schloß einen Vertrag mit Rußland und verlangte in einem Ultimatum den französischen Rückzug hinter den Rhein. Der preußische König begab sich zu seiner Armee und eröffnete am 8. Oktober (n. St.) die Feindseligkeiten. Doch es kam zu einem Debakel, das sogar Austerlitz in den Schatten stellte: General Davout rückte vor und besiegte die preußische Arme am 14. Oktober bei Jena, am 15. bei Auerstedt, bevor sich die russische Armee überhaupt in Bewegung setzte. Am 24. Oktober traf Napoleon in Potsdam ein, drei Tage später in Berlin; König Friedrich Wilhelm und Königin Luise flohen so überstürzt nach Königsberg, daß sie sogar ihr persönliches Gepäck zurückließen. Stettin, Küstrin, Spandau, Hamburg, Bremen und nach blutiger Schlacht Lübeck fielen den Franzosen in die Hände, Preußen kapitulierte. Für Napoleon war der Weg gegen einen seiner Hauptfeinde frei.

Doch nun wurde ein Problem aktuell, das man seit 20 Jahren gelöst zu haben glaubte: die polnische Frage. Als am 27. November französische Truppen im von Preußen annektierten Warschau einmarschierten und die dort eingetroffenen Russen zurückschlugen, wurden sie von einem Teil der polnischen Hocharistokratie begeistert begrüßt. In Rußland tauchte Fürst Czartoryski wieder auf, er drängte den Kaiser, wenigstens jetzt ein Königreich Polen unter russischer Oberhoheit auszurufen, um Napoleon den Wind aus den Segeln zu nehmen. Aber mit Rücksicht auf Österreich konnte sich Alexander dazu nicht entschließen, und so kam ihm Napoleon zuvor: Im Januar 1807 wurde von ihm das Großherzogtum Warschau errichtet, mit einer Konstitution, persönlicher Freiheit für die Bauern und dem Code Napoleon.[9] Oberbefehlshaber des Großherzogstums wurde General Fürst Jozef Poniatowski.

Die folgenden Ereignisse werden in den russischen und westlichen Beschreibungen unterschiedlich gewichtet. Allerdings ist auch in der russischen Literatur zu lesen, daß auf der russischen Seite Chaos und Verwirung herrschten, daß der Nachschub für die Armee stockte, so daß die Soldaten bei der verbündeten Bevölkerung plündern mußten. Alexander traf zwar bei seinen Truppen ein, aber den Oberbefehl wollte er diesmal nicht übernehmen; Kutusow stand bei ihm wegen Austerlitz nicht in Gnade und die Generale Bennigsen, Buxhoevden und Bagration waren untereinander so heillos zerstritten, daß sie sich nicht einmal angesichts französischer Angriffe gegenseitig unterstützten.

Nach längerem Zögern ernannte Alexander zuerst General Kemenski zum Oberbefehlshaber, der, bevor es noch zu einer Feindberührung kam, der russischen Armee den Befehl zum Rückzug gab und gleich darauf demissionierte, danach General Bennigsen. Am 14./26. Dezember trafen die Gegner zum ersten Male bei Pultusk aufeinander; in einer blutigen Schlacht gelang es Bennigsen, die Franzosen aufzuhalten, aber da er am nächsten Tag trotzdem die Stadt Pultusk

Graf Andrej (André) Kirillowitsch Rasumovsky mit dem Plan seines Wiener Palais.
Portrait von J.B. Lampi (um 1805)

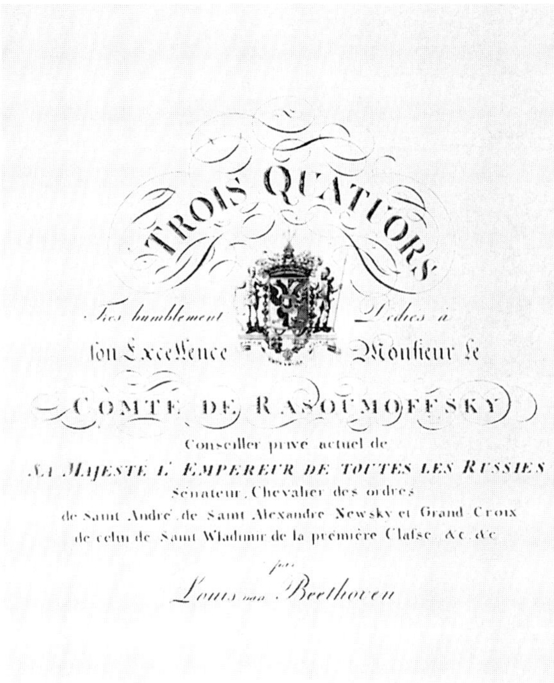

Beethoven: Streichquartette op. 59, „Rasumovsky-Quartette“. Titelblatt der Erstausgabe.

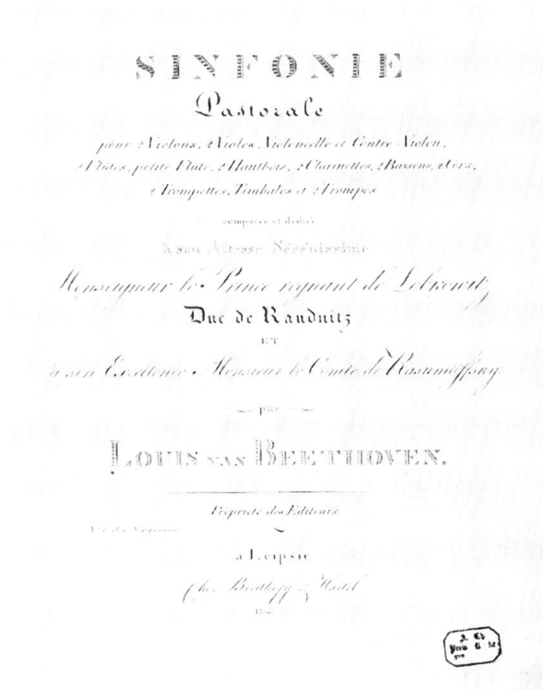

Beethoven: Symphonie Nr. 6 in F-Dur op. 68 („Pastorale“). Titelblatt der Erstausgabe.

Gräfin Elisabeth Rasumovsky, geb. Gräfin Thun, 1764–1806

Graf Grigorij (Gregor) Kirillowitsch Rasumovsky, 1759–1837. Porträt 1834. Geologe, Stammvater der Familie Razumovsky in Österreich.

räumen ließ, beanspruchten beide Seiten den Sieg für sich. Die Russen zogen sich in Richtung Königsberg zurück, Napoleon wollte ihnen den Weg abschneiden. Am 28.-29. Januar/8.-9. Februar 1807 trafen die Truppen bei Preußisch-Eylau eher zufällig aufeinander und im tief verschneiten Ostpreußen kam es in eisiger nordischer Winternacht zu einem Gemetzel, in dem 50.000 Mann fielen, die Russen aber das Schlachtfeld behaupteten. Danach verstummten die Waffen: beide Gegner waren am Ende ihrer Kräfte und Napoleon machte seine erste Bekanntschaft mit „General Winter".

Österreich hatte sich in diesem Konflikt als neutral erklärt. Rußland jedoch war sehr daran interessiert, seinen ehemaligen Waffenbruder zum militärischen Eingreifen zu bewegen. Budberg ließ auf Rasumovsky eine wahre Lawine von Depeschen niedergehen; in immer drängenderen Tönen forderte er den Gesandten auf, seinen Druck auf die österreichische Regierung zu verstärken und drohte immer offener, Österreich würde bei der bevorstehenden Neuaufteilung Europas leer ausgehen. Zur Unterstützung des Grafen André wurde Pozzo di Borgo nach Wien geschickt. Aber Erzherzog Karl und seine Anhänger blieben weiter strikt gegen die Aufgabe der Neutralität, obwohl Rasumovsky die russischen Siege in den leuchtendsten Farben darstellte und die russischen Frontberichte, die ihm Bennigsen auf schnellstem Wege schickte, von allen Angehörigen der Botschaft kopieren und in der ganzen Monarchie verbreiten ließ. Rasumovsky schrieb an Budberg:

> „Gestern, am 6./18., sind bei mir in einem Intervall von vier Stunden zwei Kuriere eingetroffen, einer von General Essen, der andere von General Bennigsen, mit der glücklichen Nachricht von den herrlichen Tagen des 27. und 28. Januar. Zwei Stunden später war die Stadt überschwemmt von Bulletins, die ich zirkulieren lasse. Sie sind mit größter Freude aufgenommen worden."

Und am 8. März:

> „Die Schlacht bei Eylau hat in der Öffentlichkeit große Begeisterung hervorgerufen und in österreichischen Militärkreisen den heißen Wunsch erweckt, am Ruhm unserer Waffen teilzuhaben. Der Erzherzog (Karl) betrachtet sie vielleicht nur als großen Schritt hin zu einem günstigeren Stand der Dinge, aber nicht als entscheidend für eine grundlegende Veränderung."[10]

Österreich verfolgte jedoch eine Strategie des Abwartens, zumal die von der französischen Botschaft verbreiteten Nachrichten vom Kriegsschauplatz das Gegenteil berichteten.Von Wien wurde Baron Vincent nach Warschau geschickt, um mit Talleyrand über eine Vermittlerrolle des österreichischen Kaisers zu verhandeln.

Die letzten Monate des Jahres 1806 waren für den Grafen André eine ausgesprochen schwere Zeit, und das nicht nur aus dienstlichen Gründen. Am 12./13. Dezember, am Tag, an dem Graf Pozzo di Borgo in Wien eintraf, starb Gräfin Elisabeth in Wien.

Über den Aufenthalt Elisabeths auf Sizilien nach ihrer Flucht aus Neapel wissen wir nichts; sofern Briefe von ihr an den französischen Okkupationstruppen vorbei nach Wien gelangt sind, haben sich diese nicht erhalten. Hingegen findet sich in den Erinnerungen des aus Frankreich geflüchteten und in russischen Diensten stehenden Grafen Roger de Damas eine dermaßen spannende Beschreibung der Rückreise, auf der er Elisabeth begleitet, daß sie hier im Wortlaut zitiert sei:

> „Ich verließ Palermo am 6. September 1806 an Bord einer russischen Fregatte, um nach Triest zu reisen. Ich unternahm die Reise zusammen mit der Gräfin Rasumovsky, deren Gesundheit und Freundschaft für die Königin von Neapel ebenso wie die Ereignisse sie seit zwei Jahren in Italien zurückgehalten hatten, und die ich wie meine Schwester, als meine teuerste Freundin verehrte. Das Klima von Palermo war ihrer Gesundheit abträglich und ihre Kräfte nahmen von Tag zu Tag ab. Die Seefahrt ermüdete sie, ohne ihr zu nützen.
> In Korfu gingen wir an Land, um mit dem russischen Admiral zu sprechen, der uns eskortieren oder ein Linienschiff zur Verfügung stellen sollte, um uns sicher in die Höhe von Venedig zu bringen. Nachdem wir fünf Tage lang durch den Wind daran gehindert wurden, in den Kanal von Korfu einzulaufen, ... lief unsere Fregatte beim Auslaufen wegen der Ignoranz eines Secondeleutnants an einer Insel, die den Hafen bildet, auf. Dieses Ereignis, daß uns in höchste Gefahr hätte bringen können, wenn die Winde in der entgegengesetzten Richtung geblasen hätten, zwang uns dazu, wieder auszusteigen. Es gelang erst, die Fregatte wieder flott zu bekommen, nachdem alle Kanonen von Bord gebracht worden waren. Wir konnten erst am nächsten Abend die Segel hissen. Da der Admiral sich in der Bucht von Cattaro befand, mußten wir ihn dort aufsuchen. Wir brauchten 7 Tage, um hinzukommen; wir warfen Anker im Golf von Castelnuovo... Die Ufer auf der Seite von Ragusa waren von französischen Truppen besetzt, die dem General Marmont unterstanden; sie waren dabei, eine Batterie in der Seenge aufzustellen, die, wenn sie schon in Stellung gewesen wäre, uns beim Auslaufen hätte in der Luft zerfetzen können... Wir brauchten vier Tage, bevor das Linienschiff, das uns der Admiral anstelle unserer Fregatte gab, bereit war, die Segel zu hissen, und ich überlegte mit großem Ärger, daß die Gräfin Rasumovsky darauf gefaßt sein mußte, bei unserem Auslaufen in eine Kanonade zu geraten... Trotzdem zogen sich die Franzosen entgegen allen ihren Gebräuchen sehr rasch zurück und hinterließen den Montenegrinern zwanzig Kanonen... Dieser Rückzug ... gab uns den Weg frei, um nach Triest zu segeln, wo wir in sechs Tagen, am 2. Oktober 1806, ankamen. Sechs weitere Tage waren notwendig, um die nötigen Reisevorbereitungen zu treffen, am siebenten verließen Gräfin Rasumovsky und ich Triest, um uns nach Wien zu begeben. Auf halbem Wege trennte ich mich von ihr, um über Ungarn zu reisen.“[11]

Damas traf am gleichen Tag wie Gräfin Elisabeth, am 14. Oktober, in Wien ein. Er schreibt, daß er über seine Ankunft an einem sicheren Ort so froh war, daß er sich einen Monat lang über den Zustand der von ihm so Verehrten täuschte, bis er mit tiefstem Schmerz ins Auge fassen mußte, daß ihr Ende nahe war:

„Der Verlust einer so vollendeten Freundin ließ für lange Zeit eine Leere in meinem Leben zurück; der Verlust des volkommenen Vertrauens, eine unbeschreibliche Sanftmut, die Gesellschaft, in der man vollkommen sicher sein konnte... der Trost bei allen Widerwärtigkeiten und in allen von Zweifeln geplagten Situationen meines Lebens – das alles wurde mir an einem Tag genommen...“[12]

Bezeichnend für das Ansehen, das Elisabeth Rasumovsky in der Wiener Gesellschaft genoß, ist auch der Nachruf, der am 27. Dezember 1806 in der „Wiener Zeitung“ erschien:

„Am 23. Dezember starb zu Wien Frau Elisabetha Theresia Gräfin von Rasumoffsky, gebohrene Gräfin von Thun, Gemahlin Sr. Exzellenz des Russisch-Kaiserlichen Herrn Botschafters an dem Österreichischen Kaiserhofe, in einem Alter von 43 Jahren. Mit allen Vorzügen des Herzens verband die Verewigte eine hohe, vollendete Bildung des Geistes und eine Lebhaftigkeit des Charakters, welche selbst von einer ununterbrochenen Reihe schwerer körperlichen Leiden nicht geschwächt werden konnte. Der Geist ihrer verewigten Mutter, deren Andenken in dem Herzen der Weisen und Guten unauslösbar fortlebt, ruhte auf ihr. Sie war die Seele der Gesellschaft, in welcher sie erschien, die zärtlichste Freundin ihres durch ihren Tod tiefgebeugten Gemahls, die stille Wohltäterinn der leidenden Menschheit, bewundert und geliebt von allen, die sie kannten. Mit Heroismus trug sie die Schmerzen einer langen Krankheit und goß selbst Trost in die Herzen derer, welche bey dem Anblicke ihrer Leiden in stummen Schmerz versanken. Mehr als Lobreden sprechen die Thränen so vieler edlen und vortrefflichen Menschen, welche ihr Andenken immer heilig seyn wird. Verstorben in Wien, alt 43 J. in d. Wollzeil Nr. 838“

Die Gräfin Rasumovsky wurde neben ihrer Mutter auf dem St. Marxer-Friedhof begraben. Der Friedhof ist heute aufgelassen und die Gräber konnten nicht mehr gefunden werden. Die Wiener gehen gern im Mai dorthin, dann da blüht der schönste Flieder von Wien.

Der Winter 1806/07 scheint auch für ostpreußische Verhältnisse sehr kalt gewesen zu sein. Er bewirkte eine Pause in den kriegerischen Handlungen von mehreren Wochen, die Napoleon dazu benützte, um aus Frankreich neue Truppen und Nachschub heranzuschaffen. Nicht so die Russen: die Generale stritten sich weiter und obwohl ihre Verbindungswege wesentlich kürzer waren, gelang es ihnen nicht, Mannschaft und Verpflegung heranzuschaffen; die Disziplin ließ immer mehr zu wünschen übrig. Der preußische Oberst Knesebeck, der sich bei Bennigsen befand, schrieb dem General Scharnhorst, daß die Russen systematisch das befreundete Preußen ausplünderten, „wohl um zu verbergen, daß sie sich zurückziehen mußten.“[13] Bennigsen berichtete weiter von seinen Siegen.

Am 14./28. März begab sich Alexander abermals zu seiner Armee. Unterwegs besuchte er den emigrierten König Ludwig XVIII. in Mitau, den der Zar (an diesem Tag noch) als den einzig rechtmäßigen Herrscher von Frankreich betrachtete, traf danach das preußische Königspaar in ihrer derzeitigen Residenz in Memel und ritt mit König Friedrich Wilhelm ins Kriegsgebiet, das direkt daran anschloß. Auf Schloß Bartenstein unterzeichneten sie erneut einen Freundschaftspakt: Es wurde ein utopischer Deutschland-Plan aufgestellt: Preußen verpflichtete sich, einen Separatfrieden nur dann abzuschließen, wenn das Land in seinen Grenzen von 1805 wiederhergestellt wäre, eine Vermittlung Österreichs wurde abgelehnt, Kaiser Franz nochmals ultimativ zur Teilnahme an den Feindseligkeiten aufgefordert. Danach zog sich Alexander aus Bartenstein zurück und versammelte seine Truppen am Njemen um Tilsit.

Sowohl bei der Truppe, als auch im russischen Hinterland war inzwischen der Wunsch nach Frieden sehr stark geworden, umso mehr, weil die von England versprochenen Unterstützungsgelder immer noch ausblieben. Außer dem Kaiser waren es nur Budberg und Rasumovsky, die den Krieg gegen Napoleon bis zu seiner Vernichtung weiter führen wollten. Dennoch gab Alexander nach längerem Zögern den Befehl, die Feindseligkeiten wieder aufzunehmen und zur Weichsel vorzustoßen. Am 24.5./2.6. und 30.5./12.6. gelang es den Russen bei Guttstadt und Heilsberg, Marschall Ney in Gefechte zu verwickeln, die erfolgreich ausgingen.

Als Rasumovsky das erfuhr, eilte er freudestrahlend zu Stadion, um ihm von den großen russischen Siegen zu berichten – er traf Stadion mit einem Brief in der Hand an, in dem stand, daß die russische Armee am 14. Juni bei Friedland so vernichtend geschlagen worden war, daß sich Bennigsen gerade noch mit 5000 Mann über den Njemen habe zurückziehen können und um einen Waffenstillstand angesucht habe.

Was weiter geschah, ist wohlbekannt. Am 18. Juni begab sich der frankophile Fürst Lobanow-Rostowski ins französische Hauptquartier, am 21. wurde ein Waffenstillstand unterzeichnet, am 22. lud Napoleon in Tilsit Lobanow zu einem Diner ein, trank auf die Gesundheit des Zaren, zeigte auf einer Landkarte auf die Weichsel und sagte: „Hier liegt die Grenze zwischen unseren Ländern. Ihr Monarch herrscht auf der einen und ich auf der anderen Seite." Am 25. Juni fand das berühmte Treffen von Alexander und Napoleon auf einem Floß in der Mitte des Njemen statt, bei dem laut mündlicher Überlieferung Alexanders erste Worte gewesen sein sollen: „Sire, ich hasse die Engländer ebenso wie Sie und bin bereit, Sie in ihren Unternehmungen zu unterstützen", worauf Napoleon geantwortet haben solle: „Nachdem dies der Fall ist, können wir rasch unsere Streitigkeiten begleichen und Frieden schließen."[14]

Binnen kürzester Zeit hatte Napoleon seinen russischen Gegenspieler um 180 Grad „umgedreht". Alexander verfiel völlig dem Charme des Mannes, der für ihn bisher ein Monstrum gewesen war. Innerhalb von sechs Tagen teilten die beiden in Vier-Augen-Gesprächen Europa auf – allerdings in anderer Form, als dies Alexander im März mit dem preußischen König getan hatte. Rußland mußte sich an der Kontinentalsperre gegen England beteiligen und erhielt dafür freie Hand, Finnland von den Schweden zu erobern. Eine Lösung bezüglich der orientalischen Frage sollte später gefunden werden. Die Einzelheiten des Friedensvertrages samt seiner Geheimklausel wurden von Talleyrand sowie von Lobanow-Rostowski und dem seit einem Jahr für den Wiener Posten bestimmten Fürsten Kurakin zu Papier gebracht.

Am 7. Juli, genau drei Wochen und zwei Tage nach dem Gemetzel von Friedland, wurde der Friedens- und Bündnisvertrag zwischen Frankreich und Rußland unterschrieben und am 9. Juli von den beiden Monarchen ratifiziert. Preußen wurde nicht zugezogen. In der gleichen Nacht trennten sie sich: Alexander fuhr mit dem Eilwagen nach Riga, das preußische Königspaar reiste nach Memel, Napoleon begab sich auf seinen langen Heimweg und Kurakin setzte sich mit vielen Bediensteten langsam in Richtung Wien in Bewegung, wo er am 30.7./13.8. eintraf.

Dieser unvermutete Sinneswandel Alexanders bedeutete das Ende der Karriere Budbergs, aber auch des Grafen Rasumovsky. Dessen letztes Dienstschreiben an den Zaren lautete:

„Sire, der wirkliche Geheimrat Fürst Kurakin hat mir bei seiner Ankunft den Befehl E. kais. M. überreicht, der im Reskript vom 27. Juni aus Tilsit enthalten ist, mit welchem E.M. geruhte mich zu beehren. Ich habe mich beeilt, ihm Folge zu leisten, indem ich bei Sr. k.u.k. Majestät um eine Abschiedsaudienz angesucht habe, es war am 5. d.M., daß ich die Ehre hatte, Sr. Majestät das Rückberufungsdokument zu präsentieren, das mir vor einem Jahr zugegangen ist... Ich beende, Sire, heute das 30. Jahr meiner politischen Karriere. Die kostbare Erinnerung an das Wohlwollen, das mir von meinen hohen Herren entgegengebracht wurde, das Bewußtsein, mein Leben damit verbracht zu haben, das Vertrauen zu verdienen, das mir von ihnen entgegengebracht wurde, dies, Sire, wird in meinem friedlichen Ruhestand das Gefühl sein, das bis zum letzten Tage meines Lebens fortbestehen wird. Sire, erlauben Sie, daß ich es wage, den Ausdruck dieses Gefühls zu den Füßen E.M. zu legen und ich flehe darum, daß dieser Ausdruck meiner unwandelbaren Verehrung gegenüber E.M. hoher Person voll Güte angenommen werde."[15]

30. Der Aufstieg Alexej Kirillowitsch' (1807–1810)

Die patriotische russische Aristokratie war über die Verbrüderung zwischen dem Zaren und Napoleon empört.

> „Ich kann Dir nicht genug schildern, wie deutlich die öffentliche Meinung gegen die Franzosen gerichtet ist. Es gibt nur sehr wenige Häuser, wo man sie freundschaftlich empfängt und höchstens zwei oder drei, wo man sie gerne sieht. Um den Gegensatz recht hervorzuheben, überhäuft man mich dagegen mit Höflichkeiten",

schrieb der neue österreichische Botschafter General Fürst Schwarzenberg seiner Frau im März 1809.[1]

Sogar die Mitglieder der kaiserlichen Familie waren mit der neuen russischen Politik nicht einverstanden. Der einzige Minister, der aus ganzem Herzen die neue Linie begrüßte, war der Wirtschaftminister Graf Rumjanzew. Der Zar war gezwungen, sich nach neuen Mitarbeitern umzusehen. Budberg wurde abgelöst, Rumjanzew übernahm zusätzlich die Aufgaben eines Außenministers. Mit der Ernennung des alten Sawadowski, der mit seinen Helfern große Erfolge bei der Neugestaltung des Schulwesens erzielt hatte, zum ersten Minister für Volksbildung bewies der Zar eine glückliche Hand, ebenso mit der Berufung des krassen Außenseiters Michail Speranski, dem Sohn eines Priesters, zu seinem persönlichen Berater beim Erfurter Fürstentag. Speranski, arbeitsam und unbestechlich, bewährte sich so, daß ihm Alexander den unerfüllbaren Auftrag gab, Rußland langsam und nicht revolutionär auf allen Gebieten umzugestalten. Dies betraf vor allem das Justizwesen, die Finanzierung des Staatshaushaltes, die Kodifizierung der Gesetze in behutsamer Anlehnung an die österreichische und preußische Gesetzgebung, aber auch an den Code Napoléon. Die leidige Frage der Leibeigenschaft blieb ausgespart. Anfang 1810 trat unter dem Vorsitz des Zaren ein neues Organ zusammen: der Staatsrat.

Brachte das Jahr 1807 auch das Ende der Karriere des einen Rasumovsky, so bedeutete es zugleich den Aufstieg eines anderen: des Grafen Alexej Kirillowitsch.

Alexej hatte sich bislang erfolgreich geweigert, ein öffentliches Amt zu übernehmen, wie dies von den Mitgliedern des Adels allgemein erwartet wurde. Er zog sein behagliches Privatleben in Moskau, umgeben von Büchern, Gärten, Pflanzen und Freimaurern, jeder geregelten Tätigkeit vor. Nun aber konnte er sich nicht länger den Bitten des Kaisers verschließen, der ihn sehr schätzte, und erklärte sich schließlich dazu bereit, in den Staatsdienst einzutreten, „um dem

Willen des Kaisers zu entsprechen". Am 2. November 1807 ernannte ihn Alexander zum geheimen Staatsrat und Kurator der Moskauer Universität. Erst am 14. April 1808, nach dem Tod des hochverdienten M.N. Murawjow, geruhte Alexej, diesen Posten anzunehmen. Zu seinem Sekretär und Kanzleivorstand machte er seinen jungen griechischen Bibliothekar Katschoni, der dann unter dem russifizierten Namen Michail Trofimowitsch Katschenowski eine große Karriere machen sollte. Eine der ersten Taten Rasumovskys bestand darin, der von ihm gegründeten Moskauer Gesellschaft der Naturforscher den Rang einer „kaiserlichen Gesellschaft" zu verschaffen und unter diesem Titel viel Geld für geographische Forschungsreisen zu bekommen, die vor allem nach Sibirien unternommen wurden. Die Reisenden brachten ihm Samen und seltene Pflanzen für Gorenki mit.

Alexej wollte zunächst nicht nach St. Petersburg fahren, um sich für seine Ernennung zu bedanken, doch sein Faktotum Fürst Koslowski riet ihm dies dringend an, denn er stehe in der Hauptstadt in dem Ruf, ein „Illuminant" und Freimaurer zu sein. Der Kaiser empfing ihn ausgesprochen freundlich und verlieh ihm den Alexander-Newski-Orden.

Zu Beginn seiner Tätigkeit setzte sich Graf Alexej Kirillowitsch sehr für die Belange der Universität ein. Er erreichte, daß die Professoren eine Alterspension bekamen und suchte eifrig, wenn auch erfolglos, nach einem neuen Gebäude für den Studienbetrieb. Sehr bald geriet er jedoch aufgrund seines cholerischen Charakters und seiner reaktionären Vorstellungen in Gegensatz zu Sawadowski. Sawadowski war ein geduldiger Mensch und obendrein ein Verwandter – er war mit einer Rasumovsky'schen Nichte verheiratet; – nach seinem eigenen Ausspruch behandelte er den eigenwilligen Kurator „wie eine kaprizöse Geliebte".[2]

Im Dezember 1809 kam Kaiser Alexander in Begleitung seiner Lieblingsschwester, der Großfürstin Katharina, zum ersten Mal seit seiner Krönung nach Moskau. Er besuchte am 11. Dezember die Universität und war von Alexej und allem, was man ihm vorführte, so begeistert, daß er in Rasumovsky einen würdigen Nachfolger für Sawadowski erblickte, der aus Altersgründen seinen Posten aufgeben wollte.

Zu Neujahr 1810 wurden vier neue Minister ernannt, unter ihnen General Barclay de Tolly zum Kriegsminister und Alexej Rasumovsky zum Minister für Volksbildung. Vorsitzender des Departements für Heeresangelegenheiten im Staatsrat wurde General Araktschejew, der ehemalige Erzieher und Freund des Kaisers.

Als Minister war Alexej nun gezwungen, nach Petersburg zu übersiedeln: mit seiner jüngeren, unverheirateten Tochter Katharina, seinen zahlreichen „Mündeln" Perowski seiner Lebensgefährtin, an der anscheinend niemand Anstoß nahm, und dem ganzen dazugehörenden Haushalt. Er bezog ein Haus inmitten eines großen Gartens an der Fontanka. 1811 heiratete Katharina Alexejewna den jungen Sergej Semjonowitsch Uwarow. Dank seines Schwiegervaters machte dieser schnell Karriere: 1811 wurde er Kurator für den Schulbezirk St. Petersburg, 1818 Präsident der Akademie der Wissenschaften und von 1833–49 Minister für Volksbildung. Uwarow stand seinem Schwiegervater, was desssen konservative Weltanschauung betrifft, in nichts nach; er war der Hauptfeind Puschkins.

Die gesellschaftliche Atmosphäre in der Hauptstadt unterschied sich beträchtlich von der Moskauer: hier waren katholische Strömungen in höchster Mode. Dies galt allerdings nicht für den Hof; bei Alexander begann zwar wieder eine seiner mystischen Perioden, aber für den Katholizismus setzte er sich nicht ein und hatte auch nicht die Ambitionen seines Vaters bezüglich einer führenden Rolle im Malteserorden. Bei den vornehmen Petersburger Familien, wie z.B. Golizyn, Gagarin oder Schuwalow galt es jedoch als elegant, die Söhne in die Petersburger katholische Schule zu schicken; mehrere von ihnen traten zum katholischen Glauben über.

Den Ton in der Petersburger Gesellschaft gab Graf de Maistre an und binnen kürzester Zeit geriet auch Alexej Kirillowitsch unter seinen Einfluß. Die beiden wurden enge Freunde; sie führten lange Gespräche über Wissenschaft und klassische Bildung, stellten Vergleiche zwischen der armseligen russischen Geistlichkeit und den gebildeten Lehrern des Jesuitenordens an und es gelang de Maistre, viele seiner Vorstellungen in die Entwürfe des Ministers einfließen zu lassen. Berühmt sind die fünf Briefe de Maistres von Juni/Juli 1810 an Alexej Rasumovsky über Fragen der Erziehung und den Jesuitenorden.[3] Ob Alexej diese Briefe beantwortete, ist nicht bekannt.

Maria Fjodorowna, die Kaiserin-Mutter, wollte ihren jüngeren Söhnen, den Großfürsten Nikolaj und Michail, eine gute Ausbildung zuteil werden lassen und eine Vorbereitungsschule ins Leben rufen, um deren späteren Eintritt in die Universität zu erleichtern. Da die Kaiserin sich häufig in Zarskoje Selo aufhielt, wurde dort eine Schule neuen Typs, ein Lyzeum, gegründet, das später von zahlreichen hervorragenden Männern des russischen Geisteslebens besucht wurde. Alexej wurde mit der Ausarbeitung eines Lehrplanes beauftragt. Er beriet sich mit de Maistre und legte einen Plan vor, in dem erstaunlicherweise die Fächer Griechisch, Archäologie, Astronomie, Naturgeschichte und Chemie nicht enthalten waren. Der Kaiser billigte diesen Lehrplan im August 1810 und ernannte Alexej Kirillowitsch zum alleinigen Chef mit dem Titel „Hauptdirektor“. Die feierliche Eröffnung fand am 19. Oktober des gleichen Jahres statt.

Entgegen seinen sonstigen Gewohnheiten kümmerte sich Alexej Rasumovsky um das Lyzeum mit betonter Sorgfalt; er nahm an Prüfungen teil und schenkte der Schule große Aufmerksamkeit. Sein Engagement wurde ihm jedoch nicht gelohnt: Für den berühmtesten Schüler des Lyzeums, Alexander Puschkin, der bei der Abschlußfeier des ersten Jahrgangs zum ersten Mal eigene Gedichte vortrug, war der von ihm „Rasumnik“ genannte Direktor eine Zielscheibe des bissigen Spottes. Als Rasumovsky für seine Verdienste um die Schule vom Zaren den Andreasorden erhielt, verfaßte Puschkin folgendes Epigramm:

Hast du die lächerliche Mär vernommen?
Rasumnik hat das blaue Band bekommen.
– Bin niemands Feind, dies ist mir wirklich gleich.
Gott schenke ihm dazu das Himmelsreich![4]

Alexej Kirillowitsch scheint überhaupt bei Lehrern und Schülern sehr unbeliebt gewesen zu sein. Dies zeigt sich auch an der bissigen Karikatur von Puschkins Mitschüler A. Iljitschewski „Die Professoren des Lyzeums, vom Grafen Rasumovsky Gnaden erbittend".

Nach Meinung russischer Schriftsteller des 19. Jahrhunderts können die Leistungen Rasumovskys als Unterrichtsminister nicht mit jenen Sawadowskis verglichen werden. Wassiltschikoff zitiert ein vernichtendes Urteil des Autors Wigel:

„Vielleicht wäre Linné ein großer Unterrichtsminister gewesen, aber zwischen einem Gelehrten und einem bloßen Liebhaber der Wissenschaften besteht ein großer Unterschied ... Von den ihm so ans Herz gewachsenen Glashäusern wurde Rasumovsky losgerissen, um ihm die Pflanzstätten der Wissenschaften anzuvertrauen: man hat den Eindruck, daß die russische Jugend als zum Reiche der Vegetation gehörig betrachtet wurde. Ich muß noch einmal sagen, daß alle diese Herrchen aus der Zeit Katharinas und später, die im französischen Geist erzogen wurden, für ihre Arbeit ungeeignet und folglich, wenn sie Macht hatten, völlig ungeeignet und daher schädlich waren; zu den hunderten von Beispielen, die diese These erhärten, gehört Rasumovsky. Im Ministerium hat er nichts hinterlassen, was an ihn erinnert."[5]

A.K. Rasumovsky als ungeliebter Direktor des Lyzeums von Zarskoje Selo: „Die Professoren des Lyzeums, vom Grafen Rasumovsky eine Gunst erbittend". Karikatur um 1814.

Ganz zutreffend dürfte dieses strenge Urteil nicht sein. In den ersten zwei Amtsjahren Rasumovskys als Minister wurden immerhin 24 Bezirksschulen, an die

80 Pfarrschulen, in Moskau eine städtische und eine Schule für Waisen eröffnet, außerdem je ein Gymnasium in Kiew, Simferopol, Bialystok und Njeschin. Das Budget für Schulen im Bezirk Moskau wurde verdoppelt und an der Universität Moskau 1811 das erste Institut für slawische Literatur eröffnet.[6] Es ist richtig, daß das, gemessen an der Größe des Reiches, nicht allzusehr ins Gewicht fällt. Den Ärger der rechtgläubigen russischen Historiker hat aber vor allem erregt, daß unter Rasumovsky auch das katholische Schulwesen in den polnischen Gebieten gefördert wurde, u.a. wurde die katholische Schule in Polock, dem Zentrum des Jesuitenordens im russischen Reich, zu einer autonomen Jesuitenuniversität erhoben. Dies bedeutete auch eine Stärkung des polnischen Elementes, was wohl Czartoryski begrüßte, nicht aber die russische Öffentlichkeit.

Anfang 1812 erkrankte Alexej an einem Augen- und Fußleiden. Er erhielt Urlaub und reiste im Mai 1812 nach Moskau. Wie sich bald herausstellte, wäre es für ihn besser gewesen, in Petersburg zu bleiben, aber wie konnte er schon im Mai voraussehen, was sich im September in Moskau ereignen würde?

Ein weiterer Sohn des Hetmans lebte in diesen Jahren ständig in Rußland, allerdings ist nicht bekannt, ob sich die Brüder häufig sahen: Lew Kirillowitsch. „Le Comte Léon" hatte nach der Thronbesteigung Pauls von seiner militärischen Karriere Abschied genommen und wohnte seitdem in Moskau. Seine Hochzeit mit der geschiedenen Fürstin Maria Grigorjewna Golizyn im Jahr 1802 war zwar kirchlich geschlossen worden, aber geschiedene Frauen waren in der Gesellschaft diskreditiert und der Bann war erst gebrochen, als der Zar während seines Moskauer Aufenthaltes 1809 auf einem Fest zu seinen Ehren zu Maria Grigorjewna sprach: „Frau Gräfin, würden Sie mir die Ehre erweisen, mit mir eine Polonaise zu tanzen?"[7]

Graf Lew Kirillowitsch war, wie alle Zeugen übereinstimmend berichten, in jeder Beziehung ein Grandseigneur und seine Frau, mit der er in glücklicher Ehe lebte und von der er sich kaum jemals trennte, war ihm eine ebenbürtige Partnerin. Aus dem väterlichen Erbe waren ihm ausgedehnte Ländereien bei Moschajsk, das schloßartige, oft beschriebene Petrowskoje (Petrowsko-Rasumovskoje) und ein Stadtpalais an der Twerskaja in Moskau (dt. immer noch „Museum der Revolution") zugefallen. Hier gab das Paar erlesene Feste, umgab sich mit wertvollen Büchern und Kunstwerken, empfing weitgereiste und geistreiche Gäste und unterschied sich äußerlich in nichts von seinen reichen Standesgenossen.

In Wirklichkeit führte Léon daneben ein zweites Leben, von dem offensichtlich nicht einmal der Familienbiograph Wassiltschikoff viel wußte. Im Familienarchiv befindet sich die Abschrift eines nicht gezeichneten Artikels aus dem „Moskovskij almanach" des Jahres 1829, also wenige Jahre nach dem Tod des Grafen geschrieben. Er ist so bemerkenswert, daß aus ihm ausführlich zitiert werden muß:

> „Wenn ich sage, daß das Herz von Lew Kirillowitsch alle Tugenden in sich vereinte, so ist das keine Schmeichelei. Dem Staub von Verblichenen schmeichelt man nicht. Zum

Leidwesen aller Herzen, die Heldentaten der Nächstenliebe gebührend schätzen, hat dieser Freund der Armen schon vor einigen Jahren die Schwelle des Lebens hinter sich gelassen ...

Graf L.K. hat immer nur für Wohltätigkeit gelebt. Er verließ seine prachtvollen Palais als einfach gekleideter Privatmann und wanderte durch die Straßen Moskaus auf der Suche nach leidenden Menschen und beschenkte sie in reichem Maße. Er versöhnte die Not mit dem Reichtum. Ein armer Bittsteller, der ein Geschenk erhielt, von dem er nicht einmal zu träumen gewagt hätte, glaubte in seinem Entzücken, daß es sein Schutzengel war, der ihm half. Eine derartige unerwartete Gabe schenkte ihm das Leben, nicht bloß für einen Tag, sondern für Jahre, vielleicht sogar für den Rest seines Lebens. ... Vor den Feiertagen besuchte Graf L.K. in eigener Person Gefängnisse und den staatlichen Schuldturm, in dem unzuverlässige Schuldner gefangen gehalten werden. In aufmerksamer Hilfsbereitschaft gelang es ihm, die näheren Umstände der Leidenden herauszufinden, und sie wurden durch die Hand eines unbekannten Wohltäters befreit. Die Leidenden, die in den Schoß ihrer Familien zurückkehrten, dankten Gott unter Freudentränen, daß Er ihnen einen Schutzengel geschickt hatte...

Graf L.K. liebte das Gute aus dem Antrieb seines Herzens und suchte Fälle, in denen er wohltätig eingreifen konnte. Einmal gab er auf dem Tverskoj Boulevard einer armen alten Frau eine große Summe und hörte folgende Worte: ‚Väterchen, bist du am Ende der Graf Lew Kirillowitsch? Alle sagen, daß er ebenso freigiebig ist wie du!' ‚Bete zu Gott', antwortete der Graf, ‚und erzähle niemanden von dem Grafen!' ... Man muß nicht extra betonen, daß er für seine Bauern wie ein Vater war. Von Petrowskoje bis Moskau trugen sie seinen Sarg auf den Schultern und riefen weinend: ‚Unser Vater, du hast uns verlassen!' ... Jeden Sonntag wurden milde Gaben an Arme und durch widrige Umstände in Not geratene Adelige verteilt. Der große Hof war voll von Menschen und keiner verließ ihn, ohne etwas bekommen zu haben. Dies ist eine heilige Verwendung des Reichtums, der den wohltätigen Besitzern den Eintritt in das himmlische Reich nicht verwehrt..."

Und der Autor schließt mit den rührenden Worten:

„Wohltätiger Graf, du hast diese Welt und deine Familie verlassen. Aber die Erinnerung an dich wird weiterleben, solange in den Herzen nicht der letzte Funke von Güte erlischt..."[8]

Diese Jahre waren für Rußland im allgemeinen eine Periode des Friedens und des Versuchs einer inneren Konsolidierung. Auf dem Erfurter Fürstentag im September 1808 bekräftigten Alexander und Napoleon nochmals ihre brüderliche Verbundenheit: Napoleon hatte zum ersten Mal in seiner Laufbahn militärische Schwierigkeiten mit den Guerillakämpfern in Spanien und ließ Alexander freie Hand in Finnland und an der türkischen Front. Aber einen wirklichen Bundesgenossen hatte der französische Kaiser nicht gewonnen: In den nun aufflammenden Kämpfen zwischen Frankreich und Österreich blieb Rußland neutral und sandte ein Armeekorps an die Grenze, als klar wurde, daß die unter französischer Oberherrschaft stehende Armee des Großherzogtums Warschau, angeführt von General Poniatowski, in Galizien als Befreier begrüßt wurde. Zum Dank dafür, daß Rußland seinem alten Verbündeten nicht zu Hilfe gekommen war, erhielt es zur Abrundung seines polnischen Besitzes die Bezirke Czortków und Tarnopol.[9]

Doch ab 1810, als Napoleon statt einer russischen Großfürstin Maria Luise von Österreich zur zweiten Gemahlin auserkor und Rußland aus der Kontinentalsperre austrat, war vorauszusehen, daß die Ruhe nicht lange anhalten würde.

Die Begeisterung des Kaisers für Reformen war verschwunden. Alexander glaubte, sich bei den neuerlich am Horizont auftauchendn Wolken innere Streitigkeiten nicht leisten zu können und wollte die Konservativen befriedigen. Das erste Opfer dieser Neuorientierung war Speranski. Der Staatssekretär wurde von seinen Feinden beschuldigt, ein Jakobiner und Agent Frankreichs zu sein, revolutionäre Gedanken zu verbreiten und die heiligsten Ideale Rußlands zu verraten. Wortführer in dieser Kampagne waren der Historiker Nikolaj Karamsin und – Alexej Rasumovsky. Es dauerte aber Monate, bis sich der Zar dazu durchringen konnte, den Feinden seines liebsten Mitarbeiters nachzugeben und ihn, in Tränen aufgelöst, zu entlassen.

Aber in Wirklichkeit hatte Alexander das Interesse, Rußland neu zu gestalten, verloren. Erneut fühlt er sich dazu berufen, in der großen Politik die führende Rolle zu spielen und Retter Europas zu sein.

31. André als Privatmann in Wien (1804–1809)

Es ist anzunehmen, daß Graf Andrej Kirillowitsch über seine erneute Verabschiedung nicht unglücklich war, lehnte er doch die neue russische Außenpolitik ab und dachte keineswegs daran, nach Rußland zurückzukehren. Er begann, das Leben eines reichen und angesehenen Privatmannes zu führen.

Mit dem väterlichen Erbe versehen, konnte sich André nun endich der für seine Familie so charakteristischen Bauleidenschaft widmen. 1805 hatte er auf der Landstraße die an seinen Besitz angrenzenden Hagenmüller'schen Gründe gekauft und einige weitere Parzellen dazu erworben. Ab 1806 ließ er das ursprüngliche, nach Plänen des Hofarchitekten Louis de Montoyer entworfene und von dem Wiener Baumeister Josef Meissl ausgeführte Haus erweitern und verschönern und den Park, der bis zu einem der unregulierten Donauarme hinunterreichte, weiter ausgestalten.[1] Die Rauchfangkehrergasse – die heutige Rasumofskygasse – die sein Anwesen begrenzte, wurde durch eine Allee mit einem Fahr-, Reit- und Fußweg ersetzt, in der Bänke zum Ausruhen einluden. Ihren Abschluß bildete ein steinerner Schwibbogen, der einer Triumphpforte glich. Die große Terrasse vor dem Eingang ist heute nicht mehr vorhanden.

Das Haus, eines der wenigen Wiener Empire-Palais, gleicht den Stadt- und Landhäusern in Rußland aus dieser Zeit. Der in den Garten hineingebaute Seitentrakt, der die große Feuersbrunst von 1814 überstanden hat, stand Beethoven und dem Schuppanzigh-Quartett zur Verfügung (heute ist in diesem „Beethovensaal" die Bibliothek der Geologischen Bundesanstalt untergebracht). Die steinerne Terrasse, die von dort in den Garten führt, stammt wahrscheinlich aus der ersten Bauperiode. Die Umbauarbeiten dauerten viele Jahre.

Die Innenräume müssen prachtvoll ausgestattet gewesen sein. Zahlreiche Kunstschätze stammten z.T. noch aus Rasumovskys italienischer Zeit; es gab einen Canova-Saal, eine wertvolle Bibliothek und zweifellos viele Musikautographen und -erstdrucke. „Der Luxus der Ausstattung erstreckte sich bis in jene Wohnungsteile, deren hygienischer Komfort uns heute als ein Ding der Selbstverständlichkeit erscheint", schreibt Margarete Girardi und zitiert Lagarde:

> „Als Maßstab für den Luxus bei Rasumovsky kann der Umstand angeführt werden, daß die „geheimen Gemächer", ihrer Möblierung nicht zu gedenken, mit Silbergeräten, Toiletten, einer kleinen Bibliothek (angemessenen Inhalts), Springwasser und Wohlgerüchen atmende Blasebälgen versehen waren."[2]

Auf Lulu Thürheim machte das Palais allerdings, als sie es zum ersten Mal sah, einen bedrückenden Eindruck:

„Dieses Palais liegt wie ein Alp auf mir. Dieser Reichtum, dieser Luxus heimelt mich nicht an...“[3]

Als verhängnisvoll erwies sich allerdings schließlich eine besondere technische Neuerung: eine Bodenheizung.

Das prachtvolle Haus bildete den würdigen Rahmen für musikalische Darbietungen und war ein besonderer Anziehungspunkt für Fremde. Der deutsche Komponist Johann Friedrich Reichardt schrieb im 25. seiner „Vertrauten Briefe“ vom 10. Dezember 1808:

„Ich muß Dir heute von einem sehr hübschen Quartett sprechen, das Herr Schupanzig, ein braver Violinist, bei dem ehemaligen russischen Gesandten am hiesigen Kaiserhofe, Grafen von Rusamowski, für den Winter auf Subscription eröffnet hat. Alle Donnerstage von zwölf bis zwei Uhr wird es in einem Privathause statthaben. Den vorigen Donnerstag hörten wir es zum ersten Mahle.“[4]

Den „Grafen Rusamowski, einen ansehnlichen, verständigen Mann“ hatte Reichardt beim Fürsten Franz Lobkowitz kennengelernt, wie er in seinem 25. Brief vom 25.12. schreibt. Zuvor hatte er in der Loge des Fürsten einem Konzert beigewohnt, in dem Beethoven seine „Pastorale“ dirigierte – es muß die ziemlich verunglückte Uraufführung dieses Meisterwerkes am 22. Dezember gewesen sein.

Beethoven komponierte seine 6. Symphonie in F-Dur im Frühling 1808 in Heiligenstadt bei Wien: „Das Erwachen freudiger Gefühle bei der Ankunft auf dem Lande...“ Sogar heute noch kann man die „freudigen Empfindungen“ des langsam ertaubenden Meisters nachempfinden, wenn man im Frühling dem „Beethovengang“ im jetzigen 19. Wiener Bezirk, entlang dem – damals sicherlich „sprudelnden“ – Bächlein, durch Wiesen und Weinberge hinauf auf den Kahlenberg folgt. Es ist wohl die schönste „Programmusik“, die jemals geschrieben wurde. Unmittelbar danach, im Sommer 1808, ebenfalls in Heiligenstadt oder im Wiener Pasqualati-Haus, entstand das Gegenstück, die gewaltige „Fünfte“ in c-moll. Beethoven hat diese vielleicht berühmtesten Werke dem Fürsten Lobkowitz und dem Grafen Rasumovsky gemeinsam gewidmet.

Im Palais Rasumovsky wurden die elegantesten Feste gefeiert... Bei einem war Reichardt anwesend:

„Die Tanzlust steigt jetzt hier gegen Ende des Faschings bis zur Tanzwut... Ein großer Ball, den die Fürstin Lubomirska gab, dauerte bis 10 Uhr des anderen Morgens. Ein ebenso glänzender Ball des Grafen Rusamowski, der gleich darauf folgte, währte bis zum anderen Mittage. Dieser hatte noch dazu bei dem schönen Frühlingswetter, das wir eine Zeitlang wieder gehabt, eine angenehme phantastische Veranstaltung dazu getroffen, nach welcher man in seinem großen schönen Lokale in einem Saale tanzte, dessen eine Seite offen ist, und den Blick nach einer schönen Gartenpartie hat, die glänzend erleuchtet war.“[5]

Neben der gesellschaftlichen hatte das Domizil Rasumovskys jedoch noch eine weitere Funktion, wie aus folgender Bemerkung des Grafen Andreas Thürheim, einen Neffen Andrés, hervorgeht:

> „Sein (Rasoumowski's) Haus wurde indessen in den Jahren 1808 und 1809 ein Sammelplatz aller Feinde Napoleons, der sogenannten Kriegspartei, in welchem Sinne dort viele patriotische Pläne gefaßt wurden und von wo manche Fäden diplomatischer Verhandlungen ausgingen. Insbesondere waren die Damen der höheren Gesellschaft fanatische Anhängerinnen jenes antinapoleonischen Clubs... Als 1808 die Liebelei einer hohen Dame mit dem französischen Botschafter Andréossy großes Geschrei unter den Patrioten erregte und eine andere Dame, in langjährigem, zarten Verständnisse mit dem Fürsten André Razoumowski stehend, aufs Unbarmherzigste gegen jene eiferte, sprach der Fürst von Ligne hierüber einen seiner gewöhnlich von Mund zu Mund fliegenden Calembourgs: ‚Mon Dieu! Tant de vacarme pour si peu de chose. Est-ce que vous n'avez pas votre André aussi?' (Mein Gott! So viel Lärm um nichts! Haben Sie nicht auch ihren André?)."[6]

Wer neben de Ligne die ständigen Besucher dieses Klubs waren, ist bekannt: Stadion, Gentz, Pozzo di Borgo, gleich nach seiner Rückkehr aus Paris auch Metternich. Den Namen der spitzzüngigen Dame verrät uns Lulu Thürheim, Rasumovskys nachmalige Schwägerin: Fürstin Marie Esterhazy, geb. Prinzessin Liechtenstein. Graf André bewies ihr gegenüber seltene Treue: er brach das Verhältnis erst ab, als er zum zweiten Mal heiratete.

Ob sich unter Andrés zahlreichen Gästen auch sein Bruder Gregor befand, der 1810 mit seiner zweiten Frau aus Triest eintraf, ist aus den vorhandenen Unterlagen nicht ersichtlich.

Nach seiner Flucht aus dem ehelichen Haushalt in Freiburg hatte Graf Gregor Kirillowitsch mehrere Jahre in Bayern gelebt. Ende 1804 oder Anfang 1805 lernte er in München Elise Baronesse Schenk von Castell kennen. Ohne zu bedenken, daß er bereits einmal kirchlich gebunden war und daß diese Ehe zuerst hätte geschieden oder annulliert werden müssen, heiratete Gregor die um 25 Jahre Jüngere zuerst, am 22. Mai 1806, in der orthodoxen Kathedrale in Triest und wiederholte die Trauug am 27. Januar 1807 nach evangelischem Ritus in Bern.[7] Er übersiedelte nach Österreich, kaufte einen Besitz im südmährischen Rudoletz nahe der niederösterreichischen Grenze und wurde am 2. Juli 1811 durch Dekret des Kaisers Franz in die Landstandschaft im Herrenstande der Provinzen Böhmen, Mähren und Schlesien mit der Bestätigung des Grafentitels in Österreich für sich und seine Nachkommen aufgenommen.[8]

Doch dem familiären Glück stellte sich ein Hindernis entgegen. Als Henriette von der Wiederverheiratung Gregors erfuhr, reiste sie nochmals nach Rußland, um ihre Ansprüche neuerlich geltend zu machen. Diesmal hatte sie mehr Glück. Nicht nur das Ehepaar de Maistre nahm sie freundlich auf, auch Natalja Sagrjaschskaja beschloß, die Unglückliche unter ihren Schutz zu nehmen, und durch die Protektion des Ministers Nowosilzew wurde sie bei Hof vorgestellt. Dies bedeutete Henriettes gesellschaftliche Anerkennung in Rußland, wenn sie auch von der Kaiserin-Mutter geschnitten wurde.

Das Verhältnis zwischen Rußland und Österreich war nach Erfurt gespannt, was auch darin zum Auruck kam, daß der Zar seinen Botschafter Kurakin abzog und nach Paris versetzte. Die russische Vertretung in Wien lag nun in den Händen des Botschaftsrates Otto, den Rasumovsky nicht einmal eines Grußes wert fand. Auf den Wandel in der österreichsichen Außenpolitik wurde der in der Prager „Verbannung" lebende Gentz aufmerksam, als er im August 1808 vom Grafen Stadion „einen sehr freundschaftlichen Brief (bekam), er gab mir deutlich zu verstehen, der Augenblick, in dem man mich brauchen würde, sei näher als ich es meine..."[9]

Stadion und einige andere österreichische Minister waren dafür, ein weiteres Mal zu versuchen, die Franzosen aus Europa zu vertreiben, solange Napoleon in Spanien beschäftigt war und dort Rückschläge durch die Guerillakämpfe erlitt; solange Preußen neutral blieb und Rußland sich trotz seiner Verträge mit Napoleon passiv verhielt. Erzherzog Karl war nach wie vor gegen einen erneuten Krieg, obwohl das Heer beträchtlich aufgerüstet worden war. Im Februar 1809 beschloß eine Konferenz von verantwortlichen Staatsmännern einen erneuten Waffengang. Erzherzog Johann und Joseph v. Hormayr bereiteten in Tirol einen Volksaufstand gegen die verhaßten Bayern vor.

Die nun folgenden Ereignisse ähneln den früheren: In Windeseile erschien Napoleon aus Spanien, die Franzosen rückten wieder über Regensburg in Oberösterreich ein und besetzten am 13. Mai 1809 Wien zum zweiten Mal innerhalb von fünf Jahren. Aber anders als 1805 gelang es Napoleon diesmal nicht, seine Truppen glatt über die Donau zu bringen, und Erzherzog Karl fügte ihm am 21./22. Mai bei Aspern (Essling) eine schwere Niederlage zu. Aber anstatt diesen Erfolg zu nutzen und die erschöpften französischen Truppen zu verfolgen, zögerte Erzherzog Karl – wieder war die aus Oberitalien anmarschierende Armee unter Erzherzog Johann nicht zur Stelle – und so sammelten die Franzosen ihre Kräfte und errangen am 5./6. Juli bei Wagram einen entscheidenden Sieg. Wenige Tage später unterzeichnete Erzherzog Karl in Znaim einen Waffenstillstand, ohne darauf Rücksicht zu nehmen, daß die Tiroler unter Andreas Hofer heldenhaft weiterkämpften. Im Laufe des Sommers siegten sie in zwei Schlachten auf dem Berg Isel sowohl über bayerische, als auch über französische Verbände; eine kurze Zeit amtierte Andreas Hofer als Landeskommandant in Innsbruck. Kaiser Franz entzog seinem Bruder den Oberbefehl, weil er den Waffenstillstand zu ungünstigen Bedingungen abgeschlossen hatte.

Für den Staat und die in Wien zurückgebliebene Bevölkerung war die französische Besatzung diesmal drückender. Es wurde geplündert und gebrandschatzt.

> „Bonaparte übt alle möglichen Arten von Schikanen und Tyrannei aus. Er hat das Haus von Rasoumoffsky schrecklich schlecht behandelt",

notiert Gentz.[10]

Zusammen mit der Armee erschien in Wien der Generaldirektor der französischen Museen, der Chevalier Denon, er ließ an Hand einer vorbereiteten Liste Kunstschätze beschlagnahmen und wegführen. Die Beschreibung, wie die kostbarsten versteckten Handschriften der Hofbibliothek von Denon gefunden und nach Paris abtransportiert wurden, von wo sie 1814 Kustos Bartholomäus Kopitar zurückbrachte, liest sich wie ein Kriminalroman.[11] Vergiftet wurde die Atmophäre zusätzlich durch einen Attentatsversuch auf Napoleon durch den Studenten Staps.

Die meisten wohlhabenden Leute hatten Wien vor dem Einmarsch der Franzosen verlasen. Auch die Schwestern Thürheim flüchteten, diesmal allerdings in die falsche Richtung, zu ihrer ältesten Schwester, der verheirateten Gräfin Goëss nach Kärnten, also direkt in die Arme des Feindes. Graf Goës wurde verhaftet, obwohl er Zivilist war, Gräfin Isabella blieb im Stadtpalais in Klagenfurt und erlebte dort die Einquartierung von fünf französischen Offizieren und dem kommandierenden General, dem Vicomte de Grouchy, dem wir schon begegnet sind.

> „General Grouchy scheint ein böser Mensch zu sein, trotz seiner äußeren Höflichkeit, doch läßt sich meine Schwester von ihm nicht das geringste gefallen, während meine Mutter vor Angst vergeht“,

schreibt Lulu. Zur hochgräflichen Tafel wurden außer ihm manchmal auch andere Offiziere zugezogen:

> „Während General Grouchy immer lärmte und die Dienstboten auszankte, bedankten sich die beiden Heren für jede geringste Aufmerksamkeit“.[12]

Die Bedingungen des zweiten Friedens von Schönbrunn waren hart: Österreich verlor Osttirol, Teile von Kärnten, Krain, Istrien, Dalmatien und Teile von Kroatien. Der Friede wurde am 14. Oktober 1809 unterzeichnet, am 21. Oktober brachen in einer letzten Schlacht am Berg Isel Bayern und Franzosen gemeinsam den Widerstand der Tiroler, und zusätzlich zu den anderen Gebietsverlusten wurde auch noch Nord- und Südtirol zwischen Bayern und dem Königreich Italien aufgeteilt. Am 20. Februar 1810 wurden Andreas Hofer und Peter Mayr in Mantua und Bozen erschossen. Österreich verlor über 5 Millionen Einwohner und den Zugang zum Meer.

Es ist anzunehmen, daß Fürstin Anna Schwarzenberg die Stimmung eines Großteils der österreichischen Bevölkerung ausdrückte, als sie am 28. Juli 1809 ihrem Mann, dem General, schrieb:

> „...schließlich habe ich nur mehr einen einzigen irdischen Wunsch und das ist: diese Vernichtung, die wir aus Feigheit Frieden nennen, möchte eine gänzliche Vernichtung werden; ich möchte, daß man mir die Ruhe des Todes gönne und möchte keine politische Existenz mehr – denn das ewig am Pranger stehen ist das Fürchterlichste in der Natur...“[13]

Zwar verließen die französischen Truppen Wien nach kurzer Zeit, aber mit einer eigenständigen österreichischen Politik war es erst einmal vorbei. Nun mußte sich auch Kaiser Franz den Wünschen Napoleons beugen.

In Wien fand wie immer in solchen Fällen ein Revirement statt. Graf Stadion trat vorläufig in den Hintergrund, das Außenministerium übernahm Graf Metternich, der frankreichfreundlich eingestellt war; auf den Botschafterposten in Paris wurde Fürst Schwarzenberg ernannt. Die Parteigänger der neuen Politik begannen, das Haus auf der Landstraße zu meiden.

32. Napoleons Rußlandfeldzug (1811–1812)

Zu Beginn des Jahres 1810 hatte Napoleon sein Ziel, Europa zu beherrschen, nahezu erreicht. Als Gegner verblieben das unbesiegte Spanien, der Erzfeind England und der theoretisch befreundete Koloss im Norden. Um sein Reich abzusichern, brauchte Napoleon jedoch einen Erben. Er mußte sich von Josephine scheiden lassen und wollte eine Prinzessin aus altem kaiserlichen Geblüt heiraten. Napoleon ließ diskret bei seinem Verbündeten, dem Zaren, um die Hand der Großfürstin Katharina anhalten, danach, als Alexander seine Lieblingsschwester nicht hergeben wollte und sie schnell mit dem Großfürsten von Oldenburg verheiratete, verfiel er auf die erst 15-jährige Großfürstin Anna Pawlowna. Alexander machte jedoch wieder Ausflüchte – so schlug die große Stunde für General Schwarzenberg in Paris.

> „In Abwesenheit der Botschafterin machte Gräfin Metternich, die noch immer in Paris weilte, die Honneurs der Botschaft. Vor allem teilte sie sich mit dem Botschafter in die wichtigste Arbeit seiner Mission; die Ehestiftung zwischen Napoleon und Marie Louise von Österreich“,

schreibt der Urenkel des Fürsten.[1]

Die kaiserliche Hochzeit fand am 11. März 1810 in Wien statt, und als ein Jahr später, am 20. März 1811, der von Napoleon so sehnlich erwartete Sohn Napoleon II. auf die Welt kam, schien die Zukunft der Bonaparte-Dynastie gesichert.

Für die Familie Schwarzenberg hatte diese erfolgreiche Heiratsvermittlung allerdings böse Folgen. Die historische Literatur über diese Zeit berichtet von der Feuersbrunst, die am 1. Juli in dem aus Holz errichteteten Pavillon im Garten der österreichischen Botschaft ausbrach, als Schwarzenberg zu Ehren der Vermählung des Kaiserpaares ein rauschendes Fest gab. Bei diesem Brand kam Fürstin Pauline Schwarzenberg, die Schwägerin des Generals, ums Leben, der dicke, in Pariser Kreisen verspottete Fürst Kurakin wurde niedergestoßen und fast zu Tode getrampelt, die ebenfalls anwesende Königin von Neapel rettete der Großherzog von Würzburg, während Schwarzenberg persönlich das Kaiserpaar in Sicherheit brachte.[2]

Trotz seiner davongetragenen Verletzungen sah sich Kurakin einige Tage später gezwungen, in einer unangenehmen Angelegenheit nach Petersburg zu berichten und sogar Außenminister Champagny persönlich seine Aufwartung zu machen. Champagny hatte am 30. Juli Botschafter Caulaincourt in Petersburg darüber informiert, daß es in Österreich eine pro-englische Gruppierung unter der Führung des ehemaligen Botschafters A.K. Rasumovsky und des in russischen Diensten stehenden Pozzo di Borgo gäbe und daß Napoleon deren Abberufung aus Wien verlangte.[3] Außenminister Rumjanzew beeilte sich, den nach Wien geschickten Sonderbeauftragten Peter Andrejewitsch Schuwalow am 13. (25.) August mitzuteilen:

> „Der Botschafter Frankreichs hat sich auf Anordnung seines Herrn des Kaisers über Herrn Pozzo di Borgo beschwert, der fortfährt, eine aktive Rolle auf dem Gebiet der politischen Agitation zu spielen. In einem Gespräch, das der Herzog von Vicenza mit mir über dieses Thema geführt hat, hielt er fest, daß sich, da Monsieur Pozzo di Borgo französischer Untertan ist, Kaiser Napoleon an den österreichischen Kaiser gewandt habe und ihn gebeten habe, ihm den Aufenthalt in allen seine Staaten zu untersagen ... Bei dieser Gelegenheit hat sich der Botschafter Frankreichs auch über den Grafen Rasoumoffsky geäußert, dem Kaiser Napoleon das gleiche Verhalten vorwirft, und den Wunsch nach seiner Abberufung zum Ausdruck gebracht. Ich habe dem Botschafter geantwortet, daß unseren Gesetzen weder die Vorgänger Sr. Majestät noch Er selbst jemals einen ihrer Untertanen von dem Moment an, daß sie sich nicht mehr im Dienst befinden, daran gehindert habe, dort zu leben, wo sie es für richtig hielten... Was den Grafen Ras. betrifft – da er sich aus seiner Heimat entfernt und es vorgezogen habe, im Reich eines fremden Herrschers zu leben, so sei dieser Herrscher für die Reden verantwortlich, die in seiner Hauptstadt geführt würden.“[4]

Schuwalow antwortete am 31. August/12. September, daß er Metternich von diesem Auftrag Mitteilung gemacht habe. Metternich zeigte sich jedoch unbeeindruckt: Er ließ den russischen Geschäftsträger Otto wissen, daß Rasumovsky ein Privatmann sei und leben könne, wo es ihm gefalle, daß man Pozzo jedoch nahelegen werde, Österreich zu verlassen.

Rasumovsky lebte unbehelligt weiter in Wien und die Feinde Napoleons trafen sich weiter bei ihm. Einer der erbittertsten war nach wie vor Gentz, der am 5. November 1810 nach Wien zurückkehrte und das Leben in der Donaumetropole ein Jahr nach der schrecklichen Niederlage wie folgt schildert:

> „An Zerstreuungen und Zeitvertreib mangelte es in Wien nicht. Ich hatte davon weit mehr als gut und vernünftig war; ich ward überall, wie sonst, sehr gern gesehen und ich konnte nur um die Wahl meiner Gesellschaft verlegen sein. Man lebte in der großen Welt zu Wien, als wenn man auf Rosen läge, obgleich der Kurs des Papiergeldes bis auf 10 und zuweilen 8 Prozent seines Nominal-Werthes sank und man allen Ernstes einer schrecklichen Katastrophe entgegensah. Auch muß ich zu einiger Beschönigung meiner Dissipation bemerken, daß es unter den Personen, mit welchen ich umging, sehr interessante gab... Die Häuser der Fürstin Bagration, der Gräfin Lanckoronska, der Herzogin von Sagan und ihrer Schwestern, Rasoumoffski, Fürst von Ligne usf. wurde von mir am häufigsten besucht...“[5]

Zu den interessantesten und verführerischsten „Damen der höheren Gesellschaft“, in deren Salons Polotik gemacht wurde, gehörten zweifellos Fürstin

Dorothea Bagration, die Frau und bald danach Witwe des russischen Generals, zu deren Verehrern auch Gentz zählte, und Wilhelmine von Sagan, mehrmals verheiratet und wieder geschieden. Beide wohnten im Palais Palm in der Schenkenstraße, so daß ihre Gäste nur das Stockwerk wechseln mußten; sie gehörten allerdings verschiedenen politischen Lagern an und haßten einander. Wilhelmine, geborene Biron, eine Enkelin des berüchtigten Liebhabers der Kaiserin Anna, war eine Frau von ungewöhnlicher Schönheit, Verstand und Geist. Sie hat als Freundin und Geliebte Metternichs eine historische Rolle gespielt.[6]

Die Eile, mit der Napoleon anstelle einer der Schwestern des Zaren die Österreicherin Marie Louise heiratete, die Gerüchte, daß er, entgegen dem Abkommen von Tilsit, das Herzogtum Oldenburg besetzen wolle, das dem Gatten der Großfürstin Katharina zustand, der Schaden, den die Kontinentalsperre der russischen Wirtschaft zufügte, wohl auch die Affäre Rasumovsky-Pozzo – all das erbitterte Alexander immer mehr. Er begann, vorsichtige Schritte in Richtung einer Erneuerung der Beziehungen zu Wien zu unternehmen und besetzte den Botschafterposten wieder mit dem deutschen Baron Karl von Stackelberg. Napoleon allerdings glaubte nicht, daß der schwache, launenhafte Zar je sein echter Feind werden würde. Als ihn Caulaincourt, aus Petersburg zurückgekommen, warnen wollte, antwortete Napoleon:

> „Sie sprechen wie ein Russe! Es bedarf nur einer erfolgreichen Schlacht, und sie werden das Ende der guten Vorsätze ihres guten Freundes Alexander erleben."[7]

Sommer und Herbst 1811 verliefen für die Völker Europas friedlich, aber es war jedem Einsichtigen klar, daß es so nicht bleiben konnte, denn Napoleon hatte sein Ziel, die Neuordnung des Kontinents nach seinen Vorstellungen, noch nicht erreicht.

Im August kam es bei einem Empfang in den Tuilerien anläßlich des Geburtstages des Kaisers zu einem Eklat, als Napoleon seinem Ärger über Rußland in einem Redeschwall Luft machte, der sich über Kurakin ergoß. Falls nicht sofort ein neues Bündnis zustande käme, drohte er mit Krieg und der Wiederherstellung Polens und wurde so ausfällig, daß sich Kurakin in seiner Ehre gekränkt fühlte. Dies war nach der Annexion der deutschen Nordseeprovinzen inklusive Oldenburg der Tropfen, der das Faß zum Überlaufen brachte. Alexander schickte Tuppen an die Westgrenze und ermächtigte Kutusow, an der Donaufront mit den Türken Frieden zu schließen, um den Rücken frei zu haben.

Napoleon begann seinerseits mit der Aufstellung einer „Grande Armée", für die alle seine europäischen Vasallen Kontingente stellen mußten. Von Österreich wurde die Bereitstellung eines Hilfskorps von 30.000 Mann verlangt, das unter dem Befehl von Schwarzenberg stehen sollte – keine angenehme Aufgabe für den General, der nun gezwungen war, sozusagen auf der falschen Seite zu kämpfen und der in einem Tagesbefehl seine Truppen dazu auffordern mußte, „die Anhänglichkeit an Souverain und Vaterland" zu beweisen „durch unbedingte Aufopferung für alles dasjenige, was der Monarch den Zeitumständen angemessen erachtet und beschließt... – auch in diesem Krieg".[8] Dem Geschick Schwarzenbergs war es zu verdanken, daß seine Nachhut in das Debakel der „Großen Armee" nicht hineingezogen wurde.

Österreichs Kriegsbeitritt auf Seiten Frankreichs hatte zur Folge, daß seine diplomatischen Beziehungen zu Rußland abgebrochen werden mußten. Botschafter Stackelberg mußte die Hauptstadt verlassen – er ging nach Graz. Rasumovsky als Privatmann blieb.

Was nun folgt, ist in unzähligen Berichten und aus allen Lagern beschrieben worden; ich kann mich hier über diesen „Vaterländischen Krieg" in Rußland kurz fassen.[9]

Am 8. April 1812 schickte Alexander ein Ultimatum an Napoleon, daß er Norddeutschland räumen müsse. Am 21. April begab sich der Zar zu seiner Armee nach Wilna. Er fand dort drei verschiedene Schlachtpläne und mehrere sich streitende Generale vor: den preußischen General Pfuel, Bagration und Barclay de Tolly. Anstatt energisch den Oberbefehl und die Initiative zu übernehmen, ließ sich Alexander acht Wochen lang vom einheimischen Adel auf prächtigen Festen feiern; auch Damen aus der Hauptstadt kamen angereist. Um sich zu revanchieren, gab er am Abend des 24. Juni einen großen Ball. Während des Balles erhielt er die Nachricht, daß die Franzosen in zwei Kolonnen bei Kowno und Tilsit den Njemen überschritten hatten. Alle Verteidigungspläne waren über den Haufen geworfen. Am Morgen des 26. zog sich der Zar nach Drissa zurück, er erließ ein Manifest, in dem er schwor, keinen Frieden zu schließen, solange sich noch ein bewaffneter feindlicher Soldat in Rußland aufhalte. Am 28. Juni besetzte Napoleon Wilna und richtete sich in dem eben von Alexander verlassenen Hauptquartier ein. Sein Appell an den Zaren, rasch Frieden zu schließen, ging ins Leere.

Nach 14 Tagen zog das Corps Davout in Minsk ein, Bagration ging zurück. „Wir haben heute den 30. Juni (12. Juli)", schrieb Alexander, „und dem Feind ist es nicht gelungen, uns zu einer Schlacht zu stellen." Der Großfürstin Katharina und Araktschejew gelang es gemeinsam, den Zaren dazu zu bewegen, auf den Oberbefehl zu verzichten. Er fuhr nach Moskau – es wurde langsam klar, daß sich Napoleon dorthin wenden würde – hielt eine flammende Rede vor der Kaufmannschaft und dem Adel und erhielt eine Summe von zwei Millionen Rubel für die Fortsetzung des Krieges, die in großer patriotischer Begeisterung gespendet wurden. Nachdem er den heiligen Krieg ausgerufen hatte, reiste er am 31. Juli nach Petersburg.

Die Franzosen setzten ihren Vormarsch fort, besetzten Smolensk kampflos und marschierten in Richtung Moskau. Am 20. August ernannte Alexander endlich den von allen herbeigesehnten General Kutusow, den er immer noch für Austerlitz verantwortlich machte, zum Oberbefehlshaber. Nachdem sich die Russen fast 800 Kilometer zurückgezogen hatten, kam es am 7. September bei Borodino in der

Nähe von Moschajsk zu der großen Schlacht, in der 30.000 Soldaten der „Grande Armée“ und ungefähr 43.000 Russen fielen, ein Drittel der Armee von Kutusow. General Bagration wurde am Bein verletzt und starb 17 Tage später. Kutusow zog sich zurück und baute seine Linie hinter Moskau auf; der Weg in die alte Hauptstadt war frei.

Einzelheiten über die Schlacht von Borodino trafen in Petersburg erst am 15. September ein, an diesem Tag besetzte General Murat Moskau und Napoleon zog im Kreml ein. Wer irgendwie konnte, hatte die Stadt verlassen, die, entvölkert, Plünderern und dem großen Feuer preisgegeben war, das nach wenigen Tagen ausbrach und einen großen Teil der Gebäude vernichtete. Kutusows Heer stand in der Nähe und wartete auf den Moment, Napoleon entscheidend zu schlagen. Kutusows Bestreben war es, das Leben seiner Soldaten zu schonen; eine Einstellung, die nicht viele der damaligen Feldherren mit ihm teilten.

Noch einmal machte Napoleon den Versuch, Alexander zu einem Waffenstillstand zu bewegen; als dies nicht gelang, gab er am 17. Oktober den Befehl zum Rückzug, um vor dem Einbruch des Winters feste Quartiere zu finden, die es im verwüsteten Moskau nicht gab. Vom ersten Sieg über die Franzosen unter General Wittgenstein bei Polozk hörten die Petersburger am 24. Oktober . Am 27. erfuhren sie durch Kirchenglocken und Kanonensalven, daß Moskau wieder in russischen Händen war.

Napoleon hatte auch diesmal nicht mit dem russischen Winter gerechnet. Seine Soldaten, schlecht ausgerüstet für die Kälte und von Kosaken verfolgt, zogen sich zu Fuß zurück. Kutusow folgte dem jämmerlichen Zug und wartete auf seine Stunde. Sie kam am 26. November. Am 27.und 28. November kam es beim Übergang über den Fluß Beresina zu einer Vernichtungschlacht; die 50.000 Soldaten der Großen Armee, die mit dem Leben davonkamen, waren nur mehr eine fliehende Herde. Napoleon entkam und setzte sich nach Paris ab. Die Verluste der Franzosen betrugen eine halbe Million Menschen.

Die Brüder Rasumovsky hatten unter den Kriegsfolgen in unterschiedlichem Maß zu leiden. Überhaupt nicht betroffen war Gregor, der ja seinen gesamten Besitz in Rußland verkaufen mußte, um den Ansprüchen seiner ersten Frau gerecht zu werden; ebenso Andrej: auch er hatte das väterliche Erbe veräußert, um das Palais in Wien zu bauen. Er besaß nur mehr Baturin in der Ukraine, das zwar weit vom Schuß, aber hoch verschuldet war. Großes Glück hatte Alexej: er ließ sich mit der Universität nach Nischni-Nowgorod evakuieren und sein Besitz im Kriegsgebiet wurde auf wundersame Weise gerettet: Garten und Glashäuser von Gorenki durch das energische Auftreten seines Gartenarchitekten Fischer von Waldheim, das Moskauer Palais in der heutigen Kasakow-Straße durch Wassilij Perowski, den zweiten seiner unehelichen Söhne.

Dieser hatte gerade sein Studium an der Moskauer Universität abgeschlossen, er meldete sich freiwillig zur Verteidigung von Moskau, geriet in französische Gefangenschaft und es gelang ihm, General Murat zu veranlassen, im Rasumovsky'schen Haus Quartier zu beziehen. Diese Episode hat Tolstoj ausführlich, wenn auch nicht bis zum Schluß erzählt: Wassilij Alexejewitsch (später Graf) Perowski ist das Urbild des Pierre Besuchov in „Krieg und Frieden."

Wirklich und mit allen Konsequenzen betroffen war Léon: seine Güter lagen direkt an der großen Überlandstraße. Nach längerer Flucht mit seiner Frau und vielen ihrer Verwandten fand er Zuflucht in Tambow und schrieb von dort am 30. November einen langen Brief an Andrej:

> „Ich hatte, ebenso wie viele andere, ein zuversichtliches Gefühl trotz dunklen Wolken, die über uns heraufzogen. Ich konnte mir nicht vorstellen, daß unsere gute Stadt Moskau je in die Hände des Feindes fallen würde... Die Übertragung des Oberbefehls an den Fürsten Kutuzoff hatte die Hoffnungen aller belebt. Als sie danach durch unsere unerwartet raschen Rückzüge zerstört wurden, war es zu spät, um noch viel zu retten..."

Er erwähnt, daß sich nach dem Besuch des Kaisers die Gutsbesitzer verpflichtet hätten, jeden zehnten ihrer Leibeigenen für die Verteidigung der Stadt zur Verfügung zu stellen und auszurüsten, was ihn sehr viel gekostet habe.

> „Am 27. habe ich die Stadt verlassen, zu diesem Zeitpunkt weniger aus Angst vor dem Feind, der noch ca. 100 Werst entfernt war, als aus Furcht vor dem Pöbel, den man bewaffnet hatte, um die Stadt zu verteidigen und der von Stunde zu Stunde aufsässiger wurde... Meine Güter bei Moschajsk waren bereits vom Feind besetzt, in der Umgebung meines Hauses in Petrovski wurden von der Regierung Fahrzeuge zusammengezogen... Du weißt, wie das bei uns in Rußland ist, eine Menge Menschen suchten bei mir Schutz. Das war umso schwerer, als ich, um keine Aufregung zu verursachen, meine Maßnahmen bis zum letzten Moment verschoben hatte. – Endlich habe ich alle Pferde, die ich finden konnte, versammelt, ich habe meine ganze Gesellschaft in die Ukraine geschickt, mein Hab und Gut der Gnade des Schicksals überlassen, und am 27. sind wir von hier weggefahren, zu schweren Herzens und zu niedergeschlagen beim Anblick all des Elends, das sich uns unaufhörlich bot, zu müde und zu besorgt, um an das zu denken, was wir verlieren könnten..."

Er schickt seinen Kammerdiener nach Moskau, um Nachschau zu halten.

> „Ich hatte die unglückliche Idee, endlich mein Moskauer Haus fertigzustellen. Die Stiegen waren nicht eingesetzt. Dieses Gerippe haben die Franzosen verschont. Aber im oberen Stock und in den Nebengebäuden wurde alles zerbrochen und ausgeraubt. In den Trümmern rund um das Haus hatten wir in einem Keller alles zusammengetragen, was besonders kostbar war: Möbel, Bilder, Plastiken, Porzellan usw. Dieses Versteck blieb wirklich unbemerkt, obwohl das Haus voll von Menschen war, bis fünf Tage vor der Evakuierung der Franzosen eine Unglückselige aus dem Haus selbst das Geheimnis verriet, und in wenigen Stunden war alles geplündert. Das gleiche geschah in Petrowski: Seit 15 Jahren habe ich ein enormes Kapital in meine Bücher gesteckt; vier Tage vor meiner Abreise hat ein Bibliothekar aus der Stadt, der meine Bibliothek betreut und den Katalog verfaßt hat, ihren Wert auf 400.000 Rubel geschätzt. Nicht ein Band ist übrig geblieben. Ich habe etwas verloren, was mit Geld nicht zu ersetzen

ist. Mein Gärtner in Petrovski, der seit zehn Jahren in meinen Diensten steht, warf meinen Bauern den Mangel an Eifer vor, den sie nach dem Abzug der Franzosen an den Tag legten, um die Verwüstungen zu beheben – in der gleichen Nacht legten sie an zwei Stellen Feuer in meinen Glashäusern, die außer anderen seltenen Pflanzen ungefähr 50 prachtvolle Orangen- und Zitronenbäume enthielten, wie sie, außer dem Kaiser, niemand in Rußland besitzt. Von den Gebäuden und den Pflanzen ist nur Asche zurückgeblieben. Das Haus, vielmehr das Skelett, steht, sonst ist nur Asche zurückgeblieben...«[10]

Es ist schade, daß nicht wenigstens der Katalog der Notenbibliothek des musikalischen Grafen Léon das Desaster überlebt hat. Es wäre interessant gewesen, festzustellen, ob Graf André wenigstens diesem Bruder die neuen Werke der Wiener Klassik und besonders die ihm gewidmeten geschickt hat. Im Katalog der Musiksammlung des Grafen Alexej in der Kiewer Vernadski-Bibliothek, sind sie nicht angeführt.

Was vom geschlagenen französischen Heer übrig war, wälzte sich zu Fuß in Richtung Smolensk, in der Hoffnung, dort Schutz vor dem russischen Winter zu finden. Aber die Stadt war ebenfalls zerstört, so zogen sie weiter. Kutusow und Wittgenstein folgten ihnen, ohne zu versuchen, die entkräfteten Gegner in einer Entscheidungsschlacht völlig aufzureiben oder gefangen zu nehmen, wenngleich auch die russischen Truppen völlig erschöpft waren. Ein Vergleich mit dem, was sich im Zweiten Weltkrieg auf gleichem Boden ereignete, fällt nicht zugunsten unseres Jahrhunderts aus.

Am 13. Dezember erreichten die französischen Nachhuten unter Marschall Ney die preußische Grenze bei Kowno und setzten über den Njemen. Am gleichen Tag zogen die abgekämpften Truppen Kutusows in Wilna ein, wo am 23. Dezember auch Zar Alexander eintraf. Der alte Feldherr und der junge Kaiser fielen sich weinend in die Arme. Kutusow übergab die erbeuteten Fahnen und Kriegstrophäen, der Zar ihm den höchsten russischen Militärorden, den St. Georgsorden mit Brillanten. Alexanders Schwur hatte sich erfüllt: kein bewaffneter Franzose befand sich mehr auf russischem Boden.

Aber auch jetzt waren die Schrecken des Krieges nicht vorbei. In Wilna brach eine Typhusepidemie aus, der Freund und Feind gleichermaßen zum Opfer fielen.

33. Die Schlacht bei Leipzig (1813)

Ausführliche Berichte über die kriegerischen Ereignisse in Rußland und den Brand von Moskau gelangten nach Wien, als ein Bote des Außenministeriums einen Brief von Minister Rumjanzew überbrachte, und zwar nicht an den im entfernten Graz residierenden Botschafter Stackelberg, sondern an Rasumovsky: im Hinblick auf die geänderte Lage schlug der Zar vor, die unterbrochenen Beziehungen zu Österreich wieder aufzunehmen. Rasumovsky eilte sogleich zu Metternich, und bereits am 9./21. November konnte er nach Petersburg das Protokoll eines Entwurfs „Umfang der Zusammenarbeit, geschrieben nach dem Diktat des Grafen Metternich" übersenden.[1] Stackelberg kehrte bald danach nach Wien zurück, aber zu einem Vertrag über eine neuerliche Koalition zu den früheren Bedingungen kam es nicht. Metternich und noch mehr Kaiser Franz fühlten sich gegenüber Frankreich gebunden und wünschten nichts sehnlicher als Frieden. Der gleiche Bote brachte dem Grafen André auch den Brief von Léon.

Nach dem Sieg der russischen Waffen und der Erreichung der Landesgrenzen wollten die meisten Verantwortlichen nichts anderes als Frieden, denn die Verluste an Menschen und Material waren ungeheuer und die Verwüstungen im Land groß. Am besten verstand dies Kutusow. Doch Alexander sah jetzt endlich den Moment gekommen, die ihm von Gott aufgetragene Rolle des Befreiers Europas zu übernehmen. Einen der wenigen Gesinnungsgenossen, die den Njemen überschreiten und Napoleon endgültig vernichten wollten, fand der Zar in General Wittgenstein, aber vor allem in dem preußischen Staatsmann Freiherrn vom Stein. Am 30. Dezember 1812 schlossen General Graf York von Wartenburg, der das preußische Kontingent innerhalb der Großen Amee befehligte und der russische General Diebitsch den Neutralitätsvertrag von Tauroggen, der am 28. Februar 1813 durch den Vertrag von Kalisch erweitert wurde. Österreich erklärte seine bewaffnete Neutralität.

Daraufhin gab der Zar am 12. Januar 1813 seinen Truppen den Befehl zur Rückeroberung von Preußen. Die Franzosen unter Eugène de Beauharnais zogen sich zurück, Wittgenstein stieß bis Pommern und Mecklenburg vor und eroberte Hamburg. Alexander, der in den schweren Monaten des vergangenen Jahres Trost in der Heiligen Schrift gefunden hatte und dessen Hang zum Mystizismus wieder stark hervortrat, folgte seiner Armee und zog Ende März in Berlin und am 23. April in Dresden ein. Er wurde überall freudig als Befreier begrüßt.

Obwohl der russisch-preußische Vormarsch einem Siegeszug glich, warnte Kutusow, der theoretisch immer noch Oberbefehlhaber war, vor einer Überschreitung der Elbe. „Wir werden sie mit einer blutigen Nase zum zweiten Mal überschreiten müssen", prophezeite er. Trotzdem setzte Wittgenstein am 2. April bei Rossau über den Fluß und vereinigte seine Truppen mit den Preußen unter General Blücher, was bei den Alliierten große Freude auslöste.

Aber auch dieses Mal wurde Napoleon von seinen Gegnern unterschätzt, die ihn nicht vor Juni in Sachsen erwarteten. Er erschien jedoch bereits am 30. April bei seiner Armee und schlug am 2. Mai Wittgenstein bei Lützen und in der vierten Maiwoche Blücher bei Bautzen. Beide mußten sich „mit blutigen Nasen" über die Elbe zurückziehen und Napoleon verlegte sein Hauptquartier nach Dresden. Von dort schlug er einen Waffenstillstand vor. Kutusow hat die Erfüllung seiner Prophezeiung nicht mehr erlebt, er starb am 28. April an den Folgen eines Schlaganfalls.

Zur gleichen Zeit liefen die diplomatischen Bemühungen der Verbündeten auf Hochtouren. Ein Indiz dafür, wie sehr sich die Dinge gewandelt hatten, war, daß überall die „alte Garde" wieder zum Zug kam. Am 8. April (alten Stils) erhielt Rasumovsky aus dem Hauptquartier des Zaren einen Brief seines alten Freundes Pozzo di Borgo, der mit den Worten beginnt:

> „Gott hat uns bewahrt, damit wir den Triumph der Sache erleben, an der wir so großen Anteil haben und für die wir so viel gelitten haben."[2]

Wenig später wurde Stadion als inoffizieller österreichischer Verbindungsmann ins russische Hauptquartier entsandt. Es befand sich seit Juni in Reichenbach in Preußisch-Schlesien; Alexanders Berater und Vertreter war Baron Nesselrode. Der Zar verbrachte einige Tage auf dem Schloß des Fürsten Colloredo in Opočno in Böhmen, dort traf er am 18–19. Juni mit Metternich zusammen. Am 27. Juni wurde zwischen Rußland, Österreich und Preußen die Reichenbacher Konvention geschlossen, in der festgelegt wurde, daß Frankreich alle seine Eroberungen zurückgeben und in seine alten Grenzen zurückgeführt werden solle. Falls Napoleon diese Bedingungen ablehnte, würde Österreich, immer noch neutral, der Konvention beitreten. Inzwischen sollte Österreich zwischen den Parteien vermitteln.

In den nächsten Wochen wurde Nordböhmen zum Zentrum der europäischen Politik. Das österreichische Hauptquartier, in dem sich auch Kaiser Franz aufhielt, befand sich zuerst in Jičin, danach in Teplitz. In Prag saß Gentz, der eine Art österreichischen Propagandaminister darstellte und alle Frontberichte, entsprechend stilisiert, verbreitete. Eine Tagesreise entfernt lag Schloß Ratibořitz, das Wilhelmine von Sagan gehörte und in die sich Metternich gerade unglücklich verliebt hatte – eine Tatsache, der wir eine Fülle von hochinteressanten Briefen verdanken.[3] Die Herzogin spielte eine Schlüsselrolle: Sie lud einige der führenden Männer zu sich als Logiergäste ein und gab ihnen so die Möglichkeit zu ausführlichen Gesprächen, andere, so auch Kaiser Alexander, kamen zu kurzen Besuchen. Wahrscheinlich war es Wilhelmines Verdienst, das sich die Verbündeten nicht restlos zerstritten.[4]

Die beiden erbittersten Gegenspieler waren Metternich und der Zar. Alexander wollte Napoleon vernichten und die Bourbonen wieder einsetzen, Metternich wollte Frankreich auf sein Vorkriegsterritorium zurückführen und Kaiserin Marie-Louise als Regentin für ihren Sohn ernennen; vor allem wollte er verhindern, daß die Kämpfe wieder aufflammten. Napoleon forderte Metternich auf, zu Verhandlungen nach Dresden zu kommen, die außerordentlich stürmisch verliefen. Schließlich erklärte sich Napoleon einverstanden, daß am 10. Juli ein Friedenskongreß in Prag beginnen sollte.

> „Ihr ausgezeichneter Kaiser ... hat Sie als jemanden bezeichnet, der am besten imstande ist, seine Angelegenheiten zu vertreten. Alle applaudierten, Metternich möchte Sie haben. Es gibt nur ein Hindernis, das sich unseren Wünschen entgegenstellt: das ist, konkret gesprochen, die Zeit",

schrieb der preußische Delegierte Graf Hardenberg am 14. Juli an Rasumovsky.[5]

Der Kongreß fand nicht statt, denn niemand außer Metternich wollte ihn tatsächlich. Frankreich lehnte die Friedensbedingungen ab. Am 8. August richteten die Alliierten, denen sich nun auch England und Schweden angeschlossen hatten, an Napoleon ein Ultimatum, am 12. August trat Österreich offiziell der Koalition bei. Die Ruhe vor dem Sturm konnte nur mehr Tage dauern.

Es gab aber in diesem verregneten Sommer auch Gegenden im Bereich der Wenzelskrone, in denen nichts von Intrigen und Kriegsvorbereitungen zu spüren war. In ihrem Haus in Böhmisch-Rudoletz, inmitten eines Gartens und schönen Waldes, lebte die Familie Gregor Rasumovsky still und zufrieden. Es gab inzwischen drei Kinder, Elise und Maximilian, beide noch in Italien geboren und den kleinen Carl. Gregor war vertieft in seine Arbeit, überall im Haus lagen Gesteinsbrocken herum. Ein häufiger Gast und großer Verehrer der Gräfin Elise war der Prince de Ligne, der in seinen Memoiren von ihr als einer „liebenswürdigen Frau, bewunderswert wegen ihrer Schönheit, ihrem Geist und ihrer Freundlichkeit" spricht,

> „... die wirkliche Madame Rasumoffsky, die ich täglich sehe. Allein der Name des Cardinal de Rohan, durch den die sogenannte Hochzeit erfolgt ist, die dieser vorherging, beweist, daß das nur eine Farce war."[6]

Gräfin Marie Naryschkin, die langjährige Geliebte des Zaren, gab dem Ehepaar den Rat, die Anwesenheit Alexanders in Böhmen zu benützen, um Elises Stellung auch in Rußland zu legalisieren. Elise suchte um eine Audienz beim Zaren an, die ihr umgehend gewährt wurde. Mitte September machte sie ihm in seinem Hauptquartier in Bilin bei Teplitz ihre Aufwartung. Alexander nahm sie auf das Freundlichste auf, später machte er ihr einen Gegenbesuch in Teplitz. Der Zar versprach, sich in jeder Beziehung für Elise einzusetzen, redete voll Verachtung von Henriette, die ihre Stellung in Rußland unter Vortäuschung falscher Tatsachen errungen habe, wollte die beiden Söhne ins Pagenkorps aufnehmen und sagte mehrmals „mettez toute votre confiance en moi, je saurai la justifier". Er riet, nach Rußland zu fahren und die Sache dort in Ordnung zu bringen und ließ Elise zu diesem Zweck einen Reisepaß auf den Namen Gräfin Rasumovsky ausstellen.[7] Beglückt von diesen Versprechungen und voll Hoffnung reiste Elise im Dezember allein mit den Kindern nach Rußland, Gregor folgte wenig später. Elise sollte ihr geliebtes Rudoletz nicht wiedersehen.[7]

Der Sturm brach Ende August los. Schwarzenberg, der zum Oberbefehlshaber der alliierten Truppen ernannt wurde, wollte alle Kräfte vor Leipzig konzentrieren und dort den Angriff Napoleons abwarten, aber Kaiser Alexander bestand auf der Eroberung Dresdens. Die Entfernung zwischen Teplitz und der sächsischen Metropole beträgt nur wenige Dutzend Kilometer, aber dazwischen liegt das Erzgebirge wie ein Riegel. Der alliierte Angriff auf Dresden begann am 26. August, sie konnten die französische Verteidigung nicht durchbrechen und mußten sich am 27. nach großen Verlusten im strömenden Regen wieder über die Berge zurückziehen. Gleichzeitig drangen die Franzosen in Böhmen ein und wurden am 30. August, ebenfalls nach großen Verlusten, 8 km vor Teplitz bei Kulm zurückgeschlagen.

> „In langen Heersäulen stapften die Soldaten auf fast unpassierbaren Straßen dahin, verloren Schuhwerk und Ausrüstung, schliefen durchfroren und bis auf die Haut durchnäßt im strömenden Regen im Freien ... Teplitz war in eine Wolke unsäglichen Gestanks gehüllt, den die Lebenden und die Toten, die Menschen und die Pferde verbreiteten ... Das Teplitzer Notlazarett war bis zum Bersten überfüllt, im Clary-Garten lagen überall französische Gefangene und Verwundete ...",

schrieb Metternich an Wilhelmine und seiner Frau Lorl.

Und wie so oft waren es die Frauen, die in dieser schrecklichen Situation „ihren Mann" standen. Adelige Damen ebenso wie Bürgersfrauen, Einheimische wie Ausländerinnen öffneten in Prag ihre Häuser für Kranke und Verwundete jeder Nationalität, Freund ebenso wie Feind, die täglich von Wagenkolonnen ohne Umstände einfach auf den Straßen von Prag abgeladen wurden, im Vertrauen darauf, daß sich jemend ihrer annehmen würde. Überall wurden Notspitäler eröffnet; die Herzogin von Sagan richtete mehrere ein, besuchte sie täglich selbst und ließ sich von Metternich Betten und Decken geben. „Sie sterben nicht Hungers, denn wir ernähren sie."[8] Warwara Repnina war auch hier zur Stelle und eine der Aktivsten.

Nach langen Verhandlungen über die Kriegsziele wurden am 9. September von Metternich, Nesselrode und Hardenberg die drei „Teplitzer Vertäge" unterschrieben, in denen das weit ins 19. Jahrhundert hineinreichende Prinzip des Gleichgewichts der Kräfte in Europa gefordert wird.

Die Franzosen zogen sich von Dresden nach Leipzig zurück, die alliierten Streitkräfte marschierten rund um die Stadt auf. Inzwischen waren Napoleons deutsche Verbündete Bayern und Württemberg auf die andere Seite gewechselt, gerade noch rechtzeitig, um an der großen Schlacht teilzunehmen; die sächsischen Truppen liefen während der Kämpfe über. Die berühmte „Völkerschlacht von Leipzig“ vom 16.–18. Oktober, bei der 255.000 alliierte Soldaten 160.000 französischen gegenüberstanden, dauerte 60 Stunden. Die Franzosen wurden geschlagen. Napoleon konnte gerade noch entkommen, aber General Poniatowski, dessen polnische Verbände die Nachhut bildeten, ertrank, als die Brücke über die Elster zu früh gesprengt wurde.

Wieder hatten die Reste der französischen Armee, bei strömenden Herbstregen und Kälte, über Wege, die sich in Morast verwandelt hatten, zu flüchten – diesmal bis zum Rhein und über den Fluß. Zwischen den verbündeten Monarchen begann ein unwürdiges Wettrennen, wer als erster in der alten Krönungsstadt Frankfurt einziehen würde; es wurde am 4. November von Kaiser Franz um eine Nasenlänge gewonnen. Hier wollten Preußen und Österreich den Krieg beenden, weil sie ihre Ziele erreicht hatten. Die französischen Generale wünschten zu unterhandeln, aber Alexander wollte den Feind auf französischem Boden schlagen und gänzlich vernichten. Die Meinungsverschiedenheiten zwischen Metternich und Alexander brachen erneut mit Heftigkeit aus.

Das Jahr 1813 brachte den deutschen Landen nicht nur die Befreiung von jahrelanger Abhängigkeit von einem fremden Eroberer, sondern auch etwas Neues: Das Erstarken eines deutschen Patriotismus, ein Gefühl für die Zusammengehörigkeit aller Deutschen, „ob Preußenland, ob Bayernland“, das in den Tiroler Freiheitskriegen seinen Anfang genommen hatte. Zu seiner Verbreitung trugen vor allem die Verse des jungen Dichters Theodor Körner bei, der am 26. August in der Schlacht um Dresden, im Alter von 22 Jahren, den Tod fand.

34. Rußland (1813–1814)

Auf ihrem Weg nach Rußland erhielt Gräfin Elise einen Brief von Marie Naryschkina, sie möge ihre Reise nicht fortsetzen, weil die ihr feindliche Partei in St. Petersburg zu stark sei. Elise folgte diesem Rat jedoch nicht und hatte noch dazu allein mit dem Schicksalsschlag fertig zu werden, daß ihr kleiner Sohn Carl unterwegs starb. Sie verbrachte einige Monate im Gouvernement Pskow und traf erst Mitte 1814 mit ihrem Mann in Petersburg zusammen. Sie bezogen ein bescheidenes Haus in der Kolomnastraße. Von hier aus begann Gregor den mühseligen, langwierigen und letztlich erfolglosen Prozeß zur Cassation seiner ersten Ehe.

Aber auch Henriette und ihre Mutter befanden sich zu dieser Zeit wieder in Petersburg. Natalja Sagrjaschskaja empfing Henriette mit offenen Armen – die einzige in der Familie, wie Peter Kirillowitsch am 6.2.1815 seinem Bruder nach Wien schrieb[1] – und hatte den Großteil der Gesellschaft, natürlich auch die einflußreichen Maistres, auf ihrer Seite. Dies erwies sich als wichtig, denn der Heilige Synod, dem die Frage nach der Gültigkeit der ersten Ehe Gregors zuerst vorgelegt wurde, leitete die Prozeßakten an den katholischen Metropoliten Erzbischof Sestrenkiewicz von Mogilev weiter.[2] Sestrenkiewicz stellte, zusammen mit zwei weiteren katholischen Priestern, fest, daß die erste, katholisch geschlossene Ehe gültig sei und das sich Gregor der Bigamie schuldig gemacht habe. Gregor rekurrierte beim Hl. Synod gegen dieses Urteil, dieser leitete die Akten an den Senat weiter – und dort blieben sie liegen, weil der Zar, Elises Beschützer, nicht in Rußland war. Es vergingen nicht nur Monate, in denen die Familie auch nicht ausreisen durfte, sondern mehrere Jahre. Sie lebten zurückgezogen, gingen nicht in Gesellschaft, nur das Ehepaar Léon und Elisabeth Apraxin kümmerten sich um sie.

Trotz seiner mißlichen Lage war Gregor in dieser Zeit nicht untätig. Er verfaßte ein wichtiges Werk „Coup d'oeil geognostique sur le Nord de l'Europe en général et particulièrement de la Russie", das 1816 in Petersburg gedruckt wurde, und schrieb sich seinen Ärger in einer von Gift strotzenden Streitschrift über Rußland von der Seele, die er durch einen Diplomaten ins Ausland bringen ließ. Die bedauernswerte Elise siechte dahin, im Februar 1816 gebar sie ihren jüngsten Sohn, der Léon genannt wurde, nach dem einzigen Bruder, der sich, zusammen mit seiner Frau, um das Wohl der unglücklichen Familie kümmerte. Das bezeugt auch ein ausgedehnter Briefwechsel.[3]

Gleichfalls 1816 verließ Henriette nach dem Tod ihrer Mutter die russische Hauptstadt und nahm ihren Wohnsitz in Paris. Ihr Unterhalt war gesichert, denn zwischen ihr und Gregor war es zu einer finanziellen Vereinbarung gekommen, laut der sie statt einer monatlichen Rente einen Betrag von 90.000 Rubel erhielt.

Nach der Beendigung der französischen Invasion wurde Alexej Kirillowitsch zu einem der führenden Männer Rußlands. Zu seinen Hauptaufgaben als Minister für Volkserziehung gehörte der Wiederaufbau der zerstörten Moskauer Universität, insbesondere der Universitätsbibliothek, denn auch dort waren alle Bücher verbrannt. Graf Alexej entwickelte auch jetzt eine rege Tätigkeit: eine Reihe von neuen Schulen wurden eröffnet und an der Universität Moskau ein Institut für die Ausbildung von Ärzten gegründet. Der nun in Rußland vorherrschende Ton entsprach den Ansichten des Ministers. Wassiltschikoff, den wir als treuen Diener und loyalen Beamten kennen und der daher nicht der Voreingenommenheit verdächtigt werden kann, schreibt:

> „Der Fall Speranskis und die Kehrtwendung in den Überzeugungen des Kaisers spiegelte sich im gesamten Verwaltungsapparat wider. Überall kam die Reaktion an die Macht. Die Gesetze über die Zensur des Jahres 1804 wurden nun mit äußerster Strenge angewandt. ... Die Aufsicht über Druckereien, Buchhändler, Bücher, Zeitschriften und Zeitungen wurden dem Polizeiminister übertragen. Er erhielt das Recht und sogar die Pflicht, in Büchern, die die Zensurbehörde durchgelassen hatte, Stellen und Ausdrücke zu beanstanden, die Anlaß für eine gefährliche Auslegung geben und daher für die öffentliche Ordnung und die Ruhe im Lande verderblich werden könnten. ... Der Einfluß de Maistres zeigte sich auch hier. Unter seinem Einfluß begann Alexej Kirillowitsch, an alle möglichen jakobinischen und Illuminanten-Gespenster zu glauben. Zwischen den Zeilen von harmlosen Büchern glaubte der Minister, umstürzlerische Gedanken zu erkennen, die manchmal den Schriftstellern selbst nicht in den Kopf gekommen wären ...“[4]

Die Ängste des Grafen vor revolutionären Einflüssen, die einem Verfolgungswahn gleichkamen, bestanden schon länger. Sie hatten katastrophale Folgen für seine eigene Familie.

Außer den beiden verheirateten Töchtern Warwara Repnina und Katharina Uwarowa hatten Graf Alexej und seine später verstoßene Gattin Warwara Petrowna zwei Söhne: Peter und Kirill. Peter bekam die bestmögliche Erziehung, u.a. studierte er in Göttingen. Nach seiner Rückkehr 1797 wurde er Leutnant im Ismajlowski-Regiment, brachte es in kürzester Zeit bis zum Oberstleutnant, wurde im Mai 1801 zum Wirklichen Kammerherrn ernannt und wohnte, zusammen mit seinem Bruder, im väterlichen Palais in Petersburg. Die beiden waren um die Jahrhundertwende die einzigen ehelich geborenen Rasumovsky der jüngeren Generation; auf sie wartete ein Millionenerbe, denn auch ihr unverheirateter Onkel Nikolaj Petrowitsch Scheremetjew wollte ihnen seinen Besitz vermachen.

Aber dazu sollte es nicht kommen. Peter geriet auf die schiefe Bahn, machte Schulden über Schulden, sodaß ihn sein Vater schließlich möglichst weit weg schickte, nach Odessa zum Herzog von Richelieu, als „Beamten zur besonderen

Die drei Schwestern Thun. Kopie nach F. Füger. Von links nach rechts: Marie-Caroline verh. Lady Guilford Clanwilliam, 1769–1800, Gräfin Elisabeth verh. Rasumovsky, 1764–1806, Marie-Christine verh. Fürstin Lichnowsky, 1765–1841

„Pallast des Fürsten R. in der Vorstadt Landstraße". Im Seitentrakt links befinden sich die Räume, die Beethoven und dem Schuppanzigh-Quartett zur Verfügung standen. Farblithographie.

„Schwiebbogen im fürstl. Rasumovsky'schen Garten."

André Rasumovsky weinend vor seinem brennenden Palais, Neujahrstag 1815. Kaiser Franz versucht, ihn zu trösten. Zeitungsausschnitt 1815.

Fürst Andreas (André) Rasumovsky, 1752–1836. Portait von F.G. Waldmüller 1835

Verwendung". Dort umgab er sich abermals mit diversem Gesindel, machte Schulden, brach mit der Familie und schickte nur hie und da seinem erzürnten Vater exorbitante Rechnungen, die dann meist von der Mutter beglichen wurden. Peter Alexejewitsch ließ sich außerhalb von Odessa am Meer ein Haus bauen und unter dem Haus ein Labyrinth von unterirdischen Gängen anlegen, in denen er sich versteckte, wenn ihn jemand Unliebsamer besuchen wollte. Die Annahme sei gestattet, daß es dieses Labyrinth war, in dem sich im Krieg 1941/45 während der deutschen Besetzung von Odessa russische Partisanen versteckten und das heute eine Touristen-Attraktion ist.

Noch ärger erging es Kirill Alexejewitsch. Er wollte in den diplomatischen Dienst und zu seinem Onkel nach Wien gehen, aber schon 1804 zeigten sich bei ihm erste Anzeichen von Geistesverwirrung, was sein Vater verbergen wollte. Kirill wurde mit einem Begleiter nach Schottland geschickt, begann aber dort zu trinken und verlor völlig den Verstand, so daß er nach Rußland zurückgebracht werden mußte. Wohlmeinende Freunde, vielleicht solche, die ein Augenmerk auf Kirills reiches Erbteil geworfen hatten, verbreiteten das Gerücht, er sei in England zu einem gefährlichen „Illuminanten" geworden und bringe geheime Papiere mit, die zur Ausbreitung dieser revolutionären Sekte in Rußland dienen sollten. Als der unglückliche junge Mann 1806, auf dem Weg auf eines der väterlichen Güter, zu randalieren begann, veranlaßte Alexej Kirillowitsch den Innenminister Kotschubej, seinen Sohn als Aufrührer verhaften und als Gefangenen in die Festung Schlüsselburg bringen zu lassen. Kirill hatte dort zwar eine bevorzugte Position, wurde aber im Auftrag seines Vaters ständig von einem Arzt namens Cederholm überwacht, der ihm laufend Bericht erstattete. Als Schwester Warwara Repnina und Cousine Maria Kotschubej ein Gnadengesuch einbrachten und Kotschubej selbst bestätigte, daß die beschlagnahmten Papiere nichts Gefährliches enthielten, brachte der Arzt „die wahren Interessen der Familie" zu Papier, was zur Folge hatte, daß Kirill 1808 aus Schlüsselburg in das Euphemius-Erlöserkloster in Susdal gebracht wurde (1808), in dem Geisteskranke weggesperrt wurden. Dort sah ihn 1809 auf einer Dienstreise sein Halbbruder Alexej Perowski, der spätere Schriftsteller. In diesem Kloster verbrachte der Unglückliche die nächsten fünfzehn Jahre seines Lebens.

Als Graf Nikolaj Scheremetjew begriff, wie es um seine beiden Neffen stand, enterbte er sie und heiratete kurz vor seinem Tod im Jahr 1809 seine Leibeigene und jahrelange Lebensgefährtin Praskowja Iwanowna Kowalewskaja und legitimierte dadurch seine Nachkommen. Diese Hochzeit löste bei der Petersburger Gesellschaft, die nichts dagegen einzuwenden hatte, wie Graf Alexej seine Frau behandelte, eine ungeheuere Aufregung und Empörung aus.

Es ist daher nicht erstaunlich, daß das Erscheinen der Familie Gregors mit zwei Söhnen großes Aufsehen erregte und daß Personen, die auf einen Anteil aus dem Rasumovsky'schen Erbe hofften, alles daransetzten, die kleinen Buben Max und Léon nicht zum Zug kommen zu lassen.

Alexejs Stimmung wurde immer düsterer, sein Verhalten gegenüber Untergebenen und Familie wurde immer unerträglicher. Er richtete im August 1814 an den Kaiser ein Gesuch um Entlassung in den Ruhestand. Er wollte sich auf seine Güter in die Ukraine zurückziehen und hoffte, der Staat würde ihm sein Moskauer Haus abkaufen. Am 31. August 1814 erhielt er die Antwort, daß der Zar mit seiner Pensionierung einverstanden sei, allerdings erst nach seiner Rückkehr nach Rußland.

So warteten nun zwei Brüder Rasumovsky sehnsüchtig auf die Rückkehr des Zaren Alexander nach Rußland. Dieser allerdings war weit: Er stand in Deutschland an der Schwelle seines größten Triumphes.

35. Der Sieg über Napoleon und der Wiener Kongreß (1814–1815)

André Rasumovsky wollte nicht länger untätig in Wien sitzen. Er nahm selbst die Initiative in die Hand und fand sich im November 1813 in Alexanders Hauptquartier in Frankfurt ein, das kurz danach nach Freiburg verlegt wurde. Der Zar nahm ihn mit Freuden auf und bestellte ihn sogleich zum russischen Hauptbevollmächtigten für alle diplomatischen Verhandlungen. Der Beraterstab des Kaisers bestand aus dem Sekretär des Außenamtes Baron Stackelberg, General Pozzo di Borgo und den Griechen Graf Kapodistrias und Fürst Ypsilanti – Palmer bemerkt, daß sich nun wenigstens ein Russe im Stab des Zaren befand.

Die von Rußland und Preußen vertretene Meinung setzte sich durch: die Franzosen sollten im eigenen Land geschlagen werden. Drei Tage vor Weihnachten überquerten Preußen und Österreicher unter dem Befehl von General Blücher den Rhein und marschierten in Richtung Nancy, am 13. Januar 1814 überschritten die Russen unter Barclay und Wittgenstein den Rhein bei Basel. Das neue Hauptquartier wurde bei Langres aufgeschlagen, wohin Alexander seinen Truppen folgte.

Am 18. Januar, zwei Tage nach Alexanders Abreise, erschien in Basel Lord Castlereagh, der englische Bevollmächtigte. Es gelang ihm, die Meinungsverschiedenheiten zumindest oberflächlich zu glätten. Alexanders Kriegsziel war es, Napoleon und seine ganze Familie für immer zum Verschwinden zu bringen, das gleiche wollte Talleyrand, der seinen Herrn längst im Stich gelassen hatte. Metternichs Plan war, Napoleons Sohn auf den französischen Thron zu bringen und bis zu dessen Großjährigkeit Kaiserin Marie-Louise als Regentin einzusetzen.

Die Kämpfe auf dem verschneiten, windgepeitschten Plateau von Langres waren nicht sehr intensiv, die Franzosen zogen sich zurück. Am 1. Februar schlugen die Preußen unter den Generalen Blücher und Gneisenau die Franzosen bei La Rothière; Napoleon gelang es aber immer noch, den Alliierten den Weg nach Paris zu versperren.

Vom 3.–8. Februar trat in Châtillon ein Kongreß zusammen, auf dem die Vertreter der Alliierten Caulaincourt, Napoleons neuem Bevollmächtigten, ihre Bedingungen für die Einstellung der Kämpfe stellten.[1] Der Kongreß mußte vertagt werden, weil Rasumovsky deponierte, er habe von seinem Kaiser noch keine Anweisungen erhalten. Stadion, der den Vorsitz führte, unterbrach die Verhandlungen, aber als nach ihrer Wiederaufnahme am 17. Februar Rasumovsky neuerlich sagte, er habe keine Direktiven und im übrigen wünsche sein Souverän eine Unterbrechung, erklärte Stadion den Kongreß für beendet. Verärgert schrieb er an Metternich:

„Lassen Sie mich doch begreifen, was es mit dieser possenhaften Erklärung Rasumowskys für eine Bewandnis hat. Man wird uns nun, und nicht zu Unrecht, den Vorwurf machen, daß wir die Komödie hier auch noch herzlich schlecht spielen, und daß es nicht der Mühe lohnte, zwei Minister des Äußeren und sechs Bevollmächtigte nach Châtillon reisen zu lassen, um so schlechte Arbeit zu liefern.“[2]

Nach diesem verunglückten Versuch eines Friedensschlusses zogen sich Kaiser Franz und die Diplomaten, unter denen sich Metternich und Rasumovsky befanden, nach Bar-sur-Aube und danach nach Dijon zurück. Der Kaiser zog es vor, als Schwiegervater Napoleons bei den Kämpfen um Paris nicht im Rampenlicht zu stehen. Bei dem entscheidenden, von Alexander geleiteten Kriegsrat am 25. März in Vitry ließ er sich von Schwarzenberg vertreten.[3] Dort wurde der sofortige Marsch auf Paris beschlossen. Am 29. März verließ Marie-Louise mit ihrem Sohn in letzter Minute die Stadt, am 30. Mai fand vor den kaum existierenden Mauern von Paris ein von den Russen ausgetragener Kampf statt, zu dem Preußen und Österreicher zu spät kamen. Um 4 Uhr nachmittags schickte General Marmont Parlamentäre; russische Truppen besetzten den Hügel von Montparnasse. Am Tag darauf, am 31. März um 11 Uhr früh, zog Kaiser Alexander durch die Porte de Pantin in Paris ein, zu seiner Rechten General Schwarzenberg, zu seiner Linken König Friedrich Wilhelm. Ihnen folgten Truppenverbände aller Alliierten, sie marschierten über die Champs-Elysées. Das war wohl der schönste Tag des Kaisers Alexander und der Triumph seines Lebens. Kaiser Franz, Metternich und die übrigen Diplomaten kamen erst einige Tage später.

Am 6. April unterzeichnete Napoleon in Fontainebleau seine Abdankungsurkunde und mußte sich auf die Insel Elba bringen lassen, während Kaiserin Marie-Louise sich mit ihrem Sohn auf den Weg nach Wien begab. Am 3. Mai zog König Ludwig XVIII. in Paris ein. Bis zum 30. Mai dauerten die Verhandlungen über einen Friedensschluß mit Frankreich, die dank dem Bemühen Talleyrands recht günstig für das besiegte Land ausfielen: Frankreich sollte mit kleinen Korrekturen in den Grenzen von 1790 erhalten bleiben. Alle Fragen über eine zukünftige Ordnung in Europa nach diesen turbulenten Jahren sollten auf einem internationalen Kongreß gelöst werden, der für September nach Wien einberufen wurde.

Danach verabschiedeten sich die hohen Gäste von Paris. Kaiser Franz in Begleitung von Metternich und Kaiser Alexander in Begleitung von Nesselrode und Czartoryski fuhren auf getrennten Wegen nach England, wohin sie der Prinz-Regent eingeladen hatte. „Die beiden Souverains gehen über das Meer ...“, wie Schwarzenberg seiner Frau schrieb.[4] Metternich gelang es leicht, den Prinz – Regenten und Castlereagh für seine Sicht eines neuen Europa zu gewinnen, in dem Rußlands Einfluß beschränkt sein würde. Sein Gegenspieler Alexander erleichterte ihm die Arbeit selbst: Er ließ keine Gelegenheit aus, den englischen Hof zu brüskieren, obwohl er überall vom Volk als Held gefeiert wurde. Treibende Kraft war wieder einmal die Großfürstin Katharina, die vor ihm angekommen war und sich in England bereits sehr unbeliebt gemacht hatte.

Von England fuhr Alexander zuerst zu einem Wiedersehen mit seiner Frau, die sich auf Schloß Bruchsal bei ihrer Mutter, der Markgräfin von Baden, aufhielt. Zur Suite der Kaiserin Elisabeth Alexejewna gehörte die junge Roxana Sturdza aus einer vornehmen griechischen Familie, die nach dem Frieden von Jassy in russische Dienste getreten war. Sie war eine schwärmerische Pietistin und glühende griechische Patriotin, die von der Befreiung ihrer Landsleute vom Türkenjoch träumte. Durch die Bekanntschaft mit Roxana Sturdza – es war eine in allen Ehren – erhielten die mystischen Aufschwünge des Zaren wieder großen Auftrieb. [5]

Von Bruchsal reiste der Kaiser endlich wieder nach Hause, aber sein Aufenthalt in St. Petersburg dauerte nur sieben Wochen. Da die internationalen Fragen Vorrang hatten, blieben sämtliche internen Probleme und an den Zaren gerichteten Ansuchen liegen, neben vielem anderen auch Alexejs Rücktrittsgesuch und Gregors Bitte um Intervention in seiner Eheangelegenheit.

Schwarzenberg und Rasumovsky kehrten von Paris auf schnellsten Wegen nach Österreich zurück. Die Vorbereitungen für den Kongreß liefen an und Alexander hatte seinem Botschafter mitgeteilt, daß er für seine Feste das Haus auf der Landstraße zu benützen gedenke. Einige Umbauten am Palais waren zwar immer noch im Gange, aber zu Beginn des großen Ereignisses erstrahlte es in vollem Glanz – für ganze vier Monate.

Als „Chefdekorateur" hatte Metternich den Pariser Maler Jean Baptiste Isabey gewonnen. Mitten in die Vorbereitungen platzte jedoch ein unerwartetes Ereignis: Kurz nach Andrés Rückkehr starb in Wien Königin Marie-Caroline, die gute Freundin der Rasumovskys. Sie war die Tante und gewesene Schwiegermutter des regierenden Kaisers und nach der geltenden Etikette hätte der Hof für lange Zeit Trauer anlegen, alle Feste absagen und den Kongreß verschieben müssen. Man beschloß, dies nicht zu tun und wie vorgesehen den Beginn beim Datum 1. September zu belassen.

Abermals verspätetete sich Alexander, er unterbrach seine Reise bei Czartoryski in Pulawy, um mit ihn das Polenproblem zu besprechen. Czartoryski hatte dem Zaren in Paris wieder den Plan eines Königreiches Polen in Personalunion mit Rußland schmackhaft gemacht, ein Ziel, gegen das der gesamte russische Adel opponierte. Alexander wollte nun auch jene Gebiete mit dem Königreich vereinigen, die Österreich und Preußen bei den Teilungen Polens erhalten hatten; Preußen, Rußlands treuer Verbündeter, sollte im Tausch dafür das Königreich Sachsen bekommen, Österreich in Oberitalien entschädigt werden. Alexanders Nicht-Eintreffen in Wien zum 1.September erwies sich als entscheidender Fehler, denn Castlereagh und Talleyrand konnten so in Ruhe ihre gegen Rußland gerichteten Pläne besprechen, denen sich bald auch Bayern anschloß.

Polen und Sachsen erwiesen sich als die Stolpersteine, wegen derer der Kongreß nicht einige Wochen, sondern acht Monate dauerte. Zwischen dem 1. November, als die Tagung endlich begann, und dem 15. Juni 1815 gab es nicht eine einzige Vollversammlung, bei der alle Delegierten anwesend gewesen wären, wie das berühmte Bild Isabeys vortäuscht, nur Intrigen hinter verschlossenen Türen. Mehrmals drohten die Verhandlungen zu scheitern, besonders anfangs Dezember, als Fürst Nikolaj Repnin, der russische Statthalter im eroberten Sachsen, auf Befehl des Zaren das Königreich einseitig an Preußen übergab. Der Kongreß kam erst zum Abschluß, nachdem Napoleon wieder in Frankreich erschienen war und Paris eingenommen hatte.

Das russische Kaiserpaar logierte mit seinem Gefolge in der Hofburg. Der Zar nahm an den Verhandlungen nicht teil, sie wurden von russischer Seite zuerst von Nesselrode und Kapodistrias, danach von Rasumovsky und Kapodistrias geführt. Die Hauptaufgabe des Grafen André war es jedoch, in seinem Palais die vom Zaren gegebenen, wie auch seine eigenen Feste zu organisieren.

Über die unzähligen Feste während des Kongresses, die illustren Gäste von nah und fern, die wunderschönen Damen aus der Monarchie und dem Ausland, die sich in Wien versammelten, sind zahlreiche Erinnerungen geschrieben worden. Als besonders glanzvoll wird von allen das Fest im Prater zur Erinnerung an die Schlacht von Leipzig erwähnt, bei dem die regierenden Fürsten im Lusthaus speisten, während alle anwesenden Soldaten der alliierten Heere, zusammen mit der Wiener Bevölkerung, bunt gemischt an langen Tischen bewirtet wurden, die in den sternförmig vom Lusthaus ausgehenden Straßen aufgestellt waren. Es gab eine viel besprochene Schlittenfahrt nach Schönbrunn, eine „Carroussel" im Redoutensaal, bei der die Damen und Herren des österreichischen und ausländischen Hochadels zu Pferd, geschmückt „mit dem gesamten Schmuck aus dem Fideicommiß Besitz der Monarchie", teilnahmen. Am Rande sei erwähnt, daß unter den jungen Damen, die zum Glanz der Wiener Tagung beitrugen, sowohl Lady Caroline Meade, verehelichte Gräfin Széchényi und Lady Selina Meade, die Töchter der so früh verstorbenen Caroline Thun, als auch Fürstin Warwara Repnin-Wolkonski zu finden waren.

Kaiser Alexander und Rasumovsky gaben mehrere Feste: eines am 18. Oktober, bei dem in der Reitschule getanzt wurde, zu Erinnerung an die Schlacht bei Leipzig, ein zweites am 6. Dezember anläßlich des Namenstages der Großfürstin Katharina. Gentz erwähnt es in seinem Tagebuch als „la plus belle de toutes les fêtes, auxquelles j'ai assisté, depuis que les souverains étrangers sont ici."[6] Bei diesem Fest zeigte sich der Prince de Ligne zum letzten Mal in der Öffentlichkeit. Es ging in Erfüllung, was er diesem Kongreß, der „nicht arbeitete, sondern tanzte", versprochen hatte: das Schauspiel des feierlichen Begräbnisses eines österreichischen Feldmarschalls. Der überaus beliebte Fürst starb am 13. Dezember 1814 und wurde in unmittelbarer Nähe seines Refugiums auf dem Kahlenberg begraben.

Bei den Festen im Palais Rasumovsky war auch Beethoven anwesend und wurde von den Gästen gefeiert. Als überzeugter Patriot hatte er im Sommer 1813 die Schlachtsymphonie „Wellingtons Sieg bei Vittoria" komponiert, eine Programmusik, die er selbst, gleichzeitig mit der 7. Symphonie, am 8. und 12. Dezember 1813 in der Aula der Universität zur Uraufführung brachte. Es war eine Akademie zugunsten der Verwundeten in der Schlacht bei Hanau und wurde ein riesiger Erfolg. Beethoven dirigierte, im Orchester spielte Schuppanzigh unentgeltlich als Konzertmeister mit, Spohr, Salieri, Hummel und Mayseder „gaben den Takt den Trommeln und Kanonaden."[7] Diese Akademie brachte Beethoven den endgültigen Durchbruch und allgemeine Anerkennung. Jetzt endlich wurde auch der vergessene „Fidelio" umgearbeitet und mit großem Erfolg im Kärntnertor-Theater aufgeführt. Im Rahmen des Kongresses, am 29. November 1814, wiederholte Beethoven im großen Redoutensaal das gleiche Programm, ergänzt durch die Kantate „Der glorreiche Augenblick", die er zu Ehren des Kongresses geschrieben hatte. Auch dieses Konzert mußte zweimal wiederholt werden. Es war für den Komponisten auch finanziell ein Erfolg; besonders „das großmüthige Geschenk der Kaiserin von Rußland" hob er in seinem Tagebuch hervor.

Graf Moritz Lichnowsky, der Bruder des im Sommer verstorbenen Fürsten, veranlaßte, daß „Die Schlacht bei Vittoria", in der „God save the king" vorkommt, dem englischen Prinz-Regenten übermittelt wurde. Auf dieses Werk bezieht sich Beethoven in einem französisch geschriebenen Brief an einen Anonymus, den er mit „Monseigneur" anspricht und den er um Intervention bittet, weil seine Komposition in England unerlaubterweise kopiert und aufgeführt werde, ohne daß er dafür Geld erhalten habe. Den Hinweis, daß dieser Brief vom 5. Juni 1815 an Rasumovsky gerichtet ist, verdanke ich der Kiewer Musikwissenschaftlerin Larysa Iwtschenko.[8]

Kaiser Alexander nahm am gesellschaftlichen Treiben wenig Anteil; die Feste bei Metternich boykottierte er. Mehr denn je vertiefte er sich in die Lektüre der Bibel. Er hatte im Gefolge seiner Frau wieder Roxana Sturdza getroffen, er besuchte sie häufig am Abend in ihrem Zimmer, um ihr in Gesprächen über Gott und die allgemeine Gerechtigkeit auf Erden „seine Seele zu öffnen", wie sie schreibt. Als Roxana einen Brief einer mit ihr befreundeten Hellseherin, der baltischen Baronin Juliane von Krüdener, erhielt, in der diese in dunklen Worten den Untergang der Lilie und neue Tumulte prophezeite, äußerte Alexander den Wunsch, diese Frau kennen zu lernen. Es war das Gefühl der Ergebung in den Willen Gottes, das ihn schließlich dazu brachte, auf seine Ambitionen bezüglich Polens und Sachsens zu verzichten und sich mit kleinen Gebietskorrekturen zufrieden zu geben.

Graf Andrej Kirillowitsch traf Vorbereitungen zu einem grandiosen Fest, das er zum Jahreswechsel geben wollte. Es sollte nicht dazu kommen. Am 31. Dezember um 18 Uhr abends, bevor die Gäste kamen, brach, verursacht durch die neue Bodenheizung, ein Feuer aus, das offenbar schon mehrere Tage geglommen hatte. Die Feuersbrunst im Palais Rasumovsky war, wie in allen Büchern zu lesen ist, neben dem Begräbnis des Prince de Ligne das zweite bemerkenswerte Ereignis des Wiener Kongresses. Die „Wiener Zeitung" schrieb darüber am Sonntag, 1. Januar 1815:

„Ein gestern Morgens auf der Landstraße im Innern des gräfl. Rasoumoffsky'schen Pallastes entstandenen Feuer, das unversehens ausbrach und schnell um sich griff, hat einen großen Theil dieses mit Recht berühmten Pallastes verheert. Die mit Geschmack und Pracht verzierten Wohnzimmer des edlen Grafen, der in seiner Art einzige Bibliothekssaal und alle Nebengemächer sind ein Raub der Flammen geworden. Nur die persönliche Gegenwart Sr. Majestät, das zahlreiche Militär u. die Tätigkeit der Löschanstalten, begünstigt von vollkommener Windstille, waren vermögend, nach einigen Stunden der Flammenwuth Einhalt zu thun. Der durch dieselbe entstandene Schaden ist indessen sehr bedeutend, u. insoweit er Druckwerke betraf, zum Theil unersetzlich."

Weitaus dramatischer erscheint die Beschreibung des Brandes durch den Augenzeugen Anton von Schönholz. Er berichtet unter anderem:

„Unterdessen hatte der Kaiser (Franz) das Gebiet der Zerstörung umritten, sich über getroffene Anstalten berichten lassen ... dann, nachdem er noch eine Zeit lang das grauenhafte Schauspiel betrachtet, stieg er vom Pferde und ließ sich zum unglücklichen Grafen geleiten. Auf einer etwas erhöhten Stelle des Parkes, unter einer entlaubten Platane, saß dieser in Zobelpelz und Sammetmütze, nach vorn gekrümmt und bittere Tränen vergießend über den entsetzlich schnellen Untergang seiner Schöpfungen. Den Kaiser erschütterte sichtbar der Anblick, er legte ihm tröstend die Hand auf, zog sie aber rasch zurück, als der unglückliche Mann, der sich nicht zu erheben vermochte, sie küssen wollte ..."[9]

Durch diesen Großbrand wurden die gartenseitigen Repräsentationsräume des Palais mit allen kostbaren Bildern, Büchern und sonstigen Kunstschätzen, die André sein Leben lang gesammelt hatte, völlig zerstört. Bestehen blieben die Mauern und der Seitentrakt. Dieser Teil wurde erst im 2. Weltkrieg Opfer einer amerikanischen Bombe, ist aber seitdem mustergültig wiederhergestellt worden.

Rasumovsky, dessen finanzielle Verhältnisse immer prekär gewesen waren, war nun ruiniert. Zwar half der Zar, indem er seinem treuen Vertreter für den Wiederaufbau des Hauses 150.000 Dukaten für 10 Jahre lieh und ihn für seine großen Verdienste um Rußland mit dem Fürstentitel belohnte. Aber Rasumovsky hat sich von diesem Schlag nicht nur finanziell, sondern auch seelisch nie mehr ganz erholt.

Am Morgen des 7. März 1815 um 7 Uhr früh erhielt Metternich eine Depesche des österreichischen Konsuls in Genua, daß Napoleon von der Insel Elba verschwunden sei. Er eilte zu Kaiser Franz, dieser beauftragte ihn, sogleich König Friedrich Wilhelm und den Zaren zu verständigen. „Kaiser Alexander drückte sich mit Gelassenheit und Würde aus..." Dann sagte er zu Metternich: „Wir haben noch eine persönliche Differenz zu regeln. Wir sind beide Christen und unser Glaube gebietet, Beleidigungen zu vergeben. Umarmen wir uns und möge alles vergessen sein."[10] Er hatte mehr zu vergeben, denn er hatte in Erfahrung gebracht, daß Metternich mit König Ludwig XVIII. ein Geheimbündnis gegen Rußland geschlossen hatte. Von diesem Moment an wurden, wie Metternich schreibt, die früheren Meinungsverschiedenheiten nie mehr erwähnt.

Bekannt wurde diese Nachricht am Abend des 7. März während einer Theateraufführung in der Hofburg, bei der mehrere der bekanntesten Damen des Hochadels, unter ihnen Selina Meade, mitwirkten. Als sich herausstellte, daß Napoleon in Antibes gelandet war, daß die Soldaten zu ihm überliefen und er in Eilmärschen Paris erreichte, brach in Wien Panik aus. Alle Zwistigkeiten wurden hintangestellt, ein Schlußdokument vorbereitet, das am 9. Juni von den acht Hauptdelegierten unterzeichnet wurde – der russische Vertreter zum ersten Mal mit seinem neuen Titel „Prince de Rasoumoffski". Schwarzenberg, Wellington und Blücher fuhren überstürzt nach Frankreich, die Kaiser folgten ihnen, die Armeen wurden in Marsch gesetzt. Kaiserin Elisabeth Alexejewna übersiedelte am 9. Mai nach Karlsruhe, Kaiser Alexander reiste am 25. Mai ab und schlug sein Hauptquartier in Heidelberg auf, wohin ihm Rasumovsky folgte. Der Zar hatte die Freude, unterwegs in Heilbronn Frau von Krüdener kennen zu lernen. Er bat sie, ihn in Paris aufzusuchen.

Es war in Heidelberg, daß Alexander die Nachricht erhielt, daß Blücher und Wellington Napoleon bei Waterloo am 18. Juni geschlagen hatten. Nun war der lange Kampf endgültig vorbei.

Am 7. Juli wurde Paris zum zweiten Mal eingenommen, diesmal ohne militärischen Pomp. Ein zweiter Pariser Friedensvertrag wurde ausgehandelt, der für Frankreich härtere Bedingungen brachte; so mußten z.B. die in ganz Europa geraubten Kunstschätze zurückgegeben werden, aber das Land behielt, wie beim Wiener Kongreß festgelegt, im allgemeinen die Grenzen von 1790.

Am 11. September, seinem Namenstag, hielt Alexander in der Ebene von Vertus eine große Truppenparade ab, bei der alle Herrscher anwesend waren. Es folgte ein feierlicher Gottesdienst, an dem zu allgemeinem Befremden Frau von Krüdener in prominenter Position teilnahm. Danach zog sich der Zar in Paris in seine Gemächer zurück und brachte in der Nacht vom 15. zum 16. September, beeinflußt von seinen Gesprächen mit der Hellseherin, ein Manifest zu Papier, das er „Heilige Allianz" nannte und nach dem sich die Herrscher verpflichteten, als einzige Richtlinie ihres Verhaltens die Gebote der christlichen Religion anzuerkennen. Die Wiener Friedensstifter waren schon vorher zu der Ansicht gelangt, daß die zukünftige Ordnung Europas auf einem allgemeinen Sitten- und Moralkodex beruhen müsse. Metternich strich aus Alexanders Entwurf einige Sätze, die ihm zu überspannt dünkten, und das Dokument wurde am 26. September vom Zaren, dem Kaiser von Österreich und dem König von Preußen unterzeichnet. Diese „Heilige Allianz" bildete die Grundlage für einen jahrzehntelang dauernden Frieden und großen wirtschaftlichen Aufschwung in Europa; daß sie den Herrschern auch die Möglichkeit gab, freiheitliche Regungen innerhalb ihrer Länder zu unterdrücken, steht auf einem anderen Blatt.

Rasumovsky blieb in Paris bis zur Unterzeichnung des 2. Friedensvertrages am 20. November 1815. Der Zar richtete an ihn am 29. November aus Riga ein überaus freundliches Schreiben, mit dem er seinem langgedienten Vertreter als

Ergänzung zum Fürstentitel das Prädikat „Durchlaucht" verlieh. Der Brief wurde am 9. Januar 1816 in der „Wiener Zeitung" im Wortlaut abgedruckt – ein Zeichen, welches Ansehen Rasumovsky in Wien genoß.[11]

Der Zar bot ihm an, den Posten des russischen Staatskanzlers zu übernehmen, aber der langgediente Diplomat lehnte ab: seine zukünftige Lebensplanung sah anders aus. Nach fast vierzigjähriger Dienstzeit bat er den Zaren, in den Ruhestand treten zu dürfen, was dieser bewilligte, und heiratete am 16. Februar 1816 Gräfin Constantine Thürheim, 30 Jahre alt und mittellos, eine Nichte der besten Freundin seiner Schwägerin Christiane. Sie war jenes kleine Mädchen, das seinerzeit ihre Familie auf der Flucht vor revolutionären Franzosenverbänden durch ihr lautes Rufen fast ins Verderben gestürzt hätte. Der Bräutigam war 62. Die Hochzeit erregte in der Wiener Gesellschaft großes Aufsehen, besonders deshalb, weil Fürstin Marie Esterhazy, mit der André 12 Jahre liiert gewesen war, ihrem Ärger lautstark Ausdruck verlieh.

Über das weitere Leben des fürstlichen Paares kann ich mich kurz fassen. Constantines jüngere Schwester, Gräfin Lulu Thürheim, hat in ihren vierbändigen Erinnerungen darüber ausführlich berichtet.[12] Sie war zumindest offiziell unverheiratet, wurde von ihrer Schwester chaperoniert, lebte ständig bei ihr und hatte Einblick in alle Höhen und Tiefen im Leben des Ehepaares.

Dem Fürsten Andreas (so nannte er sich jetzt) war kein sorgloses Pensionistendasein beschieden, denn jetzt stürzten sich alle auf ihn, bei denen er Schulden gemacht hatte, allen voran der russische Finanzminister. Die Summe, die Kaiser Alexander seinem Botschafter für den Wiederaufbau seines Hauses zur Verfügung gestellt hatte, erwies sich nicht als Geschenk, sondern als Darlehen, um dessen Stundung der alte Herr in den nächsten zwanzig Jahren mehrmals erniedrigende Bittbriefe an den Zaren richten mußte. Es ging ihm vor allem um die Zusicherung einer Witwenpension für seine um vieles jüngere Gemahlin. Das Ehepaar lebte zuerst einige Jahre in Wien, mußte aber dann das Palais schließen und auf Reisen gehen, weil das für sie billiger war. Sie fuhren nach Rußland und 1822, auf Einladung des alten Freundes, des Königs von Neapel, für längere Zeit nach Italien, überallhin gefolgt von der treuen Lulu, die als sehr talentierte Malerin alle Reisen in ihren Zeichenalben festgehalten hat. 1827 waren sie wieder zurück in Wien, Karlsbad und Schwertberg. Die Kräfte des Fürsten nahmen rasch ab. Kaiser Nikolaus I. bewilligte ihm eine Pension; als sich jedoch beim Tod Andrés herausstellte, daß er zum katholischen Glauben übergetreten war, kürzte der russische Staat die Witwenpension Constantines um die Hälfte.

Fürst Andreas Rasumovsky starb am 25. September 1836 in Wien und wurde auf dem Friedhof von Schwertberg in Oberösterreich, dem Heimatort seiner Frau, begraben. Die „Wiener Zeitung" widmete ihm einen ehrenden Nachruf.[13] Nach seinem Tod war die Fürstin gezwungen, das Palais auf der Landstraße zu verkaufen. Die beiden Schwestern erbauten für sich in Schwertberg, nicht weit von dem Thürheim'schen Schloß, die Villa „Friedegg". Constantine fiel in geistige Umnachtung und mußte die letzten Jahre ihres Lebens in einer Anstalt in Linz verbringen, in der sie 1867 gestorben ist. Lulu starb 1864 in Oberdöbling bei Wien. Ihre kurze, geheim gehaltene Ehe mit Rasumovskys Sekretär Charles Thirion war nur wenigen bekannt.

Über den Tod hinaus sind es zwei Dinge, die die Erinnerung an André Rasumovsky auch in späteren Generationen wachhalten werden: Die Quartette Beethovens und das Portrait, das F.G. Waldmüller in einem der letzten Jahre des Fürsten malte.

Epilog

Das große Ringen war vorbei, die siegreiche russische Armee kehrte in die Heimat zurück. Die einfachen Bauernburschen ebenso wie die jungen Adeligen brachten nach Hause nicht nur die Erinnerung an blutige Schlachten und große Siege, sondern auch an das bessere, freiere Leben in Europa. Die Auseinandersetzung zwischen dem Alten und dem Neuen begann, über die S.S. Uwarow, Alexejs Schwiegersohn, in einem Brief an seinen Freund, den Freiherrn vom Stein, schrieb:

> „Der Zustand in den Köpfen ist im Moment so, daß die Vermischung der Begriffe ihre äußerste Grenze erreicht hat. Einige verlangen eine Volksbildung, die ungefährlich ist, ... andere, und das ist die Mehrzahl, werfen in einen Topf Napoleon und Montesquieu, die französische Armee und die französischen Bücher..."[1]

Die Auseinandersetzung zwischen dem Alten und dem Neuen entbrannte überall und in Rußland siegte für lange Zeit das Alte, sogar dann, als jene, die die alte Ordnung repräsentierten, einer nach dem anderen von der Bühne abtraten.

Alexej Kirillowitsch hatte sich seit dem Einreichen seines Gesuches um Pensionierung nicht mehr um seine Aufgaben gekümmert und sein Haus kaum verlassen; kein Wunder, daß die am 16. August 1816 erfolgte Antwort des Zaren denkbar kurz ausfiel: Er wurde „in Erfüllung seiner Bitte und in Anbetracht seines angegriffenen Gesundheitszustandes" mit einer Pension von 10.000 Rubel im Jahr in den Ruhestand entlassen. Es dauerte noch zwei Jahre, bis er sich entschloß, sein Moskauer Haus auf dem Erbsenfeld aufzugeben und mit seinem gesamten Hausstand in die Ukraine zu übersiedeln. Erst im November 1818 kam es dazu. Sein anderer Schwiegersohn, der hochdekorierte Kriegsheld Fürst Repnin-Wolkonski, war kurz davor zum Generalgouverneur von Kleinrußland ernannt worden und residierte mit seiner Familie in Poltawa. Alexej Kirillowitsch ließ sich in Potschep nieder und tyrannisierte für den Rest seines Lebens seine Hausleute und Bauern auf unbeschreibliche Weise.[2] Die Sommer verbrachte er meist in seinem Schloß Jagotin mit seinem prachtvollen Garten, oft besucht von seinen Töchtern und Enkelkindern.

Im März 1822 erkrankte Alexej schwer. Wassiltschikoff erzählt:

> „Trotz der herrschenden Überschwemmungen machte sich die Fürstin Repnin sofort auf den Weg nach Potschep. Sie traf den Vater noch bei Bewußtsein an, am Bett des Sterbenden die Person, die ihm nahestand. Die Fürstin sah sie zum ersten Mal von Angesicht zu Angesicht. Sie nahm sie an der Hand, führte sie ins Nebenzimmer und

sagte: ‚Ich habe Sie bis jetzt gehaßt, denn sie waren der Grund für das Unglück meiner Mutter, aber ich verzeihe Ihnen alles, wenn Sie meinen Vater dazu bringen, daß er mir erlaubt, ihn zusammen mit Ihnen zu pflegen‘. Der Kranke konnte nicht mehr sprechen und bewies seiner Tochter seine Dankbarkeit nur durch Zeichen.“[3]

Graf Alexej Kirillowitsch starb am 5. April 1822 und wurde zuerst in Potschep begraben und später ins Christus-Erlöserkloster in Nowgorod Sewerski überführt. Mit seinem Grab geschah in den dreißiger Jahren unseres Jahrhunderts das gleiche wie mit dem seines Vaters: Es weckte die Begierde von „Archäologen aus Leningrad.“

Nach seinem Tod eilten die beiden Töchter nach Wladimir, um den unglücklichen geistig verwirrten Bruder Kirill aus der Klosterhaft zu befreien, in der er sich fast 16 Jahre befunden hatte. Sie brachten ihn in Charkow unter; längere Zeit lebte er auch bei Warwara Alexejewna. Er starb 1829 in Charkow. Alexejs ältester Sohn fuhr nach dessen Tod nach Moskau, verschleuderte das prachtvolle Palais mit dem gesamten Mobiliar und kehrte in sein Labyrinth nach Odessa zurück. Er starb 1835 und mit ihm erlosch in Rußland die gräfliche Familie Rasumovsky.

Den Gegensatz zwischen Alt und Neu verkörperten exemplarisch Alexejs Schwiegesöhne. Der ursprünglich liberale Graf Uwarow schwenkte nach dem Dekabristen-Aufstand um und verwandelte sich unter Nikolaus I. in den bei den Intellektuellen verhaßten Innenminister und Erfinder der Parole „Orthodoxie, Autokratie und Volk“. Der jüngste Bruder des Fürsten Repnin, Fürst Sergej Wolkonski, war einer der Führer des Aufstandes und mußte danach die längste Zeit seines Lebens in Sibirien verbringen. Daß ihm seine kaum 21-jährige Frau Maria geborene Rajewskaja in die Verbannung folgen konnte und daß die aller bürgerlichen Rechte beraubten Wolkonskis immer wieder aus Rußland finanziell unterstützt wurden, war nicht zuletzt ein Verdienst von Nikolaj Repnin und wohl auch von Warwara Alexejewna.

Der zweite der Kirill-Söhne, „le comte Pierre“, führte seit dem Tod seiner Frau 1803 ein sorgenfreies Leben, hauptsächlich in Gostiliza. Er hatte drei uneheliche Töchter, denen er laut Gesetz seinen Besitz nicht vererben konnte. Als er den Tod herannahen fühlte, berief er seinen Neffen Alexej Wassiltschikoff und vermachte ihm einen großen Teil seiner Güter in der Ukraine; dort lebten Nachkommen bis 1917. Aber einiges scheint er doch auch seinen Töchtern hinterlassen zu haben: Im Herbst 1911 meldete sich bei Camillo Razumovsky in Österreich eine alte Dame aus Odessa namens Mlle de Tchikomanoff und übersandte ihm nach Wien eine Marien-Ikone, ein Geschenk der Kaiserin Elisabeth an ihren geheimen Ehemann. Die Ikone befindet sich bis zum heutigen Tag in Wien. Daß sie wirklich aus dem Besitz von Alexej Grigorjewitsch stammt, beweisen die beiden Wappen auf dem Metallrahmen.

Graf Peter Kirillowitsch starb am 14. Dezember 1823 und ist neben seiner Frau auf dem Friedhof des Alexander-Newski-Klosters in St. Petersburg begraben.

Der edle Graf Léon starb am 21. November 1818 in Petrowskoje. Er hatte 16 Jahre lang mit seiner Frau in glücklicher Ehe gelebt und vermachte ihr, da sie keine Kinder hatten, seinen gesamten Besitz. Sein Testament wurde von Alexej angefochten, es kam zu einem häßlichen, lange dauernden Prozeß, in dem Andrej und Gregor auf Seiten der Witwe standen, die, bevor sie den Prozeß endlich gewann, in Moskau in großer Armut lebte. Als sie über ihr Geld verfügen konnte, führte die „Comtesse Léon" ein mondänes Leben, sie reiste viel und war in den westeuropäischen Salons eine bekannte Erscheinung. Bis heute gibt es von ihr viele Zeugnisse: die Abbildung ihres Wagens bei der berühmten Wiener „Praterfahrt", die Tafel auf dem Aussichtsplatz „Rasumoffsky-Ruhe" in Karlsbad,[4] die reizenden Intérieurs ihrer Wohnungen in Paris und Zarskoje Selo,[5] sowie zahlreiche Porträts, von denen das von Vigée Lebrun aus ihren Jugendjahren das bekannteste ist. Was jedoch zu ihrer Zeit kaum jemand vermutete: die Gräfin Léon war in ebenso diskreter Weise wohltätig wie ihr Mann. Sie war es, die dessen Bruder Gregor unterstützte und dessen Tochter Elisabeth zu sich nahm, sie adoptierte, für ihre Ausbildung sorgte und sie mit dem dänischen Diplomaten Graf Adam von Moltke-Hvitfeld verheiratete. Sie hat auch für andere Nichten und Großnichten wie eine Mutter gesorgt, wie aus vielen gedruckten und ungedruckten Erinnerungen zu sehen ist.[6]

Gräfin Maria Grigorjewna Rasumovsky überlebte ihren Mann um fast ein halbes Jahrhundert, sie starb am 9. August 1865 im Alter von 93 Jahren und ist neben ihrem Mann auf dem Friedhof des Donskoj-Klosters in Moskau begraben.

Fast ebenso alt wie sie, 90 Jahre, wurde Natalja Kirillowna Sagrjaschskaja. Sie lebte bei ihrer Nichte Maria, von der sie sich nie getrennt hatte, im Kotschubej'schen Palais an der Mojka in St. Petersburg und ihr Salon war auch in den letzten Jahren ihres Lebens ein beliebter Treffpunkt der „großen Welt", in der sie weiter einen Ehrenplatz einnahm. Sogar Kaiser Nikolaus hatte vor ihr Respekt. Als 1831 eine Nichte ihres Mannes, Natalja Gontscharowa, Alexander Puschkin heiratete, lud die alte Dame den Dichter ein, sich bei ihr wie zu Hause zu fühlen: „Da wir jetzt miteinander verwandt sind, hoffe ich, daß Sie mich jetzt oft besuchen werden", sagte sie. Puschkin kam oft, schrieb Anekdoten auf , die ihm Natalja Kirillowna erzählte und gab Naschtschokin gegenüber zu, daß er bei seiner „Pique Dame" zwar eine andere Gesellschaftsdame im Auge gehabt habe, daß schließlich aber Natalja Sagrjaschskaja herausgekommen sei.[7] Sie starb am 19. März 1837, also genau fünf Wochen nach Puschkins Tod im Duell.[8]

Das härteste Los traf den Grafen Gregor Kirillowitsch. Der Senat, der über die Frage der Gültigkeit seiner ersten Ehe zu entscheiden hatte, fällte im Juni 1816 das Urteil, daß diese Ehe gültig sei; Elise und den Kindern wurde die Führung des Names Rasumovsky untersagt. Eine Revision dieses Urteils, um das Elise kniefällig bat, lehnte der Zar ab, obwohl er ihr 1813 in Böhmen versprochen hatte, sich für sie einzusetzen.

Wenige Tage nach diesem endgültigen Spruch starb die unglückliche Frau „an gebrochenem Herzen" am 18. August 1818. Sie wurde zuerst auf dem Smolensker Friedhof in St. Petersburg begraben und später in das Familiengrab nach Ratkau in Österreichisch-Schlesien überführt.[9]

1819 erhielt Gregor für sich und seine beiden Söhne die Erlaubnis, das Land zu verlassen und lebte ab 1820 in Baden bei Wien und Böhmisch-Rudoletz. Bis zu seinem Tod betrieb er weiter seine mineralogischen Studien und schrieb eine Reihe von Aufsätzen, die erst sein Enkel veröffentlicht hat. Daneben arbeitete er weiter an seiner Denkschrift über Rußland. Im Druck erschienen ist zu Gregors Lebzeiten nur „Observations minéralogiques sur les environs de Vienne".[10]

Mit Hinweis auf seine lange Karriere in russischen Diensten und in seiner Eigenschaft als Familienoberhaupt richtete Fürst André 1824 ein Gesuch an den Zaren mit der Bitte um Legitimierung seiner beiden Neffen. Der Zar erfüllte diese Bitte, Maximilian und Léon wurde die Führung des Namens zuerkannt und die Zugehörigkeit zum russischen Adel bestätigt, die Führung des russischen Grafentitels wurde ihnen allerdings verwehrt. Der österreichische Grafentitel bestand für sie seit 1811 und wurde dem Nachkommen 1892 nochmals ausdrücklich bestätigt.[11]

Wohl auf Grund seiner unglücklichen Familienverhältnisse scheint Gregor Kirillowitsch die Kontakte zur Gelehrtenwelt in Österreich nicht mehr aufgenommen und seine Arbeiten in Stille betrieben zu haben. Sonst hätten die Fachleute wohl früher entdeckt, daß er der erste war, der sich mit Forschungen über die geologische Beschaffenheit, die urgeschichtlichen Funde und sonstige naturkundliche Phänomene im Wiener Becken, in der Gegend von Melk und in Südmähren beschäftigt hat. Bis heute scheint das wenig bekannt zu sein. 1989 wurde allerdings in Crissier in der Schweiz, dem ersten Auslandsaufenthalt des Grafen Gregor, das 200-jährige Jubiläum seiner Entdeckung und Beschreibung des „Schweizer Molches" (Triturus helveticus) gefeiert, das von Dr. K. Grossenbacher vom Naturhistorischen Museum in Bern organisiert wurde. Den Molch gibt es heute noch in Crissier.

Die gräfliche Familie Rasumovsky ist in Rußland ausgestorben, aber die Nachkommen der Töchter des Hetmans haben, ebenso wie die Familie Perowski, bis zum Jahr 1917 in ihrer Heimat viele positive und auch negative Taten gesetzt. Über ihr Schicksal und das der Razumovskys im Westen zu berichten, fällt nicht mehr in den Rahmen dieses Buches.

Stammbaum

Jakov Rosum

Ivan Jakovlevič Rosum
3 Söhne

Grigorij Jakovlevič Rosum
∞ Natalja Demeško,
alias Strešenceva

Anna Jakovlevna Rosum
∞ F. Dubina

Kinder von Grigorij Jakovlevič Rosum:

Danilo
Avdot' ja, ∞
A.A. Bestužev- Rjumin

Aleksej 1709–71
(Graf Rasumovsky)
∞ Elisabeth von
Rußland

Agaf'ja ∞
U. Klimovič
alias
Budljansky

Anna ∞
O. Zakrevskij

Vera ∞
E. Daragan

Kirill (Kirila)
1728–1803
∞ E. Naryškina
(Graf Rasumovsky)

Kinder von Kirill:

1. Natalja 1747–1837 ∞ N.A. Zagrjažskij
2. Aleksej 1748–1822 ∞ V.P. Šeremet'eva
3. Elizaveta 1749–1822 ∞ P.F. Apraksin
4. Petr 1751–1823 ∞ S.S. Ušakova
5. Andrej 1752–1836 ∞ 1. E. Thun-Hohenstein
   2. C. Thürheim
6. Dar'ja 1753–1762
7. Anna 1754–1825 ∞ V.S. Vasil'čikov
8. Praskov'ja 1755–1808 ∞ I.V. Gudovič
9. Lev 1757–1818 ∞ M.G. Vjazemskaja
10. Grigorij 1759–1837 ∞ 1. Henriette Malsen
    2. Therese Elise Schenk v. Castell
11. Ivan 1761–1802

Kinder von Nr. 2:
1. Varvara 1778–1864
   ∞ N.G. Repnin-Volkonskij
2. Petr. A. † 1835
3. Kirill † 1829
4. Ekaterina 1783–1848
   ∞ S.S. Uvaro
– uneheliche Kinder
  (Perovskij, 5 Söhne, 5 Töchter)

Kinder von Nr. 10:
1. Maximilian 1807–49
   ∞ Helene Marcibanyi
2. Elisabeth 1808–1892
   ∞ Adam Moltke-Hvitfeldt
3. Karl 1812–14
4. Léon 1816–1868
   ∞ Rosa v. Löwenstern

Kinder von Léon:

Alexandrine 1845–1893
∞ Karl v. Hammerstein-
Gesmod
8 Söhne, 2 Töchter

Camillo Gf. Razumovsky
von Wigstein 1852–1917
∞ Marie Wiener v. Welten
3 Söhne, 2 Töchter

Personenverzeichnis

ACTON, Sir John Fürst, 1736–1811, Staatsmann im Königreich Neapel
ADADUROV, Vasilij Evdokimovič, 1709–1780, Verfasser der ersten russischen Grammatik, Akademie-Adjunkt, Senator
ALEXANDER I. Kaiser von Rußland, 1777–1825
ALLAMAN, Jean-Nicolas, 1713–1787, Professor in Leiden
ANDREOSSY, Antoine comte, 1771–1828, General, französischer Diplomat
ANHALT-ZERBST, Sophie von, s. KATHARINA II. Kaiserin von Rußland
ANTRAIGUES, Emmanuel Louis, comte d', franz. Emigrant in russischen Diensten, ca. 1750–1812 (ermordet in England)
ANTROPOV, Aleksej Petrovič, 1716–1795, Maler
APOSTOL, Daniil Petrovič, 1658–1734, Hetman der Ukraine
APRAKSIN, Petr Fedorovič Graf, 1728–1813, Generalleutnant, ∞ Elizaveta Kirillovna Razumovskaja
APRAKSIN, Stepan Fedorovič, 1702–1760, Feldmarschall Rußlands in 7-jähr. Krieg
APRAKSINA, Anna Gräfin geb. Jagužinskaja, † 1801, 1. Frau des P.F. Apraksin
APRAKSINA, Elizaveta Kirillovna, geb. Razumovskaja, 1749–1822
APRAKSINA, Sof'ja Osipovna, Gräfin, geb. Zakrevskaja, Nichte der Brüder R., Haushälterin von Kirill R.
ARAKČEEV, Aleksej Andreevič, 1769–1834, General
ARGUNOV, Ivan Petrovič, 1729–1802, Maler
ARGUNOV, Nikolaj Ivanovič, 1771– nach 1829, Maler, Akademie-Mitglied
ASSEBURG, Achatz Freiherr v.d., 1721–1797, hessischer Hofjunker, danach Diplomat in dänischen Diensten
AUERSPERG, Karl Fürst, 1750–1822, österr. Feldmarschall-Leutnant
AUGUST III., König von Sachsen und Polen, 1696–1736

BAGRATION, Ekaterina Pavlovna Fürstin, geb. Gräfin Skavronskaja, 1783–1857, ∞ P.I. Bagration, Nichte v.G.A. Potemkin
BAGRATION, Petr Ivanovič Fürst, 1765–1812, Feldmarschall
BAKUNIN, Petr Vasil'evič. 1732–1786, russ. Staatsmann
BARCLAY DE TOLLY, Michail, 1761–1818, Feldmarschall
BARJATINSKAJA, Maria Vasil'evna Fürstin, geb. Prz. Chovanskaja
BARJATINSKIJ, Fedor Sergeevič Fürst, 1738– Hofmarschall
BEETHOVEN, Ludwig van, 1770-1827
BEAUHARNAIS, Eugène de, 1784–1824, General, Stiefsohn Napoleons
BENNIGSEN, Leonid Leonidovič Graf, 1745–1826, russ. General
BERNADOTTE, Jean-Baptiste, 1764–1844, frz. General, danach König Karl XIV. v. Schweden
BERNHARD, Frau von, geb. 1783, Pianistin
BERNIS, François Cardinal de, 1715–1794, frz. Diplomat
BERNSDORFF, Andrej Graf, 1735–1795, dänischer Staatsmann

BESTUŽEV-RJUMIN, Aleksej Petrovič Graf, 1692–1766, Großkanzler unter Elisabeth I.
BESTUŽEV-RJUMIN, Andrej Alekseevič Graf, † 1768, ∞ Avdotja Danilovna Razumovskaja
BESTUŽEV-RJUMIN, Michail Petrovič Graf, 1688–1760, Diplomat
BEZBORODKO, Aleksandr Andreevič Graf (Fürst), 1747–1799, Staatskanzler
BEZBORODKO, Andrej Jakovlevič, 1711–1780, Gen. pisar', Ukraine
BIBIKOV, Vasilij Il'ič, 1740–1785, Kapitänleutnant
BINDER von Krieglstein, Franz Baron, österr. Diplomat
BIRON, Ernst Johann, Herzog von KURLAND, 1690–1772
BLÜCHER, Gebhard Leberecht von, 1742–1819, preuß. General
BONAPARTE, Joseph, König v. Neapel, 1768–1848
BOROVIKOVSKIJ, Vladimir Lukič, 1757–1825, Maler
BORTNJANSKIJ, Dmitrij Stepanovič, 1751–1825, Komponist
BOTTA-ADORNO, Anton Otto Marquis de, 1688–1775,General, österr. Diplomat
BRETEUIL, L.-A. le Tonnelier, baron de, 1733–1807, frz. Staatsmann
BRÜHL, Heinrich Graf von, 1700–1763, sächs. Diplomat
BUDBERG, Andrej Jakovlevič Baron, 1750–1815, russ. Außenminister
BURNEY, Charles D., 1726–1814, engl. Musikwissenschaftler, Komponist
BUTURLIN, Aleksandr Borisovič Graf, 1694–1765, Feldmarschall
BUXHOEVDEN, Fedor Fedorovič Graf, 1750–1811, russ. General

CAMERON, Charles, schottischer Architekt
CANOVA, Antonio, 1754–1822, Bildhauer
CAPO d'ISTRIA, Johann Anton Graf, 1776–1831, russ. Staatsmann, danach Griechenland
CASTLEREAGH, Robert Steward Viscount, 1769–1828, engl. Staatsmann
CAULAINCOURT, Armand duc de, 1773–1827. frz. Diplomat
CHMELNICKIJ, Bogdan, † 1657, Hetman
CHRAPOVICKIJ, Aleksandr Vasil'evič, 1749–1801, Staatssekretär
ČERNYŠEV, Ivan Grigor'evič Graf, 1726–1796, Präs. d. Admiralskollegiums
CHANENKO, Nikolaj Danilovič, 1691–1760, ukr. General'nyj choružnij
CLANWILLIAM s. GUILFORD
COBENZL, Ludwig Graf, 1753–1809, österr. Diplomat
COBENZL, Philipp Graf, 1741–1810, österr. Staatsmann
ČOGLOKOVA, Maria Simonova, 1723–1756, Staatsdame
ČOGLOKOV, Nikolaj Naumovič, 1718–1754
COLLOREDO-MANNSFELD; Franz Fürst, 1731–1807, Reichs-Vizekanzler
COLLOREDO-MANNSFELD, Rudolph Fürst, 1706–1788, Vizekanzler
CORBERON, Marie-Daniel Bourrie, chevalier (baron) de 1748–1810, frz. Diplomat
CZARTORYSKI, Adam Fürst, 1770–1861, russ. Staatsmann, Führer des poln.Aufstandes 1831

DAMAS, Roger comte de, 1765–1823, frz. Offizier in russ. Diensten
DANTON, Georges Jacques, 1759–1794
DARAGAN, Vera Grigor'evna, geb. Rozum
DAŠKOVA, Ekaterina Romanovna Fürstin, geb. Voroncova, 1743–1810
DAVOUT, Louis-Nicolas, 1770–1823, Marschall
DELAMOTTE, Jean-Baptiste, † 1774, Architekt
DENON, Dominique baron de, Generaldirektor d. frz. Museen
DERŽAVIN, Gavriil Romanovič, 1743–1816, Dichter

DIETRICHSTEIN, Franz Joseph Graf, 1767–1854, österr. Diplomat
DIETRICHSTEIN, Karl Johann Baptist, Graf (Fürst) 1728–1808, Oberstallmeister
DIETRICHSTEIN, Marie Therese Gräfin, 1768–1821, ∞ 1. Gf. Philipp Kinsky, 2. Gf. Max Merveldt
DOSIFEJA (Nonne), weltl.Vorname Avgusta, † 1810, angebl. Tochter von Kaiserin Elisabeth und Aleksej
DUBJANSKIJ, Fedor, Erzpriester, † 1772, Beichtvater v. Kais. Elisabeth
DURAND de Distroff, François Michel, 1714–1778, frz. Diplomat

ELAGIN, Ivan Perfil'evič, 1725–1796
ELISABETH I. Kaiserin von Rußland, 1709–1762
ESTERHAZY, Marie Fürstin, geb. Liechtenstein, 1768–1845
ESTERHAZY von Galantha, Nikolaus Joseph Fürst, 1714–1790
EULER, Leonhard, 1707–1783, Mathematiker

FALCONET, Etienne-Maurice, 1716–1791, Bildhauer
FELTEN (Veldten) Georg Friedrich (Jurij) 1730–1802, Architekt
FERMOR, William, 1702–1771, General
FISCHER von Waldheim, Gotthelf (Grigorij), 1772–1853, Botaniker
FERDINAND IV. (I.), König v. Neapel † 1826
FRANZ II. (I.), römisch-deutscher Kaiser/Kaiser v. Österreich 1768–1835
FRIEDRICH II., König von Preußen, 1712–1786
FRIEDRICH WILHELM II., König von Preußen, 1744–1797
FRIEDRICH WILHELM III., König v. Preußen, 1770–1840
FÜGER, Friedrich Heinrich, 1751–1818, Maler

GALLO, Marzio Mastrilli Marchese di, 1753–1833, Diplomat
GENDRIKOV s. HENDRIKOV
GENTZ, Friedrich von, 1764–1832
GNEISENAU, August, 1760–1831, General
GOESS, Isabella Gräfin, geb.Thürheim, 1784–1855
GOLICYN, Aleksandr Michajlovič Fürst, 1718–1783, Feldmarschall
GOLICYN, Aleksandr Nikolaevič Fürst, 1769–1818, ∞ Marija Grigo'evna Vjazemskaja, diese 2. ∞ L.K. Razumovskij
GOLICYN; Dmitrij Michajlovič Fürst, 1721–1793, Diplomat, Botschafter in Wien
GRIMM, Friedrich Melchior, 1723–1807
GROUCHY, Emanuel Vicomte de, 1766–1848, Maréchal de France
GUDOVIČ, Andrej Vasil'evič, 1731–1808, Generaladjutant v. Peter II.
GUDOVIČ, Ivan Vasil'evič Graf, 1741–1820, General, ∞ Praskovja Razumovskaja
GUDOVIČ, Michail Vasil'evič Graf, 1752–1818
GUILFORD, Lady Marie-Caroline geb.Thun, 1769–1800, ∞ Richard Meade, 2. Earl of Clanwilliam, Lord Guilford
GUSTAV III. König von Schweden, 1746–1792

HACKERT, Philipp, 1737–1807, Maler
HAMILTON, Sir William, 1730–1803, Staatsmann, Neapel
HANBURY WILLIAMS, Sir Charles, 1709–1759, engl. Diplomat
HARDENBERG, Ernst Graf, 1757–1827, preuß. Diplomat
HATZFELD, August Klemens Graf, 1754–1787
HAUGWITZ, Christian Graf, 1752–1832, preuß. Staatsmann

HAYDN, Joseph, 1732–1809
HEINRICH Prinz von Preußen, 1726–1802
HELBIG, Georg von, sächs. Botschaftssekretär
HOFER, Andreas, 1767–1810
HOMPESCH, Ferdinand Freiherr von, 1744–1805, letzter Großmeister des Johanniter/Malteserordens auf Malta
HOYOS, Maria Christina Gräfin, geb. Clary, 1755–1821
ISABEY, Jean-Baptiste, 1767–1855, Maler
IVAN VI. Antonovič, 1740–1764

JANKOVIČ de Mirievo, Fedor Ivanovič, 1741–1814, Pädagoge
JOHANN, Erzherzog v. Österreich, 1782–1859
JOSEPH II., römisch-deutscher Kaiser, 1764–1790
JOSEPH, Erzherzog von Österreich, Palatin von Ungarn, 1795–1847
JUIGNÉ, Jacques-Gabriel LeClerc, Marquis de, 1727–1807, frz. Diplomat

KAČENOVSKIJ, Michail Trofimovič, 1775–1842, Literat
KAISAROV, Andrej Sergeevič, 1782–1813
KARAMZIN, Nikolaj Michajlovič, 1766–1826, Schriftsteller u. Historiker
KARL, Erzherzog von Österreich, † 1847, Feldherr
KATHARINA II., Kaiserin von Rußland, 1729–1796
KATHARINA (Ekaterina) Pavlovna, Großfürstin, 1788–1819
KAUNITZ-Rietberg, Ernst Christoph Graf, 1737–1797, Diplomat
KAUNITZ-Rietberg, Wenzel-Anton Graf (Fürst), 1711–1793, österr. Staatskanzler
KAZAKOV, Matvej Fedorovič, 1733–1812, Architekt
KHEVENHÜLLER-Metsch, Johann Joseph Fürst, 1706–1776, Obersthofmeister
KLÜPFELD (Klipfel) Philipp von, Diplomat in russ. Diensten
KNESEBECK; Karl Friedrich, 1768–1848, preuß. General
KOČUBEJ, Marija Vasil'evna, geb. Vasil'čikova, * 1777
KOČUBEJ, Viktor Pavlovič Fürst, 1768–1834, russ. Staatsmann
KOČUBEJ, Semen Vasil'evič, Oberst, ukrain. Politiker
KÖRNER, Theodor, 1791–1813, Dichter
KOKORINOV, Aleksandr Filippovič, 1726–1772, Architekt
KOLYČEV, Stepan Alekseevič, Diplomat
KONSTANTIN Pavlovič,Großfürst, 1771–1831
KORFF, Nikolaj Andreevič Baron, 1710–1766, russ. General u. Staatsmann
KOSCIUSZKO, Tadeusz, 1746–1817, poln. Freiheitskämpfer
KOŠELEV, R.I., 1749–1827, religiöser Denker
KOVALINSKIJ, Michail Vasil'evič, Kurator d. Univ. Moskau
KRÜDENER, Juliane von, 1764–1824, Hellseherin
KURAKIN, Aleksandr Borisovič, Fürst, 1752–1818, Diplomat
KUTUZOV-Smolenskij, Michail Ilarionovič, Fürst, 1745–1813, Feldmarschall

LA CHÉTARDIE, Jacques Joachim Trotti, Marquis de, 1705–1758, frz. Diplomat
LA HARPE, Frédéric Cesar de, 1754–1838, schweiz. Pädagoge u. Staatsmann
LAMPI, Johann Baptist, 1751–1826, Maler
LOUDON, Gedeon Ernst Freiherr von, 1716–1790, österr. Feldmarschall
LESTOCQ, Armand, 1692–1767, frz. Arzt in Rußland
LEVICKIJ, Dmitrij Grigor'evič, 1735–1822, Maler
LANGERON, Alexandre Graf, 1763–1831, frz. General in russ. Diensten

LICHNOWSKY, Karl Fürst, 1756–1814
LICHNOWSKY, Marie-Christiane Fürstin, geb. Gfin Thun-Hohenstein, 1765–1841
LICHNOWSKY, Moriz Graf, 1771–1837
LIECHTENSTEIN, Johann Nepomuk Joseph Prinz, 1760–1836, österr. Feldmarschall
LIGNE, Charles-Joseph prince de, 1735–1814, österr. Feldmarschall
LOBANOV-ROSTOVSKIJ, Dmitrij Ivanovič Fürst, 1752–1838, russ. Staatsmann
LOBKOWITZ, 1. Fürst v.Raudnitz, Joseph-Franz-Maximilian, 1772–1816
LOBKOWITZ, Joseph-Maria-Karl Fürst, 1724–1802, österr. Feldmarschall u. Diplomat
LOMONOSOV, Michail Vasil'evič, 1711–1765, Schrifsteller, Wissenschaftler
LOPUCHINA, Ekaterina Nikolaevna, Fürstin, 1763–1839
LOPUCHINA, Natal'ja Fedorovna, Fürstin, 1699–1763
LOSENKO, Anton Pavlovič, 1737–1773, Maler
LUDWIG XVIII., König von Frankreich, 1757–1824
LUISE, Königin von Preußen, 1776–1810
L'VOV, Nikolaj Aleksandrovič, 1751–1803, Maler, Architekt

MACK, Karl Freiherr von, 1752–1820, österr. General
MAISTRE, Joseph de Graf, 1753–1821, sardinischer Gesandter in Rußland
MARAT, Jean-Paul, 1743–1793, Revolutionär
MARCHESINI, Luigi, 1741–1826, Sänger
MARIJA FEDOROVNA, Kaiserin von Rußland, geb. Prinzessin Sophie Dorothee v. Württemberg, 1759–1828
MARIA THERESIA, Kaiserin-Königin, 1717–1780
MARIE CAROLINE, Königin von Neapel, 1752–1814
MARIE LOUISE von Österreich, Kaiserin der Franzosen, 1791–1847
MARIGNAN, Louis de
MARKOV s. MORKOV
MARMONT, Auguste, Herzog v. Ragusa, 1774–1852, General
MASSENA, André, duc de Rivoli, prince d'Essling, 1758–1817 Maréchal de France
MAXIMILIAN FRANZ, Kurfürst-Erzbischof v. Köln, 1756–1801
MEADE, Lady Caroline, † 1820 ∞ Széchényi
MEADE, Lady Selina, 1792–1872, ∞ 1821 Gf. Clam
MEISSL, Josef, Baumeister
MENELAS, Adam, 1753–1831, engl. Architekt, baut in Rußland
MERVELDT, Maximilian Graf, † 1815, Feldmarschalleutnant
MESMER, Franz Anton, 1734–1815, Arzt
METTERNICH-Winneburg, Klemens Wenzel Graf (Fürst), 1773–1859, österr. Staatskanzler
MILORADOVIČ, Andrej Stepanovič, 1727–1798, kleinruss. Würdenträger
MILORADOVIČ, Michail Andreevič, Graf, 1770–1825, General
MILORADOVIČ, Petr Stepanovič, Oberst
MIROVIČ, Fedor I., † 1758, ukrain. Politiker
MIROVIČ, Vasilij Jakovlevič, 1740–1764
MOHYLA, Petro, 1596–1647, Metropolit von Kiev
MONTOYER, Louis Joseph de, 1749–1811, Architekt
MOREAU, Jean-Victor, 1763–1813, frz. General
MORKOV, Arkadij Ivanovič Graf, 1747–1827, russ. Staatsmann
MORTIER, Edouard-Adolphe, Herzog v. Treviso, 1786–1835, Maréchal de France
MOZART, Wolfgang Amadeus, 1756–1791
MÜNNICH, Burkhardt Christoph von, 1683–1767, Feldmarschall

MURAV'EV, Michail Nikitič, 1757–1807, Kurator d. Univ .Moskau

NACHIMOVSKIJ, Fedor, † 1758, ukrain. Politiker
NAPOLEON I., Kaiser der Franzosen, 1769–1821
NARYŠKIN, Ivan L'vovič, 1700–1734, Hauptmann
NARYŠKIN, Kirill Poluektovič, 1623–1691
NARYŠKIN, Lev Aleksandrovič, 1733–1799, Oberststallmeister, ∞ Marina Osipovna Zakrevskaja
NARYŠKIN, Lev Kirillovič, 1664–1705
NARYŠKINA, Maria Antonovna, geb. Prz. Četvertinskaja, 1779–1854
NATAL'JA ALEKSEEVNA; Großfürstin, Prz.Wilhelmine v. Hessen-Darmstadt, 1755–1776

NELSON, Horatio, Viscount, 1758–1805, Admiral
NESSELRODE, Karl Graf, 1780–1862, russ. Staatskanzler
NEY, Michel, 1769–1815, Marschall
NOVIKOV, Nikolaj Ivanovič, 1740–1818, Verleger

OLSUF'EV, Adam Vasil'evič, 1721–1784, Staatssekretär
ORLIK, Prilip, Hetman im Exil
ORLOV-ČESMENSKIJ, Aleksej Grigor'evič Graf, 1735–1807, Admiral
ORLOV, Fedor Grigor'evič Graf, 1741–1796
ORLOV, Grigorij Grigor'evič Fürst, 1734–1783
OSTERMAN, Heinrich Johann Friedrich, Graf, 1686–1747, † in Sibirien
OSTERMAN, Ivan Andreevič Graf, 1725–1811, Kanzler

PAHLEN, Petr Alekseevič Baron (Graf) von der, 1744–1826, General
PANIN, Nikita Ivanovič Graf, 1718–1783, Kanzler, Erzieher von Paul I.
PANIN, Nikita Petrovič Graf, 1770–1837, Vizekanzler
PAUL I., Kaiser von Rußland, 1754–1801
PEROVSKIJ, Aleksej Ivanovič, (Pseud A. POGOREL'SKIJ), 1787–1836, Schriftsteller
PETER III., Kaiser von Rußland, 1728–1762
POLENOV, Aleksej Jakovlevič, 1738–1816, Schriftsteller, Übersetzer
PONIATOWSKI, Joseph Anton Fürst, 1763–1813, Maréchal de France
PONIATOWSKI, Stanislaw August, König von Polen, 1732–1798
POTEMKIN-TAVRIJSKIJ, Grigorij Aleksandrovič Fürst, 1736–1791, Feldmarschall
POZZO di BORGO, Karl Graf, 1764–1842, Korse im russ. diplomatischen Dienst
PROKOPOVIČ, Feofan, 1681–1736, Rektor d. geistl. Akademie Kiev, Bischof v. Pskov
PUGAČEV, Emel'jan, 1726–1775, Revolutionär
PUNTO, Wenzel, 1747–1803, Hornist
PUŠKIN, Aleksandr Sergeevič, 1799–1837

QUARENGHI, Giacomo, 1744–1817, Architekt

RADIŠČEV, Aleksands Nikolaevič, 1749–1802, Schriftsteller
RASTRELLI, Bartolomeo Francesco, 1700–1771, Architekt
RAZUMOVSKY (RASUMOVSKIJ; RASUMOVSKAJA); Grafen
ALEKSEJ Grigor'evič, 1709–1771, ∞Elisabeth, Kaiserin von Rußland
ALEKSEJ Kirillovič, 1748–1822
ANDREJ Kirillovič, 1752–1836 (Le comte André)

ANNA Kirillovna, 1754–1825, ∞ V.S. Vasil'čikov
AVDOT'JA Danilovna, ∞ A.A. Bestužev-Rjumin
DAR'JA Kirillovna, 1753–1762
EKATERINA Alekseevna, 1783–1848, ∞ S.S. Uvarov
EKATERINA Ivanovna, geb. Naryškina, 1729–1771
Marie-ELISABETH, geb. Thun-Hohenstein, 1764–1806
Therese ELISE, geb. Schenk v. Castell, 1785–1818
ELIZAVETA Kirillovna, 1749–1822, ∞ P.F. Apraksin
GRIGORIJ Jakovlevič ROZUM, † um 1730
GRIGORIJ Kirillovič, 1759–1837 („Le comte Grégoire")
HENRIETTE geb. Malsen, 1781–1827
IVAN Kirillovič, 1761–1802

KIRILL Alekseevič, † 1829
KIRILL (Kirila) Grigor'evič, 1728–1803
LEON (Lev Grigor'evič), 1816–1889
LEV Kirillovič, 1757-1818 (Le comte Léon)
MARIJA Grigor'evna, geb. Vjazemskaja, 1772–1865 („La comtesse Léon")
NATAL'JA Demjanovna geb. Demeško, † 1762 („Rosumicha")
NATAL'JA Kirillovna, 1747–1837, ∞ N.A. Zagrjažskij
PETR Alekseevič, † 1835
PETR Kirillovič, 1751–1823 („Le comte Pierre")
PRASKOV'JA Kirillovna, 1755–1806, ∞ I.V. Gudovič
SOF'JA Stepanovna, geb. Ušakova, 1746–1803
VARVARA Alekseevna, 1778–1864, ∞ N.G. Repnin-Volkonskij
VARVARA Petrovna, geb. Šeremet'eva, 1750–1824

REICHARDT, Johann Friedrich, 1752–1814, Musikschriftsteller
REPNIN-VOLKONSKIJ, Nikolaj Grigor'evič Fürst, 1778–1844,∞ Varvara Alekseevna R.
RICHELIEU, Armand-Emmanuel duc de, Emigrant in russ. Diensten, Erbauer von Odessa
RIMSKIJ-KORSAKOV, Aleksandr Michajlovič, 1753–1840, General
RINALDI, Antonio, 1705- Architekt
ROBESPIERRE, Maximilien, 1758–1794
ROHAN, Louis duc de, Kardinal, 1734–1803
ROKOTOV, Fedor Stepanovič, 1732 (36?)–1800 (?) Maler
ROSLIN, Alexander, 1718–1793, Maler
ROSTOPČIN, Fedor Vasil'evič, Graf, 1763–1826, 1812 Oberkomm.v. Moskau
RUMJANCEV, Nikolaj Petrovič, 1752–1826, Staatskanzler
RUMJANCEV-ZADUNAJSKIJ, Petr Aleksandrovič, Graf, 1725–1796, General

SAGAN, Wilhelmine Herzogin von, geb. Biron, 1781–1833
SALTYKOV, Ivan Petrovič Graf, 1730–1805, Feldmarschall
SALTYKOV, Nikolaj Aleksandrovič, 1761–1816, Großmarschall bei Hof unter Alexander I.
SALTYKOV, Nikolaj Ivanovič, Fürst, 1736–1816, Feldmarschall, Erzieher v. Alexander u. Konstantin
SALTYKOV, Sergej Vasil'evič, 1752- ?, Kammerherr
SAUSSURE, Horace Benedict de, 1740–1799, Naturforscher

SAYN-WITTGENSTEIN, Ludwig Adolf Peter (Petr Christianovič) Graf (Fürst), 1768–1843, russ. Feldmarschall
SCHLÖZER, August Wilhelm von, 1735–1809, Historiker, Professor
SCHUMACHER, Johann Daniel, 1690–1761, Gründungsmitglied d. russ. Akademie der Wissenschaften, Sekretär u. Kanzleileiter
SCHWARZENBERG, Karl Philipp Fürst, 1771–1620, Feldmarschall
SENJAVIN, Grigorij Alekseevič, 1767–1834, Admiral
ŠEREMET'EV, Nikolaj Petrovič, Graf, 1751–1809, Senator
SKAVRONSKIJ, Martin Karlovič Graf, 1714–1776, Obersthofmeister
SKOROPADSKIJ, Ivan, 1646–1722, Hetman
SKOROPADSKIJ, Michail Vasil'evič, 1697–1758, gen. podskarbnyj
SOBOLEVSKAJA, Marija Michajlovna, Lebensgefährtin von Aleskej R.
SOLMS-SONNENWALDE, Viktor-Friedrich Graf, 1730–1783, preuß. Diplomat
SOLTYKOV s. SALTYKOV
SPERANSKIJ, Michail Michajlovič, 1772–1839, Staatsmann
STADION, Johann Philipp Graf, 1763–1824, österr. Diplomat u. Außenminister
STÄHLIN, Jakob, 1709–1785, Schweizer Professor, St. Petersburg
STEIN, Karl Reichsfreiherr vom, 1757–1831, preuß. Staatsmann
SUMAROKOV, Aleksandr Petrovič, 1718–1777, Dichter
ŠUVALOV, Aleksandr Ivanovič, Graf, 1710–1771, Feldmarschall, Präsident der geheimen Staatskanzlei
ŠUVALOV, Ivan Ivanovič, Graf, 1727–1797
ŠUVALOV, Pavel Andreevič Graf, 1774–1823, General
ŠUVALOV, Petr Ivanovič, Graf, 1711–1762, Feldmarschall
SUVOROV-RYMNICKIJ, Aleksandr Vasil'evič, Graf, knjaz' ITALIJSKIJ, 1729–1800, Feldmarschall
SUVOROV, Vasilij Ivanovič, 1705–1778, Senator
SZEKELY, Samuel Freiherr von, 1719–1786, ungar. Oberstleutnant

TALLEYRAND, Charles Maurice duc de, 1754–1838, frz. Staatsmann
TANUCCI, Bernardo Marchese, neapolitan. Staatsmann
TARAKANOVA, Fürstin, † 1775
TAUBERT, Ivan Andreevič, 1717–1771, Bibliothekar d. Petersburger Akademie
TEPLOV, Grigorij Nikolaevič, Graf, 1711–1779, Erzieher von K.G. Ras. Staatssekretär
THÜRHEIM, Constantine Gräfin, 1785–1867, ∞ 1816 Fürst André R.
THÜRHEIM, Maria Ludovika Gräfin (Lulu), 1788–1864
THUGUT, Johann Amadeus Franz Baron, 1736–1810, österr. Staatsmann
THUN-HOHENSTEIN-KLÖSTERLE, Franz de Paula Joseph, 1734–1800 ∞ Gräfin Wilhelmine Ulfeld
THUN-HOHENSTEIN, Johann Joseph Anton Graf, 1711–1788, ∞ Gräfin Christine Hohenzollern-Hechingen
THUN-HOHENSTEIN-KLÖSTERLE Marie Wilhelmine Gräfin, geb. Ulfeld, 1744–1800
TREDJAKOVSKIJ, Vasilij Kirillovič, 1703–1769, Dichter, Literaturtheoretiker
TRUBECKOJ, Nikita Jur'evič Fürst, 1700–1768, Feldmarschall
TUMANSKIJ,Vasilij Grigor'evič, 1719–1809, gen. pisar'
TURGENEV, Aleksandr Ivanovič, 1784–1845, Senator

ULFELD (UHLFELD), Anton Corfiz Reichsgraf von, 1699–1770, Hofkanzler, ∞ Marie-Elisabeth Prinzessin Lobkowitz

UVAROV, Sergej Semenovič Graf, 1786–1855, Minister f. Volksbildung, ∞ Ekaterina Alekseevna R.

VACHON, Pierre, 1731–1803, Komponist
VASIL'ČIKOV , Aleksandr Alekseevič, 1832–1889, Direktor der Eremitage, Buchautor
VASIL'ČIKOV, Aleksandr Semenovič, 1740–1804
VASIL'ČIKOV, Aleksej Vasil'evič, 1778–1854
VASIL'ČIKOV; Vasilij Semenovič, 1743-1808, ∞ Anna Kirillovna R.
VELDTEN, Georg Friedrich s. FEL'TEN
VESELOVSKIJ, Ivan Semenovič, 1795–1867, Professor
VJAZEMSKIJ, Andrej Ivanovič, Fürst, 1750–1807, Senator
VIGÉE LE BRUN, Elisabeth Louise, 1755–1842, Malerin
VOLKONSKIJ, Michail Nikitič, Fürst, 1713–1786, General
VOLKONSKIJ, Nikolaj Grigor'evič Fürst s. REPNIN-VOLKONSKIJ
VOLKONSKIJ, Sergej Grigor'evič Fürst, 1788–1856, Dekabrist
VORONCOV, Aleksandr Romanovič, Graf, 1741–1805, Diplomat
VORONCOV, Michail Ilarionovič Graf, 1714–1767, Großkanzler
VORONCOV, Roman Ilarionovič Graf, 1707–1783, General
VORONCOV, Semen Romanovič Graf, 1744–1832, Diplomat
VORONCOVA, Ekaterina Romanovna s. DAŠKOVA
VORONCOVA, Elizaveta Romanovna, 1745–1792, Hoffräulein

WALDSTEIN, Anna Elisabeth Gräfin geb. Ulfeld, 1747–1791, ∞ Graf Georg Christian Waldstein
WALDSTEIN, Ferdinand Ernst Graf, 1762–1823, Sohn der Obigen, Freund von Beethoven
WALDSTEIN, Karl Graf, Kämmerer des Erzbischofs Maximilian Franz
WASSILTCHIKOFF s. VASIL'ČIKOV
WELLINGTON, Arthur Duke of, 1769–1855, General
WEYROTHER, Franz von, 1755–1806, österr. General
WITTGENSTEIN s. SAYN-WITTGENSTEIN

YORK von WARTENBURG, Hans David Graf, 1759–1830, preuß. General
YPSILANTI, Alexander Fürst, 1792–1828, griech. Freiheitskämpfer

ZAGRJAŽSKIJ, Nikolaj Aleksandrovič, 1744–1821, Ober-Mundschenk am russ. Hof
ZAVADOVSKIJ, Petr Vasil'evič Graf, 1739-1812, Minister
ZINZENDORF, Karl Graf, 1739–1813, Präsident d. Hofrechnungshofes
ZUBOV, Nikolaj Aleksandrovič Graf, 1763–1805, Oberstallmeister
ZUBOV, Platon Aleksandrovič, Fürst, 1767–1822, Kommandierender der Schwarzmeerflotte
ZUBOV, Valerian Aleksandrovič 1771–1804, General
ŽURMAN, IL'ja Vasil'evič, † 1783, Gen. sud'ja v. Kleinrußland

Anmerkungen

Anmerkungen 1. Kapitel

1. Vasil'čikov, A.A.: Semejstvo Razumovskich. St. Petersburg 1880–94, Bd. 1, S. 1.
2. Ausführlich siehe: Kappeler, A.: Kleine Geschichte der Ukraine. München 1994, S. 64 f.
3. Nach den Plänen ihres Vaters hätte Elisabeth mit einem französischen Prinzen verheiratet werden sollen. Ludwig XIV. zeigte jedoch wenig Interesse an einer Verbindung. Die Hochzeit mit Karl Ludwig von Holstein kam nicht zustande, weil der Bräutigam am Tag vor der Bekanntgabe der Verlobung an Blattern erkrankte und kurz darauf verstarb.
4. Ausführlich siehe: Starikova, L.: Teatral'naja žizn' starinnoj. Moskvy 1988, S.145.
5. Helbig, Georg A.W. v.: Russische Günstlinge. München 1917, S. 201.
6. Vasil'čikov, Semejstvo Razumovskich, Bd. 1, S. 10.
7. Talbot Rice, Tamara: Elisabeth von Rußland. Die letzte Romanov auf dem Zarenthron. München 1973.
8. Auf diesem Seidenpölsterchen sind nebeneinander Kaiserin Elisabeth und Alexej Rasumovsky abgebildet, darüber auf einem Spruchband der Satz: „Se taina blagoslovenna" (Dieses Geheimnis ist gesegnet.).
9. Herrmann, Ernst: Geschichte des russischen Staates. Hamburg 1853, Bd. 5, S. 202.

Anmerkungen 2. Kapitel

1. Katharina II., Kaiserin von Rußland: Erinnerungen von ihr selbst geschrie ben, hrsg. v. G. Kuntze. Stuttgart 1907.
2. Ausführlich siehe: Talbot Rice, Elisabeth von Rußland, S. 101–108.
3. Helbig, Günstlinge, S. 204.
4. Grebel'skij, Petr und Mirvis, A.: Dom Romanovych. St. Petersburg 1992, S. 134–35.
5. Corberon bezeichnet ihn als „très habile, versé dans la connaissance de l'histoire et de la politique, mais un homme plus vil encore par ses principes" 9.4.1778. In: Corberon, M.D.B.: Un diplomate français à la cour de Catherine II. Journal intime du chevalier de Corberon. Paris 1901.
6. Vasil'čikov, Semejstvo Razumovskich, Bd. 1, S. 24–25.
7. Helbig, Günstlinge, S. 205.
8. Vasil'čikov, Semejstvo Razumovskich, S. 34–35.
9. Helbig, Günstlinge, S. 207–208.
10. Ausführlich siehe: Vasil'čikov, Semejstvo Razumovskich, S. 36 ff.

11. Katharina II., Erinnerungen, S. 39. Katharina hat ihre Erinnerungen deutsch geschrieben, sie wurden von A. Herzen bearbeitet. Die russische Übersetzung erschien 1907 im Verlag der kais. russischen Akademie der Wissenschaften und weist gegenüber der deutschen Fassung z.T. erhebliche Unterschiede auf. So fehlt in der russischen Ausgabe z.B. der hier zitierte letzte Satz. Wer mehr „manipuliert" hat, Herzen oder die offizielen Herausgeber, kann auf Anhieb nicht festgestellt werden.
12. Vasil'čikov, Semejstvo Razumovskich, S. 33. Wassiltschikoff weiß nicht oder verschweigt, daß die Familie Rosum zur ukrainischen Starschina gehörte und verarmte, weil Grigorij Rosum den ganzen Besitz durchgebracht hatte. Die Verwandtschaft mit der polnischen Familie Rozynski ist allerdings sehr umstritten.
13. Katharina II., Erinnerungen, S. 95.
14. Chanenko, N.D.: Diarium ili žurnal, t.e. possednevnyja zapiski 1742–54. Kiev 1887.

Anmerkungen 3. Kapitel

1. Helbig, Günstlinge, S. 205.
2. Andreev, A.I.: Lomonosov i Krašennikov. In: Lomonosov. Sbornik statej i materialov. Moskva, Leningrad 1940, Bd. 1, S. 289.
3. Istorija Biblioteki Nauk SSSR 1714–1964. Moskva, Leningrad 1964, S. 49.
4. Ausführlich siehe: Vasil'čikov, Semejstvo Razumovskich, Bd.1, S. 95–97.
5. Talbot Rice: Elisabeth von Rußland, S. 173 f.
6. Buryškin,P.A.: Moskva kupečeskaja, New York 1954, Moskva 1990.
7. Khevenmüller-Metsch, J.J. Fürst: Aus der Zeit Maria Theresias. Tagebuch. Wien, Leipzig 1906, S. 219–228.
8. Katharina II., Erinnerungen, S. 73–76.
9. Vasil'čikov, Semejstvo Razumovskich, S. 107.

Anmerkungen 4. Kapitel

1. Katharina II., Erinnerungen, S. 94–95.
2. Das Patronymikon „Ivanovitsch" ist verwirrend. Maksim Šuvalov, Großvater der Genannten, gab beiden Söhnen, die er hatte, den Vornamen Ivan. Ivan Maksimovič der Ältere machte Karriere am Hof Peters des Großen, während Ivan Maksimovič der Jüngere, der Vater des Favoriten, in bescheidenen Verhältnissen lebte.

3. Vasil'čikov, Semejstvo Razumovskich, Bd. 1, S. 117.
4. Ebenda S. 120.
5. Ebenda S. 125.
6. Siehe Kenneth, Andrey und Victor: Die Paläste von Leningrad. Luzern 1974, S. 235.
7. Vasil'čikov, Semejstvo Razumovskich, S. 155–162.

Anmerkungen 5. Kapitel

1. Katharina II., Erinnerungen, S. 143 f.
2. Talbot Rice, Elisabeth von Rußland, S. 144 f.
3. Vasil'čikov, Semejstvo Razumovskich, Bd. 1, S. 180.
4. Ebenda S. 190–91.
5 Ivanova, T.S.: Novye materialy o poezdke Lomonosova v 1753g. v Moskvu. In: Lomonosov. Sbornik statej i materialov. Moskau, St. Petersburg 1965, Bd. 6, S. 269–72.
6. Vasil'čikov, Semejstvo Razumovskich, S. 190-191.
7. La cour de Russie il y a 100 ans. 1725-1783. Berlin 1858, S. 123

Anmerkungen 6. Kapitel

1. Siehe Pyljaev, M.I.: Staryj Peterburg. 1889. Neudruck Leningrad 1990.
2. Ebenda S. 74: „Rogovaja muzyka byla tak gromka, čto zvuki eja v bezvetrennuju pogodu byli slyšni v okružnosti na 7 verst."
3. Reimers, Heinrich v.: St.Petersburg am Ende seines ersten Jahrhunderts. 1797, S. 260.
4. Simányi, Tibor: Kaunitz, Staatskanzler Maria Theresias. Wien 1984.
5. La cour de Russie il y a cent ans, S. 148.
„L'inimité personnelle de l'impératrice contre le roi de Prusse est si peu dissimulée, qu'elle éclate en toute occasion, et les traits qui sont directement dirigés contre ce monarque sont vivement relevés par la czarine et ses ministres."
6. Ebenda, S. 148: „Il est le plus paresseux des hommes, et lâche à l'excès: il a été, il y a peu de jours, grossièrement insulté et presque battu par l'hetman des cosaques (Cyrill Rasumowski) et il n'en a pas montré aucun ressentiment."
7. Vasil'čikov, Semejstvo Razumovskich, S. 194.

8. „Voici mon château d'Espagne... Quand vous serez à votre place sur le trône, si je ne suis pas ici, j'y viendrai d'abord... Et je me flatte alors que je vivrai beaucoup avec vous, comme fidèle serviteur et humble ami..."
9. Catherine Alekséievna, Grand-duchesse de Russie: Correspondance (avec) Sir Charles H. Williams. Čtenija v imperatorskom obščestve istorii 1909, S. 2.
10. „Je m'enhardis à ... vous demander conseil sur des idées produites chez moi par le redoublement d'incommodites de certaines personnes... Après avoir été averti à ne point m'y tromper, je m'en irai tout droit à la chambre de mon fils. Si je rencontre ou puis avoir bien vite le grand veneur, je le laiserai auprès de lui avec des gens de son commandement. Si non, je l'emporterai dans ma chambre..."
11. „Encore une autre nouvelle bien triste. Les ennemis du hetman le feront certainement sortir d'ici. L'Impératrice a dit hier au soir à son frère que les temps demandaient qu'il allât en Ukraine pour avoir soin de ce pays-là. Et le hetman m'a dit qu il craignait fort que ses ennemis étaient tous unis pour le perdre... Pour l'amour de cet honnête homme, donnez-lui tout Votre soutien. En vérité on vous ôte un serviteur qui vous est attaché de coeur et d'âme et qui en ce temps et lieu pourra vous rendre de bonnes services..."
12. Catherine, Correspondance, S. 45, 76, 102, 118, 253.
„J'aime le hetman et connais son attachement pour moi. Il m'a parlé le dimanche passé et dès le lendemain j'ai envoyé au chancelier pour me plaindre de ce qu'il donnait les mains et même poussait le départ d'un de mes plus fidèles amis, et ceci avec quelque sorte de colère. Sa réponse a été que ce n'était point lui; mais que les conjonctures du temps demandaient la présence du hetman en Ukraine..."
13. Vasil'čikov, Semejstvo Razumovskich, S. 203–204.
14. „Le hetman est l'homme de la cour, sur lequel je peux le plus me fier. Soyez très persuadé que je ne lui manquerai jamais , il a deux piliers chez moi, votre recommendation et la reconnaissance que je lui dois pour sa fidélité."
15. Catherine, Correspondance, Einleitung.

Anmerkungen 7. Kapitel

1. Vasil'čikov, Semejstvo Razumovskich, Bd.1, S. 207.
2. Ebenda S. 208–209.
3. Ebenda S. 210–211.
4. Archiv knjazja Voroncova, Bd. 6, S. 327–29
5. In dem Brief vom 17. Oktober 1756 von Katharina an Hanbury-Williams heißt es: „Apraxin m'a fait dire ce matin ... que lui-même, Apraxin, n'avait

d'autre appui, ni protecteur que moi. Il m'a fait demander, si je lui ordonne de partir ou de rester dans les circonstances presentes, qu'il differerait ou presserait ce départ d'après mes ordres. J'ai fait répondre qu'il avait fort bien répondu à Schouvalow et que je désirerais de toute façon fortement qu'il restât, que ce me serait une marque d'attachement...". In: Catherine, Correspontance, S. 209.

6. Sbornik imperatorskago russkago istoričeskago obščestva. St. Petersburg, Bd. 7, S. 75–76.
7. Katharina II., Erinnerungen, S. 251.
   In der offiziellen Übersetzung aus dem Jahre 1907: Statt „Ich" steht „Léon Narischkin".
8. Lomonosov. Sbornik statej i materialov. Moskau, Leningrad 1965. Bd. 6, S. 207.
9. Ebenda Bd. 1, S. 244–47.
10. Teplov, Grigorij Nikolaevič: Proekt k učreždeniju universiteta Baturinskago 1760 goda. Pisan dlja grafa Getmana. In: Čtenija v imperatorskom obščestve istorii i drevnostej rossijskich. Moskau 1863, Bd. 2, S. 67–85.
11. Ausführlich siehe: Vasil'čikov, Semejstvo Razumovskich, S. 267.
12. Ebenda S. 264–65.
13. Vasil'čikov, Semejstvo Razumovskich, S. 280, zitiert nach: Sbornik russkago istoričeskago obščestva Bd. 18, S. 27.
14. La cour de Russie il y a 100 ans, S. 179:
    „Le plus grand nombre avait la douleur, la haine et le mépris dans l'âme pour le futur empereur, mais la faiblesse et la crainte étaient plus avant. Tout le monde a tremblé et s'est empressé de se soumettre, avant même que l'impératrice eut les yeux fermés."
15. Stökl, G.: Russische Geschichte. - Stuttgart 1962, S. 395.

Anmerkungen 8. Kapitel

1. Salis, I.R.v.: Grenzüberschreitungen. Frankfurt 1978, S. 81.
2. Brühl'sche Denkschrift 14/3. April 1762. In: Herrmann, Geschichte des russischen Staates, Bd. 5, S. 258–65.
3. Ebenda S. 265–66.
4. Vasil'čikov, Semejstvo Razumovskich, S. 289.
5. Ebenda S. 294.
6. Ebenda S. 295–96.
7. Bil'basov, V.A.: Geschichte Katharinas II. Berlin 1891, Bd. 2, S. 18–19.
8. Herrmann, Geschichte des russischen Staates, S. 287.
9. Bil'basov, Geschichte Katharinas, S. 30.

10. Schlözer, August Wilhelm: Öffentliches und privat-Leben, von ihm selbst beschrieben. Bd. 1, S. 106–107.
11. Damals noch eine Holzkirche. Mit der Errichtung der Kathedrale am gleichen Ort wurde erst 1800 begonnen.
12. Einige Historiker sind der Ansicht, daß Panin bis zu diesem Augenblick geglaubt habe, Paul werde zum Kaiser proklamiert werden und Katharina bloß zur Regentin.
13. Bil'basov, Geschichte Katharinas, S. 43.
14. Crusenstolpe, Magnus J. v.: Russische Hofgeschichten, hrsg. v. J. Dellbrück. München 1917, Bd. 1, S. 279 und Bil'basov, Geschichte Katharinas, S. 63-64. Puškin hat in seiner Nacherzählung des Berichtes von Natalja Kirillovna Zagrjažskaja offensichtlich die beiden Brüder verwechselt.
15. Herrmann, Geschichte des russischen Staates, S. 305 und Bil'basov, Geschichte Katharinas, S. 167. Ian Grey kommentiert, daß Katharina diesen Brief, der ihre Unschuld beweist, bis zu ihren Tod unter Verschluß hielt. Drei Tage nach ihrem Tod beauftragte Kaiser Paul den Großfürsten Alexander und Bezborodko, ihre Papiere zu sichten. Paul las den Brief und gab ihn Bezborodko zurück. F.V. Rostopčin las ihn, bestätigte die Handschrift von Alexej Orlov und fertigte eine Abschrift an. Der Brief ist in dieser Form erhalten geblieben, denn Paul verlangte das Original zurück und warf es ins Feuer. (J. Grey, Katharina die Große, Anm. S. 356). V.S. Lopatin bezeichnet Helbig als Autor der anonym erschienenen „Biographie Peters III."
16. Herrmann, Geschichte des russischen Staates, S. 305.

Anmerkungen 9. Kapitel

1. Bil'basov, Geschichte Katharinas, Bd. 2, S. 123.
2. Memoiren der Fürstin Daschkoff. Hamburg 1857, Bd. 1, S. 109–112.
3. Vasil'čikov, Semejstvo Razumovskich, Bd. 1, S. 304.
4. Bil'basov, Geschichte Katharinas, S. 222–221.
5. Ebenda S. 325, Anmerkung.
6. Ebenda S. 348.
7. Ebenda S. 244f.
8. Vasil'čikov, Semejstvo Razumovskich, S. 305 ff. Uvarovs Bericht wurde in Čtenija obščestva istorii 1863, Bd. 3, S. 153–57 veröffentlicht.
9. Wassiltchikow, Alexandre: Les Razoumowski. Halle 1893-1902, Bd. 1, S. 187.
   „Le hetman Rasoumowski, le comte Boutourlin, tous deux aidesde-camps généraux, trouvaent mauvais, qu'un homme (Orlow) qui avait été si fort

au-dessous d'eux peu de temps auparavant, était devenu leur égal par rapport au rang."

10. Bil'basov, Geschichte Katharinas, S. 364–379.
11. Lord Buckingham, Depesche v. 22.8.1763. In: Wassiltchikow, Les Razoumowski, S. 186.
12. Graf Solms an Friedrich II, 17.3.1763. In: Wassiltchikow, Les Razoumowski, S. 186:
„Le hetman Rasoumowski, qui, outre les raisons d'économie qu'il a prétexté, en a encore celles de jalousie, de faveur et de crédit, a obtenu à la première demande d'aller pour deux ans à résidence en Ukraine. Il reste cependant a Moscou jusqu'au départ de la cour pour St. Petersbourg."
13. Die Straßen auf der Vasilevski-Insel in St. Petersburg tragen bis heute die Bezeichnung „Linie".

Anmerkungen 10. Kapitel

1. Schlözer, Leben, S. 119 ff.
2. Vasil'čikov, Semejstvo Razumovskich, Bd. 2, S. 1–2.
3. Schlözer, Leben, S. 134.
4. Diese Hefte liegen in einer Mappe mit der Aufschrift von Marie von Wassiltschikoff, der Tochter des Autors: „Ces papiers se rapportent à la première enfance du P-ce de Razoumoffski, ce sont des cahiers d'histoire, des extraits de livres divers et des compositions". Nicht alles ist mehr vorhanden.
5. André an Marignan. In: Wassiltchikow, Les Razoumowski, Bd. 2, T. 1, S. 72–74.
6. Ausführlich siehe: Kobeko: La jeunesse d'un tsar. Paul I. et Catherine II. Paris 1896 und Zubov, Valentine Graf: Zar Paul I., Mensch und Schicksal. Stuttgart (um 1970).
7. Vasil'čikov, Semejstvo Razumovskich, Bd. 1, S. 312.
8. Ausführlich siehe: ebenda S. 313 ff.
9. Sbornik imperatorskago istoričeskago obščestva, Bd. 12, S. 160 und Vasil'čikov, Semejstvo Razumovskich, S. 194.
10. Bil'basov, Geschichte Katharinas, Bd. 2, S. 576–577.
11. Sbornik imperatorskago istoričeskago obščestva, T. 22, S. 247–248.
Panin dankt dem avis des Königs d'une révolte, qui se tramait actuellement en Russie, die Sache anlangend, sagte Panin, die Kaiserin habe schon vor einigen Monaten die Nachricht erhalten, daß er, Panin, nebst dem Hetman tramait une conspiration pour culbuter l'impératrice et pour mettre le Grand-Duc sur le trône, qui devait éclater pendant qu'elle serait absente en

Livonie. Die Kaiserin habe die Großmuth gehabt, diesen avis mit indignation zurückzuweisen etc....

Auf den Hetman bezüglich meint Solms, il me paraît assez vraisamblable qu'il n'est pas l'homme, qu'il faut de pareilles entreprises hardies; paresseux et indolent, il n'aime que ses aises et la bonne chère, détestant sincèrement les affaires et le travail, cependant aussi qu'il est du nombre des mécontents pour qu'on travaille actuellement à lui rogner l'autorité que sa charge lui donne, de le réduire à un état, qui l'approche plus de celui d'un particulier, mais c'est son indolence méme qui l'a mis dans cet embarras, ayant abandonné le gouvernement de l'Ukraine à ses intendants, le peuple a été forcé d'une manière énorme, lui même est appauvri, mais tous les gens se sont enrichis,... l'Imprudence, qui lui a fait le plus de tort, cèst qu'il a permis, qu'une partie de la noblesse de l'Ukraine se soit assemblée en diétine, où ils ont signé une requête à l'Impératrice pour lui demander d'assurer la succession de la charge de Hetman à sa famille, de nommer un de ses fils pour le successeur éventuel de son père et de nommer certains anciens (sic!) à lui et à la nation, que Pierre premier avait sagement abolis. Les ennemis du comte Rasoumowski font regarder cela comme une tentative de se rendre independant de la Russie et l'Impératrice était sur le point de lui faire son procès. Le comte Panin s'en est mêlé, alors l'affaire a été examinée et il s'est trouvé, que le comte avait pêché du côté de l'esprit, mais pas de celui du coeur; et pour donner à cette heure quelque satisfaction à l'état, on va lui ôter tout le pouvoir et toute l'autorité qu'il a eus, qui seront remis entre les mains d'une régence russienne, lui laissant cependant pour sa vie tous les honneurs et tout le revenu attaché ci-devant a sa charge, de sorte qu'il ne perdra que la peine et qu'il conservera tous les agréments qu'il a eus."

12. Büsching, A.F. v.: Geschichte des rußischen Kaysers Johann (Iwan) des Dritten. In: Magazin für die neue Historie und Geschichte , Bd. 6, Hamburg 1771, S. 532. Ausführlich in: Bil'basov, Geschichte Katharinas, S. 416–512.
13. Sbornik imperatorskago istoričeskago obščestva, Bd. 7, S. 375.
14. Ebenda, Bd. 7, S. 375.
15. Lazarevskij: Očerki iz byta Malorossii v XVIII v. In: Vasil'čikov, S. 322–323.

Anmerkungen 11. Kapitel

1. Herrmann, Geschichte des russischen Staates, Bd. 5, S. 567–568.
2. Lehndorff, E.A.Heinrich Graf von: Aus den Tagebüchern. Berlin 1892, S. 173.
3. Wassiltchikow, Les Razoumowski, Bd. 1, S. 205.

4. Stremooukhoff, D.: Les Russes a Strasbourg au 18-e siècle. In: Revue d'Alsace 1934.
5. Ebenda S. 11.
„... Ayant appris que Rousseau est encore a Strasbourg, le Comte voulut lui faire visite le lendemain même de son arrivée. On dit qu'il avait l'intention de lui apporter en cadeau toute sa bibliothèque, de lui donner une pension et une résidence dans une de ses multiples propriétés en Petite Russie. Par malheur cette intention magnanime ne s'est pas réalisée, car Rousseau quittait Strasbourg le jour-même de l'arrivée du Comte."
6. Wassiltchikow, Les Razoumowski, Bd. 2, T. 1, S. 5.
„Vous me mandez" schrieb er, bereits als Gesandter an Marignan „que vous irez à Strasbourg. Que j'aimerais revoir ce beau pays, auquel je m'intéresserai toute ma vie. Ne m'y oubliez pas auprès de nos anciens amis. ... Je ne passerai jamais à cent lieux à ronde sans aller rendre hommage à ce berceau de mon enfance dont le souvenir m'est si agréable."
7. Pompeo Batoni and His British Patrons. London 1982, S. 14, 51.
8. Vasil'čikov, Semejstvo Razumovskich, Bd. 2, S. 13–15.
9. Wassiltchikow, Les Razoumowski, S. 6, und Thürheim, Andreas Graf: Reminiscenzen. Fragmente eines Tagebuchs. Wien 1861.
10. Vasil'čikov, Semejstvo Razumovskich, Bd. 5, S. 1–2.

Anmerkungen 12. Kapitel

1. Helbig, Günstlinge, S. 207.
2. Grey, Ian: Katharina die Große. Tübingen 1963, S. 217.
3. Zubov, Zar Paul I.
4. Eine gute Übersicht gibt z.B. Tymowski, Michal: Une histoire de la Pologne. Montricher 1993.
5. Wassiltchikow, Les Razoumowski, Bd. 1, S. 210.
„... Field marshal count Rasoumowski, ... as I am told, sollicits at the present permission to go for some time upon his estate. It is doubted yet, whether he will obtain it on account of a circumstance, which I learned only a few days ago..."(Es folgt der Bericht über die ukrainische Affäre.) „Since this time efforts have been made to put Ukrainians upon the same footing as the Russian boors, and I am assured that they are so much dissatisfied that numbers of them have no small share in this rebellion of the Polish peasants.
Count Rasoumowski asking at this juncture the permission to go to his estate seems a little suspicious, and though the Empress is very certain that it is not in his power to reestablish himself in his former place, yet she is

unwilling to let him have an opportunity of trying it, for which she might perhaps be obliged to punish him; this would be very disagreable to her and quite contrary to her politics.“

6. Vasil’čikov, Semejstvo Razumovskich, Bd. 1, S. 336.
7. Ebenda S. 337.
8. Ebenda S. 346-47.
9. Сумароков: А. П.
Элегия на преставление графа
Алексея Григорьевича Разумовскаго

Пущенное тобой письмо ко сей стране
Мой друг, уже дошло, уже дошло ко мне.
Дошло, и мне во грудь и сердце меч вонзило:
Как молнией меня и громом поразило.
Хочу ответствьоьать, ничто на ум нейдет:
Примаюсь за перо, перо из рук падет.
Одну с другою мысль неводею мешаю
И током горьких сдез бумагу оромаю.
Прощаюся, о граф! с тобою навсегда
И не увижуся с тобою никогда
.....
О мой любезный! Граф! Ты весь свой прожил век,
как должен проживать честнейший человек.
Любимцы царские, в иных предепах света.
Пред Высшим предстают нередко без ответа.
О тайныя судьбы! сего уж мужа нет,
И может быть еще какой злодей живет
В глубокой старости, в покое и забаве
Во изобилии и в полной мнимой славе...

А сей умерший муж тиранством не был страстен
И сильной наглости ни мало не приуастен,
С презрением смотря, когда ему кто льстил
И собственной досады он не мстил,
Степенью высоты во век не величался
И добродетелю единой отличался...

Как разве некто бы носящий в сердле яд
Какова б варвара изверг на землю ад,
Но уж, любезный граф, и он тебя не тронет.
Прости!... падет перо, и дух мой горько стонет.

Anmerkungen 13. Kapitel

1. La cour de Russie il y a 100 ans, S. 254.
„La populace ne voulait rien moins que détrôner l'imperatrice et mettre le grand duc à sa place. Aussitôt que le bruit se repandit de l'indisposition de ce prince, et qu'on le crut en danger, la populace prit l'alarme, soupçonnant qu'il était empoisonné, et on ne se génait, pas pour accuser de très hauts personnages. Dans cet instant l'inpérantrice sentit, outre les émotions d'une mère, le danger qui la menaçait, si le grand duc venait à mourir..."
2. Asseburg, Achatz Freiherr v.: Denkwürdigkeiten. Nicolai 1842, S. 276. „La princesse Wilhelmine de Darmstadt m'a été décrite, et surtout du côté de la bonté du coeur, comme un chef-d'oeuvre de la nature" schrieb Katharina am 17. Mai 1771 an Asseburg, „mais outre que je sais qu'il n'y en a pas dans ce monde, vous me dites qu'elle doit avoir l'esprit prompt et incliné à la desunion... et cela me donne de la retenue à son égard; cependant je vous prie, donnez-vous la peine de l'examiner de nouveau. Au défaut de celle-ci, je reviens à ma passion favorite, la princesse de Wurttemberg qui aura douze ans accomplis au mois d'octobre", und ein Jahr später, am 16. Januar 1772: „Volontiers je consens à votre demande de continuer votre double examen jusqu'au mois de mars, avant que je me détermine finalement pour l'une des deux postulantes, c'est-à-dire pour la princesse de Wurttemberg, au bien aussi pour la princesse Wilhelmine de Hesse-Darmstadt. Le portrait de cette dernière que vous nous avez envoyé, prévient favorablement en sa faveur, il faudrait être bien difficile pour trouver à redire à cette figure-là."
3. Kobeko, Paul I., S. 28–29. Allerdings lautet einer der zahllosen Mythen, an denen die russische Geschichte immer reich war, daß der geheimnisvolle Einsiedler Fedor Kuzmitsch, der 1864 in Sibirien starb, nicht Kaiser Alexander I. gewesen sei, sondern sein älterer, unehelich geborener Halbbruder.
4. Ungedrucktes Material für Vasil'čikov, Semejstvo Razumovskich, Bd. 5.
5. Vasil'čikov, Semejstvo Razumovskich, Bd. 2, S. 148.
6. Vasil'čikov, Semejstvo Razumovskich, Bd. 1, S. 336.
7. Russkaja starina, 1903, Bd. 115, S. 65–68.
8. Vasil'čikov, Semejstvo Razumovskich, Bd. 1, S. 355.

Anmerkungen 14. Kapitel

1. Wraxall, Sir N. William: Historical Memoirs of my own life. London 1815, T. 1, S. 197.
„Few men whom I have ever seen or known, were more formed by Nature to be beloved by women. His figure was advantageous; his manners,

though lofty, yet were gay and captivating whenever he desired to conciliate good-will, and his countenance, which somewhat resembled that of a kalmuck, had in it nevertheless an air of distinction, spirit and intelligence. He had served in the Russian fleet ... and had acquired, under Admirals Elphinstone and Greig not only a knowledge of naval tactics, but of the English language likewise, which he spoke with admirable ease and fluency..."

2. Vasil'čikov, Semejstvo Razumovskich, Bd. 3, S. 6, 13, 15.
6. März 1773:
„Faites-moi le plaisir, mon ami, de venir s'il est possible demain diner chez moi, car il me sera impossible de vous parler ce soir à mon aise, devant sou per ce soir chez le comte de Panine. Je me fais une fête de vous entretenir et de vous parler à coeur ouvert et je pourrai en avoir tout le temps si vous passez chez moi à midi... J'ai le coeur un peu gros et vide. Votre présence me soulagera et c'est pour moi un grand contentement. Adieu, mon cher ami, je vous aime de tout mon coeur. Faites-moi réponse s'il est possible."
8. März 1773:
„Je me suis ennuyé hier d'importance et au milieu de quinze personnes j'ai été pour ainsi dire tout seul. J'ai toujours encore le coeur plein de sentiments et la tête pleine d'idées, qu'il me serait bien doux de vous confier, mais il m'arrive précisément comme à vous que j'ai mille choses à vous communiquer et qu'au moment où je dois le faire, je ne sais pas où commencer et rien ne m'est présent. Vous avez deja opéré un miracle d'amitié pour moi, puisque je commence à me défier de mes anciennes défiances; mais, mon ami, il faut que vous persévériez avec moi car vous allez contre une habitude de dix années et vous combattez ce que la crainte et la gêne habituelle ont enraciné en moi. Portez-vous bien, mon ami. J'irai dans une heure au manège. Je vous laisse à penser à vous même, si j'ai envie de vous voir, mais vous ferez ce que la prudence vous dictera pour ne point donner d'ombrage. Adieu, je vous embrasse. P."
„Voilà donc le cruel moment, où je dois vous dire mes adieux et en même temps de me recommander à votre amitié. Les six semaines me sembleront cruelles, mais mon unique consolation consiste que nous serons comme recompensés de notre mutuelle souffrance par votre prompt et heureux retour. Vous allez, mon cher ami, m'ammener de quoi faire le fondement de mon bien-être futur et par conséquence aussi le vôtre, car nous irons toujours ensemble dans tout ce que nous ferons, tant dans notre vie publique que privée..."
Und am 27. Mai, adressiert nach Reval:
„J'envoie celle-ci (la lettre) ainsi qu'elle vous reçoive à Reval et que vous appreniez les inquiétudes qu'on a eues ici à cause des grands vents qui ont régné pendant dix jours consécutifs. Je doute que qui que ce soit ait pris

autant d'intérêt que moi à cette navigation, ayant une promise et un ami à bord...."

3. Asseburg, Denkwürdigkeiten, S. 264.
„M. de Razoumowski est un jeune homme foit aimable, belle physiognomie, beau maintien, façon d'un homme de qualité, propos agréables, sensé, mesuré."

4. Wraxall, Historical Memoirs, Bd. 1, S. 193.
„I have seen the Grand Duchesss in question at the drawing room at Peterhof, in 1774, soon after her marriage,... I have rarely beheld a young person less favored by Nature. She had a scorbutic humour in her face, nor did her countenance indicate either intelligence or dignity: but she was said to be amiable and pleasing in her manners..."

5. Pis'ma imperatricy Ekateriny II k Grimmu, 1774–96. In: Sbornik imperatorskago russkago istoričskago obščestva, Bd. 23. St. Petersburg 1878.

6. Akten des Haus-, Hof- und Staatsarchivs Wien. Relationes, Rußland, 1775 Nr. 9

7. Vasil'čikov, Semejstvo Razumovskich, Bd. 3, S. 25.
„La seule personne qui ait la confiance du Grand Duc, c'est un comte André Rasoumovsky, un des fils du hetman, et aprés lui un jeune prince Kourakine. Ce sont les seuls qui soient admis aux soupers en partie carrée, mais le premier l'emporte pour la sonfiance. Ce jeune homme qui n'a pas le caractère mauvais n'est pas soupçonné de lui donner de mauvais conseils ou de l'animer contre sa mére, mais aussi n'est-il pas en état pour lui donner de bons qui puissent diriger la conduite d'un successeur au trône et l'empêcher de se laisser aller au penchant de faire quelquefois un peu frondeur dans ses propos. Il n'est pas probable que S.M.I. les ignore tout à fait, mais elle n'en fait rien remarquer, apparément parce qu'elle ne craint pas qu'il puissent tirer à conséquence et elle continue à avoir les mêmes procédés envers la jeune cour."

8. Akten des Haus-, Hof u. Staatsarchivs. Relationes, Rußland 1775.

9. Sbornik imperatorskago russkago istoričeskago obščestva. St. Petersburg 1876, Bd. 19. S. 466–67.
„That she is an advanturer is certain, and she has learned her story so imperfectly, which she has been taught to tell, that it requires but little discernment to discover the fraud she is carrying on... and though she is well acquainted with modern history, it is so deficient in that of this country to call the Empress Anna sister to the Empress Elizabeth, whose illegitimate daughter by count Rasoumowsky she claims to be..."

10. Siehe u.a. den Bericht bei Wraxall, Historical Memoirs, Bd. 1, S. 184–89.

11. Vasil'čikov, Semejstvo Razumovskich, Bd. 3, S. 28 und Sbornik imperatorskago istoričeskago obščestva. St. Petersburg 1878, Bd. 23, S. 4.

En votre présence je me suis éloignée d'un certain excellent, mais très ennuyeux citoyen, qui a été tout de suite remplacé, je ne sais trop com-ment, par un des plus drôles et des plus amusants originaux de ce siècle de fer."

12. Lopatin,V.S.: Potemkin i Suvorov. Moskau 1992, S. 23.

Anmerkungen 15. Kapitel

1. Archiv knjazja Kurakina Bd. 7. 1898, Nr. 1289.
2. Sbornik imperatorskago istoričeskago obščestva. St. Petersburg 1906, Bd. 125, S. 493.
3. Harris, James: Tagebücher und Briefwechsel. Grimma 1848, Bd. 1, S. 140.
4. Vasil'čikov, Semejstvo Razumovskich, Bd. 3, S. 27.
   „Il y a quelqu'un, avec qui le Grand Duc est très intime et nous avons profité de cette voie tant pour désabuser le prince des préjugés qu'on lui a inspiré en faveur du roi des Prusse que de ceux qui lui ont été inspirés contre la France et en même temps pour sonder les affections et les secrets de la jeune cour".
5. Ebenda, S. 31–32:
   „Il [le Grand-duc] a un favori et il a en même temps l'amour le plus vif pour la grande-duchesse. Sa mère a cru devoir l'avertir, que le comte André Razoumowski profiterait de sa familiarité pour porter ses désirs jusque sur la princesse. Cette odieuse confidence a causé au grand-duc un chagrin qu'il s'est efforceé en vain de dissimuler..."
6. Corberon, Journal intime, S. 115–18, 226 ff.
7. „J'ai été chez le comte André ce soir, nous nous sommes fait mutuellement beaucoup d'amitiés" trägt Corberon am 9. Dezember 1775 in sein Tagebuch ein und am 13. Dezember: „Le soir j'ai été chez le comte André qui me fait de jour en jour plus d'amities".
8. Vasil'čikov, Semejstvo Razumovskich, Bd. 2, S. 27.
9. Haus,- Hof- u. Staatsarchiv, Relationes Rußland, 26.4.1776.
10. Dem Chevalier, später Baron de Corberon geschah nichts, obwohl Katharina ihn für einen Drahtzieher der politischen Intrige hielt und sehr gegen ihn aufgebracht war. Er blieb in Petersburg bis zur Abberufung Juignés im Jahr 1777, war danach bis zum Eintreffen des Marquis de Vérac 1782 Chargé d'affaires und in dieser Tätigkeit sehr erfolgreich. Nach seiner Rückkehr nach Paris war die diplomatische Karriere Corberons praktisch beendet. Während der Revolution wurde der Großteil seiner Familie umgebracht; er selbst entging der Guillotine nur durch die Flucht mit seiner Frau nach Toulouse und Avignon, wo auch er verhaftet, aber nicht hingerichtet wurde. Der Baron de Corberon ist 1810 verarmt in Paris gestorben.

11. Vasil'čikov, Semejstvo Razumovskich, Bd. 3, S. 43–49.
12. So schreibt z.B. Pierre Dolgoroukov:
Paul était tombé dans un violent desespoir à la suite de la mort de sa femme. Catherine, qui tenant à avoir des héritiers de la couronne, voulait que son fils se remariât, pour l'arracher à son chagrin et à ses regrets, eut la cruauté de lui envoyer une liasse de lettres trouvées dans un tiroir secret; c'etaient des lettres adressées à la grande-duchesse par le comte André Razoumovski, ami d'enfance de Paul, et prouvant jusqu'à l'évidence la liaison de Razoumovski avec la grande-duchesse, A la lecture de ces lettres, Paul éprouva un accès de rage furieuse, et de ce jour date cette fatale disposition à la folie qui assombrit toute l'existence de ce prince, transforma son règne en une orgie de despotisme tyrannique, et amena sa triste et lugubre fin. Razoumovski fut éloigné dans une ambassade, et Paul épousa, quelques mois après, la princesse Dorothée de Württemberg (Marie Fédorowna), laquelle ne donna jamais à Catherine le moindre ombrage.
(La vérité sur la Russie S. 204-05).
13. Thürheim, Reminiscenzen, S. 337.
14. André Rasumovsky an Elisabeth Thun, Coppenhague 11.12.1785. Familienarchiv.
„... vous conviendrez, j'en suis sûr, avec moi que rien au monde n'est plus fait pour séduire l'âme ardente d'un jeune homme bien intentionné que l'idée et l'espoir d'être utile à une infinité de gens par son ascendant sur celui dont la volonté gouverne et dispose de tous."
15. André an Elisabeth Rasumovsky, Baturin 15/29.1. 1800. Familienarchiv.

Anmerkungen 16. Kapitel

1. Vasil'čikov, Semejstvo Razumovskich, Bd. 3, S. 40.
2. Vasil'čikov, Semejstvo Razumovskich, Bd. 2, S. 31.
3. R(azumovsky), C(amillo) v.: Gregor Graf Rasumovsky, Halle/Saale 1915.
„Triste sort d'un homme qui doit tous ses malheurs à la Russie, qui l'a vu naître... Sans doute il étair pesant pour moi, le fardeau d'être venu au monde *esclave* et de sentir qu'il fallait se resoudre à 1'être toute la vie, si toute ma vie je voulais rompre, puisque j'ai toujours été par ma droiture et le peu d'aptitude à courber la tête le plus petit de tous les Seigneurs dans un pays, où il n'y a que les grands très bas qui obtiennent quelque considéaration et quelques petits qui, non moins il croissent comme de champignons et deviennent grands,...mais ce fardeau, pour lequel mon âme ne se sentait point fait, je pus bientôt m'y soustraire: mon père lui-même qui voyait, qui comprenait que la patrie, au sein de laquelle le sort m'avait jetté, n'était point

celle que mon coeur eût choisi ... fut le premier à me proposer de m'en éloigner, et d'aller cultiver des études qu j'affectionnais... „

4. Im Familienarchiv befinden sich die Abschriften von 55 Briefen von N.K. Zagrjažskaja an ihren Bruder (Nachlaß A, Vasil'čikov um 1860). Einige davon hat A. Brückner in Auszügen veröffentlicht: Wassiltchikow, Les Razoumowski, Bd. 5, S. 19–35.

Anmerkungen 17. Kapitel

1. N.K. Zagrjažskaja: Briefe an A.K.R., 24.6.1777. Familienarchiv. „Quelqu'un à qui je voudrais bien que vous parliez pour moi, c'est le prince Lobkowitz. Employez, je vous prie, toute votre éloquence pour lui temoigner mon amitié et ma reconnaissance pour toutes les preuves qu'il m'a donné de la sienne..."
Und in einem ihrer nächsten Briefe:
„C'est cependant un pays que je suis curieuse de voir, et savez-vous poirquoi? C'est pour y voir l'Empereur".
2. Forster, Georg: Werke. Berlin 1978, Bd. 14. Briefe: 1787, 14.8. und 1.9.1784, S. 130.
3. Abert, M.: Mozart. 7. Aufl., Leipzig 1989, S. 642–44.
4. N.K. Zagrjažskaja an A. Rasumovsky. Familienarchiv:
„Vous me parlez, mon ami, de la connaissance que vous me voulez faire faire avec Mme de Thun. J'en serais très flattée assurément, d'aprés ce que vous m'en dites, j'en ai parlé à tous ceux qui la connaissent ici. Il n'y a qu'une voix sur son compte et sur les mérites qu'elle possède..." (28.11.1777) „Je remercie bien sincèrement Madame de Thun de l'amitié qu'elle a pour vous. Si j'étais là, je prendrais la liberté de lui disputer un peu, votre société..." (17.9.1778) „Si je pouvais faire passer mes sentiments à Mme de Thun... Elle a de l'esprit, elle est aimable, elle vous aime, vous avez de l'amitié pour elle, elle gagnerait beaucoup sur votre esprit, elle vous consolera, vous serez heureux, je serai tranquille..." (28.9.1778). Und am 3. Oktober: Vous êtes donc encore à Bade, mon ami, et ce n'est qu'à regret que que vous quittez cet endroit? Cela est il bien sûr?"
5. Gräfin W. Thun an A. Rasumovsky, 23.9.1785. Ebenda.

1. N. Zagriažskaja an André Rasumovsky, 29.12.1778. In „zensurierter" Form bei Vasil'čikov, Semejstvo Razumovskich, Bd. 3, S. 56.
   „On m'a dit que l'Impératrice-Reine n'avais pas envic que vous alliez à Naples, parce qu'elle ne voulait absolument par que vous couchiez avec sa fille. Ce n'est pas une plaisanterie, car ce n'est pas la première fois que je l'entends dire. Prenez donc vos précautions là dessus si il y en a à prendre. Mais soyez prudent, ne hazardez rien, je vous prie. Je me flatte que votre attachement pour les femmes ne va point jusqu'à vous faire négliger un poste de cette importance..."
2. Ausführlich siehe: Weissensteiner, Friedrich: Die Töchter Maria Theresias. Wien 1994, S. 169–217.
3. Vasil'čikov, Semejstvo Razumovskich, Bd. 1, S. 372.
4. Wassiltchikow, Les Razoumowski, Bd. 2, T. 1, S. 73.
   „Je suis à Naples" schrieb er seinem ehemaligen Lehrer Marignan, „et je désire y rester longtemps, loin du tumulte des affaires, sous un ciel pur,... M'occuper et vivre pour mes amis, voilà quel sera d'ici à bien du temps, je l'espère, l'emploi de mon existence..."
5. Vasil'čikov, Semejstvo Razumovskich, Bd. 2, S. 170–173.
   „Mon père a toujours été prévenu contre ce jeune homme par une raison que je n'ai peut-être pas besoin de vous dire...c'est qu'il connait peu ses enfants par lui-même et que sur l'extérieur peu prévenant, farouche même de celui-ci il s'en est fait une idée trop défavorable..."
6. K.G. Rasumovsky an A. Rasumovsky, ebenda S. 174.
7. Sbornik imperatorskago istoričeskago obšč estva. St. Petersburg 1878, Bd. 42. 1885, S. 279.
   „Faîtes dire par Serra Capriola au roi de Naples que le comte Razoum. est un ragazzo qu'il ne faut pas gâter et que c'est moi qui dis celà, et vous verrez qu'il sera content."
8. Vollständig wiedergegeben in Vasil'čikov, Semejstvo Razumovskich, Bd. 2, S. 72–74.
   „Madame ma soeur et cousine, le plaisir que je ressens de me renouveller au souvenir de V.M. fait que je prends l'occasion du départ de M. Morkoff, pour vous faire arriver directement les assurances de ma profonde estime..." Weiteres über den Besuch des Fürsten Jusupov: „Je me flatte qu'il aura rendu exactement à V.M. ... les assurances bien sincères et positives que tant le roi mon mari que moi, nous sommes infiniment contents de la conduite ministerielle et particulière du comte Rasoumovsky, qui possède l'estime publique de tous les gens honnêtes et sensés, que nous le verrions partir d'ici avec le plus grand regret..." Wenn ihre „Schwester und Cousine" endgültig beschlossen habe, Rasumovsky nicht in Neapel zu belassen,

bittet sie „qu'elle daigne au moins lui prouver son consentement par un poste honorable qui lui prouve qu'elle est satisfaite de sa conduite et a eu égard aux recommendations et assurances de satisfaction, dont tant le roi mon mari que moi avaient eu l'honneur de l'assurer des propres mains et par nous-mêmes..."

9. Helfert: Zeugenverhör über Maria Karolina v. Österreich. Wien 1875.

Anmerkungen 19. Kapitel

1. Vasil'čikov, Semejstvo Razumovskich, Bd. 3, S. 76–77.
2. Archiv knjazja Voroncova, Bd. 9, S. 29.
3. Zinzendorf, Karl Graf: Journal. 1785. Haus-, Hof-u. Staatsarchiv.
4. Georg Forster schreibt in seinem Tagebuch:
   „Montag, 2. August 1784, Wien. ... Nach dem Schauspiel mit Graf Lichnowsky nach Hause mich umgekleidet und mit ihm ins Thun'sche Haus. Die Mutter war im Begriffe auszufahren. Die 3 liebenswürdigen Contesses saßen da, und vor allem die angebetete, muntere Elisabeth! Ha! Welch ein Mädchen! Die seit unmerklichen Zeiten eine Dulderin ist, nichts von solider Speise genießen kann und von Flüssigem und Bier und Milch, und Caffe (lebt). Eine innere Verunstaltung der Theile muß schuld daran seyn. Im Sommer ist's ihr leidlicher und leichter. Sie sieht so blühend gesund aus und ist so munter, daß man ihr nichts ansehen sollte. Aber im Winter, oder wenn die üble Periode ihrer Gesundheit eintrifft, so keucht sie und kann kaum Athem schöpfen. Welch ein Aug, welche Sanftheit, welche Seele! Ein Engel in Menschengestalt ist Elisabeth! Wir plauderten (ein Graf Marschall kam hinzu) bis halb 12."
   (Deutsche Literaturdenkmale 149, 3, 29, S. 150)
5. Im Original erhalten im Familienarchiv sind die Briefe von A.K. Rasumovsky an Elisabeth vom 12.6.1785–28.12.1787, jene von Wilhelmine und Elisabeth Thun in Abschrift vom 8.6.–31.12.1785. Briefe von André an Wilhelmine Thun sind nicht vorhanden. Die Abschrift der Thun'schen Briefe erfolgte um ca. 1850 auf Veranlassung von A.A. Vasil'čikov; ob die Originale erhalten sind, bzw. wo sie sich befinden, ist unbekannt. Die Korrespondenz wurde auf französisch geführt.
6. Die beiden jungen Männer hatten ungewöhnliche Schicksale. Fürst Joseph Poniatowski (1763–1813), ein Neffe des polnischen Königs Stanislaw August, kämpfte zuerst in der österreichischen Armee gegen die Türken, führte 1794 im polnischen Aufstand gegen Rußland unter Kosciuszko ein Armeekorps, trat danach in preußische und später in französische Dienste. Er wurde unter Napoleon Maréchal de France und ertrank 1813 während

der Schlacht bei Leipzig. – Graf Waclaw Rzewuszki (1765–1831?), später bekannt unter dem Spitznamen „Emir“, studierte in Wien Arabisch an der Orientalischen Akademie. Er bereiste den Orient, hielt sich ab 1815 in Aleppo und Bagdad auf, kehrte danach auf seine Güter in Podolien zurück und verschwand spurlos nach dem polnischen Aufstand von 1831.

7. Der zwielichtige Kardinal de Rohan wurde durch ein Gaunerpärchen dazu gebracht, ein teueres Diamantencollier sozusagen im Namen der Königin zu erstehen. Als die Juweliere der Königin die Rechnung präsentierten, flog die Affäre auf. Der Kardinal und einige andere wurden in die Bastille gesperrt, aber das Volk gab die Schuld Marie Antoinette. Nach einem Ausspruch Napoleons begann der Tod der Königin auf dem Schafott mit dem Halsband-Prozeß.

8. U.a.: (Pezer, J.J.): „Freymüthige Bemerkungen über das Verbrechen und die Strafe des Garde-Obristleutenant Szekely. Von einem Freunde der Wahrheit. 1786. – (Lackner): Antwort auf die freymüthigen Bemerkungen über das Verbrechen und die Strafe des Obristlieutenant Szekely. Wien 1786.

9. Die Briefstelle lautet im Original:
... Patrie! Commençons d'abord par analyser ce mot. *Ma Patrie* est cette belle nature toute entière, cette belle terre, ces beaux arbres, ces belles montagnes, des superbes prairies, en un mot tout ce qui existe sous le soleil et qui a été créé pour mon bonheur, qui m'appartient et dont je puis jouir avec abondancee, *mes compatriotes* sont tous les hommes qui habitent avec moi cette belle nature, qui partagent mon bonheur et qui peuvent en jouir avec moi. Je suis persuadée que c'est ce besoin d'aimer et de partager notre bonheur, qui est en nous, qui nous a fait préférer les gens qui étaient le plus près de nous et qui jouissaient à notre vue du même bonheur que nous. Je suis sure que c'est uniquement de là qu'est venue l'idée d'appeler ses compatriotes les gens que le hazard avait fait naître dans le même coin de la terre, et *Patrie* la petite place, où l'on est né. Si j'avais un fils, je ferais mon mieux pour lui inspirer dès l'enfance l'Amour de sa Patrie, c'est à dire le désir et l'activite nécessaire pour faire tout le bien qui dépendra de lui aux êtres qui lui ressemblent, et pour les rendre heureux autant qu'il le pourra. En commençant, comme de raison, par ceux qui l'entourent, mais si les circonstances l'en empêchaient, je lui conseillerais d'aller un peu plus loin, et encore plus loin, jusqu'à ce qu'il ait trouvé des compatriotes qu'il puisse rendre heureux... Le hazard (car il m'est impossible d'appeler *malheur* le changement d'un Prince) vous empêche de choisir vos compatriotes favoris les gens nés dans le même pays que vous, mais permettez moi de vous représenter qu'il n'est pas dit pour cela que vous n'avez pas de Patrie...“
Vienne, ce 21 Nov.

Anmerkungen 20. Kapitel

1. Vasil'čikov, Semejstvo Razumovskich, Bd. 3, S. 9–10:
2. Siehe Lopatin, Potemkin i Suvorov, S. 95.
3. Vasil'čikov, Semejstvo Razumovskich, Bd. 2, S. 219.
4. Vasil'čikov, Semejstvo Razumovskich, Bd. 1, S. 377–386.
5. 2.9.1786. Archiv knjazja Voroncova XIV, S. 238; Vasil'čikov, Semejstvo Razumovskich, Bd.3, S. 83.
   „Ce seigneur a trouve au climat le plus humide une beauté sèche qui retarde sa marche."

Anmerkungen 21. Kapitel

1. Lopatin, Potemkin i Suvorov, S. 97:
2. Sbornik imperatorskago russkago istoričeskago obščestva, 27.1880, S. 473:
3. Joseph II und Graf Cobenzl: Briefwechsel. Fontes rerum austriacarum, Bd. LIV, 1901, S. 279/80 und S. 284/85: „Dans le mémoire remis par le ministre de Russie il s'est servi de l'expression: Sa Majesté assure le ministère du Roi *et ceux de la nation qui ont part au gouvernement* de ses sentiments pacifiques. C'est à cette phrase que le Roi de Suède s'est accroché pour faire crever la bombe. Il a fait dire à Mons. Rasumowsky parle maître ce céremonie que les termes de sa note, dans laquelle il parloit de la nation, en la séparant du Roi, étaient le stile des anciens ministres russes,.... immédiatement contre le salut du Roi et de l'état et offensants S.M. le plus grièvement possible; que le Roi ne voulant pas croire que l'Impératrice puisse autoriser son ministre à lui manquer si essentiellement, il avoit exigé le rappel du comte; que dès ce moment il ne le reconnoissoit plus comme ministre de Russie, défendant à son ministère de le regarder comme tel, et donnant pour temoignage de son ancienne bienveillance au dit comte une semaine entière pour se préparer a son depart..."
4. Vasil'čikov, Semejstvo Razumovskich, Bd. 2, S. 102.
5. Ausführlich siehe: Herrmann, Geschichte des russischen Staates, S. 187f.
6. „Wien von Maria Theresia bis zur Franzosenzeit". Aus den Tagebüchern des Grafen Karl von Zinzendorf. In: Jahresgabe der Wiener Bibliophilengesellschaft zu ihrem 60-jährigen Bestehen. Wien 1972, S. 88.

Anmerkungen 22. Kapitel

1. R(azumovsky), C(amillo) v.: Fürst Andreas Kirillowitsch Rasoumoffsky. Lebensskizze. Als Manuskript gedruckt. Halle/Saale 1904, S. 15. „C'est un charmant vieillard, bon, aimable, gay, sensible à la moindre petite attention qu'on a pour lui et n'en exigeant aucune.En un mot tout à fait comme j'aurais pu m'en composer un à mon gré."
2. Der älteste Perovskij, Aleksej Ivanovič, wurde unter dem Pseudonym A. Pogorelskij ein erfolgreicher Schriftsteller. Vasilij Alekseječič rettete 1812 beim Brand von Moskau das Palais seines Vaters, weil er dort General Murat einquartierte: er ist der Pierre Besuchov im Tolstojs „Krieg und Frieden". Elizaveta Alekseјevna heiratete M.N. Žemčužnikov; Anna Alekseјevna wurde die Mutter des Dichters Aleksej K. Tolstoj; Sofja Perovskaja, eine der Mörderinnen des Kaisers Alexander II., war eine Enkelin.
3. Ausführlich siehe Vasil'čikov, Semejstvo Razumovskich, Bd. 2, S. 41 ff.
4. (Fischer, J.E.G.): Catalogue du jardin des plantes de..Monsieur de Comte Alexis de Razoumoffsky. Moskau 1808.
5. Stafeev, G.I.: V otčizne plameni i slova. A.A. Perovskij i A.K. Tolstoj v Krasnom Roge. Tula um 1990, S. 90 f.
6. Archiv knjazja Voroncova, Bd. 12, S. 6; Vasil'čikov, Semejstvo Razumovskich, 3, S. 112.
7. „On a pris soin de me marquer quelque bienveillance à mon début, mais on s'est en même temps strictement observé de ne me témoigner aucune distinction marquée...
8. „Le bon Galitzin est vieux, il s'endort tous les jours davantage, et c'est comme celà qu'il finira tout d'un coup du jour au lendemain, et je ne suis pas éloigné d'être de son avis."
9. Briefe im Familienarchiv bzw. C.v.R., Fürst Andreas Kirillowitsch Rasumoffsky.
   André an Gräfin Thun, 20/31.1.1790: „Vous nous avez donné bien à rire, ma chère et excellente Maman, avec votre lettre sur les allarmes que vous faisait speculer l'adoption du'une jeune fille de 15 ans... puisque vous savez le secret j'aime mieux vous en parler de la bonté de notre incomparable Elisabeth, qui porte une affection si tendre à cette enfant, qu'en vérité j'en suis touché tous les jours plus que je ne lui montre...
   Im gleichen Brief:
   „...J'ai l'âme beaucoup plus à l'aise depuis quelque temps sur le point qui y pesait le plus dans toutes mes relations ici. J'ai eu la satisfaction de retrouver des sentiments dont j'avais lieu de craindre qu'on eut effacé jusqu'à la trace dans *Celui* à l'amitié de qui j'ai consacré les premières années de ma jeunesse, qu'il m'a été si pénible de quitter et dont le souvenir a si profondement agi sur ma sensibilité. J'eprouve cette satisfaction d'autant plus vi-

vement que c'est lui-même qui est revenu à moi. Je n'ai pas besoin de vous dire, combien j'en ai été touché – ma bonne Elisabeth le sait, elle a partagé les mouvements de mon âme, elle en a été témoin."
Elisabeth an Gräfin Thun 8/19.2.1790:
„ Ils se sont entièrement expliqués et d'une maniere qui m'a veritablement touchée jusqu'aux larmes; le Grand Duc est convenu de son tort, non seulement avec lui, mais même avec moi et a témoigné tant de joie après et tant d'amitié pour Ras. et par contre-coup pour moi, que je suis toute enthousiasmée de son coeur. mais en revanche tout aussi scandalisée de son extrème pusillanimité et faiblesse. Il a une peur si terrible de l'impératrice. qu'il n'aura jamais le courage de soutenir haut à la main, ce qu'il nous dit et repète constamment tout bas. Convenez que s'il avait un peu de caractère après une explication de cette espèce il aurait dû faire une reparation publique à Ras."

10. Vasil'čikov, Semejstvo Razumovskich, Bd. 1, S. 393–453.
11. Voyage aux environs de Vevay et une partie du Vallois. – Lausanne 1784
    Essai d'un système de transition de la nature dans le règne minéral. – Lausanne 1784.
    Voyage minéralogique et physique de Bruxelles a Lausanne fait en 1782. – Lausanne 1788.
    Voyage minéralogique dans le gouvernement de l'Aigle. – Lausanne 1784.
    Histoire naturelle du Jorat et de ses environs. T.1, 2. – Lausanne 1789.
12. Karamzin, N.M.: Briefe eines russischen Reisenden. Leipzig 1810.
13. Vasil'čikov, Semejstvo Razumovskich, Bd. 1, S. 452.
14. Sbornik imperatorskago istoričeskago obščestva. St. Petersburg 1878, Bd. 42, S. 63, 80.
15. Vasil'čikov, Semejstvo Razumovskich, Bd. 1, S. 432.
16. Vasil'čikov, Semejstvo Razumovskich, Bd. 3, S. 117–118.

Anmerkungen 23. Kapitel

1. Sicheres Adreß- und Kundschaftsbuch für Einheimische und Fremde, welche vorläufig Kenntnis von der Haupt- und Residenzstadt Wien haben wollen. Wien 1797.
2. Morkov an Rasumovsky, 24.12.1791: „Moquez-vous des tracasseries que vous fait votre singe malin: reprenez votre applomb et attendez tranquillement qu'il plaise à Dieu de disposer de lui." In: Vasil'čikov, Semejstvo Razumovskich, Bd. 5, S. 186.
3. Vasil'čikov, Semejstvo Razumovskich, Bd. 3, S.122 (15.9.1791, Postskriptum).

„Il n'a pas tenu à moi, mon prince, de vous expédier le premier clavéciniste er un des plus habiles compositeurs de l'Allemagne - le nommé Mozart, qui, ayant quelque mécontentement ici, serait disposé d'entreprendre ce voyage. Il est en Bohème maintenant, mais il sera bientôt de retour. - Si votre Altesse veut m'autoriser alors à l'engager, non pour un long terme, mais simplement à se rendre auprès d'elle pour l'entendre et l'attacher à son service ensuite, si elle le juge à propos..."

4. Vasil'čikov, Semejstvo Razumovskich, Bd. 1, S. 122–23.
   Je me casse la tête čtoby podvinut' venskij i berlinskij dvory v dela francuzskie...Prusskij by pošel, no ostanavlivaetsja venskij...Oni (t.e. vice-kancler i členy kollegii inostrannych del) menja ne ponimajut...ai-je tort: Il y a des raisons qu'on ne peut pas dire. Je veux les engager dans les affaires pour avoir les coudées franches. U menja mnogo predprijatij neokončennych, i nadobno, čtob oni byli zanjaty i mne ne mešali... "
5. Sbornik imperatorskago russkago istoričeskago obščestva. St. Petersburg 1885, T. 42, S. 223.
6. Vasil'čikov, Semejstvo Razumovskich, Bd. 1, S. 124.
7. Diese Brüder waren Nikolaj Aleksandrovič (1763–1805), Dmitrij Aleksandrovič (1764–1836) und Valerian Aleksandrovič (1771–1804). Platon, Nikolaj und Valerian waren aktiv am Mord an Kaiser Paul I. beteiligt, nicht jedoch Dmitrij, der als Offizier und später als Gutsbesitzer niemals in Hofintrigen verwickelt war. Bei den Nachkommen Dmitrijs besteht bis zum heutigen Tag die Überzeugung, der Grafentitel sei als Belohnung für die Mordtat verliehen worden, was nicht richtig ist. Wann und warum Graf Dmitrij Zubov den Titel wieder ablegte, konnte nicht ermittelt werden.
8. Vasil'čikov, Semejstvo Razumovskich, Bd. 3, S. 216 ff.; Bd. 5, Pis'ma grafa Morkova grafu R., S. 184–232. Siehe u.a. Lord, R.H.: The Second Partition of Poland. Cambridge/Mass. 1915.

9 Vasil'čikov, Semejstvo Razumovskich, Bd. 3 S. 150–51.
„Je dois avant de finir, vous rendre compte de mon séjour ici. Sous un autre ambassadeur que le comte de Rasoumovsky, j'en aurais tiré un meilleur parti. Méfiant à l'excès, ambitioneux sans bornes, d'un caractère fort extraordinaire en tout, j'en ai jamais pu me rapprocher trop de lui. Il ne me parlait presque jamais d'affaires, mettait dans tout du tortillage, de la réserve... Je n'ai donc pas autant profité comme je l'aurais pu faire avec un autre; mais j'ai d'ailleurs a me louer de ses politesses et son ton d'amitié pour tout ce qui regardait les choses indifférentes. Je dois cependant rendre justice au comte de Rasoumovsky qu'il est impossible de remplir une place avec plus de zèle et plus de capacité. Il est tout entier aux affaires. Personne n'est mieux instruit de tout que lui; et ce qui plus est, il est parfaitement convaincu que l'intérêt de la Russie exige qu'elle reste bien avec la cour impériale. Attaché à ce principe par des vues personnelles, ou par d'autres

à moi inconnues, il agit en conséquence. Je crois que nous ne pouvons jamais être mieux servis ici par personne, comme nous le sommes par lui.“ Kočubejs Besuch in Wien wurde auch den Lesern der “Wiener Zeitung“ zur Kenntnis gebracht. Die Zeitung schrieb am 15.1.1794:
„Freitags hatte der russ. kais. Botschafter Graf Rasumovsky die Ehre, den nach Konstantinopel bestimmten Russ. kais. Gesandten von Kodschubey dem Kaiser vorzustellen.“

10. Robbin Landon: Haydn. London 1977, Bd. 4, S. 25.
11. Zinzendorf, Tagebücher, S. 105.
12. Nohl, Ludwig: Beethovens Leben. Leipzig 1867, Bd. 2, S. 13 f.

Anmerkungen 24. Kapitel

1. Thürheim, Lulu Gräfin: Mein Leben. Erinnerungen aus Österreichs großer Zeit. München 1913-14, Bd. 1, S. 16.
2. Vasil'čikov, Semejstvo Razumovskich, Bd. 5: Rasumovsky an Zubov S. 43, 48; Ribas an Rasumovsky S. 98–101.
3. Siehe H. Hantsch: Geschichte Österreichs Bd. 2, S. 250 f.
4. Vasil'čikov, Semejstvo Razumovskich, Bd. 3, S. 207.
5. Ebenda S. 154:
„LL. MM. ignorent apparément que la Russie est aussi attachée à la religion orientale grèque qu'eux à l'occidentale latine...que la religion grèque unie à la latine n'est point du tout un mezzo-termine acceptable, que la religion grèque doit être sincèrement professée et sans réserve mentale, qu'une hérédité gréco-latine ou latine ne sera jamais de mon vivant,...que le pape perd ses intrigues, chaque fois qu'il tente d'introduire sa primauté sous quelque voile que se soit en Russie...“
6. Ebenda S. 224-225: Depeche Razumovsky an Ostermann, 1. Okt. 1796:
„Malgré maints exemples de la légerté insolente des Français dans leurs transactions avec les cours d'Europe, on ne pouvait prévoir le nouveau trait suivant. Avant-hier arrive à la chacellerie de guerre un officier accompagné d'un corrier franç, affublé de tout le costume de la soit-disante république. On voulait le mener à la chancellerie d'état, amis le baron de Thugut a refusé de l'admettre dans son bureau. Le billet qu'il portait était d'une impertinence si bizarre, que je ne puis ne pas le decrire à v.e. Une feuille était jusqu'aux deux tiers remplie de tout le formulaire révolutionnnaire en figures et caractères imprimés c.a d. vaste écusson... Immediatement après, et presque sans marges, il y avait ces mots: „Majesté, l'Europe veut la paix. Il est temps de mettre fin aux calamités de la guerre“. Dix ou douze lignes avec la menace de combler ler port de Trieste ... Elle finissait par: „Je suis

avec respect de Votre Majesté Buonaparte". Dans toute la lettre il n'est pas question de directoire, c'est en son propre nom que Buonaparte se livre à l'insolence de son délire..."

Anmerkungen 25. Kapitel

1. Vasil'čikov, Semejstvo Razumovskich, Bd. 3, S. 229.
   „On a été très affecté ici de la détermination de l'Empereur touchant l'assistance des 60.000 hommes, sur lesquels on comptair ici", schrieb Rasumovsky.
2. Thiry, Baron: Bonaparte en Italie. Paris 1973, S. 504.
   „N'y a-t-il aucun espoir de nous entendre et faut-il, pour les intérêts ou les passions d'une nation étrangère aux maux de la guerre, que nous continuons à nous entr'égorger?"
3. Vasil'čikov, Semejstvo Razumovskich, Bd. 3, S. 236.
   „La situation est des plus critiques... Dans la crise accablante, où se trouve cette cour-ci, résignée à subir les calamités qui la menacent, elle ne voit dans l'avenir d'espoir et d'appuis que dans l'assistance de notre auguste Souverain".
4. Ebenda S. 250–51.
5. Ebenda S. 253.
6. Ausführlich siehe: Ebe, Joseph und Galea, M.: Ferdinand Freiherr von Hompesch 1744–1808. Paderborn 1985.
7. Vasil'čikov, Semejstvo Razumovskich, Bd. 5, S. 314.
8. Politisches Journal nebst Anzeiger von gelehrten und anderen Sachen, Hamburg 1799, Bd. 1, St. 4, S. 261.
9. Vasil'čikov, Semejstvo Razumovskich, Bd. 3, S. 280.
   „La place qu'on avait otée au comte Rasoumovsky lui a été rendue, non comme on le croit généralement ici, sur l'intercession de l'archiduc ou de la cour de Vienne... mais parce que l'Empereur a voulu de son propre mouvement rendre justice et donner ensuite le cordon bleu au comte de Rasoumowsky. Je suis hien aise que le service l'ait conservé. Il a assurément de grands talents, et quant à l'accusation qu'on lui a souvent faite, qu'il était autrichien dans l'âme, elle est sans doute fort exagérée et n'est que de ceux qui ne connaissent pas la marche des affaires..."
10. Vasil'čikov, Semejstvo Razumovskich, Bd. 5, S. 54–74; Archiv knjazja Voroncova Bd. 24, S. 319–349.
11. Archiv knjazja Voroncova, Bd. 24, S. 323.
12. Vasil'čikov, Semejstvo Razumovskich, Bd. 3, S. 306–307.
    „M.le comte de Rasoumovsky, malgré mes demandes réitérées et les assurances qui m'ont été données par l'empereur des romais, je viens d'appren-

dre que le sieur Hompesch, continuant à résider à Trieste, non comme un simple particulier, mais comme un fantôme de grand-maitre, entouré de gens sans aveu qui forment sa cour... Las de toute cette conduite, où je vois quelque chose d'excessivement entortillé qui répugne à ma manière de voir est d'agir, je veux voir une fin de toutes ces sottises de Hompesch à Trieste... J'ai envoyé ordre au lieutenant-genéral Korsakoff de suspendre la marche de son corps et de ne pas bouger, jusqu'a ce que je ne l'ordonne ce qui arrivera, quand je serai pleinement satisfait et instruit des ordres donnés par la cour de Vienne, pour mettre à la raison le sieur Hompesh. Vous executerez a la lettre ce que je vous prescris et vous m'en rendrez compte d'une manière simple et laconique..."

13. Ebenda S. 314.
14. Ebenda S. 349.
„Cet ambassadeur, avec de très grands talents, est l'homme le plus corrompu du monde", schrieb Botschafter Woronzov an seinen Bruder Alexander. „Marié avec une femme aimable et qui lui est attachée, il la rend malheureuse. Il est sans cesse occupé à séduire les femmes des autres (ce qui n'est pas difficile dans ce pays-là), et il ne se donne toutes les peines que pour s'en vanter après. Il est outre endetté au dela de ce qu'il peut payer et continue malgré celà à vivre aus dépens de ses créanciers, dans un luxe et une profusion extravagante..."
15. Archiv knjazja Voroncova, Bd. 24, S. 348.
16. Siehe Lopatin, Potemkin i Suvorov, S. 275.
17. Vasil'čikov, Semejstvo Razumovskich, Bd. 3, S. 358.
... Rasoumovsky, n'etant pas instruit du mauvais succès de la mission de Dietrichstein, a voulu, malgré l'ordre qui lui enjoignait de remettre la gestion des affaires à Kolytcheff, rester à Vienne et prétendait qu'il ne profiterait de la permission de six mois qui lui était accordée, qu'après avoir arrangé toutes les affaires relatives aux explications avec le baron de Thugut. Vous pouvez bien penser comment l'Empereur a pris ceci. On lui a envoyé des lettres de rappel et 1 'intimation de se rendre chez le maréchal son père. Je suis bien faché pour lui, mais entre nous jamais on n'a vu un homme d'esprit plus aveuglé et plus éconduit qu' André par ce coquin de Thugut."
18. Ebenda S. 358.
„L'empereur a pris son parti, il veut rester chez lui et voir la tournure que prendront les affaires. On l'a bien guéri de l'envie de jouer le rôle d'un preux et loyal chevalier..."
19. Ebenda S. 357.
20. Ebenda S. 360.

Anmerkungen 26. Kapitel

1. Im Familienarchiv sind folgende Briefe vorhanden: Von Elisabeth zwischen dem 4.1.1800 und dem 8.4.1801 37 Stück, wobei einige fehlen; von André: 136 Stück zwischen dem 2.1.1800 und dem 29.7.1801.; die Briefe aus den Tagen der Ermordung von Kaiser Paul sind nicht vorhanden.
2. Dies war nicht immer so. In den „Briefen des jungen Eipeldauers an seinen Vetter in Kakran“ aus dem Jahr 1809 können wir lesen:
„Der Eisstoß hat sich auch bei uns gar nicht manierlich aufgeführt, er hat sogar die schöne Rasumofsky'sche Brücke weggenommen,die von der Erdberggassen in den Prater hinüber g'führt hat... aber zum Glück hat die Brucken ein gar braver und reicher Kavalier bau'n lassen und da ist ja gar nicht dran z'weifeln, daß er's wieder schöner und fester herstelln laßt und da wird er sich bey den Einwohnern von der Landstraß'n g'wiß kein kleins Bildl verdienen.“
Zitiert in: Girardi, Margarete: Das Palais Rasumofsky. Geschichte und Schicksal eines alt-Wiener Palastes. Wien 1937, S. 7.
3. “Il y a ici un fameux cor de chasse nommé PUNTO qui joue comme un ange. Elle (= die Mutter) a témoigné le désir de l'entendre, et Beethoven et lui ont joué une sonate charmante de la composition de ce dernier. Ils se sont placés dans la chambre à côté de celle où elle est. J'avais bien peur que cela ne soit pas trop bruyant et trop fatigant pour elle. Et bien au contraire, celà lui a fait le plus grand plaisir.“
4. Am 17. Mai erschien in der „Wiener Zeitung“ folgender Nachruf:
„Am 8. May starb hier die Frau Gräfinn von Thun, geborene Gräfin von Uhlfeld. Natur und Erziehung vereinigten sich, in Ihr das Ideal weiblicher Vollkommenheit aufzustellen. Ihr Edelsinn, großer edler Geist war immer ruhig und heiter, blieb sich in jeder Lage, unter jedem Verhältnisse gleich, über jeden Streich des Schicksals erhaben. – Vernunft, Witz, Frohsinn waren nie in einem angenehmeren Bunde, Religion und Tugend nie in einem schöneren Einklange. – Sie umfaßte die Welt mit Wohlwollen – vergaß auf sich immer, auf Andere nie – rastlos war ihr Bestreben, allen Alles zu seyn, und der Menschheit Opfer zu bringen, die nur Sie als kein Opfer ansahe. – Ihren Kindern war sie Freundinn, jedem Unglücklichen Mutter.
Verstorben zu Wien am 8. May – In der Stadt.“
5. Einzelheiten siehe: Vasil'čikov, Semejstvo Razumovskich, Bd. 1, S. 461-65.
6. Vasil'čikov, Semejstvo Razumovskich, Bd. 5, S. 13–14.
7. Die „Comtesse Léon“ hat sich später oft porträtieren lassen. Das bekannteste Bild, gemalt von Vigée Lebrun, hat noch die Bezeichnung „Gräfin Golitsyn“. Ausführlich siehe: Vasil'čikov, Semejstvo Razumovskich, Bd. 2 S. 154 f.
8. Ausführlich siehe: Wassiltchikow, Les Razoumowski, Bd. 3, S. 59 ff. und C.v.R.: Gregor Gf. Razumovsky 1759–1837, Halle/Saale 1915.

9. Graf Grigorij Kirillovič hat über seine unglückliche Ehe ein unveröffentlichtes Manuskript hinterlassen („L'année la plus triste de ma vie"), aus dem Brückner in der französischen Ausgabe ausführlich zitiert.
10. „Le général Grouchet, qui commandait la colonne française à Linz nous a rendu le service de nous débarrasser de notre charmante belle-soeur, il l'amène avec lui en France, bon voyage!" schreibt Elisabeth am 1. April 1801 und André antwortet am 12./24. April: „Je vous fais compliment bien sincèrement et à moi-même ainsi qu'à tous les miens, par dessus tous à Mr. Grégoire de l'équipée de sa dulcinée devenue la proie d'un général français. Je suis charmé, comme vous dites, qu'elle se soir démasquée".
11. Maltzen, Maurice baron de: Correspondance inedite (1809–1810). Ed. par le Vicomte de Grouchy. – Braine-le-Comte 1880.
12. „Je serais cruellement attrapé, si on y (= der Brief) fesait main basse; il faut se méfier de tout, vous n'avez pas d'idée, à quel point tout est ici dans la terreur pour chaque mot, chaque pas, chaque pensée, et malheureusement on n'en a que trop de raisons..."
    Er schickt einen Brief an Thugut mit: „Si on savait ici que je lui ai écrit, il y aurait de quoi m'envoyer chasser au Kamtchatka... Vous ne savez peur-être pas et vous ne voudriez pas le croire que l'entrée de toute espèce de livres et la musique même sont défendus. Les gazettes qu'on reçoit sont toutes mutilées, on y efface avec je ne sais quoi qui enlève entierèment encore des pages entières, et quelquefois on supprime la feuille tout-à-fait."(19.8.)
13. Zubov, Zar Paul I.
14. „Etait-ce par rapport à la revolution ? Celà n'est pas possible, il n'y aurait pas même de la méchanceté, mais de l'ineptie à supposer que je m'en suis mélé, fi, fi et mille fois fi!... Quand on se respecte, on de se dément jamais, et c'est par la même raison qu'on méprise bien profondement ceux qui osent vous méconnaître." (25.5/1.6.1801).
15. „Les affreuses idées de cachots, de tortures, de proscriptions se sont dissipés comme des fantômes effrayants... Elles ont fait place à l'espérance de la prospérité nationale et la sûreté particulière, bonheur auquel il n'etait plus permis de penser..."
16. Vasil'čikov, Semejstvo Razumovskich, Bd. 3, S. 381.
17. Die „Razumovsky'sche Kutsche" ist heute eines der Prunkstücke der Moskauer Rüstkammer.

Anmerkungen 27. Kapitel

1. Vasil'čikov, Semejstvo Razumovskich, Bd. 3, S. 403–04.
2. Gentz, Friedrich v.: Tagebücher. Leipzig 1873, Bd. 1, S. 28.

3. Nohl, Beethovens Leben, Bd. 2.
4 Die Kunstdenkmäler Wiens. Die Profanbauten des 3., 4., 5. Bezirkes. Wien 1980, S. 108; Girardi, Palais Rasumofsky, S. 11.
5. Vasil'čikov, Semejstvo Razumovskich, Bd. 3, S. 440–441.
„La plupart des grecs domicilés à Vienne et plus encore les illyriens, dont la langue a tant de ressemblance avec la nôtre, fréquent la chapelle de l'ambassade de préference à leur église. La consécration a été faite de notre nouvelle chapelle, la décence du lieu, ses ornements, son style, la dignité, avec laquelle on y célèbre nos saints mystères y ont attiré depuis une affluence plus nombreuse encore... Les illyriens m'ont envoyé une deputation pour me remercier des moyens que cette église fournit a leur devotion..."
6. Wassiltchikow, Les Razoumowski, Bd. 3, S. 67.
7. Putešestvie A.I. Turgeneva i A.S. Kajsarova po slavjanskim zemljam v 1804 godu. Petrograd 1915 (= Archiv brat'ev Turgenevych, Bd. 4), S. 24, 34.
8. Girardi, Palais Rasumofsky.
9. Wassiltchikow, Les Razoumowski, Bd. 5, S. 175–99; Vasil'čikov, Semejstvo Razumovskich, Bd. 5, S. 340–361.
10. Wassiltchikow, Les Razoumowski, Bd. 5, S. 185.
„La manière dont on s'endort ici sur toute espèce de danger est une chose réellement inconvenable, et ce n 'est certainement pas par courage. On'salarme excessivement pendant un instant et puis on se tranquillise et l'on ne fait aucune disposition. Sans la reine il n'y aurait pas moyen de tenir dans ce pays-ci."

Anmerkungen 28. Kapitel

1. Vasil'čikov, Semejstvo Razumovskich, Bd. 4, S. 7–8.
„Qui jamais aurait pû penser, qu'un aventurier, élevé aux dépens des Bourbons, s'assoirait à leur place et qu'il exigerait pour sa personne, comme pour une créole, sa ridicule compagne, des hommages auxquels ne prétendraient pas les rejetons de l'une des plus anciennes dynasties de l'Europe".
2. C.v. R., Fürst Andreas Kirillowitsch Rasoumoffsky, 4.11.1805, S. 15.
„La plus belle armée a été anéantie dans l'espace de six jours! ... Le reste enfermé à Ulm s'est rendu prisonnier au nombre de 27 m. hommes... Nous avons été 3 semaines sans nouvelles et sans communication et ce n'est que par le Tirol que les mauvaises nouvelles nous sont parvenues. Nous voici encore une fois menacés dans la capitale de l'approche des français – nous emballons à force et s'ils s'avancent, la cour se retira à Olmütz..."
3. Vasil'čikov, Semejstvo Razumovskich, Bd. 4, S. 106.

„Un succès éclatant vient de couronner les armes de V.M. Daignez, Sire, agréer l'expression du sentiment profond de joie et de félicitation, que je dépose à vos pieds. C'est le motif du courrier que je m'empresse d'expédier à la rencontre de V.M., pour accélerer le moment de lui annoncer cet heureux début, ce présage de triomphes qui appartiennent au sauveur de l'Europe. Le général-en-chef Koutouzov a remporté une victoire complète sur la division français aux ordres du maréchal Mortier, lequel doit lui-même être resté sur la place. Ce combat fait le plus grand honneur à la brave armée russe, tant par le courage que par l'intelligence, qu'elle y a déployée. Le champ de bataille était auprès de Krems sur le Danube. La division ennemie est presqu'entièrement détruite..."

4. C.v. R., Fürst Andreas Kirillowitsch Rasoumoffsky, S. 105.
   „L'ennemi marche sur Vienne, il peut y être en trois jours. J'espère pouvoir sortir dans la journée de demain. Je voyage avec mes propres chevaux à cause des embarras inexprimables qu'on éprouve a en avoir à la poste, par conséquent a de très petites journées, et je ne serai à Brünn que le troisième jour. J'espère cependant y arriver avant mon auguste maître."
5. Thürheim, Mein Leben, Bd. 1, S. 160.
6. C.v. R.: Fürst Andreas Kirillowitsch Rasoumoffsky, S. 105.
   „Le plus à craindre et de ce qui était le grand objet de l'ennemi c'était de se porter sur Koutousoff pour le détruire, avant qu'il pût se joindre à Buxhöwden. Koutousoff se repliait pour cet effet sur la Moravie avec une armée victorieuse à la vérié, qui venait de détruire près de Krems une colonne de 10.000 hommes... Nous avons presque la certitude qu'il échappera au danger, qu'il se réunira demain au petit corps sous les ordres du Prince Jean (Liechtenstein) et dans quelques jours à Buxhöwden. Cette réunion fait tout notre espoir. Nous allons l'attendre à Olmütz. ‚d'ou nous partons demain. C'est là que se verront nos Empereurs. Le mien y arrivera dans deux jours. Voilà, ma chère amie, le résumé de notre position présente et à venir – je bénis le ciel que vous soyez où vous êtes..."
7. Wir folgen der Darstellung von Palmer, Alan: Alexander I, Gegenspieler Napoleons. Esslingen 1982.
8. Thürheim, Mein Leben, S. 180–81.
   „Als die Russen in Auflösung begriffen waren, flüchteten sie auf die Teiche, die so gefroren waren, daß selbst die Kanonen darüber fahren konnten. Da ließ Napoleon mit Kartätschen auf das Eis schießen, so daß ganze Bataillone in der kalten Flut versanken und selbst die eigenen Soldaten von Grauen geschüttelt wurden. Dieses Ungeheuer ist wohl auf unserer Welt erschienen, um dem Menschengeschlecht Unglück zu bringen und es in die alte Barbarei zurückzuwerfen..."
9. Vasil'čikov, Semejstvo Razumovskich, Bd. 4, S. 112.

„Les nouvelles parvenues aujourd'hui de l'empereur-roi du quartier général de Czeitsch en date du 3 décembre n.st. nous ont tirés de la vive inquiétude, où nous étions sur le compte de notre auguste maître, à la suite de la malheureuse affaire du 2–e, dont nous avons été informés à Olmütz le lendemain par un billet de l'empereur à ses ministres... Depuis cet instant nous respirons, sachant que notre maître a échappé à tous les dangers et se trouve en sûreté à la tête de sa brave armée, encore très formidable. Rassuré pour le moment, peut-on l'être pour l'avenir ?"

10. C.v. R, Fürst Andreas Kirillowitsch Rasoumoffsky, S. 42.
„Les nôtres se mirent en mouvement le 27, les deux Empereurs à leur tête; on était resolu de livrer bataille. Elle eut lieu dans les plaines de Thuras, on se crut sûr de la victoire. On fut complètement défait. Je m'abstiendrai des détails. Ce n'est point ici leur place; nous nous en entretiendrons un jour..."
11. Zöllner, Erich: Geschichte Österreichs. 8. Aufl., Wien 1990, S. 336.
12. „Je ne vous retracerait point, mon Prince, tous les exemples de piété (je ne saurais donner un autre nom à des actes que l'on remplissait par dévotion) exercés envers nos prisonniers à la vue même des Français. J'aurais à vous nommer des femmes de la plus haute volée, se promenant aux dépôts, distribuant par centaines des chemises, des capotes, du pain et de l'argent. Ces personnes seraient désolées d'être nommées, et je leur garde une discretion que la voix publique rend assez inutile.
13. Siehe Kopelev, Lew: Der heilige Doktor Fjodor Petrowitsch. Hamburg 1986.
14. Ausführlich siehe: Hübsch, Lini: L. van Beethoven, Rasumowsky-Quartette op. 59. München 1983, S. 10f.
15. Dies war die in Troppau in mündlicher Überlieferung kursierende Version. Die von Frimmel überlieferte Version ist drastischer. Angeblich wollte Lichnowsky Beethoven zum Spielen zwingen, dieser habe sich geweigert und es wäre zu einer „derben Schlägerei" gekommen – „Beethoven hatte den Stuhl schon aufgehoben, um ihn auf des Fürsten Kopf in seinem eigenen Hause zu zerbrechen, nachdem der Fürst die Zimmertür, die Beethoven nicht aufmachen wollte, zertreten hatte" – wenn nicht Oppersdorf die beiden getrennt hätte. Vgl.: Massin, J.u.B.: Beethoven. München 1970.
16. Nohl, Beethovens Leben, Bd. 2, S. 243.

Anmerkungen 29. Kapitel

1. Vasil'čikov, Semejstvo Razumovskich, Bd. 4, S. 118.
2. Siehe Pozdeev an Alexej Rasumovsky. In: Vasil'čikov, Semejstvo Razumovskich, Bd. 2, S. 448–515.

3. Vasil'čikov, Semejstvo Razumovskich, Bd. 4, S. 153.
4. Gentz, Tagebücher, S. 41.
5. Zöllner, Geschichte Österreichs, S. 337.
„Bei der Ausführung der Friedensbedingungen kam es zu einem unangenehmen Zwischenfall, als sich russische Seestreitkräfte, unterstützt von montenegrinischen Banden, in Cattaro festsetzten, das erst mit erheblicher Verspätung den Franzosen übergeben werden konnte."
6. Vasil'čikov, Semejstvo Razumovskich, Bd. 4, S. 137–251. Die Darstellung des Zwischenfalles von Cattaro umfaßt in der russischen Ausgabe fast 120 Seiten.
7. Vasil'čikov, Semejstvo Razumovskich, Bd. 4, S. 239.
„Je me suis borné de répondre par des assurances générales de sollicitute bienveillante et du désir de concourir a etablir l'ordre et la tranquillité dans leur pays", schrieb er an Budberg
8. Palmer, Alexander I., S. 117.
9. Ebenda S. 118–120.
10. Vasil'čikov, Semejstvo Razumovskich, Bd. 4, S. 332, 342.
„Hier le 6/18 je reçus à quatre heures d' intervalle deux courriers, l'un du général Essen, 1'autre du général Bennigsen avec l'heureuse nouvelle des superbes jours du 27 et 28 Janvier. Deux heures après la ville etait innondée de bulletins que j'en avais fait courir. Ils ont été accuellis avec transport..."
Und am 8. März:
„La bataille d'Eylau a excité le plus grand enthousiasme dans le public et dans le militaire autrichien, le plus vif désir de partager la gloire de nos armes. L'archiduc ne la considère peut-être que comme un grand pas vers un état de choses plus favorables, mais dont le résultat n'est point assez décisif pour le déterminer."
11. Damas, Roger comte de: Mémoires. Paris 1914, Bd. 2, S. 1–4.
„Je quittai Palerme le 6 septembre 1806, à bord d'une frégate russe, pour me rendre à Trieste. Je faisais ce voyage avec la comtesse de Rasoumoffsky que sa santé, son amitié pour la reine et les évènements avaien fixée en Italie depuis deux ans, et à laquelle j'étais attaché comme à la soeur, à l'amie la plus chère. Le climat de Palerme lui était contraire et ses forces y diminuaient tous les jours. Le trajet de mer, qui souvent est utile dans le genre de maladie qu'elle avait, la fatigua sans lui faire du bien; nous relâchâme à Corfou, pour parler à l'amiral russe qui devait nous faire escorter ou nous donner un vaisseau de ligne, pour passer avec plus de sûreté à la hauteur de Venise.
Après avoir été contrariés cinq jours par le vent pour entrer dans le canal de Corfou, l'ignorance d'un lieutenant commandant en second la frégate la fit échouer sur une île qui forme le port, lorsque nous en sortîmes. Cet évènement qui, si le vent avait été plus fort, aurait été du plus grand danger, nous

obligea de redescendre à terre, et l'on ne put relever la frégate qu'en la déchargeant de tous ses canons; nous ne pûmes remettre à là voile que le lendemain au soir. L'amiral étant dans les Bouches de Cattaro, il fallait l'y aller chercher. Nous fûmes sept jours pour y parvenir; nous mouillâmes dans le golfe de Castelnuovo... Les bords du côté de Raguse étaient occupés par les troupes françaises aux ordres du général Marmont; elles construisaient une batterie au détroit qui, si elle se fût terminée, nous aurait foudroyés pour en sortir... Il fallait quatre jours avant que le vaisseau de ligne, que l'amiral nous donnait à la place de notre frégate, fût prêt à mettre à la voile, et je voyais avec beaucoup de contrariété que la comtesse Rasoumoffsky devait s'attendre à essuyer, en sortant, une violente canonnade. Cependant, contre tout usage des Français, sans raison valable, ... ils se retirèrent très précipitamment, abandonnant vingt pièces de canon de fer aux Montenegrins...

Cette retraite... nous rouvrit le passage libre pour aller à Trieste, où nous arrivâmes en six jours, le 2 Octobre 1806. Six jours furent nécessaires pour les arrangements de voyage, et le septième la comtesse de Rasoumoffsky et moi quittâmes Trieste pour nous rendre à Vienne. Je me séparais d'elle à moitié chemin pour prendre la route de Hongrie..."

12. „La privation d'une amie aussi accomplie laissera bien longtemps un vide incalculable dans mon existence, l'abandon de la plus entière confiance, la douceur la plus aimable et la plus sure société,... la consolation de toutes les tribulations et toutes les situations douteuses et isolées da ma vie, tout me fut ravi en un jour."
13. Vasil'čikov, Semejstvo Razumovskich, Bd. 4, S. 357.
14. Siehe Palmer, Alexander I., S. 127–130.
15. Vasil'čikov, Semejstvo Razumovskich, Bd. 4, S. 383.
„Sire, le cons. privé actuel prince Kourakine m'a consigné à son arrivée les ordres de V.M.I., contenus dans le rescrit dont elle a daigné m'honorer en date du 27 Juin de Tilsit. Je me suis empressé d'y obéir, en sollicitant de S.M.I. et R. mon audience de congé et c'est le 5 de ce mois que j 'ai eu l'honneur de présenter au souverain les lettres de recréance, qui m'ont été expédies il y a un an.... Je termine aujourd'hui, Sire, la 30-me année de ma carrière politique. Le souvenir précieux de la bienveillante bonté de mes augustes Maîtres, la conscience d'avoir consacré ma vie à mériter la confiance dont ils ont daigné m'honorer, tels seront, Sire, dans une retraite paisible, les sentiments dont je serai pénétré jusqu'au dernier terme de mes jours. Souffrez, Sire, que j'ose en déposer l'expression aux pieds de V.M.I. et que je la supplie d'agréer avec bonté l'hommage de mon inaltérable dévouement à son auguste personne et à la gloire de son règne."

Anmerkungen 30. Kapitel

1. Schwarzenberg, Karl Fürst: Feldmarschall Fürst Schwarzenberg, der Sieger von Leipzig. Wien 1964, S. 101.
2. Siehe Vasil'čikov, Semejstvo Razumovskich, Bd. 2, S. 52.
3. Ebenda S. 249–287.
4. Puškin, A.S.: Sočinenija. St. Petersburg 1887, Bd. 1, S. 52.
   „Ты слышал весть смешную?
   Разумник получил ведь ленту голобую.
   – Бог с ним! я недруг никому.
   Дай Бог и царствия небеснаго ему! /1814/
5. Vasil'čikov, Semejstvo Razumovskich, Bd. 2, S. 53–54.
6. Ebenda S. 83.
7. Ebenda S. 157. „Madame la Comtesse, voulez-vous me faire l'honneur de danser une polonaise avec moi?"
8. Moskovskij al'manach za 1829, izd. S.Glinkoj, Moskau.
9. Ausführlich siehe: Palmer, Alexander I., S. 165 ff.

Anmerkungen 31. Kapitel

1. Ausführlich siehe: Girardi, Palais Rasumofsky.
2. Ebenda S. 8–9.
3. Thürheim, Mein Leben, Bd. 2, S. 165.
4. Reichardt, J.F.: Vertraute Briefe geschrieben auf einer Reise nach Wien 1808/09. Amsterdam 1810, Bd.1, S. 204, 271.
5. Ebenda, 25. Brief, 15.2.1809, S. 402/03.
6. Thürheim, Andreas Gf.: Feldmarschall de Ligne S. 198–99, zitiert in: Wassiltchikow, Les Razoumowski, Bd. 2, T. 3, S. 147.
7. C.v. R., Gregor Graf Razumovsky, S. 28-30.
8. Wassiltchikow, Les Razoumowski, Bd. 3, S. 103.
9. Gentz, Tagebücher, Bd, 1, S. 55.
10. Ebenda, S. 102.
11. Ustrnul, G.: Das Kriegsjahr 1809 und seine Folgen. In: Geschichte der Österr. Nationalbibliothek Bd. 1, S. 343–347. – Razumovsky, M.: Die Slawisten der k.k. Hofbibliothek. In: „Biblos" 1988, H. 4, S. 225–244.
12. Thürheim, Mein Leben, Bd. 1, S. 296.
13. Schwarzenberg, Feldmarschall Schwarzenberg, S. 108.
    „Je n'ai plus qu'un seul voeu terrestre, c'est: que cet anéantissement que par lâcheté nous appellons paix, devienne un anéantissement complet, je

veux dire qu'on m'accorde le repos de la mort, plus d'existence politique – denn das ewig am Pranger stehen ist das Fürchterlichste in der Natur.“ (Fürstin Schwarzenberg an ihren Mann, Gödöllö, 28.7.1809).

Anmerkungen 32. Kapitel

1. Schwarzenberg, Feldmarschall Schwarzenberg, S. 116.
2. Ebenda S. 135–139.
3. Vnešnjaja politika Rossii, Bd. 5, S. 707.
4. Ebenda S. 493–494.
   L'ambassadeur de France vient de porter plainte, par ordre de l'empereur son maître, contre M. Pozzo di Borgo, comme continuant à prendre une part active dans la sphère des agitations politiques. Dans la conversation que le duc de Vicence a eue avec moi sur cet objet, il a placé que M. Pozzo di Borgo étant sujet français, l'empereur Napoléon s'était adressé a l'empereur d'Autriche pour lui demander qu'il lui interdise tout séjour dans ses Etats...
   A cette même occasion l'ambassadeur de France s'est expliqué aussi sur le comte de Rasoumoffsky, que l'empereur Napoléon taxe de tenir la même conduite, en énonçant le désir qu'il soit rappelé. J'ai répondu à l'ambassadeur que d'après nos lois, ni les prédécesseurs de s.m., ni elle-méme, n'avaient jamais empêché aucun de leurs sujets, dès qu'ils n'étaient plus au service, de vivre là où ils le jugeaient à propos... quand à ce qui concerne le comte Rasoumoffsky, puis que, s'éloignant de sa patrie, il avait préféré de s'établir et vivre sous la domination d'un monarque étranger, c'était plus particulièrement à ce souverain qu'il devait compte de sa conduite ou des propos qu'il tenait dans sa capitale.“
5. Gentz, Tagebücher Bd. 1, S. 213.
6. Ausführlich siehe: McGuigan, Dorothy Gies: Wilhelmine von Sagan. Wien 1994.
7. Palmer, Alexander I., S. 183.
8. Schwarzenberg, Feldmarschall Schwarzenberg, S. 160.
9. S. Palmer, Alexander I., S. 200 ff.
10. Vasil'čikov, Semejstvo Razumovskich, Bd. 2, S. 158–168; Wassiltchikow, Les Razoumowski, Bd. 3, S. 36–38.

1. Vasil'čikov, Semejstvo Razumovskich, Bd. 4, S. 432–440.
2. Ebenda S. 445.
3. Ullrichová, Marie: Clemens Metternich, Wilhelmine Sagan: Ein Briefwechsel, 1813-15. Graz, Köln 1966.
4. Ausführlich siehe: McGuigan, Wilhelmine von Sagan.
5. Vasil'čikov, Semejstvo Razumovskich, Bd. 4, S. 448.
„Votre excellent empereur... vous a marqué comme une personne des plus propres à défendre sa cause" schrieb der preußische Delegierte Graf Hardenberg am 14. Juli an Rasumovsky. „Tout le monde y applaudit et Metternich vous désire. Il n'y a qu'un seul obstacle qui s'oppose à nos voeux, c'est le temps physique".
6. C.v.R., Gregor Graf Razumovsky, S. 19. An Elise R. existiert ein Gedicht des Prince de Ligne:
A la comtesse Grégoire Razumosky
en lui envoyant un œil dans une bague ([1]).
C'est pour veiller sur toi que ce bel œil fut fait,
Si pour d'autres l'amour te lance quelques traits.
Si quelqu'autre que moi s'approche de ta face,
Cet œil fixé, dans le moment, te fera la grimace.
Mon œil sera fixé, sans cesse, sur les tiens,
Pour tâcher d'empêcher qu'ils deviennent vauriens.
Ils sont spirituels, gais, vifs doux, fort aimables;
Mais ma chère, entre nous, pas trop honnêtes gens,
Et leurs regards me font donner à tous les diables,
Quand ils rencontrent ceux d'une foule d'amants.
Beloeil!, comme tu sais, est la belle campagne,
Où j'eusse mérité de t'avoir pour compagne.
Les Dieux peut être étaient jaloux da mon bonheur.
Pouvant être en un jour en France, en Angleterre,
Riche, jeune, content, par hasard pouvant plaire,
Que fallait-il de plus? Ta personne et ton cœur.
(Annales Prince de Ligne t. 1, no. 1, Paris 1920

([1]) Archives de Beloeil. Poesies, no 5
Ligne, der in seinen Memoiren von ihr als einer „femme aimable, adorable par sa beauté, l'esprit, l'amabilité" spricht, „la véritable Mdme Rasoumoffsky que je vois tous les jours. Le nom seul du Cardinal de Rohan, chez qui s'est fait le prétendu mariage qui a précédé celui-ci, prouve bien que ce n'était qu'une farce."
7. C.v.R., Gregor Graf Razumovsky, S. 37–38.
8. McGuigan, Wilhelmine von Sagan, S. 147, 154.

Anmerkungen 34. Kapitel

1. Vasil'čikov, Semejstvo Razumovskich, Bd. 2, S. 188.
2. Ausführlich siehe: C.v.R.: Gregor Graf Razumowsky, S. 38–44, 49–57.
3. Vasil'čikov, Semejstvo Razumovskich, Bd. 2, S. 191–195.
4. Ebenda S. 95.

Anmerkungen 35. Kapitel

1. Siehe Fournier, August: Der Congress von Châtillon. Paris 1910.
2. Ebenda S. 104.
3. Ausführlich siehe: Schwarzenberg, Feldmarschall Schwarzenberg, S. 313 f.
4. Ebenda S. 347.
5. Siehe Edling, Comtesse (Roxana Stourdza): Mémoires. Moskau 1888.
6. Gentz, Tagebücher S. 337. Die „Wiener Zeitung" schrieb am 8. Dezember: „Zur Feier des vorgestern vorgefallene Namensfestes der durchlauchtigsten Großfürstin Katharina, nunmehr Herzogin von Oldenburg, gab der russische kais. wirkl. geh. Rath Graf Rasoumoffsky in seinem Hotel auf der Landstraße ein Abendfest, das durch die Gegenwart der meisten der hier weilenden Monarchen und Fürstinnen, Erzherzoge und Erzherzoginnen, kais. u. königl. Hoheiten verherrlicht wurde. Die geladene Gesellschaft war zahlreich und glänzend und das Fest durch Mannigfaltigkeit, Geschmack und Überfluß ausgezeichnet. Es währte bis zum Morgen."
7. Nohl, Beethovens Leben, Bd. 2, S. 411 ff.
8. Prelinger: Ludwig van Beethovens sämtliche Briefe und Aufzeichnungen Bd. 5, 1911, S. 5–9. In der im Erscheinen begriffenen Gesamtausgabe des Beethoven'schen Briefwechsels des Beethoven-Hauses in Bonn, (München 1996) ist dieser Brief ebenfalls zugeordnet: „Beethoven an Fürst Rasumovsky, Wien 5. Juni 1818". Nr. 810, Bd. 5, S. 144–48.
9. Girardi, Palais Rasumofsky, S. 24–26.
10. McGuigan, Wilhelmine von Sagan, S. 412.
11. Freitag, 9.1.1816:
„Des Kaisers von Rußland Majestät, um den Fürsten Rasoumoffsky über die neuerlich geleisteten wichtigen Dienste, neue Beweise von Zufriedenheit u. Gnade zu ertheilen, haben an denselben schon vor Sr. Majestät Ankunft in Sct. Petersburg, folgendes Handschreiben erlaßen:
Fürst Andreas Kyrilowitz!
Da ich Ihre ausgezeichneten Dienste und Bemühungen zu belohnen wünsche, die Sie als *erster* Bevollmächtigter beim endlichen Friedensschlusse mit Frankreich zum Nutzen des Vaterlandes darbrachten, so habe ich Ih-

nen den Titel „Durchlaucht“ verliehen, weswegen ich unter dem 28. November die Ukas an den dirigierenden Senat erließ. Auch bewillige ich Ihnen jetzt, nach Vollbringung dieses wichtigen Werkes, nach *Wien* zurückzukehren, in dem vollen Vertrauen, daß wenn die Umstände Ihre Mitwirkung erheischen, Sie mir nicht versagen werden, neue Beweise Ihrer Anhänglichkeit zu geben und zum allgemeinen Nutzen diejenige Erfahrung zu verwenden, welche Sie sich durch so langjährige und eifrige Dienste eigen gemacht haben. Ich verbleibe Ihr wohlwollender
Riga, den 29. November 1815 Alexander

12. Thürheim, Lulu Gräfin: Mein Leben. Erinnerungen aus Österreichs großer Zeit. – München 1913–14.
13. „Wiener Zeitung“, Montag, 3. Oktober 1836.
„Am 23.v.M. starb hier nach einer langwierigen Krankheit in dem hohen Alter von 83 Jahren Fürst Rasumoffsky, Sr. Russ. kaiserl. Majestät wirklicher geheimer Rath.... Eine lange Reihe von Jahren hindurch kais. Russischer Bothschafter in Wien, der auch, nachdem er, nach ebenso treu als ausgezeichneten Dienstes, von seinem Monarchen in den Ruhestand versetzt worden war, sich fortwährend hier aufhaltend, war Fürst Rasumoffsky sozusagen einheimisch in dieser Kaiserstadt geworden. – Die edlen Eigeschaften des Geistes und Herzens, die den Verewigten auszeichneten, sichern ihm ein bleibendes Andenken bey allen denen, welche ihn näher kannten und seinen Verlust lebhaft betrauern.“

Anmerkungen Epilog

1. Vasil'čikov, Semejstvo Razumovskich, Bd. 2, S. 101.
2. Ausführlich siehe: ebenda S. 109.
3. Ebenda S. 110.
4. „Souvenir élevé en 1834 à m-me la comtesse Leon de Rasumoffsky, hommage de la société dont elle fut le charme, l'agrément pendant deux saisons.“
5. Razumovsky, M.: Die Gräfin Léon Rasumofsky und ihre Wohnungen. In: Alte und moderne Kunst, Jg. 68, H. 98, S. 28–35.
6. Ausführlich siehe: Vasil'čikov, Semejstvo Razumovskich, Bd. 2, S. 165–168.
7. Abramovič, Stella: Puškin v 1833 godu. Moskau 1994, S. 518.
8. Ausführlich s. Vasil'čikov, Semejstvo Razumovskich, Bd. 5, S. 16–17.
9. Ebenda Bd. 2, S. 196–203 und C.v. R.: Gregor Graf Razumovsky, S. 41–57.
10. Wassiltchikow, Les Razoumowski, Supplement Bände 1–2.
11. Wassiltchikow, Les Razoumowski, Bd. 3, S. 101–102.

Literaturverzeichnis

Abert, M.: Mozart. T. 1.– 7. Aufl., Leipzig 1989
Abramovič, Stella: Puškin v 1833 godu. – Moskau 1994
Sicheres Adreß- und Kundschaftsbuch für Einheimische und Fremde welche vorläufig Kenntnis von der Haupt- und Residenzstadt Wien haben wollen. – Wien 1791
Moskovskij Al'manach za 1829. – Moskau
Andreev, A.I.: Lomonosov i Krašennikov. In: Lomonosov. Sbornik statej i materialov. Bd. 1. Moskau, Leningrad 1940.
Archiv knjazja Kurakina. Bd. 7. 1898
Archiv knjazja Voroncova. Bde. 3, 6, 9, 12, 24
Asseburg, Achatz Freiherr v.: Denkwürdigkeiten. – Nicolai 1842
Pompeo Batoni and His British Patrons. – London 1982
Bil'basov, V.A.: Geschichte Katharinas II. Übers. v. M.v. Petzold. Bd. 1, 2. – Berlin 1891.
Büsching, A.F. v.: Geschichte des rußischen Kaysers Johann (Iwan) des Dritten. In: Magazin für die neue Historie und Geographie T. 6. – Hamburg 1771
Buryškin, P.A.: Moskva kupečeskaja. – New York 1954, Moskau 1990
Chanenko, N.D.: Diarium ili žurnal, t.e. povsednevnyja zapiski 1742–54. – Kiev 1887
Corberon, M.D.B.: Un diplomate français à la cour de Catherine II. Journal intime du chevalier de Corberon. – Paris 1901
La Cour de Russie il y a 100 ans. 1725–1783. – Berlin 1858
Coxe, William: Travels into Poland, Russia and Denmark. Bd. 3.– London 1787
Crusenstolpe, Magnus J.v.: Russische Hofgeschichten, hrsg.v. J. Delbrück. Bd. 1, 2.– München 1917
Čtenija v imperatorskom obščestve istorii i drevnostej rossijskich. Bd. 2, 3. – Moskau 1863.
Damas, Roger comte de: Memoires. Publ. par J. Rambaud. – Paris 1914
Daškova, Ekaterina Romanovna. Memoiren der Fürstin Daschkoff. Einl.v. A. Herzen. Bd. 1, 2. – Hamburg 1857
Dolgorukov, P.V.: Starye gody. In: Novyj žurnal 1991, T. 182
Dolgorukov, Pierre prince: La vérité sur la Russie. – Paris 1860
Ebe, Joseph und M. Galea: Ferdinand Freiherr von Hompesch 1744–1808. – Paderborn 1985
Edling, Comtesse (Roxana Stourdza): Mémoires. – Moskau 1888
(Fischer, J.E.G.): Catalogue du jardin des plantes de...M. le Comte Alexis de Razoumoffsky. – Moskau 1808
Forster, Georg: Werke. Bd. 14: Briefe 1784–87.– Berlin 1978
Fournier, August: Der Congress von Châtillon. – Wien 1900
Gentz, Friedrich von: Tagebücher. Bd. 1 – Leipzig 1873
Girardi, Margarete: Das Palais Rasumofsky. Geschichte und Schicksal eines alt-wiener Palastes. – Wien 1937
Gmeline, Patrick de: Histoire des princes de Lobkowicz. 1977
Golicyn, S, M. knjaz': 100 let Golicinskoj bol'nicy v Moskve 1802–1902. – Moskau 1902

Gnučeva, V.F.: Lomonosov i geografičeskij departament AN. In: Lomonosov. Sbornik statej i materialov. Bd. l. – Moskau, Leningrad 1940
Grebel'skij, Petr und Mirvis, A.: Dom Romanovych. – St. Peterburg 1992
Grey, Ian: Katharina die Große. – Tübingen 1963
Harris, James: Tagebücher und Briefwechsel, Bd. l. – Grimma 1848
Helbig, Georg A.W. v.: Russische Günstlinge. – München 1917
Helfert: Zeugenverhör über Maria Karolina v. Österreich. – Wien 1875
Herrmann, Ernst: Geschichte des russischen Staates. Bde. 5, 6 – Hamburg 1853
Hübsch, Lini: L. van Beethoven, Rasumowsky-Quartette op. 59. München 1983
In der Maur, Wolf: Die französische Revolution. – Wien 1988
Istorija Biblioteki Akademii nauk SSSR 1714–1964. – Moskva, Leningrad 1964
Ivanova, T.S.: Novye materialy o poezdke Lomonosova v 1753 g. v Moskvu. In: Lomonosov. Sbornik statej i materialov. Bd. 6. – Moskva, Leningrad 1965
Joseph II. und Graf Ludwig Cobenzl: Briefwechsel. Fontes rerum austriacarum Bd. 54. 1901
Politisches Journal nebst Anzeiger von gelehrten und anderen Sachen. Bd. l – Hamburg 1799
Kappeler, Andreas: Kleine Geschichte der Ukraine. – München 1994
Karamzin, N.M.: Briefe eines russischen Reisenden, übers. v. Richter. – Leipzig 1810
Katharina II., Kaiserin von Rußland: Bumagi 1774–88. Sbornik imperatorskago istoričeskago obščestva. Bd. 27. – St. Petersburg 1878
Katharina II.: Correspondance avec Sir Charles H. Williams. Bd. 2. Čtenija v imperatorskom obščestve istorii i drevnostej rossijskich 1909
Katharina II.: Erinnerungen von ihr selbst geschrieben. Hrsg. v. G. Kuntze. – Stuttgart 1907
Katharina II.: Zapiski. – St. Petersburg 1907, Reprint Moskau 1989
Khevenhüller-Metsch, J. J. Fürst: Aus der Zeit Maria Theresias. Tagebuch. Bd. l: 1745–49. – Wien/Leipzig 1906.
Kenneth, Andrey undVictor: Die Paläste von Leningrad. – Luzern 1974
Kobeko, Dimitri: La jeunesse d'un tsar. Paul I et Catherine II. – Paris 1896
Kopelev, Lev: Der heilige Doktor Fjodor Petrowitsch. – Hamburg 1986
Die Kunstdenkmäler Wiens. Die Profanbauten des 3. 4. und 5. Bezirkes. –Wien 1980 (=Österreichische Kunsttopographie Bd. 44)
(Lackner): Antwort auf die freimüthigen Bemerkungen über das Verbrechen und die Strafe...Szekely. – Wien 1786
Lehndorff, E.A. Heinrich Graf von: Aus den Tagebüchern. – Berlin 1982
Leitner, Thea: Habsburgs verkaufte Töchter. – Wien 1987
Lomonosov. Sbornik statej i materialov. – Moskau, Leningrad, Bd. 1: 1940, Bd. 6: 1965
Lopatin, V.S.: Potemkin i Suvorov. – Moskau 1992
Lord, R.H.: The Second Partition of Poland. – Cambridge/Mass: Harvard Univ. pr. 1915
Magenschab, Hans: Josef II. – Graz 1979
Maltzen, Maurice baron de: Correspondance inédite 1809–10. – Braine-le-Comte 1880
McGuigan, Dorothy Gies: Wilhelmine von Sagan. – Wien 1994
Mémoires secrets sur la Russie et particulièrement sur la fin du règne de Catherine II et sur celui de Paul I. T.3. – Paris: An X (1802)
Nohl, Ludwig: Beethovens Leben. – Leipzig 1867
Orel, Alfred: Gräfin Wilhelmine Thun. In: Mozart-Jahrbuch 1954
Palmer, Alan: Alexander I., Gegenspieler Napoleons. – Esslingen 1982
(Pezer, J.J.): Freymüthige Bemerkungen über das Verbrechen und die Strafe des Garde-Obristlieutenant Szekely. Von einem Freunde der Wahrheit.– 1786

Vnešnjaja Politika Rossii XIX i načalo XX veka. – Moskva 1961 Ser. I, Bde. 2. 3. 6
Putešestvie A.I. Turgeneva i A.E. Kajsarova po slavjanskim zemljam v 1804 godu. – Petrograd 1915 (=Archiv brat'ev Turgenevych. Bd. 4)
Pyljaev, M.I.: Staryj Peterburg. 1889. Reprint Leningrad 1990
R(azumovsky), C(amillo) v.: Fürst Andreas Kirillowitsch Rasoumoffsky. – Halle/Saale 1904. Privatdruck
R(azumovsky), C(amillo) v.: Gregor Graf Rasumovsky. – Halle/Saale 1915. Privatdruck
R(azumovsky), C(amillo) v.: Graf Kirill Grigoriewitsch Rasumovsky 1728–1803. Ein Gedenkblatt für den letzten Hetman der Ukraine. Halle/Saale 1913. Privatdruck
Razumovsky, Maria: Die Slawisten der k.k. Hofbibliothek. In: „Biblos" 1988, H. 4, S. 225–244
dies.: Die Gräfin Léon Rasumofsky und ihre Wohnungen. In: Alte und moderne Kunst, Jg. 68, H. 98, S. 25–35.
Reichardt, J.F.: Vertraute Briefe geschrieben auf einer Reise nach Wien 1808/09. Bd. 1. – Amsterdam 1810
Reimers, Heinrich v.: St. Petersburg am Ende seines ersten Jahrhunderts. 1797
Robbin Landon: Haydn. Bd. 4. – London 1977
Salis, I.R. v.: Grenzüberschreitungen. – Frankfurt 1978
Sayn-Wittgenstein, Franz Prinz zu: Die Wittgenstein. – München 1979
Sbornik imperatorskago russkago istoričeskago obščestva. Bde. 7. 19. 23. 27. 42. 125. – St. Petersburg 1878
Schlözer, August Wilhelm: Öffentliches und privat-Leben, von ihm selbst beschrieben. – Bd. 1. – Göttingen 1802
Schwarzenberg, Karl Fürst: Feldmarschall Fürst Schwarzenberg, der Sieger von Leipzig. – Wien 1964
Simányi, Tibor: Kaunitz, Staatskanzler Maria Theresias. – Wien 1984
Slovar', Russkij biografičeskij. – St. Petersburg 1900
Stafeev, G.I.: V otčizne plameni i slova. A.A. Perovskij i A.K. Tolstoj v Krasnom Roge. – Tula (um 1990)
Starikova, L.: Teatral'naja žizn' starinoj Moskvy. – Moskau 1988
Russkaja Starina T. 115. 1903
Sto let Golicinskoj bol'nicy v Moskve 1802–1902. – Moskau 1902
Stökl, Günther: Russische Geschichte. – Stuttgart 1962
Stremooukhoff, D.: Les Russes à Strasbourg au 18-e siècle. In: „Revue d'Alsace" 1934
Talbot Rice, Tamara: Elisabeth von Rußland. Die letzte Romanow auf dem Zarenthron. – München 1973
Thiry, Baron: Bonaparte en Italie. – Paris 1973
(Thürheim,Andreas Graf): Reminiscenzen. Fragmente eines Tagebuches. - Wien 1861
Thürheim, Lulu Gräfin: Mein Leben. Erinnerungen aus Österreichs großerZeit. Bd. 1–4. – München 1913–14
Tymowski, Michal: Une histoire de la Pologne. – Montricher 1993
Ullrichová, Marie: Clemens Metternich, Wilhelmine von Sagan: ein Briefwechsel, 1813–15. – Graz/Köln 1966
Ustrnul, G.: Das Kriegsjahr 1809 und seine Folgen. In: Geschichte der Österreichischen Nationalbibliothek Bd. 1, S. 343–47
Vasil'čikov, Aleksandr Alekseevič: Semejstvo Razumovskich. Bde. 1–5. – St. Petersburg 1880–94
Wassiltchikow, Alexandre: Les Razoumowski. Ed. française par Alexandre Brückner. T. 1–3 + Suppl. – Halle 1893–1902, 6 Bände.
Weissensteiner, Friedrich: Die Töchter Maria Theresias. – Wien 1994

„Wien von Maria Theresia bis zur Franzosenzeit." Aus den Tagebüchern des Grafen Karl von Zinzendorf. In: Jahresgabe der Wiener Bibliophilen Gesellschaft 1972
Wraxall, Sir N. William: Memoirs of my own life. Bd. 1 – London 1815
Zöllner, Erich: Geschichte Österreichs. – 8. Aufl., Wien 1990
Zubov, Valentin Graf: Zar Paul I., Mensch und Schicksal. – Stuttgart (um 1970).

Jurij M. Lotman

Rußlands Adel

Eine Kulturgeschichte von Peter I. bis Nikolaus I.

Aus dem Russischen von Gennadi Kagan

1997. V, 456 Seiten. 69 s/w Abbildungen.
Gebunden mit Schutzumschlag. ISBN 3-412-13496-1
(Bausteine zur Slavischen Philologie und Kulturgeschichte.
Neue Folge. Reihe A: Slavistische Forschungen, Band 21)

Wie erlebte der russische Adel das sogenannte goldene Zeitalter Rußlands? Wie reagierte die Adelsschicht auf die tiefgreifenden Umwälzungen im Rußland des 18. und beginnenden 19. Jahrhunderts, auf die Reformen Peters des Großen, die Erschütterungen der Napoleonischen Kriege und das Aufkommen moderner liberaler Geisteshaltungen? Welchen Anteil hatte der russische Adel am geistigen Leben und an der russischen Literatur, die in dieser Zeit zu einer seltenen Blüte gelangte?
Jurij M. Lotman, einer der bedeutendsten Kulturhistoriker Rußlands, beantwortet diese Fragen auf sehr anschauliche und lebensnahe Weise. Er richtet sein Augenmerk vor allem auf die konkrete Alltagswirklichkeit der Menschen und beschreibt ihre Rituale, ihren Habitus, ihre Frisuren, ihre Gesten und ihre Redeweise. Sein Buch führt in Kinderstuben und Ballsäle, auf Schlachtfelder und an die Kartentische, auf die Landsitze und an die Austragunsorte erbitterter Duelle. Es läßt uns an allem teilhaben, was das Leben dieser Menschen ausmachte, was sie fühlten, dachten, sich erträumten.

BÖHLAU VERLAG KÖLN WEIMAR WIEN
Theodor-Heuss-Str. 76, D - 51149 Köln

Nada Boskovska

Die russische Frau im 17. Jahrhundert

(Beiträge zur Geschichte Osteuropas, Band 24)

1998. Etwa 504 Seiten. Etwa 25 Abbildungen.
Gebunden mit Schutzumschlag. Etwa DM 108,-/sFr 96,-/öS 788,-
ISBN 3-412-08297-X

Wie lebten die Frauen im Rußland des 17. Jahrhunderts? Welche Rolle spielten sie im familiären, öffentlichen und religiösen Leben? Welchen Reglementierungen waren sie unterworfen, und welche Freiräume konnten sie nutzen? Die Geschichtsforschung hat diese Fragen bislang recht einseitig beantwortet. Bis heute dominiert die These, daß der Status der russischen Frauen im 16. und 17. Jahrhundert einen Tiefpunkt erreicht habe. Insbesondere die Angehörigen der Elite hätten in der Abgeschlossenheit der Frauengemächer ein tristes Leben geführt. Das Buch beleuchtet auf der Grundlage umfangreichen Quellenmaterials die Beziehungen in Familie und näherem Umfeld, weibliche Wirkungsfelder, die rechtliche Stellung sowie Bildung und Spiritualität der Frauen. Die Ergebnisse stellen eine gründliche Revision der herrschenden Lehrmeinung dar und rücken die Verhältnisse im angeblich »barbarischen« Moskovien in ein neues Licht.

BÖHLAU VERLAG KÖLN WEIMAR WIEN

Theodor-Heuss-Str. 76, D - 51149 Köln